Renia Spiegel et Elizabeth Bellak

Renia Spiegel est née en Pologne en 1924. Elle commence à tenir son journal à 15 ans. Après avoir fui le ghetto et vécu cachée, elle est assassinée par la Gestapo le 30 juillet 1942.
Traduit pour la première fois en français, *Le Journal de Renia*, paru en 2020 aux éditions Les Escales, a été sélectionné pour le Prix Clarens du Journal Intime.

Elizabeth Bellak est la sœur de Renia. Elle a pu fuir Varsovie avec sa mère en 1942 pour s'établir à New York où elle vit encore aujourd'hui.

LE JOURNAL
DE RENIA

RENIA SPIEGEL

LE JOURNAL DE RENIA

Prologue, épilogue et commentaire d'Elizabeth Leszczynska Bellak, la sœur de Renia

Traduit de l'anglais par Typhaine Ducellier

LES ESCALES

Titre original :
RENIA'S DIARY: A HOLOCAUST JOURNAL
Publié en partenariat avec St. Martin's Publishing Group.

ISBN : 978-2-266-32080-1
Dépôt légal : janvier 2022

CARTE DE LA POLOGNE 1939

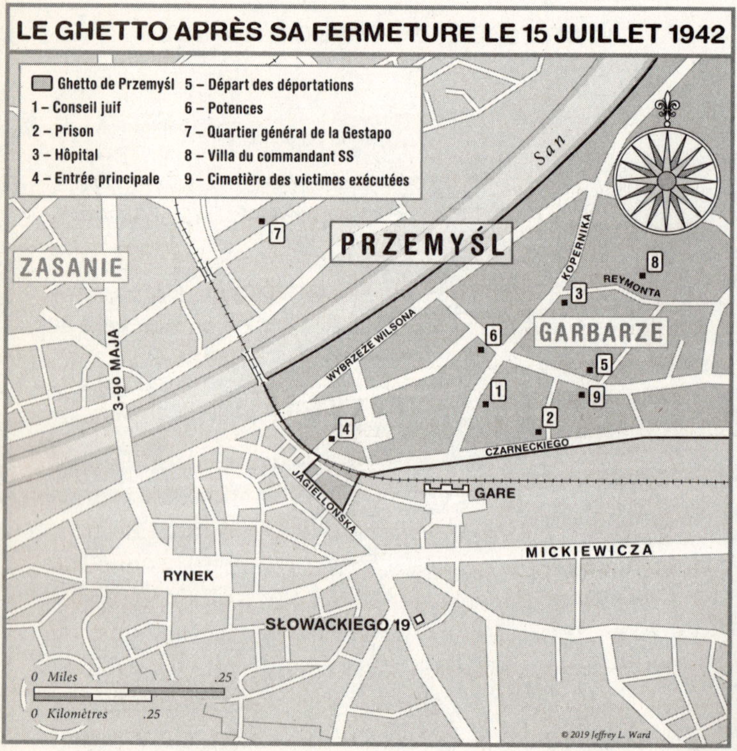
LE GHETTO APRÈS SA FERMETURE LE 15 JUILLET 1942
Ghetto de Przemyśl
1 – Conseil juif
2 – Prison
3 – Hôpital
4 – Entrée principale
5 – Départ des déportations
6 – Potences
7 – Quartier général de la Gestapo
8 – Villa du commandant SS
9 – Cimetière des victimes exécutées
San
PRZEMYŚL
ZASANIE
GARBARZE
KOPERNIKA
REYMONTA
WYBRZEŻE WILSONA
3-go MAJA
CZARNECKIEGO
JAGIELLOŃSKA
GARE
MICKIEWICZA
RYNEK
SŁOWACKIEGO 19
0 Miles .25
0 Kilomètres .25
© 2019 Jeffrey L. Ward

Prologue

Ma sœur, Renia Spiegel, est née le 18 juin 1924 à Uhryńkowce, dans la province de Ternopil, dans le sud de la Pologne. Ce village appartient désormais à l'Ukraine et s'appelle Uhrynkivtsi. Avant que la Seconde Guerre mondiale ne déchire notre famille, notre communauté et notre pays, cette localité se trouvait en Pologne.

Je suis venue au monde le 18 novembre 1930, six ans après Renia. J'ai formé un couple heureux pendant cinquante-trois ans avec mon époux, George Bellak, j'ai enseigné dans une école à New York pendant trois décennies, et je suis désormais la grand-mère de trois merveilleux garçons. Ma sœur n'a vécu que jusqu'à son dix-huitième anniversaire. Elle a été assassinée par les nazis en 1942. À l'exception de quelques photos, de rares objets de famille et des souvenirs que je retourne dans ma tête depuis près de quatre-vingt-dix ans, le journal que vous vous apprêtez à lire est tout ce qu'il me reste d'elle.

Peu de temps avant ma naissance, mes parents ont fabriqué une cigogne en papier qu'ils ont placée sur le rebord d'une fenêtre, puis ils ont annoncé à ma sœur que je n'allais pas tarder à arriver. À l'époque, ma famille venait d'emménager dans un lotissement de la ville de Stawki, près du fleuve Dniestr, à côté de la frontière avec la Roumanie. Renia adorait sa nouvelle maison, autant qu'elle avait aimé la précédente. Elle adorait entendre les oiseaux chanter. Elle adorait le vent. Elle adorait la forêt. Parfois, je me dis que ce sont les souvenirs de ces lieux (lointains, à la campagne, à une autre époque) qui ont inspiré la poésie qui imprègne son journal. Ses poèmes sont des pensées tranquilles et paisibles qu'elle a couchées sur le papier alors qu'elle était cernée par la guerre.

Ce n'est pas le conflit qui nous a poussés à quitter notre maison de Stawki. J'étais une enfant actrice : on me surnommait « la Shirley Temple polonaise » et, en 1938, ma mère et moi avons déménagé à Varsovie pour ma carrière. Ma mère a confié Renia à ses parents, qui vivaient toujours dans sa ville natale, Przemyśl, une petite localité du sud-est de la Pologne qui se situe désormais à la frontière de l'Ukraine. Renia a commencé son journal en janvier 1939. Cet été-là, ma mère m'a emmenée à Przemyśl pour que je passe les vacances avec Renia et mes grands-parents, et elle est retournée à Varsovie.

Les armées allemande et soviétique ont envahi la Pologne en septembre 1939 et, à la fin du mois, le pays s'est retrouvé divisé en deux zones occupées : le côté allemand à l'ouest et le côté soviétique à l'est. Przemyśl s'étendait sur les deux bords de la rivière San et a donc été scindée en deux. Mes grands-parents vivaient dans la partie est, occupée par les Soviétiques. Notre mère était à Varsovie, dans la partie ouest de la Pologne passée aux mains des Allemands. Comme la traversée du San nous était interdite, nous avons donc été soudainement séparées d'elle. Nous n'avons vu notre mère qu'en de rares occasions au cours des deux années qui ont suivi, et elle ne nous écrivait pas très souvent. Renia se languissait terriblement d'elle. Aujourd'hui encore, je me demande si ce journal n'était pas un substitut de cette mère qu'elle aimait et qui lui manquait tant.

Jusqu'à ce que Zygmunt, le petit ami de ma sœur, montre ce journal à ma mère, je n'avais pas la moindre idée que Renia en tenait un. Comment a-t-elle réussi à me cacher ces sept cents pages ? C'est un mystère. Toujours est-il que c'était un secret qu'elle n'a partagé qu'avec Zygmunt. Renia lui a donné son journal juste avant de mourir, et il l'a confié à quelqu'un d'autre afin de le mettre en lieu sûr avant d'être lui-même envoyé dans un camp. Tout comme lui, les pages ont survécu, et un ami (nous ignorons encore qui) les a emportées avec lui aux États-Unis. Ma mère est décédée en 1969 et, lorsque j'ai retrouvé le journal dans ses affaires, je l'ai enfermé dans un coffre de banque. J'étais incapable de le lire. C'était beaucoup trop chargé en émotions pour moi.

En fin de compte, je n'en ai lu que des passages, qui m'ont soit rendue malade, soit fait pleurer. Mais je sais que ces pages sont importantes, alors je souhaite les partager avec vous. Nous vivons dans une époque où la tolérance se fait parfois rare, et pourtant elle est d'une importance capitale. La guerre est difficile à appréhender (surtout lorsque l'on se trouve au milieu du conflit) mais Renia était d'une grande sagesse, et elle la comprenait. Je crois que ses pensées, ses combats et sa mort nous montrent pourquoi le monde a besoin de paix et d'indulgence. Alors je vais laisser les mots et les poèmes de ma sœur parler d'eux-mêmes. À la fin de son journal, j'ai ajouté des commentaires qui correspondent à certains événements et moments de ma vie avec ma sœur dont je me souviens. Je parle d'histoire et des images qui me restent des dernières années de la vie de Renia, puis je vous raconte ce qui est arrivé à ceux d'entre nous qui ont survécu à la guerre. Ma mémoire n'est pas aussi bonne qu'il y a quatre-vingts ans, mais je fais de mon mieux. De temps en temps, il est possible que mes pensées et celles de Renia semblent éparpillées ou désorganisées, mais c'est cela, un journal. C'est immédiat et impulsif et, parfois, mes souvenirs le sont également.

Au bout du compte, je sais que mes mots sont l'héritage de la vie que ma sœur n'a pas vécue. Ceux de Renia, eux, sont les souvenirs d'une jeunesse emprisonnée à jamais dans la guerre.

Elizabeth Leszczynska Bellak,
anciennement Ariana Spiegel

Prénoms / surnoms des proches de Renia

Par ordre alphabétique

Arianka (*dite* Ariana, Jarośka, Jarka, Jara, Jarusia, Jarosia, Jakusia) : petite sœur de Renia

Bimba (*dite* Anna) : grand-mère de Renia

Bulczyk (*dite* Buluś, Bunia) : mère de Renia

Dzidziu (*dit* Dido / Marek) : grand-père de Renia

Elzbieta Leszczyńska (*dite* Elizabeth Leszczynska (EU)) : nouvelle identité d'Ariana (qui deviendra Elizabeth Bellak après son mariage)

Mariana (*dite* Maria Leszczyńska) : nouvelle identité de la mère de Renia

Nora (*dite* Norka, Noruśka, Noreńka, Noruś) : meilleure amie de Renia

Renia Spiegel (*dite* Rena, Renusia, Renuśka, Aurelia, Renuś) : autrice de ce journal

Ticio (*dit* Ticiu, Tusio / Bernard) : père de Renia

Zosia (*dite* Dzidka Leszczyński) : meilleure amie d'Ariana

Zygmunt Schwarzer (*dit* Zygu, Zygo, Zyguś, Zyguśka, Z., Zygunio) : petit ami de Renia

Le Journal de Renia

31 janvier 1939

Pourquoi ai-je décidé de commencer à écrire mon journal aujourd'hui ? Est-ce qu'il s'est passé quelque chose d'important ? Est-ce que j'ai découvert que mes amies tenaient un journal, elles aussi ? Non ! J'ai seulement envie d'un ami. Je veux avoir quelqu'un à qui confier mes joies et mes contrariétés quotidiennes. Quelqu'un qui comprendra ce que je ressens, croira ce que je dis et ne révélera jamais mes secrets. Aucun être humain ne pourra jamais être ce genre d'ami, c'est pourquoi j'ai décidé de prendre un journal intime pour confident.

Aujourd'hui, mon cher journal, marque le début de notre profonde amitié. Qui sait combien de temps elle durera ? Peut-être qu'elle continuera jusqu'à la fin de nos vies. Dans tous les cas, je te promets d'être toujours honnête avec toi, je serai sincère et je te raconterai tout. En échange, tu écouteras mes pensées et mes inquiétudes, mais tu n'en parleras jamais à qui que ce soit, tu garderas le silence comme un livre enchanté, verrouillé avec une clé enchantée et caché dans un château enchanté. Tu ne me trahiras pas.

Tout d'abord, laisse-moi me présenter. Je m'appelle Renia, du moins c'est comme ça que mes amis m'appellent. Je suis en classe de troisième au collège pour filles Maria Konopnicka. J'ai une petite sœur, Arianka[1], qui veut devenir star de cinéma. (Elle a en partie réalisé ce rêve, car elle a déjà tourné dans plusieurs films.)

Notre maman vit à Varsovie. Avant, j'habitais dans une grande et belle maison au bord du Dniestr. J'adorais vivre là-bas. Je pense que j'y ai vécu les jours les plus heureux de ma vie. Il y avait des cigognes perchées sur de vieux tilleuls, des pommiers qui brillaient dans le verger, et j'avais un jardin peuplé de rangées de belles fleurs bien alignées. Mais c'est du passé maintenant et je ne revivrai jamais ces jours-là. Il n'y a plus de grande maison, plus de cigognes sur les vieux tilleuls, plus de pommiers et plus de fleurs. Tout ce qui me reste, ce sont de jolis souvenirs. Et le Dniestr qui court, distant, lointain et froid. Qui chante, mais ne chante plus pour moi.

Maintenant, je vis à Przemyśl, chez ma grand-mère. Mais la vérité, c'est que je n'ai pas de véritable foyer. C'est pour ça que, parfois, je me sens si triste que j'en pleure. Je pleure, même s'il ne me manque rien, ni mes robes, ni les bonbons, ni mes rêves étranges et précieux. La seule chose qui me manque, c'est ma maman et sa chaleur. Et la maison où nous vivions tous ensemble, la grande maison blanche au bord du Dniestr.

---

1. Également appelée Ariana, Jarośka, Jarka, Jara, Jarusia, Jarosia, Jakusia.

Une fois de plus, j'ai envie de pleurer
Lorsque je me souviens de ma vie passée
Les tilleuls, la maison, les cigognes, les pommiers
Loin... quelque part... trop loin pour les distinguer
Tout ce qui me manque, je le vois et l'entends
Comme tous les vieux arbres bercés par le vent
Et plus personne ne me raconte d'histoires
Qui parlent de silence, qui parlent de brouillard
De ce qui se cache dehors dans le noir
J'entendrai toujours cette chanson
Je verrai toujours notre maison
Et les tilleuls à l'horizon...

Mais il y a aussi des moments joyeux, il y en a même beaucoup... Tout un tas ! Il faut que je te présente mes camarades de classe, pour que tu comprennes toutes nos petites plaisanteries.

Ma meilleure amie, Norka[1], est assise à côté de moi. Certaines personnes diraient qu'elles n'aiment pas Nora, d'autres qu'elles l'adorent. Moi, j'ai toujours bien aimé Nora, elle a toujours été gentille avec moi. Nous pensons de la même façon, nous avons les mêmes idées et les mêmes opinions. À notre école, les filles ont souvent le « béguin » pour leurs professeurs, et Norka et moi en avons un, un vrai (certaines filles font semblant uniquement pour leur passer de la pommade), pour notre professeure de latin, Mme Waleria Brzozowska née Brühl. Entre nous, on l'appelle « Brühla ». Brühla est la femme d'un bel officier qui vit à Lviv. Elle lui rend visite un dimanche sur deux. Nous avons essayé

1. Également appelée Nora, Noruśka, Noreńka, Noruś.

d'obtenir l'adresse de son mari au bureau de poste, mais nous n'avons pas réussi parce que nous ne connaissons pas son vrai nom. (Nous le surnommons Zdzisław.) Nous sommes bonnes en latin, ce qui prouve bien que nous aimons vraiment beaucoup Brühla.

La fille assise dans notre rangée après Norka s'appelle Belka ou « Belania ». Elle est énorme ! Elle est exceptionnellement douée pour les études et encore plus douée pour se faire détester. Elle a un béguin terrible pour Mlle Olga Skorska et fait des grimaces quand on la regarde.

Ensuite, il y a Irka (*ira-ae* : colère). Je n'aime pas Irka et j'ai ça dans le sang. J'ai hérité de cette haine : ma maman était au lycée avec la mère d'Irka et elle ne l'aimait pas beaucoup. J'ai commencé à prendre Irka encore plus en grippe quand elle s'est mise à me critiquer à l'école. Sans parler de son bulletin pas du tout mérité, de ses minauderies dégoûtantes, de ses mensonges et de son hypocrisie, qui font que je la déteste, purement et simplement. Ah, et en plus de ce mélange, il ne faut pas oublier le fait que Brühla va voir Irka chez elle. On a mené notre petite enquête. Et la mère d'Irka rend aussi visite à Brühla chez elle. On l'a découvert en regardant par les fenêtres du rez-de-chaussée de Brühla. On a attendu pendant une heure entière avec Nora. Bref, tout ça pour dire que je ne supporte pas cette fille ! Mais comme nous sommes dans la même classe, nous sommes bien obligées de nous entendre. Alors Nora et moi serrons les dents en attendant qu'une opportunité se présente.

Pour ce qui est des filles assises près d'Irka, soit je n'en ai rien à faire, soit je les aime plutôt bien. Par contre, je suis un peu moins indifférente aux filles qui sont tout au fond de la classe, surtout Luna, qui est assise derrière moi et me lance sans arrêt des boulettes de papier dans le dos. Elle se prend pour une fille très talentueuse et mystérieuse. Pendant les fêtes et aussi le reste du temps, elle « fait semblant » d'être ceci ou cela, elle essaie d'attirer l'attention sur sa beauté (qu'elle ne possède pas), ses aptitudes exceptionnelles (qui sont le fruit de son imagination) et son importance (qu'elle n'a jamais eue). Luna tente toujours de se faire remarquer par les garçons : comme elle est petite, elle porte des talons hauts, maquille ses sourcils pour les allonger et se poudre le visage. Au début, elle « empruntait » la poudre d'Irka Łozińska et faisait ça soi-disant « pour rire ». Désormais, ce n'est plus du tout « pour rire », elle le fait très sérieusement.

Irka Łozińska est sûrement la plus belle fille de notre classe, voire de l'école tout entière. À tel point que vous n'arrivez même pas à lui en vouloir pour son teint mat, presque orange (à cause de la poudre, bien sûr), son ton condescendant ou les paroles méchantes qui franchissent ses lèvres couleur corail, dissimulant des dents blanches parfaites. Mais Irka a la pire des tares : elle a la tuberculose… Oui, parfois, elle saigne du nez et de la bouche. J'ai de la peine pour elle. Elle a un petit ami qui l'aime, mais il ne sait pas qu'elle est si gravement malade.

Irka occupe une place tout au fond de la classe. À côté d'elle se trouvent deux personnages fort désagréables : Halina (très méchante, mais très bien coiffée) et Sławka, qui affiche toujours un air surpris, ne répond jamais et se cache sous le bureau d'Halina lorsqu'elle veut éviter de répondre à la question d'un professeur. Puis il y a la troisième Irka, maigre comme un clou et très laide. À côté d'elle, il y a Elza, mon ancienne voisine. Elle joue les innocentes, mais je sais très bien que c'est du chiqué. Ses notes sont correctes, mais son bulletin est toujours meilleur que ce qu'elle mérite. Il paraît qu'elle copie ses devoirs de latin sur la troisième Irka… mais qu'est-ce que ça peut faire.

Puis il y a la présidente de notre classe, Krzyśka. Krzyśka ne sait rien sur rien et parle comme si elle avait des ravioles remplies de sable dans la bouche, mais elle est jolie et perpétuellement folle amoureuse de tous ses Zbyszek, Sławek, Leszek, Zdzisio, etc. Elle est amie avec Luna.

Devant elle, la Eda numéro un (il y en a trois) s'écrase et se laisse influencer. Eda est une « vraie femme », elle est fiancée, elle a de belles formes et tout le bazar. La deuxième Eda est l'ancienne amie de Belka. Elle a aussi le béguin pour Mlle Skorska, mais elle n'est pas bonne en histoire, alors je trouve ça suspect. La troisième Eda était notre ennemie il y a encore quelques mois. Imagine un peu, cher journal, une étrangère, une paysanne qui arrive et veut être la chef, essaie de nous montrer qu'on est en retard par rapport à elle et se croit « douée à tous les niveaux ». Sérieusement ?

Luśka et Dziunka sont assises devant Eda. Dziunka a des « mouvements tectoniques nerveux ». J'ai été en mauvais termes avec elle pendant plus d'un an, mais je suis passée à autre chose le jour de la fête de Brühla. Dziunka est considérée comme la fille la plus barbante de la classe et, de fait, elle l'est. Luśka, elle, est idiote, stupide et attardée. Vous pouvez lui dire n'importe quoi. Mais elle est marrante, elle danse toujours la danse d'« Androussovo » avec moi quand nous sommes à une fête. Une fois, pendant un cours de maths, Luśka s'est écriée : « Mademoiselle, mademoiselle, vous ne m'avez pas appelée au tableau depuis tellement longtemps, et j'adore les maths ! »

En entendant ça, Nora lui a dit : « Luśka, enfin, ne sois pas stupide.

— Pas du tout », a répondu Luśka, mais ensuite, quand elle s'est rendu compte de ce qu'elle avait fait, elle a commencé à bégayer en écarquillant ses yeux brillants.

Devant la première Eda, Luśka et Dziunka, il y a une table étrange réservée aux « singeries », autrement dit à Janka. Janka est la meilleure de la classe quand il s'agit de jouer les idiotes, et elle survit uniquement grâce à l'aide des autres. Lorsqu'elle est appelée au tableau, elle a les réponses inscrites sur ses ongles. Si, par hasard, le professeur remarque qu'il y a quelque chose de louche, Janka lèche rapidement l'encre et joue la sainte-nitouche. Janka sait pleurer, sangloter et même s'évanouir sur commande, un peu comme la première Eda, qui tout à coup a des vertiges lorsque Pacuła est sur le point de lui demander de réciter un poème. De manière générale, Janka est très douée quand il s'agit de faire une scène. À côté d'elle se trouve Wisia, une petite chose qui ne mesure même pas un mètre en dépit de ses quinze ans. La troisième de cette rangée est Frejka, ou Salka. Elle fait des crises de nerfs de temps en temps, elle est parfois incapable de dire un mot lorsqu'elle est trop contrariée, elle a une façon comique de marcher en sautillant, et souvent elle ne supporte pas de rester assise à sa place.

Je devrais aussi mentionner Ninka, cette fille étrange qui semble parfaitement innocente mais reçoit des lettres en poste restante de la part de plusieurs « personnes », arrange des rendez-vous dans des ruelles sombres, rend visite à des hommes seuls et en est très fière. Elle est plutôt gentille. Il y a d'autres filles dans notre classe, mais comme je l'ai déjà dit, soit elles m'indiffèrent, soit je ne veux pas les fréquenter, parce que je suis sage.

Voilà des mois que nous organisons une fête. Après bien des disputes et des désaccords, elle va enfin avoir lieu ce samedi.

2 février 1939

Bonjour, cher journal ! J'ai toujours été plutôt moyenne en gymnastique, alors je m'entraîne à la maison pour m'améliorer. Je viens à l'instant de réussir mon premier saut périlleux. Aucune de mes amies n'y arrive. Je suis triomphante, même si je me suis écorché le genou.

5 février 1939

Cher journal, la fête a enfin eu lieu ! Je suis si heureuse… C'était très réussi et tout le monde s'est follement amusé, en particulier Brühla. Mais lorsque la fête a été finie, la tristesse m'a de nouveau étreinte. Pour la énième fois, j'ai songé : « Si seulement maman était ici. » En fait, Mme Oberhard, la mère d'Irka, ne lâchait pas Brühla d'une semelle, elle la baratinait sans cesse, ce qui rendra naturellement service à Irka et à sa sœur cadette à l'avenir. Oh, journal chéri, si tu savais à quel point c'est difficile de désirer si ardemment quelque chose et de se faire chiper le trophée juste avant la ligne d'arrivée ! En réalité, j'ignore ce que je voulais, dans le fond. Pacuła m'a abreuvée de compliments, sauf que cela m'est égal (elle s'adressait à Norka et moi). Brühla a été plutôt gentille. Et pourtant, je ne suis pas contente.

Luna est montée sur scène deux fois et moi aussi. Aujourd'hui, j'ai aperçu Brühla en compagnie de Mme Oberhard ; je pense qu'elles revenaient probablement de chez elle. J'ai hoché poliment la tête et j'ai dit à Nora : « Qu'est-ce que tu en penses ? Elle était encore chez elle, n'est-ce pas ? » Tout à coup, elle a fait une grimace. J'ai regardé autour de nous et j'ai vu que Brühla était juste derrière nous. Elle avait une mine affreuse, je ne sais pas ce qui lui arrive. J'aimerais me rendre utile, l'aider, peut-être même la conseiller, mais le gouffre qui nous sépare est si vaste… Il est gigantesque, peut-être même encore plus grand que celui qui me sépare de maman. Elle aussi pourrait m'aider et me conseiller. Mais c'est incroyablement difficile de franchir ce fossé.

8 février 1939

Cher journal, voilà plusieurs jours que je ne t'ai pas raconté ma vie mais, à vrai dire, il ne s'est rien passé d'extraordinaire. Les choses suivent leur cours normal, à quelques exceptions près. Brühla s'est rendue à une conférence de professeurs de latin, c'est donc M. Skorski qui nous a faites cours à sa place. M. Dziedzic a fait l'éloge d'Irka (à tort) et Belka a eu une mauvaise note. De mon côté, je ne m'en suis pas mal sortie, mais je suis inquiète pour demain. Ça risque d'être une très mauvaise journée. Voilà, c'est tout ce que j'avais à te dire.

11 février 1939

Il pleut aujourd'hui… C'est une journée grise et triste. Pourtant, je ne me sens pas très triste, j'ignore pourquoi. Peut-être à cause du départ pour le Canada, même si la vie là-bas ne sera pas forcément si belle en fait. Ou peut-être parce que je suis en train de fabriquer un vase grec. Enfin bref, je ne suis pas aussi triste que d'habitude. Normalement, les jours de pluie, je reste assise près de la fenêtre et je compte les larmes qui coulent sur le carreau. Il y en a plein. Une petite dégouline, prise en chasse par une autre plus grande, puis une autre, et encore une autre… sans oublier les deux qui roulent sur mes joues. Elles glissent toutes vers le bas comme si elles voulaient atterrir sur le trottoir trempé et boueux pour le salir encore plus, comme si elles voulaient enlaidir cette journée, la rendre encore plus moche qu'elle ne l'est déjà. Mais aujourd'hui, c'est un mystère. Comme… comme une poubelle. Les gens pensent que ce n'est pas grand-chose, que ce n'est rien du tout. Mais ce n'est pas le cas. Je ne sais pas. On va peut-être se moquer de moi, mais je sais que toi, tu vas me comprendre, mon ami : parfois, je pense que les objets inanimés peuvent parler. (D'ailleurs, ils ne sont pas inanimés du tout : ils ont une âme, comme les humains.) Parfois, j'ai le sentiment que les larmes rient. Et je ne suis pas la seule à le penser, alors c'est sûrement vrai. D'autres appellent ça autrement, mais ils ne songent jamais que ce n'est rien d'autre que ça : un rire. Ou une poubelle.

Oh, la nuit ! L'obscurité est enfin tombée !
Je n'aime pas cet endroit ! Je me sens agressé !

J'étais bien mieux dans la cité,
Avec son confort, ses lumières et sa chaleur.
Quelle misère,
On a arraché un feuillet
D'un hebdomadaire.
On m'a seulement acheté hier
Et aujourd'hui, je suis déjà bon pour le rebut !
Toi, au moins, tu as tout vu,
Ce monde, tu l'as parcouru.
Ta vie était si tranquille sur le stand du marchand,
Pendant que je courais partout dans les rues en
[criant.
Il est fort préférable de paraître une fois par
[semaine,
Au lieu d'être un quotidien qu'on oublie sans peine.
J'étais prêt, je ne suis pas amer
À l'idée de finir à terre,
Comme un emballage dont on n'a rien à faire.
J'étais un magazine pour enfants, hélas,
Magnifiquement illustré en masse,
Plein de couleurs et de classe,
Mais que les ordures dépassent.
Je me trouve bien différent,
D'un quotidien, cela s'entend,
Ou d'un magazine de cinéma
Ou même... de ce papier de soie.
Alors, laissez-moi vous dire que je n'aime pas être
[ici.
Ne m'approchez pas ou je m'enfuis !
Cela mettra une sacrée pagaille dans la poubelle.
Quoi ? Quelle impudence ! Quel rebelle !
Et tous les magazines réunis

Se sont envolés, comme des oiseaux de leur nid.
Les gens étaient surpris le lendemain matin,
Ils ont vu cela comme un signe du destin,
Que quelqu'un ait jeté les magazines sur le trottoir
Au lieu d'à la poubelle comme les autres soirs.

Renia. Je t'embrasse. Il faut que j'aille potasser, maintenant.

13 février 1939

Existe-t-il pire journée que le lundi 13 ? Rien que le lundi en soi, c'est déjà assez terrible d'habitude, mais là, avec le numéro treize par-dessus le marché, ça ne peut que porter la poisse ! Ce n'était vraiment pas une bonne journée. En plus de toutes les petites malchances, j'ai dû aller à l'école, bien sûr. Cours de latin, Brühla entre, je me dis qu'elle veut nous faire un contrôle. Mais non. Tant mieux, me voilà sauvée (du moins, c'est ce que je crois). Sauf qu'elle souhaite que nous écrivions une rédaction sur des pages arrachées à nos cahiers. Ma rédaction était aussi bonne que possible pour un lundi 13, à savoir aussi mauvaise que cette journée. Pourquoi ? Hum… Bonne question, pourquoi ?

Seule une personne qui n'est pas superstitieuse pourrait poser cette question. Exactement. Alors, premièrement, j'ai été absente, ce qui veut dire qu'il me manquait certaines déclinaisons ; deuxièmement, j'ai passé tout le cours à rire à gorge déployée ; et troisièmement, nous devions écrire la rédaction sur des bouts de papier déchiré qui ne m'inspiraient aucun respect, alors j'ai pris l'exercice à la légère, sans même songer que Brühla les ramasserait. En géographie, une dispute turbulente a brutalement éclaté au sujet des chaises. Je n'y ai pas pris part, mais on m'a tout de même rangée parmi les trouble-fêtes. Nous devions changer de place dans la salle. J'ai déjà dit à de nombreuses reprises que je n'étais pas une ratée. Alors, avec Nora, nous nous sommes discrètement dirigées vers la dernière table. Gruca m'a dévisagée et dit de me pousser de là. Je n'ai pas voulu et je lui ai répondu que j'étais très bien où j'étais. Elle a insisté, j'ai insisté aussi.

« Bouge !

— Mais je n'ai rien fait. »

Et ainsi de suite. J'ai fini par comprendre que je ne m'en sortirais pas, alors j'ai cherché une autre place des yeux.

« Il y a une place ici. Bouge, s'il te plaît, a dit Gruca.

— N'importe où sauf ici. Je suis fragile et je tombe facilement malade. Je risque d'avoir trop chaud si près du poêle et d'attraper une pneumonie », ai-je répondu.

Le moment était venu de mettre fin à ce cirque.

« Ici, alors, s'est entêtée Gruca.

— Oh non, pas près de la porte ! Comment pourrais-je être assise si près de la porte, fragile comme je suis ? »

Toute la classe se tenait les côtes, bien sûr. Tout le monde riait à en perdre haleine.

J'ai compris que je n'avais pas le choix et j'ai fini par changer de place, mais seulement au bout de sa quatrième tentative. Pendant tout ce temps, Nora était assise sous la table et je n'arrêtais pas de toquer. J'ai ensuite dit à Gruca que je n'arrivais pas à voir la carte de là où je me trouvais. Et j'ai continué à toquer, en faisant comme si c'était un inspecteur des écoles qui frappait à la porte. Il s'est sans doute passé mille autres péripéties, mais je suis heureuse que cette journée incroyablement mauvaise soit terminée.

14 février 1939

Réunion parents-professeurs aujourd'hui. Ça ne s'est pas bien passé, à cause des événements d'hier. Brühla a dit que ma rédaction était catastrophique. J'ai du souci à me faire, désormais.

15 février 1939

Rien de spécial aujourd'hui. Przemyśl se prépare à une attaque chimique et moi, je me prépare à une crise de nerfs. Tout ça à cause de lundi dernier ! J'ai été appelée au tableau en cours de chimie. J'étais prête ! Dziedzic a essayé de me piéger, bon sang.

26 février 1939

J'ai été assez occupée ces jours-ci. Arianka est ici. Nous avons une réunion demain et je dois écrire mon exposé.

28 mars 1939

Dieu, que je suis triste… si triste… J'aimerais pleurer, gémir et sangloter. Comment pourrais-je exprimer à quel point je me sens mal ? Non… c'est impossible. Maman vient de partir et je n'ai aucune idée de quand je la reverrai. Je me suis disputée avec Nora il y a quelques jours, alors je suis obligée de rester avec Irka, ce qui n'aide pas.

Et puis il y a les souvenirs… Ils sont toujours là et, même s'ils me font pleurer, même s'ils me brisent le cœur, je les chéris précieusement. Ce sont les souvenirs de la meilleure période de ma vie. C'est déjà le printemps ! Le printemps était si beau, là-bas. Les oiseaux chantaient, les arbres étaient en fleur, tout n'était que ciel bleu, amour et joie ! Là-bas, les gens pensaient aux vacances à cette époque de l'année. C'était en tous points différent d'ici. Si tranquille, doux et agréable. J'adorais.

Le soir du séder[1], j'ai attendu le prophète Élie. Peut-être que, dans le passé, ce saint homme venait rendre visite aux enfants heureux. Mais s'il n'allait voir que les pauvres, s'il ne se tenait jamais sur le pas de nos portes grandes ouvertes, s'il ne me laissait jamais l'apercevoir, alors c'est maintenant qu'il faut qu'il vienne, lorsque je n'ai plus rien. Rien à part mes souvenirs. Grand-père ne va pas bien. Maman se fait beaucoup de souci pour moi. Oh, que je suis malheureuse ! Parfois, je fais exprès de ne pas manger pour éviter de…

Elle me guette partout où je vais
Tapie, je la vois m'espionner
Ses horribles mains osseuses
Veulent faire de moi sa prisonnière
Elle me chuchote des choses affreuses
Dans des murmures mortifères
Elle m'attend, elle m'appelle
Elle se frotte les mains fièrement

---

1. Repas cérémonial marquant le début de Pessah (Pâque juive), qui comprend la lecture de textes, des récits, des chants, et la consommation de vin et d'aliments spécifiques. *(N.d.T.)*

Elle me fixe, je chancelle
Elle me regarde patiemment…

2 avril 1939

La retraite spirituelle est terminée. Je n'en ai pas du tout profité. Je suis toujours en colère contre Nora. Et Irka ne m'a pas lâchée d'une semelle, alors j'ai passé un peu de temps avec elle. Vers la fin, je n'avais même pas un bon livre à lire. Les vacances approchent. J'ai commencé à apprendre le français et, si la guerre n'éclate pas, j'irai peut-être en France. J'aurais dû m'y rendre plus tôt, mais Hitler s'est emparé de l'Autriche, puis des Sudètes, de la Tchécoslovaquie et de Klaipeda[1]. Qui sait quel territoire il annexera ensuite. Ma vie aussi s'en trouve affectée. J'ai envie d'écrire un poème pour Arianka. Je serai très contente si le résultat est à la hauteur de mes attentes.

Une petite poule était malade.
Elle alla vite trouver le médecin.
Elle lui annonça sans parade :
« Aidez-moi, docteur, je ne me sens pas bien.
Quand je suis en colère, quelque chose me picote,
Quelque chose me fait mal, quelque chose me pique.
(Je souffre tant que, sans arrêt, cela m'asticote !)
Je ressens un tournis frénétique,
Je n'ai pas faim et j'ai le ventre noué,
Je ne dors pas jusqu'au petit matin.
Et le jour, je suis épuisée.

---

1. Territoires annexés par l'Allemagne nazie en 1938 et 1939, avant que la Seconde Guerre mondiale n'éclate.

Mes migraines me font manquer d'entrain.
J'ai le visage rouge comme un phare.
Et quand mon mari chante son cocorico,
Je deviens violette puis noire,
Ma nervosité est au plus haut.
Laissez-moi ajouter, mon ami,
Qu'hélas, je transpire à foison. »
Face à une telle maladie,
Le médecin crut perdre la raison.
Il tint à bien réfléchir,
Il voulut longuement étudier,
Avant de finalement dire :
« Regagnez votre poulailler,
Je ne peux rien pour vous, vous allez mourir.
— Comment cela, mourir ? Vous plaisantez !
Mon cher docteur, vous voulez rire,
Jamais je ne me suis si bien portée ! »

7 avril 1939

Oui... Un chant d'oiseau, écoutez...
Cela fait ô si longtemps
Tant d'heures ont passé
Mais rien ne bouge à part le temps

C'est tout aussi triste... larmoyant... décourageant. Je n'ai pas de nouveau manteau et celui-ci est vieux et usé. Contrairement à mes amies, je n'ai pas de nouvelles chaussures. Et même si je tente de me consoler en songeant que j'ai des pensées douces et de beaux rêves d'avenir, je reste triste. C'est à croire que tout Przemyśl s'est refait une beauté : tous les gens irradient dans leurs nouveaux atours, avec leurs souliers tout neufs (il suffit de regarder les semelles et d'écouter les voix qui s'exclament ici et là : « Que mes ampoules me font mal ! »). Tout le monde affiche un air solennel, comme on le fait lors des jours de fête. J'ignore pourquoi, mais cette humeur festive me rappelle l'époque où l'on nous apprenait les règles à respecter en cas de raid aérien.

« Franchement, monsieur Sztajner, quelle vaste blague, ne croyez-vous pas ?

— N'est-ce pas ! C'est incroyable ! Ils ont fait de moi une sorte de commandant, mon brave. Je passe mes journées à courir dans tous les sens, mon brave. Et je ne sais même pas ce que je suis censé faire !

— Oui, oui. Un commandant de comédie, comme qui dirait. Mais encore ? »

Toute la ville résonne de conversations comme celle-ci.

« Laissez-moi vous dire une chose, mon cher ami, tout cela empeste légèrement la guerre.

— Et comment. La fin du monde est proche. J'ai entendu des rumeurs sur des bombardements. Mais les gens assurent qu'il n'y aura pas de guerre, mon ami, qu'ils vont simplement continuer à s'en prendre les uns aux autres, ceux d'en haut contre ceux d'en bas.

— Pas de guerre, dites-vous ? Eh bien, moi, je crois que si. Vous l'ignorez, mon ami, mais ils placardent toujours des affiches avant la guerre. Ils vont et viennent et, soudain, tout à coup, la guerre éclate, mon ami !

— Des sirènes ?! Une alerte ! Éteignez les lumières, tirez les rideaux ! Kaziu, attrapez une casserole et tapez dessus, vite ! crie le commandant.

— Qu'est-ce que vous racontez, cher voisin ? On nous a clairement expliqué qu'en cas d'alerte, il faut frapper contre une rampe d'escalier, répond le voisin.

— Mais enfin, vous êtes fou ? crie un autre voisin. En cas d'alerte, il ne faut rien faire du tout, et rester dans l'entrée sans bouger.

— C'est moi le commandant ici, alors je sais ce qu'il convient de faire ! Vous voyez bien, on entend des gongs de partout, Kaziu ! Une casserole et une rampe d'escalier, cognez sur les deux !

— Monsieur, que diriez-vous de porter un brassard ?

— Je vous demande pardon ? Je vous interdis de me donner des ordres. Si vous continuez à me contredire, je présenterai aussitôt ma démission au concierge de l'immeuble. Et vous devrez payer une amende, bien entendu.

— Vous allez vous taire, un peu ? proteste une voisine. Que se passe-t-il ? Je viens de mettre les enfants au lit et vous faites un raffut impossible. Il nous faut de l'ordre. Laissez les braves gens vivre leur vie. Vous êtes le commandant et, au lieu de maintenir le calme, vous faites du bruit, vous réveillez les enfants qui dorment, vous sortez les braves gens de leur lit ?

— Ma chère madame, il y a eu une alarme…

— Une alarme, quelle alarme ? s'affole une autre voisine. Madame Pietroszkowa, vous avez entendu ? Je viens juste de réussir à coucher les enfants. Henio est malade, le docteur a dit qu'il avait besoin de repos. Avec un boucan pareil en pleine nuit, comment voulez-vous ? On n'a jamais vu ça. Avez-vous déjà vu une chose pareille ?

— En effet, ma chère, répond Mme Pietroszkowa. C'est un véritable vacarme.

— N'avais-je pas dit que ce qu'il convient de faire, c'est de rester sagement dans l'entrée et d'attendre jusqu'à… »

Zosia interrompt le voisin : « Ma mère a la migraine. Elle dit d'arrêter de faire du bruit immédiatement ou elle appelle la police.

— C'est moi le commandant ici, et c'est moi le responsable, alors je fais ce qui me plaît et je me fiche des maladies des uns et des autres. Kaziu, encore un coup de canon ! »

C'est alors que le concierge arrive.

« Qu'est-ce qui se passe, ici ? Retournez dans vos appartements. L'alerte est finie depuis longtemps. Tous ces cris ! Tout ce ramdam ! Je vais faire un rapport. Tous les résidents du 13 rue Nieszczęśliwska devront payer une amende pour tapage nocturne. »

Tout le monde : « Quel commandant ! »

4 mai 1939

Voilà un moment que je ne t'ai rien raconté. Pourquoi ? Est-ce que je le sais seulement ? J'étudie le français à présent et je prends des cours avec Jerschina[1]. J'ai fait une rédaction sur la peinture romaine et, désormais, je prévois d'écrire, ou plutôt j'ai déjà commencé à écrire un texte en allemand. Hier, le 3 mai, j'ai participé à un défilé, et c'est pour cette raison que je ne me sens pas bien aujourd'hui. La pluie m'a trempée jusqu'aux os. Beaucoup de choses ont changé depuis notre dernière

1. Stanisław Jerschina, spécialiste de la langue polonaise, professeur, fondateur et directeur de l'institut de formation des enseignants de Kielce.

conversation. Maman et Arianka sont parties à Łódź. Je suis en mauvais termes avec Brühla. Elle ne m'a pas interrogée en grec et a dit à la directrice que je passais mon temps à flâner avec Nora. C'est Irka qui me l'a dit. En même temps, Irka adore faire circuler des rumeurs. Il y a eu une fête à l'école, mais je n'y suis pas allée. Luna, en revanche, s'est affichée autant qu'elle a pu. Pour une raison qui m'échappe, cette idiote s'imagine qu'elle est ma rivale ! Ma rivale, non mais franchement ! Si elle savait à quel point je me fiche de sa récitation. Je n'en ai vraiment rien à faire, il se trouve que je suis au courant, c'est tout. Je ne peux pas dire que je me sois vantée, de mon côté. Simplement, quelque chose me dit qu'elle va finir artiste de cabaret (ça se voit à sa façon de bouger et de se coiffer), alors que moi, j'ai d'autres projets (je crois), par conséquent, nos chemins ne se croiseront pas, alors c'est ridicule de dire que Luna pourrait être ma rivale. Aujourd'hui, je déclare la guerre. Une guerre intérieure. Je l'ai prévenue hier et je compte bien m'y tenir. Ce qu'il y a, c'est qu'elle ne voulait pas me laisser gagner ma place habituelle dans la rangée. Finalement, la commandante est arrivée et m'a dit d'échanger de place avec elle, à savoir Luna. Alors elle m'a dit : « Je savais que tu avais raison, mais j'avais envie de te contrarier. »

Me contrarier ! Ha ha ha, c'est trop drôle. Elle qui est à ma merci, en latin et en général. Alors je lui ai répondu : « Tu voulais me contrarier ? Eh bien, désormais, sache que je compte bien en faire autant. »

Et c'est ce que je vais m'appliquer à faire, jusqu'à la fin, parce que c'est ce que je veux.

7 mai 1939

Mai. C'est un mois de mai très étrange. Si triste… Cette pluie… Et dire que c'est déjà le mois de mai. Nous sommes en mai et je n'ai pas encore vu d'arbres en fleur, je n'ai pas encore senti l'odeur des champs qui se réveillent, mes champs… Il pleut, mais c'est une bonne chose. J'aime la pluie depuis quelque temps, parce que je sais qu'au moins, c'était pareil là-bas lorsqu'il pleuvait. Hier, je me suis rendue à une fête et j'ai parlé de tout et de rien avec Nora, des différents objectifs que les gens se fixent dans la vie, des avantages de faire des études… J'adore discuter lorsque je sais que mon interlocuteur me comprend.

La lune nage en silence
Brille dans le ciel, illumine les rêveurs
Pendant que, plus bas, la rue est en transe
Débordante d'activité, de fatigue, de chaleur
Un concert assourdissant de bruits de pas
Résonne sur les trottoirs pavés
Les roues des chariots grincent dans un brouhaha
À un rythme effréné
Les taxis filent en avant
Et les tramways rouges glissent sans incident
Sur leurs rails en acier
Avec parfois des arrêts
Pour embarquer vers l'ailleurs
Une nouvelle flopée de voyageurs
Puis ils repartent sans protester
Propulsés par une chaleur furieuse
Dans le ciel bleuté

La lune argentée ondule, rieuse
Mais personne ne la voit bouger
Plus bas, la rue vrombit doucement
Des chaînes de lumière dorée
Illuminent le jour tombant
Si étrangement drapées
Dans les vitrines des marchands
De grands lampadaires
Se tiennent sous la lumière
De la lune qui frémit
Personne ne lève le nez en l'air
Car la rue les éblouit.

Renia

Lorsque je regarde par ma petite fenêtre
Je vois les mêmes toits, les mêmes devantures
Je vois les mêmes gouttières blotties contre les murs
Seuls les gens dans la rue changent peut-être
Même la chaussée, brillante et glissante après la
[pluie
Même les passants, les voisins d'en face ne dérogent
Au rez-de-chaussée, l'avocat à lunettes et sa fille
[toute jolie
Le pharmacien au premier, le gardien dans sa loge
Les deux servantes et la dame aux cheveux gris
[au troisième étage
Ici, une poupée, un clown, des jouets, une petite
[fille sage
L'ouverture des volets est réglée comme une horloge
Les habitants observent le spectacle chaque jour
Les maisons en font autant, comme les fenêtres
[qui se prélassent

Et seuls les gens dans la rue changent, encore et
[toujours

18 juin 1939

C'est mon anniversaire aujourd'hui. Je ne veux pas penser à des choses tristes, penser que je ne suis pas là-bas… Chut ! À la place, je songe à toutes les choses utiles que j'ai accomplies dans ma vie jusqu'à présent.

Une voix dans ma tête : « Tu n'as rien accompli du tout. »

Moi : « J'ai de bonnes notes à l'école. »

La voix : « Tu ne les as pas méritées. Quoi d'autre ? »

Moi : « Rien. Je veux vraiment aller en France. »

La voix : « Est-ce que tu veux être célèbre ? »

Moi : « J'aimerais bien devenir célèbre, mais je ne le serai pas. Alors je veux seulement être heureuse, très heureuse. »

Demain, c'est la fin de l'année scolaire, mais ça m'est égal. Tout m'est égal. Tout… Absolument tout…

J'aime de nouveau beaucoup Jerschina, mais Brühla pas tant que ça. Je ne l'ai pas dit à Nora, je ne veux pas l'inquiéter. Demain, je te raconterai notre sortie.

Si un homme pouvait voler
Si les âmes pouvaient regarder
Le monde deviendrait enragé
Le soleil nous éclairerait trop fort
Les gens danseraient même morts

En criant : « Encore ! » Nous voulons nous enfuir
Nous voulons voler, nous voulons courir
Le monde est sombre, suffocant, étriqué
Laissons-le plutôt s'envoler
Laissons-le grandir et briller
Laissons-le traverser les frontières
Laissons-le se perdre dans ses clairières
Porté par des centaines de bras
Des millions de mains, un océan d'ailes
Laissons le fil du temps nous emporter ici-bas
Jusqu'à ce que l'obscurité envahisse à nouveau
[le ciel
Supportons ce règne tout-puissant des enfers
Jusqu'à ce que leur longue chute ait lieu
Jusqu'à ce que, épuisés et souffreteux,
Ils tombent et restent à terre.

15 août 1939

Je ne t'ai pas écrit depuis un moment. La fin de l'année scolaire est passée depuis longtemps, mes vacances d'été se terminent bientôt et je ne t'ai rien raconté. J'ai rendu visite à ma tante à la campagne, je suis allée à Varsovie, j'ai vu maman, et là, je suis rentrée. Mais tu ignores tout cela. Tu es resté planté là, abandonné à ton sort avec mes pensées, et tu ne sais même pas que nous sommes sous le coup d'une mobilisation secrète, ni que les Russes ont signé un traité avec les Allemands. Tu ne sais pas que les gens font des réserves de nourriture, que tout le monde est sur le qui-vive, à attendre… la guerre. Lorsque j'ai fait mes adieux à maman, je l'ai serrée de toutes mes forces. Je voulais tout lui dire avec cette étreinte silencieuse. Je voulais prendre son âme et lui laisser la mienne, car… quand la reverrai-je ?

L'étreinte de ma mère
La seule et l'unique, la dernière,
M'accompagnera pendant des jours
À travers les larmes et les mauvais tours
À travers les moments difficiles
Nous les traverserons, toi et moi
Et ensuite, le soleil brillera.

Je n'arrive pas à réfléchir, aujourd'hui. Apparemment, ça s'appelle le « spleen ». Quelque chose passe en volant à toute vitesse et disparaît dans la brume. Zigzags, cercles, rayures, brouillard… un brouillard rose, verdâtre… Non, rien n'éveille ma curiosité. Une pensée tourne en boucle dans ma tête, une seule, tout le temps la même. Maman… la guerre… des chaussures marron… la guerre… Maman.

6 septembre 1939

La guerre a éclaté jeudi ! D'abord, le 30 ou le 31 août, la Pologne est entrée en guerre contre l'Allemagne. Puis l'Angleterre et la France ont également déclaré la guerre à Hitler et l'ont attaqué sur trois fronts différents. Mais il ne reste pas assis sans rien faire. Les avions ennemis ne cessent de survoler Przemyśl et, de temps à autre, une sirène de raid aérien retentit. Grâce à Dieu, aucune bombe n'a été lâchée sur la ville jusqu'à maintenant. D'autres villes comme Cracovie, Lviv, Częstochowa et Varsovie sont en partie détruites.

Mais nous nous battons tous et nous nous battons toutes, des petites filles aux soldats. J'ai suivi un entraînement militaire pour femmes. J'ai appris à creuser des tranchées pour les raids aériens, à coudre des masques à gaz… J'ai travaillé comme messagère. Je sers le thé aux soldats plusieurs fois par semaine. Je fais des rondes pour récolter de la nourriture pour eux. En un mot, je me bats avec le reste de la nation polonaise. Je me bats et je vaincrai !

10 septembre 1939

Mon Dieu ! Mon Dieu ! Trois jours que nous sommes sur la route. Przemyśl a été attaquée. Nous avons été obligés de fuir. Trois d'entre nous sont parvenus à s'échapper : Arianka, grand-père et moi. Nous avons quitté la ville en flammes et en ruine au milieu de la nuit, à pied, avec nos sacs sur le dos. Grand-mère est restée. Dieu, je Vous en prie, protégez-la. Sur la route, nous avons entendu dire que Przemyśl ne tarderait pas à être entièrement détruite.

Nous avons quitté la ville
Comme des fuyards
Seuls, dans la nuit triste et noire
La ville nous a dit au revoir
Parmi les immeubles qui s'effondraient
J'étais plongée dans l'obscurité
Il reste la bonté des gens autour de moi
L'étreinte de ma mère, le souvenir de ses bras
J'espère qu'ils nous guideront
Nous aideront et nous réconforteront

Nous traverserons
Tous ces malheurs
Jusqu'à ce que le jour se lève dans une lueur
Nous sommes des fugitifs esseulés
Des fugitifs que tous ont désertés

18 septembre 1939

Nous sommes à Lviv depuis près d'une semaine et nous ne parvenons pas à gagner Zalichtchyky. La ville est encerclée. La nourriture commence à manquer. Parfois, je me lève à l'aube et je fais la queue dans une file interminable pour obtenir un peu de pain. À part ça, nous passons toutes nos journées dans un bunker, une cave d'où nous écoutons le sifflement terrible des balles et les détonations de bombes. Dieu, je Vous en prie, sauvez-nous. Des bombardements ont détruit plusieurs immeubles et, trois jours plus tard, des gens ont été sortis vivants des décombres. Certaines personnes dorment dans les bunkers ; ceux qui ont le courage de dormir chez eux doivent se réveiller plusieurs fois par nuit et se précipiter dans leurs caves. C'est affreux de vivre comme ça. Cette vie en cellule nous donne un teint jaunâtre, pâle. Tout comme le manque d'eau, de sommeil, et l'absence de lits confortables.

Mais ce qui est bien pire encore, ce sont les pensées, noires comme la nuit, aussi macabres que des vautours. Grand-mère est restée à Przemyśl, papa est à Zalichtchyky et maman, ma petite maman est à Varsovie. Varsovie est encerclée, mais la ville se défend avec bravoure, elle résiste encore et toujours aux attaques. Nous, Polonais, nous battons comme des chevaliers sur un champ de bataille, au vu et au su de Dieu et de l'ennemi. Pas comme les Allemands, qui bombardent les habitations des civils, réduisent les églises en cendres, empoisonnent les enfants avec des bonbons toxiques (contaminés avec le choléra et le typhus) et des ballons remplis de gaz moutarde. Nous nous défendons et nous gagnons, comme Varsovie, comme les villes de Lviv et Przemyśl.

Maman est à Varsovie. Je l'aime plus que tout au monde, ma maman chérie. Je sais que si elle voit des enfants agrippés à leurs mères dans des bunkers, elle doit ressentir la même chose que nous lorsque nous, nous voyons ça. Mon Dieu ! Vous qui êtes si grand, Vous le seul et l'unique, s'il Vous plaît, sauvez ma maman, donnez-lui la foi de croire que nous sommes en vie. Dieu miséricordieux, s'il Vous plaît, mettez fin à la guerre, rendez tout le monde heureux et gentil. Amen.

22 septembre 1939

Mon cher journal ! C'était une journée très bizarre aujourd'hui. Lviv a capitulé. Pas face à l'Allemagne, mais face à la Russie. Les soldats polonais étaient désarmés dans les rues. Certains, les larmes aux yeux, ont laissé tomber leurs baïonnettes à terre et ont regardé les Russes détruire leurs fusils. Les civils se sont emparés des chevaux, des selles, des couvertures. J'ai tellement de peine, une si grande peine… Seule une poignée d'hommes se bat encore. En dépit des ordres, les défenseurs de Lviv continuent leur combat héroïque, prêts à mourir pour leur patrie.

La ville est encerclée
Sur tous les fronts
Une poignée continue à lutter
Sans bataillon
Une poignée continue à lutter
Ils ne se rendront jamais
Ce sont les défendeurs de Lviv

28 septembre 1939

Les Russes ont envahi la ville[1]. La pénurie de nourriture, de vêtements, de chaussures, de tout, continue. De longues files d'attente se forment devant chaque commerce. Les Russes, particulièrement, sont impatients d'acheter des choses. Ils organisent des raids pour obtenir des montres, du tissu, des chaussures, etc.

Je la trouve étrange, cette Armée rouge. C'est impossible de distinguer les soldats de deuxième classe des officiers. Tous portent le même uniforme gris-brun. Ils parlent tous une langue que je ne comprends pas. Entre eux, ils s'appellent *tovarishch*[2]. Parfois, néanmoins, les officiers ont une expression plus intelligente. La Pologne a été totalement envahie par les armées allemande et russe. Le seul îlot qui se batte encore est Varsovie. Notre gouvernement a fui le pays. J'avais une telle foi.

Où est maman ? Que lui est-il arrivé ? Dieu ! Vous avez entendu ma prière et il n'y a plus de guerre (ou du

1. L'occupation de Lviv a commencé dans l'après-midi du 22 septembre 1939.

2. « Camarade » en russe.

moins, je ne la vois pas). S'il Vous plaît, écoutez aussi la première partie de ma prière et protégez maman du mal. Où qu'elle puisse être, quoi qu'il lui arrive, je Vous en prie, gardez un œil sur elle et sur nous et aidez-nous en ces temps difficiles ! Amen.

27 octobre 1939

Je suis de retour à Przemyśl depuis quelque temps. Je vais à l'école. La vie a repris son cours routinier et, dans le même temps, elle est différente, si triste… Maman n'est pas là. Nous n'avons aucune nouvelle. J'ai fait un affreux cauchemar dans lequel elle était morte. Je sais que c'est impossible, et pourtant je pleure sans arrêt, tourmentée par de mauvais pressentiments. Si seulement je savais que j'allais la voir dans un mois, ou même dans un an, tant que j'en ai la certitude… C'est impossible. Non, laissez-moi mourir. Ô Dieu, s'il Vous plaît, accordez-moi une mort facile.

28 octobre 1939

La vie à l'école est très étrange. Hier, nous avons eu une assemblée, la veille un défilé. Les femmes polonaises enragent lorsqu'elles entendent des gens saluer Staline. Elles refusent de se joindre aux autres. Elles écrivent des messages secrets qui disent « La Pologne n'a pas encore péri[1] », même si elle a péri depuis longtemps, pour être honnête. Et désormais, l'Ukraine occidentale est ici, il y a le communisme, tout le monde est à égalité et c'est ça qui leur fait mal. Ça leur fait mal

1. « *Jeszcze Polska nie zginęła* », hymne national polonais.

de ne pas pouvoir dire « espèce de sale youpin ». Ils le disent tout de même, mais en secret.

Les Russes sont très beaux garçons (enfin, pas tous, tout de même). L'un d'eux était fermement décidé à m'épouser. « *Pajdyom baryshnya na moyu kvateru budem zhyly*[1] », etc., etc. La France et l'Angleterre se battent contre les Allemands et quelque chose se trame ici, mais qu'est-ce que cela peut bien me faire ? Je veux seulement que maman vienne, qu'elle soit avec nous. Alors je pourrai affronter les épreuves et les difficultés.

Une « tante » est morte ici, cette vieille dame mince et ridée aux cheveux argent.

Elle vivait sans faire de bruit...
Comme une ombre dans la nuit
Par un triste automne, elle est partie
Chancelante, avec ses rides, cette vieille dame aux [cheveux gris
Bossue, flétrie, malade, ses lunettes sur le nez
Est morte... Comme cela se fait
Une page de calendrier s'est alors envolée
Un jour nouveau est arrivé
Rien n'a changé dans la vie
Cette vie qu'elle avait tant chérie
La dame aux cheveux gris a versé une larme
Pour elle, elle n'était qu'un esprit
Et par un triste automne, elle est partie

1. « Allons dans mon appartement jeune fille. »

1er novembre 1939

Je suis très en colère, aujourd'hui. En colère, comme ils disent. Mais la vérité, c'est que je suis triste. Très, très triste.

Il y a un nouveau club pour la jeunesse ici, désormais. Plein de garçons et de filles y vont, et on peut bien s'y amuser (pour certains). Je n'ai plus le béguin pour Brühla. Je l'ai finalement dit à Nora, et elle m'a confié qu'elle ressent la même chose. Désormais, si on en croit les différents stades de développement d'une fille, je devrais « tomber amoureuse » d'un garçon. J'aime bien Jurek. Mais Jurek n'en sait rien et il ne risque pas de s'en rendre compte. Toi, tu le sais, et moi, et…

Le premier jour au club était amusant (enfin, je veux dire que je me suis amusée) mais, aujourd'hui, j'ai eu le sentiment d'être un poisson hors de son bocal. Les gens jouaient à ce jeu qui consiste à flirter (tu parles d'un jeu) et je n'ai pas reçu une seule carte. Rien que de te l'avouer, je suis gênée. Un certain Julek (pas Jurek) m'aimerait bien, apparemment, mais pourquoi ? Peut-être parce que je suis très différente de mes amies. Je ne prétends pas que c'est une bonne chose (ça pourrait même en être une mauvaise). Mais il n'en reste pas moins que je suis très différente d'elles. Je ne sais même pas comment rire de façon charmeuse. Quand je ris, c'est pour de vrai, ouvertement. Je ne sais pas comment « me comporter » en présence des garçons. C'est pour ça que la bonne époque me manque, l'époque du rose… du bleu… de l'insouciance. Quand maman était encore là, que j'avais ma propre maison, que le monde était en paix, que tout était bleu, brillant, serein ; que c'était le ciel bleu qui prédominait dans mon cœur à la place des nuages.

J'ai vécu dans les prairies joyeuses
Dans les prés baignés de soleil
Je souriais aux étoiles dorées
À l'aube rosée du petit matin
Ma vie était rose, elle aussi
Aussi brillante que les journées ensoleillées
Je voulais qu'elles s'étirent à l'infini
C'était si amusant d'être un écho heureux
De rire avec une telle joie
De refléter gaiement le ciel
Amoureuse de tout, aussi heureuse qu'on puisse
[en rêver
Je ne savais pas qu'un cœur pouvait tant pleurer
Je ne connaissais pas les sanglots de l'âme
Je ne savais pas que tout pouvait changer.
Aujourd'hui je suis pleine de regrets
Et, en dépit de ma jeunesse
Lorsque j'examine mon passé
Je pleure. C'est fini... Je suis atterrée...

6 novembre 1939

Je suis malade. J'ai mal à la gorge. Néanmoins, je parviens à respirer plus facilement maintenant. Je sais que maman est vivante, qu'elle est à Varsovie. Elle devrait arriver d'un jour à l'autre. Je suis impatiente, si impatiente... Ticio[1] a envoyé une carte postale ; c'est

1. Le père de Renia, également appelé Ticiu, Tusio.

l'abondance à Horodenka[1], les gens ne manquent de rien. Papa va commencer à travailler comme fermier. Peut-être qu'il nous apportera des provisions.

Nous avons trois jours fériés. C'est l'anniversaire de la révolution. Il y aura des assemblées dans les écoles, des défilés de jeunes. Quel dommage que je sois malade et que je ne puisse pas y participer…

9 décembre 1939

Les vacances arrivent. Papa a trouvé un travail dans une raffinerie de sucre. Peut-être que je vais le rejoindre. Maman est à Varsovie et elle ne prévoit pas de venir ici.

Peut-être que je vais obtenir une bourse… Croisons les doigts…

Je l'aime. Il est merveilleux, tout ce dont je rêvais. Je l'aime, mais je ne sais pas si c'est vraiment de l'amour. Il ne me connaît pas et, tout ce que je sais de lui, c'est qu'il est dans la police des frontières. Autre chose, quelque chose de terriblement « adolescent » : j'adorerais embrasser ses lèvres, ses yeux, ses tempes, exactement comme dans les romans d'amour.

Irka est passionnée. Elle va chez Marysia : il y a plein de lits là-bas, avec des draps, et chaque couple va dans une chambre séparée, et… Bon, ça fait réfléchir, disons. Belka a dit une phrase mystérieuse alors que nous étions en train de travailler (Belka sait plein de choses) : « Bref, regardez Irka, sa démarche grossière… » Beurk… C'est

---

1. Ville de la voïvodie de Stanisławów, centre administratif du district d'Horodenka, à l'époque sous occupation soviétique, et plus tard sous occupation allemande.

vraiment dégoûtant. Pour être honnête, je ne suis pas passionnée. J'aimerais bien avoir un beau mari, comme lui… J'aimerais vivre en Crimée dans une belle maison avec de grandes baies vitrées, avoir un petit garçon aux cheveux dorés, un fils, être heureuse et aimer tout ce qui m'entoure…

Je dois traduire un poème allemand. Qu'est-ce que j'en ai marre de l'école !

Toujours à l'œuvre, des mains par milliers
Depuis des milliers de décennies et autant de siècles
Et chaque main, d'une hache armée
Est comme un Atlas qui soutient le ciel

Rugissant et bruyant, il claque et vrombit
C'est l'appel de l'acier de notre patrie
Crissant et tremblant, dans un vacarme détonant
Le chant immortel du travail infini

Tant de cylindres doivent être expédiés
Et autant de boulons doivent être fabriqués
Les marteaux cognent contre l'enclume, volontaires
Pour alléger le monde et lui rendre sa lumière

Des milliers de gens doivent être vigilants
Les cerveaux doivent briller sans jamais se fatiguer
Pour que cette flamme soit allumée constamment
Et baigne le monde d'une lumière chaude pour
[des années

10 décembre 1939

« Nous travaillons ! » s'exclame la une de notre journal. « Le travail fait la force ! », « En avant, le travail » et bien d'autres slogans sont parvenus à mes oreilles. J'ai passé du temps à réfléchir à ce qu'est le travail. Chaque fois que j'y ai songé, des images différentes me sont venues à l'esprit. Celle d'une armée au travail, vêtue de gris, celle de travailleurs, celle d'étudiants avec la tête baissée sur leurs livres. Je vois des pilotes dans des avions rugissants, des marins quelque part en mer. Ils font tous partie d'une armée puissante de travailleurs ; on travaille partout, en mer, sur terre et dans les airs. D'accord, mais en réalité, qu'est-ce que c'est, le travail ?

Tout vibre et gronde autour de moi
On travaille, surtout on ne s'arrête pas
Le travail braille dans un bruit d'acier
Il recrute des soldats pour ses armées
Il appelle tout le monde sur terre et en mer
Des hommes des mines à ceux des airs
À s'emparer de leurs haches, leurs burins, leurs [truelles
Pour rejoindre la main-d'œuvre et y rester fidèles
Pour conquérir le monde dans sa totalité
Pour en construire un nouveau avec le travail, et le faire avec fierté

15 décembre 1939

La radio n'a pas mentionné d'explosion dans un collège de Przemyśl, les journaux n'en ont pas parlé dans leurs colonnes, les garçons qui vendent les journaux dans les rues n'ont pas crié : « L'école Konopnicka plongée dans une explosion de vapeur ! » Personne n'était au courant de rien, mais il s'est passé « quelque chose ». Ce « quelque chose » a eu lieu lors d'une leçon de physique ou de chimie. C'était avant la guerre, bien sûr. Voilà ce qui s'est passé : un inspecteur assistait au cours de physique ; nous tremblions toutes comme des feuilles, chacune appliquait toutes les mesures d'urgence possibles et imaginables, comme « une ligne téléphonique sans fil », coups de coude, coups de pied, éclaircissements de gorge et autres méthodes connues de nous seules. Enfin, la leçon a commencé. Tout allait bien ! Mais il se tramait quelque chose ! Sur la paillasse, il y avait plein de petites bouteilles, flasques, bols, tubes à essai, supports, brûleurs et autres appareils. Tout cela était plutôt impressionnant, imposant et très « scientifique ». J'irais même jusqu'à dire que, lorsque tout était aligné et relié, c'était joli. J'entends encore la voix nous dire clairement : « Mais s'il vous plaît, assurez-vous de ne pas bloquer l'évacuation de la vapeur, c'est très important. » Bien sûr ! Certainement ! Absolument ! Tout se passait à merveille et, plus encore, les réactions étaient conformes en tous points à ce que décrivait le manuel, jusqu'à ce que… horreur ! En comparaison de ce qui s'est passé ensuite, Zeus faisant tomber la foudre n'était qu'un doux murmure, les épées qui s'entrechoquent à Troie n'étaient qu'un frémissement délicat. Les bouteilles, les flasques, les tubes à essai… d'abord, tout s'est soulevé dans les airs, avant de se fracasser sur nos paillasses, nos livres et nos cahiers. Notre invité bien-aimé était outré, naturellement, etc.,

etc. Mais je t'en prie, garde le secret, car les journaux et la radio n'en ont pas parlé. Et j'ai déjà craché le morceau, alors désormais je te demande d'être discret. Que cela reste entre nous.

26 décembre 1939

La moitié de l'année scolaire a déjà filé. Le temps est passé à toute allure. D'abord, j'ai été élue au sein du comité en tant que présidente du club de théâtre, puis il devait y avoir une fête avec des garçons ; il y a eu de nombreuses descentes dans la ville, et quatre meurtres à caractère sexuel ont été commis. Demain soir, je vais voir papa à Horodenka. Mais avant ça, j'ai une réunion demain et je dois aller à Słowacki[1] pour une répétition. Peut-être même qu'il y aura une fête. Dommage que je ne puisse pas y aller, étant donné que, ces temps-ci, je me sens du genre… Mes journées et mes pensées sont un peu absurdes et immatures, ce qui est plutôt agréable. Des pensées idiotes, comme acheter de la poudre, prendre des photos… Tout est idiot, absolument tout.

La répétition a lieu demain. Je dois préparer une chanson de cabaret sur notre classe (la 4A), inspirée d'un psaume de la Bible :

I

Souffre, mon âme, et tu seras pardonnée
Ne souffre pas assez et tu seras condamnée
Dans notre classe

1. Le lycée Juliusz Słowacki, à Przemyśl.

Des hordes de jeunes filles
Qui rêvent, toute une brigade
Assise près d'un poêle froid
Souffre, mon âme...

II

Dès qu'ils sont près du poêle
Les canailles en bande se posent
Aussitôt, les voix explosent :
« Sortez de la salle, mesdemoiselles ! »
Souffre, mon âme...
Même si nos pauses
Résonnent de bruits
Mais pendant l'heure
Tout le monde reste tapi
Souffre, mon âme

III

Notre classe se battra
Avec tant de détermination
Que notre groupe brillera
En comparaison
Souffre, mon âme...

27 décembre 1939

I

À la croisée
De la rue Dworski
Près de l'école Słowacki
Un garçon et une fille se promènent
Près de l'arbre de Noël

II

Je te le dis, Rena[1]*, écoute-moi*
Ne sois pas trop sage, crois-moi
Prends ton argent et va à l'école
Ne rate pas une fête, fais la folle

III

Józek Ciuchraj, écoute-moi bien
Prends ton accordéon, joue un morceau styrien
Un, deux, trois, quatre, quel talent
Cette fête est un enchantement

IV

Arrête de nous regarder
Trouve quelqu'un avec qui danser
Puis rentre vite à la maison
Et dors d'un sommeil de plomb

9 janvier 1940

La fête est finie. Lors de la fête de Noël, j'ai remporté le prix de la meilleure élève, un jeu d'échecs. Puis nous nous sommes préparés pour un concours, qui se déroule déjà demain. Je dois réciter un poème intitulé « La locomotive[2] ». Pourvu que ça se passe bien.

À part ça, nous changeons d'école. Désormais, nous serons avec des garçons. Aujourd'hui, nous avons pris

---

1. Rena, Renusia, Renuś, Renuśka ou encore Aurelia : des variations du prénom Renia.
2. Poème de Julian Tuwim.

tout ce qu'il y avait dans notre salle de classe, nos décorations, nos encriers, tout. C'est censé être une école en sept ans. Beurk, quelle horreur. Je déteste ma vie. Au début, elle semblait bien partie pour être totalement différente, mais j'ai changé d'avis depuis longtemps. Je continue à vivre dans la peur des descentes, de la violence. Et cette histoire d'aller à l'école avec des garçons ! Enfin, attendons de voir ce que ça donne. La torture commence le 11, je te raconterai. Au revoir, cher journal, croise les doigts pour moi ! Espérons que tout se passe bien !!!

Je suis profondément stupide, qu'est-ce qui m'arrive ? Je n'ai jamais été comme ça, les gens ont toujours eu tendance à me trouver intelligente. Il faut vraiment être la dernière des idiotes pour tomber amoureuse d'un commandant et avoir envie de l'embrasser ! Est-ce que je suis folle ? Comment peut-on rêver que l'amour prenne la forme d'un commandant ? Je ne sors pas avec des garçons, c'est un fait. Je n'ai jamais été amoureuse non plus, mais il y a encore le temps pour ça, je pense. Même lorsque j'étais à la fête, je me suis sentie triste de ne connaître personne et je suis partie avec Nora, tandis que Belka et les autres filles restaient en arrière. J'étais furieuse que Belka reste. Sauf que Belka était jalouse de moi, jalouse que je parte. Et elle ne s'est absolument pas amusée, elle était triste et en colère, c'est à peine si j'ai réussi à lui remonter le moral. Et ensuite, c'est moi qui étais en colère que cet idiot se retourne sur elle, le même qui m'intéressait un petit peu. Tout cela est si dégoûtant et stupide… Je me croyais plus intelligente que ça…

12 janvier 1940

Ça y est, c'est passé. Toutes les choses auxquelles je réfléchissais, je veux dire. J'ai participé au concours. Ma récitation de « La locomotive » était comme ci, comme ça, mais le concours s'est très bien passé. Si bien que lorsque je suis retournée à l'école, les garçons ont commencé à m'appeler « quatre à quatre ».

Mais j'ai complètement oublié de te parler des garçons. Ce n'est pas aussi terrible que je me l'étais imaginé. En tout cas, c'est mon sentiment pour le moment. Nous avons de nouveaux professeurs, mais nous sommes toutes ensemble (je suis en 8C).

Les garçons sont très jeunes et innocents. Ils sont plutôt inexpérimentés et très polis, ils sont assez chouettes. D'autres filles, d'anciennes camarades, sont même jalouses de notre nouvelle organisation. Les garçons de la 8C ne sont pas particulièrement séduisants, à l'exception de Ludwik P. qui est très mignon et de Majorko S. qui est adorable. Ils veulent qu'on se mêle à eux quand on s'assoit, qu'on fasse un garçon, une fille, un autre garçon, mais, pour l'instant, ce n'est pas le cas.

Le jour du concours, j'ai reçu une lettre d'un commandant (de l'Armée rouge) qui m'invitait à un rendez-vous. J'ai décidé de cacher la lettre, de faire une farce et d'écrire une réponse.

Cher journal, j'ai bien conscience de ton importance. J'apprécie de plus en plus de me replonger dans tes pages, à la recherche de ce sentiment que j'éprouvais alors.

Tu sais, je traverse différentes phases lors desquelles je choisis différents maris parmi les jeunes garçons qui m'entourent. J'ai dû déjà avoir environ soixante phases de ce genre au cours de ma vie. Ou peut-être même cent. Et bien sûr, je continue à trouver de nouveaux maris (je note les gens). Au revoir, je t'embrasse. Renia.

19 janvier 1940

Ein Jüngling liebt ein Mädchen,
Die hat einen andern erwählt ;
Der andre liebt eine andre,
Und hat sich mit dieser vermählt.

Es ist eine alte Geschichte,
Doch bleibt sie immer neu ;
Und wem sie just passieret,
Dem bricht das Herz entzwei[1].

Peut-être que tu ne comprends pas tout, alors je vais essayer de te le traduire. (Grand-mère ne cesse de me harceler depuis ce midi. Qu'est-ce qu'elle me veut, à la fin ? Je vais devenir folle !)

Un garçon a choisi une fille pour être son aimée
Mais elle en a préféré un autre
Pour être son amour, le vrai
Elle adore l'autre comme s'il était un trésor précieux
Mais l'autre convoite une autre fille des yeux
Il lui a donné son cœur
Et l'a épousée à la première heure
C'est une histoire déjà mille fois racontée

1. Poème de Heinrich Heine.

Il est toujours une nouvelle montagne à escalader
Quiconque ayant autant aimé
Sait ce qu'est un cœur brisé

Alors dans mon cas, cela donnerait :

Łaba est tombé amoureux de Renia
Sauf que Renia, elle, aime Ludwik
Renia pense que Ludwik est merveilleux
Mais lui, c'est Krzysia qu'il suit de ses beaux yeux
Il l'accompagne partout, énamouré
Tandis que Renia a le cœur brisé
Tandis que Renia est furieusement fâchée
Mais bientôt, elle oubliera tout cela
Un nouvel amour l'emportera

Voilà la stricte vérité. Qu'est-ce que j'en ai à faire de ce Łaba, qui reste assis là à me dévisager pendant cinq heures d'affilée jusqu'à m'en rendre malade ? Qu'est-ce que cela peut me faire que lui ou un autre soit bouche bée devant moi ? J'aime bien Ludwik. Je me retourne sans doute un peu trop souvent pour le regarder, et je croise son regard et aperçois parfois un petit sourire sur ses lèvres. Est-ce qu'il se moque de moi ? Possible. Probable. Pourquoi ne lui ai-je pas encore dit un mot ? Pourquoi est-ce que je fuis dès qu'il approche ? Pourquoi suis-je contente dès qu'il joue les idiots ? De son côté, il ne m'invite jamais à quoi que ce soit, un après-midi tous ensemble au cinéma, un comité, et il ne me traite pas très bien de manière générale. Alors pourquoi est-ce que je le trouve en train de me dévisager lorsque je me retourne pour le regarder ?

C'est un mystère. De toute façon, je suis assez frivole ces temps-ci ; le garçon qui me plaît change sans arrêt, c'est naturel. J'ai dit à Nora que j'avais besoin de stimulation et que je voulais consulter notre manuel de biologie pour m'informer sur l'état mental des filles de seize ans. Elle m'a répondu : « Si tu as besoin de stimulation, arrête donc de bouquiner et trouve-toi un petit ami ! » Elle a perdu la tête ! Elle est terrible ces temps-ci ! Apparemment, j'aurais aussi « l'esprit mal tourné » maintenant, si j'en crois ma tante Lusia.

Majorko est un garçon chouette et gentil, c'est un ami. Władek m'impressionne, il me plaît aussi. Comment est-ce que je suis censée savoir quoi faire ?

Les gens assurent que le printemps va être chaud, puis ils annoncent le contraire. J'en ai marre de ces « libérateurs ». C'est la saison des mésanges en ce moment. Comme Tońko et Szczepko[1] l'ont déclaré depuis la France : « Relâchez les corbeaux, gardez les canaris, le printemps fera venir les mésanges ! »

26 janvier 1940

Brr... Brr... Brr... Je ne trouve même pas les mots pour expliquer à quel point je me sens mal. J'ai des problèmes, comme tout être humain, mais tout de même ?! Je n'ai rien d'une princesse qui s'ennuie, et pourtant je m'ennuie terriblement. Je me bats contre un rhume depuis

1. À ce moment-là, Szczepko (Kazimierz Wajda) et Tońko (Henryk Vogelfänger), acteurs dans le programme radiophonique populaire d'avant-guerre *Wesoła Lwowska Fala*, étaient en réalité à Bucarest. Ce n'est que le 9 mars 1940 qu'ils ont traversé la frontière française.

plusieurs jours. Je ne suis pas sortie de la maison, j'ai lu un peu et personne, absolument personne ne m'a rendu visite à part Eda. Nora n'est pas venue depuis longtemps suite aux bombardements (grand-mère l'a grondée une fois). À vrai dire, c'est comme si tout était fini entre Nora et moi. Une amitié comme celle-ci ne peut fonctionner que si elle ne dure pas trop longtemps. Après tout, je suis devenue amie avec elle uniquement parce que je n'avais personne d'autre ; je vais essayer de la voir le moins possible en dehors de l'école. Nous n'avons plus les mêmes pensées, nous n'avons plus les mêmes idées. Rien ne nous lie. Et l'affection que nous nous portions semble se tarir de son côté aussi, je m'en rends bien compte.

Désormais, les gens ne semblent plus s'intéresser qu'aux choses matérielles. Cela n'a rien d'étonnant, étant donné qu'une oie coûte cent zlotys alors qu'elle n'en coûtait que quatre avant la guerre ; un litre de lait coûte trois zlotys cinquante alors qu'il ne coûtait que quinze *groszy*[1] ; une paire de chaussures, trois cents zlotys contre douze auparavant. Alors cela ne me surprend pas du tout. Les gens paient (du moins, ceux qui le peuvent) en attendant l'arrivée du printemps. Il va venir ! Il viendra, je te le promets.

J'ai décidé de me faire prendre en photo, étant donné qu'il n'y a pas grand-chose d'autre à faire avec de l'argent de toute façon. Dès qu'on jette un coup d'œil dans la rue, on ne voit que des files d'attente, des files partout, de gens qui font la queue pour acheter du pain, du beurre, du sucre, des œufs, du fil, des chaussures… tout. Et si vous croyez qu'après cinq heures passées à

1. Un zloty équivaut à cent *groszy*.

attendre, vous allez peut-être obtenir autre chose en plus du pain, vous vous mettez sérieusement le doigt dans l'œil. Et si vous envisagiez d'acheter deux miches de pain d'un coup, faites attention, sale profiteur.

Écoutez, travailleurs
faites la fête, allez
ne trahissez jamais votre trésor
laissez les sourires illuminer vos traits
le drapeau rouge dans vos bras en sécurité
Faites la fête, allez !
Pas de patrons au travail
Vous pouvez faire ce que vous voulez
tous égaux grâce au mot « tovarishch *»,*
le drapeau rouge dans vos bras en sécurité
Ceux qui avant vivaient dans des manoirs de riches
résident désormais dans de pauvres cabanons
résignés face à une vie en haillons
et vous, que vous reste-t-il ? Vos rêves
Vous avez le mot « tovarishch *»*
Et le drapeau rouge dans vos bras

4 février 1940

Que je suis triste ! Je change, mais cela ne signifie rien, je ris, mais ça n'a pas de sens non plus. Si seulement je le pouvais, je pleurerais à chaudes larmes. Grand-mère a redirigé toute sa colère sur moi. Je sais qu'ils préfèrent Arianka, qu'ils l'aiment plus que moi. Je ne suis qu'un paillasson. Maman nous aimait autant l'une que l'autre, d'autres personnes me préfèrent moi, mais Arianka sait comment s'en sortir dans la vie, elle est de ces gens qui savent voler la vedette. J'étais si heureuse aujourd'hui, je voulais écrire un poème, je voulais te raconter quelque chose. Mais ne t'en fais pas, ça ira mieux demain.

17 février 1940

Je ne t'ai rien confié depuis longtemps, très longtemps… Mais ne crois pas que je n'ai pas pensé à toi. J'avais sans cesse envie de te parler, simplement je n'ai pas pu. Alors je vais brièvement te raconter ce qui s'est passé au cours des derniers jours.

Papa est venu ici (il nous a apporté des provisions) et il est reparti. Une lettre de maman est arrivée. Elle est peut-être déjà en France. Je me suis inscrite à des cours de piano et j'ai décidé de jouer.

En attendant, je ne suis plus amoureuse de Ludwik. Ce qui ne veut pas dire que je ne l'apprécie plus, mais j'aime bien Jurek Nowak aussi. Notre classe est agréable et nous avons notre héros, Pieczonka, qui habite dans la même rue. Il me raccompagne à la maison, il fait le pitre, il tire sur ma capuche, etc. Irka a commencé à poursuivre Ludwik de ses ardeurs. Comme je suis assise juste à côté d'eux, j'entends et je vois tout. Par exemple : « Irka, arrête de me pincer ou alors je te pince aussi, et fort ! » Ils flirtent sans arrêt. Notre classe est la meilleure de l'école (même si notre taux de présence était catastrophique aujourd'hui. Nous n'étions que sept). Nous avons déjà séché trois fois la physique. Pieczonka fait des blagues, ce qui nous fait rire. Łaba est toujours amoureux de moi.

Dans sa lettre, maman dit qu'elle a pensé à nous sans arrêt le jour de son anniversaire. Elle dit aussi qu'elle est navrée de n'avoir reçu aucun de mes poèmes.

Je n'en ai pas écrit ; je suis affreuse, vraiment. Grand-mère et grand-père sont gentils avec moi, mais je suis livrée à moi-même à présent. C'est dur d'être seule avec mes pensées. C'est très, très dur.

Je me sens obligée de dessiner, ces jours-ci. L'envie est irrésistible. Je n'arrête pas de voir des images, comme un archer par exemple. Va-t'en, apparition ! Ah ! Ah ! Ah !

Une minute passe, seconde par seconde
Et une autre heure va commencer
Personne ne sait quand viendra la fin du monde
Ni où tout a débuté
Je ne sais pas et vous non plus
Comment était le monde au début
Pas de début signifie pas de fin
La Terre vit au rythme du soleil lointain
Des millions de planètes nous entourent
Personne au monde ne sait ce qu'il y a autour

1er mars 1940

J'ai tellement de choses à te dire. Il faisait beau mercredi, alors notre classe a fait l'école buissonnière à 11 heures et s'est échappée au Château. Nous avons fait des batailles de boules de neige, nous avons chanté des chansons et composé des poèmes. J'ai écrit une poésie qui est déjà dans le journal de l'école. Notre classe est vraiment agréable et sympathique. Nous sommes tous de plus en plus liés et nous sommes bien ensemble. Mais parce que Nora et moi ne faisons partie d'aucun groupe, nous avons décidé que j'écrirais des vers.

J'ondule comme si j'étais plongée
dans un océan de fragrances printanières
j'ai de l'eau jusqu'aux genoux
qui tombe des toits et des gouttières
sur les têtes des passants et dans leurs cous
s'écoule dans de larges, vastes rivières
chantante et sifflante sur sa trajectoire
Ce cours trouble et joyeux ne connaît pas de frontières
Les maisons dansent dans les rues, la glace fond
sur les trottoirs
les arbres, les allées, les barrières, les pavés,
De hauts cris retentissent de tous côtés
Tout est dansant, vivant, printanier
Mais je suis tout sauf heureuse
je ne ris pas, je suis découragée
comme quelqu'un qui vient de se lever
après une maladie, je suis vaseuse...

16 mars 1940

Nous avons reçu un message de notre oncle en France. Maman a écrit, elle aussi.

Nora et moi n'avons pas beaucoup de compagnie, alors nous avons décidé de voir ce qui se passerait dans un an à compter d'aujourd'hui, et dans dix ans. Où que nous soyons, que nous soyons toujours amies ou fâchées, malades ou en bonne santé, nous avons convenu de nous rencontrer ou de nous écrire et de comparer ce qui aura changé par rapport à notre vie actuelle. Alors souviens-toi : 16 mars 1950. Nous allons également écrire un journal ensemble, mais ce ne sera pas un journal peuplé d'autant de pensées intimes comme celui-ci. Tu es et tu resteras mon seul ami.

Je commence à bien aimer un garçon de la classe X. Il s'appelle Holender et il vient de Zakopane. Il me plaît beaucoup. Nous avons été présentés, mais il m'a déjà oubliée. Il est fort, avec de larges épaules. Il a de jolis yeux noirs et des sourcils de faucon. Il est très beau. Voilà un conte sur un bateau, *Holender der fliegende Holender*[1] :

Tu braves les vagues du vaste océan
Tu erres sans but dans le vent
Tout le monde sait qui tu es
Mais dans le fond, personne ne te connaît

De jour comme de nuit, tu glisses sur l'écume
Poussé par les tempêtes, par le vent et la brume
Les gens parlent de toi bien souvent
Mais on t'oublie avec le temps

Dévie de ta route venteuse, Holender
Vogue plutôt sur des lacs, des rivières apaisées
Tu es si près de moi, Holender
Et pourtant, si éloigné...

Réponds à l'appel de la terre
Fatigué par la tempête, le vent et la pluie
Holender, tu m'es si cher
Je t'aime et je te chéris

---

1. Renia procède ici à un jeu de mots entre le nom du garçon qu'elle apprécie et celui du bateau fantôme mythique, *Le Hollandais volant* (Der Fliegende Holländer). *(N.d.T.)*

Pourquoi vogues-tu au hasard des marées ?
Pourquoi n'as-tu pas de foyer ?
Tout le monde sait qui tu es
Mais dans le fond, personne ne te connaît...
Dans les donjons souterrains et sombres
Dans les profondeurs putrides des catacombes
Avec des yeux rendus brûlants par l'agonie et la fièvre
À une destinée communiste, ils rêvent.
Ils ont attendu...
Encore et encore...
Malades, tremblants, épuisés, éperdus
Dans des hôpitaux, des prisons, conjurant le sort
Jusqu'à ce que leur étoile rouge s'allume fièrement
Avec faucille et marteau dorés au firmament.
Ils se sont débarrassés de leurs chaînes
Les portes des villes se sont ouvertes en grand
Ils sont sortis, dans une clameur surhumaine
Puis se sont tous figés brusquement
Cette étoile, cette étoile dorée
(qui les avait tant malmenés)
n'était absolument pas rouge en vérité...
Ils l'ont vue et ont pleuré
Sur leur liberté perdue
Sur leurs rêves déchus
Et sur la grisaille de la réalité.

31 mars 1940

Je ne t'ai rien dit plus tôt, même si j'aurais dû. Notre professeur principal était Trelka, très cultivé et intelligent, plus encore, un véritable ange descendu sur terre. Il nous a toujours défendus, il s'assurait qu'il faisait chaud dans la salle de classe, il nous laissait discrètement rentrer chez nous un peu plus tôt. Nous lui avions acheté un gâteau et une bouteille de vin pour Noël, et envoyé une carte. Il ne les a pas reçus au bureau, mais à l'hôpital. Il s'est cassé la jambe et désormais… il est mort. C'est son enterrement aujourd'hui. Nous allons acheter une couronne de fleurs et nous avons fait publier une nécrologie. Je suis si triste. Nous n'avons pas seulement perdu un professeur principal, nous avons aussi perdu un père. Et maintenant, c'est cette affreuse Józia notre nouvelle professeure principale. Je ne la supporte pas.

Des fugitifs de Jarosław[1] sont avec nous depuis quelque temps. Je t'en parlerai à l'occasion.

24 avril 1940

Cela fait si longtemps que nous n'avons pas discuté ! Je ne sais même pas par où commencer, maintenant : tellement de pensées se bousculent dans ma tête ! Je devrais peut-être commencer par te dire que des choses affreuses se sont produites. Il y a eu des raids nocturnes surprises qui ont duré trois jours. Des rafles ont eu lieu et des gens ont été envoyés au fin fond de la Russie. Beaucoup de nos connaissances ont été emmenées. Tout le monde était perturbé. Des cris horribles résonnaient dans l'école. Des filles pleuraient. On raconte que cinquante personnes ont été entassées dans un wagon de train de marchandises. Ils n'avaient pas d'autre choix que de rester debout ou de s'allonger

1. Ville proche de Przemyśl, et qui dépendait à l'époque du gouvernement local de celle-ci.

sur les couchettes. Tout le monde chantait « La Pologne n'a pas encore péri ».

Maintenant, des gens se font inscrire sur un registre de l'autre côté du San. C'est une commission allemande, alors beaucoup de monde arrive à passer. Et ceux de là-bas viennent ici. C'est terrible. J'avais pensé à tout un tas de choses, mais pas à ça.

Quant à ce Holender que j'avais évoqué : je suis tombée amoureuse, je lui ai couru après comme une folle, mais il s'intéressait à une autre, une certaine Basia. Malgré ça, il me plaît toujours, sans doute davantage que tous les autres garçons que je connais.

Irka est très populaire.

À ce stade, j'ai décidé que, si je le pouvais, j'écrirais un drame sur la mort de Trelka un jour, pour raconter qu'il n'était pas dans le cercueil mais qu'il a en fait été emmené, et qu'il est soudain revenu. « Si seulement j'avais voulu...[1] » Après tout, j'aurais pu l'avoir, mais ils ne me plaisaient pas. Et puis de toute façon... je ne veux pas. Parfois, néanmoins, je ressens ce besoin aussi puissant qu'accablant... peut-être que c'est simplement dans mon caractère. Je devrais me marier jeune afin de parvenir à y résister.

Je me demande si maman reviendra. Est-ce que ce ne serait pas mieux pour elle ? Je n'aurais jamais imaginé que les choses évolueraient de cette façon. Allez, peut-être que je vais réussir à pondre quelque chose, finalement !

---

1. Référence à une phrase de *Par le fer et par le feu*, d'Henryk Sienkiewicz.

Une voix à la radio radote
Forte mais monotone, sans trop en faire
Sur ce qui se passe dans le monde
Sur ce qui se passe dans la guerre

Le monde n'est pas si important
Le printemps vient juste de s'éveiller
Et quelque part dans des pays lointains
Une vie joyeuse va commencer

Il ne se passe pas grand-chose sur le front non plus
Dit la voix à la radio calmement
On ne déplore qu'un seul accident
Est-ce vraiment une calamité ?
Par rapport à tous ceux qui sont en guerre
Par rapport à tant de milliers de gens
Quelqu'un pleure tout doucement
Quelqu'un gémit de douleur
Quelqu'un regarde par la fenêtre
En attendant puis, en vain, meurt
Quelqu'un n'en finit pas de désespérer
Une victime, est-ce vraiment une calamité ?

POUR JARKA
LA POUPÉE ET LE CLOWN

Le Clown :
Bonjour, bonjour, jolie Poupée !
Je t'attends depuis le lever du jour parfumé.
Es-tu heureuse de me voir ?
Réponds-moi, je t'en prie.

La Poupée :
Papa, Maman.

Le Clown :
Tu ne me crois pas ? Tu m'as plu
Dès que je t'ai vue cet été-là.
Et moi ? Est-ce que je te plais aussi ?
Réponds-moi, je t'en prie.

La Poupée :
Papa, Maman.

Le Clown :
Viens, dansons un petit peu.
Que devrions-nous danser tous les deux ?
Une mazurka ? Une oberek ? Une valse ?
Réponds-moi, je t'en prie.

La Poupée :
Père, Mère.

Le Clown :
Tu ne dis rien ?
Tu es si immobile, si silencieuse
Je comprends que tu recules,
Tu n'aimes pas le clown ridicule...

La Poupée :
N'aie pas une si piètre opinion de moi.
Je comprends tout ce que tu dis.
Mais je suis vraiment désolée,
Je crains de ne pas savoir danser.
(Elle pleure) Pauvre de moi, pauvre poupée,
seule et terrorisée.

Comment pourrais-je t'appeler
Moi qui suis si timide et effrayée ?

Le Clown :
Oh, ne pleure pas, ma petite Poupée.
Sèche tes larmes.
Regarde ! D'abord, un pas,
puis trois de plus, tu vois
puis tourne, et penche la tête sur le côté
puis salue et saute avec fierté.

La Poupée :
Je ne pleurerai plus, je sécherai mes larmes.
D'abord, un pas,
puis trois de plus, je vois
puis je tourne, et penche la tête sur le côté
puis je salue et saute avec fierté.

La Poupée et le Clown :
Ensemble, dansons.
Ensemble, tournons.
Ce sera joyeux, ce sera amusant.
Nous découvrirons un monde merveilleux
Où tout le monde est heureux.
Ce sera joyeux, ce sera amusant !
Ensemble, dansons, ensemble, tournons.
(ils dansent)

1er mai 1940

Il y a un an, je n'aurais jamais cru qu'exactement un an plus tard, après une année aussi courte qu'interminable, je me retrouverais à défiler, non pas le 3[1], mais le 1er mai. C'est un écart de seulement deux jours, mais ces deux jours ont une signification si importante… Ils signifient que je ne suis plus en Pologne, mais en URSS. Ils signifient que la vie, que tout est tellement… Je suis folle d'Holender ! Il est divin, adorable, merveilleux ! Mais quelle importance, étant donné que je ne le connais pas ? Dis-moi, serai-je jamais satisfaite ? Aurai-je un jour de bonnes nouvelles à t'annoncer concernant un garçon ? Dieu, pitié, j'en ai assez d'être perpétuellement mécontente !

Enfin, un éclat brille dans ses yeux
sombres, profonds, tourmentés habituellement
les yeux magnifiques d'un garçon
merveilleux, enchanteur et aimant

Des diamants obscurs et brûlants
Fougueux, pénétrants
Les yeux magnifiques d'un garçon
Merveilleux, enchanteur et aimant.

Laissons-les être sévères
Inflexibles et autoritaires
Les yeux magnifiques d'un garçon
Merveilleux, enchanteur et aimant.

3 mai 1940

Ils sont sortis d'une petite rue
d'une auberge ou d'un portail,

---

1. 3 mai : Fête nationale de la constitution polonaise ; 1er mai : Fête internationale du travail.

celui qu'ils soulevaient sur un brancard
était peut-être malade, blessé ou ivre.
Leurs habits étaient gris, déchirés, élimés
Leurs visages sombres, hagards, épuisés.
Et celui sur le brancard
était aussi vêtu de la sorte
soit malade, blessé ou peut-être ivre.

Ils ont descendu la rue,
les gens détournaient le regard
Ils ne voulaient pas voir.
Pour quoi faire ?
Un garçon s'est mis en travers
En bonne santé, gai et joyeux
avec un accordéon monstrueux
ses yeux disaient presque à haute voix
« Au moins, regardez-moi. »

Avec sa musique endiablée
il a ravi les passants.
Il a descendu la rue, heureux
jouant très fort et riant.

10 mai 1940

Aujourd'hui, il y a eu un rassemblement de *vidminnik*, c'est-à-dire des meilleurs élèves. Oui, Irka a été élue. Nora y est allée, ce nul de Major y est allé, et pas moi. Pourquoi mériterais-je un prix ? Tu dois savoir, cher journal, que la vie est plus difficile pour les enfants qui vivent sans leurs parents, particulièrement ceux dont les mères sont loin. Oui, sache-le, mon cher journal, et ressens ma douleur, parce que je souffre, moi aussi ! Je pleure amèrement parfois. Que l'école me laisse tranquille ! S'ils ont besoin d'un article, que les *vidminnik* l'écrivent. Qu'ils participent aux concours, aussi. On va voir !

Pourquoi est-ce qu'un enfant pleure ?
Seul, sans personne ?
Pourquoi est-il toujours triste et blessé, pourquoi ?
Pourquoi n'est-il pas réconforté par sa mère ?
Pourquoi ne lui offre-t-elle pas câlins et caresses ?

23 mai 1940

C'est terminé… Je veux dire que l'année scolaire est finie, de même que mon amour pour Wilk[1]. Désormais, c'est la période des examens. Ils ont commencé. J'ai déjà passé ceux d'algèbre, de géométrie et de biologie. Je crois que ça a été. On verra pour la suite. La perspective de celui de physique me pétrifie. Sache que je ne t'écrirai pas jusqu'à ce que les examens soient passés. Il te faudra attendre un peu. Je te retrouverai le 13 juin et soit je serai heureuse, soit… tu seras baigné de larmes. C'était une bonne journée, aujourd'hui. J'ai de nouvelles chaussures, ce qui est un luxe de nos jours. Et aussi deux robes d'été. Il y a un garçon dans ma classe qui flirtait avec moi avant, du moins c'est ce que je croyais. Il est affreusement laid, mais si talentueux qu'il me plaît… Les gens peuvent bien raconter ce qu'ils veulent, il me plaît, en dépit du fait qu'à part être un

1. « Loup » en polonais. Probablement une référence à Holender.

génie, il n'a pas beaucoup de qualités. Ah, j'oubliais ! J'ai été élue *vidminnik*. Tu vois comme la vie change ? Je t'avais dit une fois qu'il se passerait quelque chose au printemps. Ç'a été le cas, sauf que c'est complètement différent de ce que j'avais imaginé. La Belgique et la Hollande sont occupées, les Allemands se sont emparés de la France, maman est à Varsovie. Dieu tout-puissant, réglez tout cela, s'il Vous plaît. On se voit le 13 !

13 juin 1940

Terminé ! Enfin ! Tout s'est déroulé comme dans un rêve. Les examens sont finis. Ça s'est très bien passé, mieux que ce à quoi je m'attendais. Bravo, Renia ! Il est tard, à présent ; les rues sont plongées dans l'obscurité. Une alerte, on dirait… Des soldats à cheval qui chargent, des *komandir* qui s'en mêlent… Une grande agitation règne. Nous allons bientôt chez papa ! Qui sait, peut-être qu'une nouvelle guerre va éclater ? Dieu nous vienne en aide. J'aurai peut-être d'autres choses à te raconter bientôt, sois patient !

17 juin 1940

C'est mon anniversaire demain. Je vais avoir seize ans. C'est censé être la plus belle période de ma vie. Les gens disent souvent : « Ah, ce que je donnerais pour avoir de nouveau seize ans ! » Et en effet, c'est l'âge que j'ai, sauf que je suis si malheureuse !

La France a capitulé. L'armée d'Hitler a envahi l'Europe. L'Amérique refuse d'apporter son aide. Qui sait, peut-être même qu'ils vont entrer en guerre contre la Russie.

Je suis ici toute seule, sans maman ni papa, sans maison, malmenée et ridiculisée. Mon Dieu, suis-je vraiment obligée de subir un anniversaire si horrible ? Est-ce qu'il ne vaudrait pas mieux mourir ? J'examine la situation du haut de mes seize ans et je me demande si j'arriverai jusqu'au bout. Est-ce que la mort ne vaudrait pas mieux, en fin de compte ? Alors, j'aurais de longues funérailles, très tristes. Peut-être qu'ils pleureraient. Ils ne me traiteraient pas avec dédain, comme aujourd'hui (Dzidziu[1] : « Personne ne veut sortir avec cette vieille vache »). J'en serais seulement désolée pour ma mère, maman, ma maman… Pourquoi es-tu si loin, si loin de moi ? Autrement, je me sentirais mieux, je ne penserais même pas à tout ça. Mais je pleure et je pleure à l'idée que rien ne change.

Je marche le long des rues vides
mes pas résonnent sur les pavés gris
la ville semble pétrifiée
tandis qu'elle tombe dans le sommeil.
Même le vent n'agite pas les feuilles
rien ne bouge, ne bruisse ni ne s'éveille
le seul bruit étouffé dans la rue
ce sont les pleurs tristes d'un inconnu.
Je regarde partout autour de moi
qui sanglote si fort dans la nuit ?
peut-être quelqu'un qui a besoin de sa mère
qui est nostalgique de sa maison, sa chaleur, sa
[lumière ?
Pourquoi verser tant de larmes
seul, au milieu de ce silence de mort ?

1. Le grand-père de Renia, également appelé Dido.

Personne ne vous écoute, je le crains
ou peut-être que j'ai tort... Y a-t-il quelqu'un ?
Je tourne en rond dans les rues sombres
en quête de la personne que j'épie
mais qui est-ce que je cherche ?
c'est moi qui sanglote ainsi !

1er juillet 1940

J'ai passé une bonne journée pour mon anniversaire, finalement. J'ai reçu deux flacons de parfum, des fleurs et du rouge à lèvres de la part de Nora et Irka. Nous sommes toutes les trois en bons termes, maintenant. Il y a la seule et l'unique, ma douce Norka, Irka et moi. Cette idylle dure depuis le début des examens. Est-ce qu'elle tiendra bien longtemps ? Je n'en sais rien. La moindre pensée peut nous diviser, la moindre dispute ou le moindre courant politique peuvent briser notre trêve tripartite. Et laisse-moi te dire une chose : le vent politique souffle de plus en plus fort. L'Amérique est entrée en guerre[1]. L'Angleterre compte sur nous, nous ne savons pas quoi faire, etc. Maman est à Varsovie. Ma pauvre maman. Tu ne la connais pas, mais il n'y a pas plus douce, plus jolie, plus intelligente qu'elle, et toutes les choses « les plus » qui existent dans le monde des femmes. Oui, je vois aussi ses défauts, deux, à vrai dire, que je lui ai toujours pardonnés, qui ne m'ont jamais importé. Ce n'est

1. Bien que les États-Unis ne soient entrés dans la Seconde Guerre mondiale qu'en décembre 1941, le président Franklin Roosevelt avait commencé à mobiliser l'effort de guerre en critiquant Mussolini, en augmentant la production d'équipements militaires et en nommant deux secrétaires à la Guerre pro-interventionnistes.

qu'aujourd'hui, maintenant qu'ils m'affectent si durement, que je les vois comme des défauts, et non comme des qualités. Parce que, mon cher journal, qu'est-ce que ma vie ?! Rien d'autre qu'une poignée de cendres du passé et que quelques coquilles du présent. Je les tiens dans le creux de ma main, je dis : « Le mauvais s'envolera, le bon restera », et je souffle dessus. Et ensuite ? Toutes les coquilles et toutes les particules de cendre s'envolent, et il ne reste plus qu'une poussière blanchâtre de contentement temporaire, comme aller au théâtre, avoir un bon bulletin de notes, une lettre de maman, le sourire de Brühla. Et tout le reste s'est envolé ? Oui, tout. Cela voudrait donc dire que ma vie était triste ? Oui, elle l'était. Et maintenant, soyons honnêtes, débarrassons-nous des contentements et des joies temporaires, et récapitulons. J'ai vécu à Stawki. Étais-je heureuse là-bas ? Non, maman était gravement malade, il y avait des inquiétudes, des problèmes d'argent, des querelles familiales et des disputes, d'abord papa, ensuite maman. Mon foyer s'effondrait. Voire pire. Arianka est allée à Varsovie, ç'a été pénible, on lui a volé son enfance, elle s'est évaporée et ce n'était pas bien. J'étais chez grand-mère et grand-père, j'aurais pu faire quelque chose, je pleurais à cause de maman, je n'étais pas heureuse et j'avais l'air d'une « enfant sans mère ». Et ça non plus, ce n'était pas bien. Une autre erreur a été que maman nous a tout simplement laissées nous habituer à la vie ici. Qu'est-ce que c'est que cette vie ? Grand-mère nous aime beaucoup, elle fait vraiment de son mieux. Mais ils en paient le prix, et nous aussi. Ils ne mènent pas une vie normale de grands-parents et nous ne menons pas une vie normale de petits-enfants. C'est comme ça. Maman a pensé à nous, elle a fait tout son possible, elle a essayé, mais ensuite il y avait elle et papa. Et on nous a laissées de côté. Arianka, la pauvre petite puce, et moi, plus pauvre encore (parce que je ne sais pas comment m'en sortir dans la vie). Et maintenant, il y a la guerre. Arianka et moi sommes toutes seules. Qu'est-ce que notre pauvre maman mange ? On dit que c'est la famine là-bas, ma pauvre maman chérie, ma pauvre, pauvre vie triste. Ma douce maman, si tu étais ici avec moi, il y aurait beaucoup moins de larmes, je serais beaucoup plus calme en ta présence, pourquoi es-tu si loin… ? Maman !!! Mais tu sais, quand je tiendrai enfin la coupe du bonheur entre mes mains, je boirai autant que possible (même si elle est toute petite), pour m'abreuver de tout le bonheur caché à l'intérieur.

2 juillet 1940, la guerre

Une deuxième goutte suit lentement la première
Elles formeront bientôt une rivière

6 juillet 1940

Quelle nuit terrible ! Horrible ! Affreuse ! Je suis restée allongée là, les yeux grands ouverts, le cœur battant, tremblante comme si j'avais de la fièvre. J'étais tout ouïe. Je discernais de nouveau le bruit métallique des roues. Dieu, s'il Vous plaît, aidez-nous ! Un camion est passé. Un coup de klaxon a retenti. Est-ce qu'il venait ici ? Pour nous ? Ou pour quelqu'un d'autre ? J'ai écouté, en tendant tellement l'oreille que j'avais l'impression que quelque chose en moi allait exploser. J'ai entendu un bruit de clés qui s'entrechoquent, un portail qu'on ouvrait de l'autre côté de la rue. Ils sont entrés. J'ai attendu. C'était terrible. Puis ils sont ressortis, en emmenant plein de gens avec eux, des enfants, des personnes âgées. Une dame tremblait si fort qu'elle ne parvenait pas à tenir debout ni à s'asseoir. C'est un vieux gros qui a procédé aux arrestations. Il n'arrêtait pas de crier en russe « *Sadis', seychas sadis*[1] ». Il a fait monter les enfants dans le véhicule. La rafle de cette nuit était horrible. J'étais impatiente que le jour se lève. Et enfin ! C'est le matin ! Mais ce n'est pas encore fini. Ce n'est qu'à la lumière du jour que j'ai pu voir le désespoir, la violence, l'anarchie. Des gens pleuraient, la plupart des enfants demandaient du pain. On leur a dit que le voyage prendrait quatre semaines. Pauvres enfants, pauvres parents, pauvres personnes âgées. Leurs yeux étaient remplis d'une peur folle, de désespoir, d'abandon. Ils ont pris tout ce qu'ils étaient capables de porter sur leurs maigres dos avant de se mettre en route pour l'endroit qu'ils n'atteindraient jamais. Pauvres « réfugiés » venus de l'autre côté du San. On les envoie à Birobidjan[2]. Ils vont voyager dans des wagons clos et sombres, qui transportent cinquante personnes chacun. Ils vont voyager dans une atmosphère étouffante, dans la saleté, au milieu de la vermine. Ils risquent d'avoir faim. Ils vont voyager pendant de longues semaines, les enfants parmi eux vont mourir, ils vont voyager à travers ce pays libre et heureux, le seul où résonne cette chanson :

---

1. « *Садись, сейчас садись* » : « Asseyez-vous, asseyez-vous maintenant. »

2. Ville d'URSS proche de la frontière avec la Chine et centre administratif de l'oblast autonome juif de Russie, créé en 1934.

Широка страна моя родная,
Много в ней лесов, полей и рек!
Я другой такой страны не знаю,
Где так вольно дышит человек[1].

Et combien atteindront leur destination ? Combien mourront en chemin de maladie, d'infestation, de fatigue ? Quand ils arriveront enfin au bout de leur route de déportés, quelque part au fond de l'Asie, ils seront coincés dans des cabanes en terre moisies, affamés, épuisés (comme ceux qui sont déjà partis), et, dans cette mort lente ironiquement appelée la vie, ils admireront ce joyeux paradis du travailleur, en écoutant la chanson :

Человек проходит, как хозяин
Необъятной Родины своей[2].

8 août 1940

Oh ! Combien d'eau a coulé sous le pont du San (je dis ça, alors que je ne peux même pas le voir) depuis notre dernière conversation ? J'ai été terrassée par une gastro-entérite, une migraine et d'autres horreurs.

---

1. Premier couplet de la célèbre chanson patriotique soviétique « La chanson de la patrie », composée par Isaac Dounaïevski et dont les paroles ont été écrites par Vassili Lebedev-Koumatch, présentée pour la première fois en 1936 dans le film *Le Cirque* :
Vaste est ma patrie,
Avec ses nombreuses forêts, ses champs et ses rivières !
Je ne connais aucun autre pays
Où un homme peut respirer si librement.
2. *Un homme se tient en maître*
Au milieu de sa vaste patrie.

Notre voyage pour aller voir Ticiu n'a cessé d'être repoussé au lendemain. Désormais, il ne nous reste plus beaucoup de vacances d'été, mais nous y allons tout de même. Je vais voir Lila. Mais… Mais… est-ce que tu la connais ? Non ? Quel dommage ! Quelle honte ! C'est ma formidable cousine et amie aux cheveux d'or. Je partage tout avec Lila, alors qu'avec Nora… eh bien… pas tant que ça. Je n'ai honte de rien devant Lila, rien ne m'embarrasse. Ma formidable petite cousine, la compagne de mon enfance, la créatrice de la (toute petite) cicatrice qui orne ma joue droite, près de mon nez. Nous trouvons toujours des sujets de conversation. Nous découvrons de « jolies choses » ensemble, nous jouons des tours. Lila, oh, Lila ! Te souviens-tu ?

Je reçois régulièrement des messages de maman. La situation s'est arrangée à présent, ça va beaucoup mieux là-bas. Je suis contente. Je vais peut-être la voir bientôt. Ah ! Mais je ne dois le dire à personne. Si cela se concrétise, je te tiendrai au courant. Parce qu'en réalité, c'est stupide, une frontière. Qu'est-ce que c'est ? Les gens décrètent que c'est comme ça, ils alignent des pierres, plantent des poteaux et disent : « Jusqu'ici, c'est à moi ! » Et tant pis s'ils ont déchiqueté des territoires, séparé des frères, envoyé des enfants loin de leurs mères. « C'est à moi » ou « La frontière est ici » : tout cela m'est égal ! Les nuages, les oiseaux et le soleil se rient de toutes ces frontières, des hommes et de leurs armes. Ils vont et viennent, ils font de la contrebande de pluie, de brins d'herbe, de rayons de soleil. Et personne n'envisage de les bannir. Si quelqu'un essayait, le soleil éclaterait d'un rire brillant et forcerait cette personne à fermer les yeux. Il ferait un pied de nez avec ses rayons et traverserait la « frontière ». Les nuages, les oiseaux et le vent le suivraient. Tout comme le feraient (sans bruit) une petite âme humaine et bon nombre de mes pensées. Alors je vais peut-être y aller, qu'en penses-tu ?

21 août 1940

Et ? Bien sûr que j'y suis allée, j'ai rendu visite à ma tante à Horodenka puis j'ai fait tout le voyage jusqu'ici, à Zabolotiv[1]. Tant de choses se sont passées qu'il m'est difficile de te les relayer. Alors laisse-moi commencer par le début. Tante Lusia était censée m'emmener là-bas, et c'était prévu ainsi jusqu'au soir le plus important. Ce soir le plus important, c'était celui du départ, nous avions tout planifié, et puis tout à coup, non ! grand-mère a décidé que c'était elle qui nous emmenait. Grand-mère, pauvre grand-mère, elle a tant souffert sur le trajet, le soleil lui a brûlé le visage, puis elle a fait demi-tour. Quel dommage qu'elle soit repartie ; au moins, nous ne serions pas si seules ici. Dans la maison de mon propre père.

Mais reprenons depuis le début ! Nous avons passé trois jours à Horodenka. Lila était si heureuse de nous voir ! La chère petite, elle est si pauvre… Imagine, elle rend visite à des étrangers et voit ses meubles chez eux… Ceux qu'elle a touchés pendant tant d'années et qui faisaient partie d'elle et de sa maison. Elle retourne dans sa petite pièce pleine de souvenirs, et voit… ces pièces belles et confortables, le miroir qui surplombe le

1. Une ville de la voïvodie de Stanisławów sur la rivière Prout ; sous occupation soviétique entre 1939 et 1941, puis sous occupation allemande jusqu'en 1944, puis à nouveau occupée par les Soviétiques et annexée par l'URSS.

lavabo, la tête d'une fille perdue dans ses pensées sur l'étagère la plus importante du vieux buffet, un petit tas de sel (pour la pluie et le beau temps) et des coussins aux couleurs chatoyantes (qui décorent aujourd'hui les pièces d'étrangers). Elle voit tout cela et elle songe : « Ô Dieu, plus jamais. » Oui, c'est ce que Lila ressent, mais elle n'en parle à personne à part moi.

Ticiu est venu nous chercher à Horodenka. Nous avons dû passer quatre heures dans une charrette tirée par un cheval. Il m'a tellement manqué… Il n'y a pas d'autre mot pour décrire ce sentiment. Je me languissais d'être proche de quelqu'un, oh que oui ! Je suis submergée par une étrange tendresse face à Ticiu, comme chaque fois que je le vois. Généralement, je suis divisée entre deux sentiments. Je suis venue ici et une autre impression a immédiatement pris le dessus, une drôle d'attitude de ma part, et de la part de Ticiu par rapport à la maison, et de la part de l'employée de maison envers Ticiu. Il se trouve que, dans la soirée, Lila s'est fait la même réflexion et nous avons commencé à parler du fait que quelque chose clochait. Attention ! Si deux personnes remarquent la même chose, alors ce n'est certainement pas une illusion ou un malentendu. Oh que non ! L'employée s'efforce d'avoir l'air poli, mais en vain. Elle connaît l'âge exact de Bulczyk[1] et traite Tusio comme une reine féodale s'adressant au plus pauvre de ses vassaux.

Ticio a acheté du tissu, sauf qu'il ne le retrouve plus à présent ; ce coupon, nos rires, et notre folie : tout cela combiné, nous avons décidé de nous sauver. Oui, il n'y a pas d'autre mot. Nous avons de l'argent, alors nous

1. La mère de Renia, également appelée Buluś, Bunia.

avons acheté des billets pour retourner chez notre tante. J'ai tout de même de la peine pour Ticiu, mon pauvre Ticiu, et en même temps… quoi ? De… Mais j'ai déjà seize ans, ha ha ha ! Non, c'est drôle ! Dans de telles circonstances, ce foyer rêvé, cette nappe en velours rouge et ce buffet avec de petits rideaux aux imprimés ornés de poupées et tout le reste… Mon Dieu, plus jamais. Oui, mais je n'en parlerai à personne. Rien qu'à toi… et Lila… et maman. Oh, maman ! maman ! maman ! Viens à mon secours !

22 août 1940

J'ai passé la moitié de la nuit à pleurer. J'ai décidé de partir. J'ai beaucoup de peine pour Ticiu, même s'il continue à siffler joyeusement, mais… Quoi ? Les enfants le fuient comme si… Je me sentirais affreusement mal. Je lui ai dit, presque en pleurant : « Je sais, Ticiu, que tu avais de grands rêves, mais ce n'est pas ta maison. » Ce poème m'est venu dans la nuit :

Fantasmes, allez-vous vous évanouir
Comme les tout premiers rêves ?
Allez-vous si peu vous repentir
Que vos larmes seront brèves ?
Mon soleil, si brillant dans mes songes
Et ma vie, si pleine de couleurs
Vont-ils plonger dans des ravins sombres
Et quand bien même ? Sèche tes pleurs
Coupe le robinet de tes larmes
Même si les rêves tournent court
La mort te fera toujours la cour !

Vent, cesse de froisser mes pétales
Ne vois-tu pas que je suis orpheline ?
Ne me secoue pas, sois gentil
J'ai assez souffert, laisse-moi tranquille
Tu sais, je ne suis pas d'ici
Mais mon cœur jamais ne s'annihile
Ni mes délicats pétales gris
Je ne suis pas qu'une petite fleur, j'ai une volonté
[de fer
Pas comme les fleurs sauvages qui poussent dans
[cette clairière
Heureuses et joueuses et pleines de joie
Dans les champs argentés, parmi tant de sœurs
Le destin me bouscule et me rudoie
Rester seule, ce n'est pas ça le bonheur
Une orpheline qui ne l'est pas.

10 septembre 1940

Tant d'eau a coulé sous le pont du Prout à Zabolotiv. Et je suis assise là tranquillement, je vais à l'école. Le beau Miruś Moch est notre professeur de mathématiques et je frémis devant lui comme une sorte d'épouvantail agité par la brise. Nous avons de nouveaux enseignants. Nous avons aussi une nouvelle camarade de classe, Luśka Fischler. Ella a rejoint notre trio, désormais connu dans la classe sous le nom des « trois aristocrates ». Ils la surnomment « la quatrième pour jouer au bridge ». Il y a un garçon que j'aime bien, et Nora en aime bien un autre. Nous voulons aller à une fête, en partie parce que nous souhaitons nous rapprocher de ce monde (et nous avons déjà fait un pas dans cette direction) et en partie parce que Irka ne veut pas que nous venions. Il reste très peu de temps. Nous verrons…

21 septembre 1940

Nous ne sommes pas allées à la fête parce qu'il n'y en a pas eu. Mais ! Mais ! Nous avons fait un grand, un immense pas en avant. Notre classe est calme. Mais ! Qu'est-ce que j'en ai à faire de la classe alors que nous sommes sur le point de créer une vraie bande avec les garçons ! Le mien, celui qui m'appartient le plus, est absolument merveilleux ! Il s'appelle Zygo S. Ensemble, nous formons le ZSR[1]. Je l'ai déjà vu aujourd'hui ! Nora a admis qu'il lui plaisait beaucoup, mais elle sait que c'est mon type, alors elle n'a pas insisté. Nora a le charmant Natek et Irka a Maciek. Et moi ? Moi, je ne sais pas comment ça va se passer et je suis vraiment loin d'avoir confiance en moi.

30 septembre 1940

Il semblerait que notre idée de bande ne va pas se concrétiser, en fin de compte. J'étais terriblement apathique, mais je commence à retrouver mon énergie, même si elle revient très doucement. Tout est très étrange. Je le connais, mais il ne me dit même pas bonjour. Irka ne veut pas non plus. Nora ne veut rien avoir affaire avec Irka. Il y a aussi quelque chose qui cloche avec Nora…

---

1. Probablement une référence à ZSSR, l'abréviation polonaise pour URSS, même si Renia l'a raccourcie pour dire « Zygmunt Schwarzer Renia » – Zygmunt Schwarzer étant le nom complet de Zygo S.

Lundi, il lui a souri, alors elle ne veut plus que lui, maintenant. Ou quelque chose comme ça. Je ne sais pas. Parfois, je me sens très mal. Aucune de nous ne parvient à l'avoir, j'y étais parvenue un peu plus que les autres, mais maintenant on dirait que c'est le tour de Nora. Elle m'a dit de le laisser, parce que c'est un rustre… Un rustre, voilà ce qu'il est. Et Natek aime jouer et parier. La vie est dure ! Est-ce que les choses peuvent s'arranger ? Maman n'est pas là. Si seulement elle était près de moi, j'aurais moins d'inquiétudes.

6 octobre 1940

Et un autre pas en avant. Et rien à nouveau. Avant le sommet de la montagne, le cœur souffre, c'est une période consacrée à l'attente.

12 octobre 1940

C'est Yom Kippour aujourd'hui, la fête du Grand Pardon. Hier, tout le monde a quitté la maison ; j'étais toute seule avec, sur la table, des bougies allumées dans un énorme chandelier en cuivre. Ah, un unique moment de solitude. Tous les souvenirs sont revenus, puis j'ai réussi à penser à toutes les choses que la brise du quotidien disperse dans l'oubli, dans le grondement, le grincement, les embruns de la vie qui passe.

Une fois de plus, je me suis posé la même question que l'année dernière : maman, quand te reverrai-je ? Quand te serrerai-je dans mes bras et quand pourrai-je te raconter ce qui s'est passé et te dire, Buluś, à quel point je me sens mal ?! Et tu me répondras : « Ne t'inquiète pas, Renuśka ! » Il n'y a que toi pour prononcer mon nom avec tant de chaleur et de tendresse.

Maman, je perds espoir. Combien de temps, combien de temps encore ? J'ai fixé ces bougies qui brûlaient. Maman, que fais-tu là-bas ? Est-ce que tu penses aussi à nous, à nos cœurs brisés ?

Quiconque tu immobilises, tues, détruis
restera libre à jamais
mais pourquoi blesses-tu les vivants
démon furieux, pourquoi es-tu si enragé ?
Tu baignes dans un océan de sang
rendu pâle par la vendetta, bouillonnant
tu enflammeras le monde entier
et à la lumière des flammes, tu listeras les noms
[des morts
Sur les champs de bataille et dans les cimetières
tes yeux assoiffés de sang brillent d'avidité
pour une nouvelle plaie. Tu n'as qu'à dire
[« encore »
et la famine et le malheur se déchaînent sur terre
Un nouveau tas de cadavres est jeté à nos pieds
tous tombent sous le coup de la même blessure
[mortelle
ceux qui sont vivants ont le cœur brisé
alors le tas grandit, toujours plus haut dans le ciel
Ah, tu t'es suffisamment vengé
Un rire moqueur résonne
Tu hurles, toi, bête enragée
« Encore, je veux du sang pour me rassasier. »

Nous avons aperçu les garçons en ville, nous sommes tout près, nous voyons Maciek presque tous les jours. Seuls Zygo[1] et Natek restent très distants. Aujourd'hui, après l'école, Zygo a fait le chemin du retour avec nous. Il m'a regardée droit dans les yeux. Comme il a un regard très intense, j'ai rougi et je n'ai rien dit. Quelle barbe d'avoir ce caractère ! Il flirte avec Iśka, ou peut-être que ce n'est que le fruit de mon imagination. Enfin, bref, est-ce qu'il devrait flirter avec moi ? Je ne dis rien. Nous prévoyons d'aller à une fête bientôt. Est-ce que je m'amuserai ? Nora s'amusera sûrement, elle, étant donné que quelqu'un est amoureux d'elle. Je ne crois en rien. À moins que Bulczyk ne vienne ?

19 octobre 1940

Nous étions assis face à face au club de russe cette semaine. Il m'a dévisagée, j'en ai fait autant. Dès que je détournais le regard, je sentais ses yeux sur moi. Lorsqu'il m'a adressé deux mots, je suis devenue folle, submergée par l'espoir. J'avais l'impression que c'était un rêve qui devenait réalité, que la coupe du bonheur était à quelques millimètres de mes lèvres.

Sauf que la coupe est encore très loin. Il peut se passer beaucoup de choses avant que des lèvres ne touchent d'autres lèvres. Il peut aussi s'en produire beaucoup susceptibles de les empêcher de se toucher. C'est ce qui ressemble le plus au véritable amour, parce que ma victime me regarde et me parle, mais ensuite il enlace Iśka. (Au fait, Holender se marie !! Eh bien,

---

1. Zygu, Zygo, Zyguś, Zyguśka : des variations du nom Zygmunt.

eh bien ! Mais de toute façon, il ne m'intéresse plus. Et depuis un moment déjà.)

Aujourd'hui, au club d'histoire, le Natek de Nora lui parlait sans arrêt, il riait et il était très poli. Oh, elle est dans une bien meilleure posture que moi ! J'envie Norka ! Dans le sens où j'aimerais que Zygo soit comme ça, lui aussi. Si Dieu le veut ! Si Dieu le veut ! Maman ! J'ai inventé cet algorithme :

Que tu aimes ou non
Il y aura toujours des larmes
Tes pleurs amers jamais ne cesseront
Que tu aimes ou pas
Tu regarderas autour de toi
Parfois avec nostalgie, parfois abasourdi

Que tu aimes ou non
Il y aura toujours des larmes.

J'ai écrit plusieurs choses gentilles dans le journal de Norka aujourd'hui. Ils ont annoncé un concours à l'école, sur le thème « Une journée sans école ». Mon cher journal, je meurs d'envie de gagner. Aide-moi, je t'en prie. Je vais essayer différentes approches.

APPARAÎT
Un jour ordinaire, comme tant d'autres avant lui
Commence, un peu morne et un peu gris
Puis vient l'aurore qui cligne de l'œil, brillante
Le jour prend des teintes bleu et orange et rose
[chatoyantes
De là, il prend une nouvelle direction

Sur les pavés, le long des maisons
Sans se presser pour arriver à l'heure à l'école
En n'arrivant que lorsque la cloche s'affole
Ce n'est pas une journée ordinaire qui se profile
La salle regorge de blagues imbéciles
L'une menace de notes gênantes
L'une sonne des alarmes inquiétantes
L'une exhorte au travail incessant
Dans la précipitation, un brouillard aveuglant
Les minutes et les heures sont soigneusement
[comptées
Dans les usines, rapides, dans les écoles,
[interminables
L'une est joyeuse, dans ses habits de fête colorés
Dans le soleil et la chaleur du dehors, agréable
L'une rit facilement à des films comiques
Parle livres, timbres et autres loisirs sympathiques
L'une illumine la vie de ses admirateurs
Pour elle, ses élèves aiment finir pile à l'heure
L'une passe si vite et est tout de même suivie
D'une autre qui va jusqu'à l'école voisine
Un jour ordinaire, banal, un peu gris...

Je compte aussi tenter autre chose. Peut-être que je peux gagner.

UNE JOURNÉE SANS ÉCOLE
Elle a chu du ciel à la tombée de la nuit
Et a roulé jusqu'au sol ici-bas
Remplie de chansons, remplie de gazouillis
À bout de souffle après tant d'émoi
Une journée, tel un oiseau...

Qui éclabousse les fenêtres d'or brillant
Qui éclabousse les yeux de soleil et de rire chantant
Puis qui disparaît vite, indomptable
Ne laissant derrière elle qu'une inquiétude
[palpable
Ne laissant qu'une ombre un petit peu folle
Une méditation ou une journée sans école ?

23 octobre 1940

C'est la semaine du concours, alors je pense à ça davantage que je ne pense à Zygo. Natek drague Nora. Je n'ai pas eu beaucoup de chance avec lui, mais si tout le reste échoue, toi au moins tu seras toujours là !

Une personne se regarde dans la glace
soupire et dit tout haut :
« Ne vaudrait-il pas mieux, hélas,
avoir une bouche plus petite et d'autres yeux.
Le nez aussi pourrait être plus gracieux ! »
C'est faux, espèce de sotte
Même si ta beauté pouvait surpasser
Celle de cette déesse grecque dévote
Ton destin reste tracé
Ta vie ne va pas changer
La vie se moque de tes yeux
De ton sourire disgracieux
Et de ton nez affreux !

Miroir, mon beau miroir,
Dis-moi la vérité de ton regard.

24 octobre 1940

Pourquoi nous pressons-nous autant
Pourquoi comptons-nous les jours
Du samedi au samedi, follement
Dans la pluie, le vent, le gel et la brume
Vite, vite et de plus en plus vite
Nous voulons que la vie suive son cours
À travers les jours heureux, les larmes, la maladie
Le temps passe, jour après jour
Du samedi au samedi, tristement
Les jours laissent une ombre derrière eux
Pourquoi courons-nous comme des furieux
Que voulons-nous trouver
Aveuglés, avec nos regards fixes de fous
Qui scrutent l'inconnu, le brumeux, le flou
Un rêve insensé, plutôt secret
Le rêve d'un esprit de seize ans.
Nous accélérons sans arrêt
Fiévreux, comme dans un cauchemar
Nous traversons des semaines et des jours brefs
Nous les jetons dans l'abîme sans y faire attention
Nous accélérons comme des ouragans
À bout de souffle et d'énergie, nous courons
En continuant à compter les jours
Et lorsqu'en plein milieu, nous nous arrêtons pour
[attendre
Totalement indifférents à tous les avertissements
C'est la vie qui nous rattrape pour nous prendre
La vie qui court, court à feu et à sang

6 novembre 1940

Quelle journée ! Je ne sais pas si je dois rire, pleurer ou crier, je n'en ai aucune idée. J'ai surtout envie de pleurer… Ça ne serait pas arrivé si j'étais venue te trouver il y a trois heures pour tout te raconter, comme je l'avais décidé au départ. « Je vais à une fête ce soir (coûte que coûte) et je sais que je ne danserai pas, et je sais que je ne serai pas populaire et que Nora le sera peut-être, mais je ne laisserai pas ça me contrarier le moins du monde. » Voilà ce que j'étais censée te dire, sauf que non, je ne l'ai pas fait, alors quand je me suis sauvée à cette fête, j'étais au bord des larmes.

Mais *da capo*[1], attention ! Je me suis rendue à la fête et, surprise, surprise, juste avant, j'ai découvert que j'avais remporté la première place au concours et que j'allais recevoir la collection des œuvres de Mickiewicz[2] en cadeau ! Mon doux rêve ! Cher journal, merci de m'avoir aidée. Tu es le seul et l'unique, toujours si dévoué !

Alors je suis allée à la fête et Maciek me l'a dit en secret. Zygu m'a félicitée et m'a parlé, rien qu'à moi. Puis, de nulle part, j'ai reçu un prix pour mes notes, pour ma parution dans le journal et pour mon taux de présence de cent pour cent.

Zygu était tout simplement superbe. Tous mes espoirs ont résonné en moi. Puis, avec une emphase toute particulière, le directeur a annoncé le gagnant du concours. Les gens ont applaudi et m'ont félicitée. Krela va

1. « Reprenons depuis le début » en italien.

2. Poète et écrivain polonais du XIXe siècle considéré comme l'un des plus grands poètes romantiques. *(N.d.T.)*

envoyer mon texte au *Głos Radziecki*[1] à Kiev, et elle va aussi en parler dans le journal de l'école. Elle qui n'est jamais contente, elle m'a complimentée. Quel triomphe.

Après ça, je suis allée à cette misérable fête. Cukierman m'a invitée à danser. J'ai dit que je ne pouvais pas danser, alors il a pris congé. Puis Major. Je n'avais pas envie, alors je suis restée plantée là toute seule pendant que Nora dansait, puis je suis partie. J'ai traversé les rues trempées en essayant de ne pas sangloter tout haut. J'ai pensé : « Ce soir, j'ai gagné d'un point de vue spirituel, mais j'ai perdu dans la vie. » J'ai fait le vœu de ne plus jamais me rendre à une fête. Mais non, je le ferai ! En dépit de ma timidité, il faut que je gagne la bataille dans cette autre arène. Même si cela implique que mon âme perde, la vie doit l'emporter !!! Crois-moi, ça va être un combat dur et triste. Et à nouveau, pour la millième fois, je ressens le besoin de fredonner cette triste chanson à mon pauvre cœur orphelin.

Maman, pourquoi n'es-tu pas là
Une si grande distance nous sépare
Tu as disparu loin, si loin
Nous pleurons toutes deux à ne plus en pouvoir

Pourquoi sanglotes-tu, et moi aussi
Pourquoi dois-je vivre cette vie
Mon cœur suit les traces du réconfort
Et je cherche l'étreinte de ma mère !

---

1. « La voix soviétique », journal soviétique en langue polonaise publié à Kiev entre 1939 et 1941.

Maman ! Pourquoi ne peux-tu pas être ici aujourd'hui, être le témoin de mes joies et être heureuse pour moi (comme je sais que tu l'es) ? Pourquoi ne puis-je pas pleurer tout mon soûl dans tes bras ?

J'ai écrit un poème pour ma rédaction de l'école, parce que pourquoi pas, après tout ?

Le sang palpite et les pavés aussi
En route vers de grandes célébrations
Une grande foule grise s'est réunie
Des drapeaux rouges... pour la nation
Cette masse avance à travers la ville
Sort des banlieues, des allées, des maisons
De nouvelles personnes s'ajoutent
Se joignent aux autres dans la déroute
Les rues en viennent presque à déborder
Comme si de la lave s'écoulait
Comme si un alliage d'acier liquide
Qui peut durcir à tout moment
Écrasait ce monde profondément endormi
Réduisant l'ancien en charpie
Ces drapeaux rouges... le coup de balai rouge...

7 novembre 1940

Dis-moi, peut-être que tu sais, toi, si c'est agréable d'avoir un amoureux ? Qu'en penses-tu ? Je me suis fait la réflexion aujourd'hui ! Tu sais quoi, je déteste ça, quand quelqu'un parle de son avenir.

Je ne veux pas que les malades cherchent le
[réconfort en moi

Je ne veux pas voir les blessés, car je suis moi-
[même au plus bas
Je veux vivre comme une crapule, comme une âme
[sans tracas
Je veux voir des femmes occuper
Des postes de ministre, de marin
De diplomate, de ceux qui tiennent les clés
Je veux les voir comme des pilotes en action
Je veux les entendre discourir avec passion
Je veux une existence paisible
Que ma vie soit une bulle joyeuse
Je veux écrire des poèmes indélébiles
Et je veux être amoureuse !

9 novembre 1940

Je suis allée me promener avec Zygu. Pas en tête à tête, bien sûr : tout le groupe était là. Je vais peut-être me rendre à la fête dansante d'Irka. Zygu y sera. Je ne danserai pas, mais j'irai.

12 novembre 1940

Quelques mots, car il est tard. J'ai remporté un prix, hourra ! hourra ! *Dzieci* de Jan Brzoza[1]. Je me suis sentie terriblement fière, c'était très agréable. Quel dommage que Buluś n'ait pas pu voir ça. J'ai une rédaction à

---

1. Jan Brzoza (1900-1971) : écrivain, publicitaire, présentateur radiophonique et activiste communiste polonais, ainsi que l'un des fondateurs de la littérature prolétarienne en Pologne. *Dzieci* (« Enfants »), publié en 1936, raconte la vie des jeunes livreurs de journaux à Lviv.

rendre là-dessus le 24 décembre. Le jour de l'anniversaire de maman. Seras-tu ici avec moi, maman ? J'ai également été sélectionnée pour faire partie du comité événementiel de Mickiewicz. Je t'en parlerai plus tard. Zygu me taquine parfois mais, aujourd'hui, il a été gentil. Je vais à la fête dansante d'Irka samedi. Il sera là ! Et même si je ne fais pas la fête, tant pis ! Tout ce qui importe, c'est lui !!!

18 novembre 1940

Aujourd'hui, je suis sous le charme d'un film. Peut-être parce que je n'étais pas allée au cinéma depuis un moment ou peut-être, et même sûrement, parce que je me suis retrouvée dans ces images, dans ces gens, dans ces visions, ces incidents. Oui, certains de mes rêves étaient dans ce film et c'est exactement pour cette raison que j'ai aimé *Yunost poeta*[1]. J'adore Pouchkine, c'est mon héros ; peut-être que je pourrais me procurer une photo de lui quelque part[2]. Parce que tu sais quoi ? Je commence à totalement changer mes projets et à me demander s'il ne vaut pas mieux être célèbre plutôt qu'être heureux, en fin de compte. Devenir poète, comme… pas comme Konopnicka, mais… comme… Pouchkine !!! Désormais, je peux comparer sa jeunesse à la mienne, et il apparaît clairement qu'il n'avait pas

---

1. « La jeunesse du poète », film soviétique de 1937 réalisé par Abram Naroditski, avec Valentin Litowski dans le rôle de Pouchkine.

2. La photographie a été inventée en 1839, soit deux ans après la mort de Pouchkine. Renia parle certainement de la photographie d'un portrait peint.

beaucoup de succès avec les femmes. C'est triste qu'il soit mort, j'aurais aimé lui serrer la main.

Lorsque Pouchkine était au lycée, il n'étudiait absolument pas. Il allait retrouver d'autres jeunes, il faisait des promenades nocturnes lors de nuits parfumées (même dans le film), il cueillait des nénuphars blancs pour son amoureuse. Il se languissait, il rêvait, il aimait… Le monde n'était-il pas de son côté et pouvait-il devenir un non-romantique ? Merveilleux, merveilleux – affreux singe *obez'yana*[1] ! Pouchkine ! Et ce nom ! C'est un nom qu'il faut prononcer avec déférence.

Mais jamais je ne pourrais devenir aussi célèbre. Je joue les gamines des rues depuis quatre ans maintenant. Je ne vois que des pavés gris craquelés et des lèvres assoiffées et gercées. Je ne vois pas le ciel, parce qu'il n'est qu'un rebut de nuages moisis et poussiéreux. Je ne vois rien d'autre que des cendres et de la suie qui font suffoquer, brûlent les yeux, empêchent de respirer. Les gens que j'aperçois dans les rues sont aussi abrupts que des pierres lentement taillées à coups de pioche et réduites à l'état de poussière qui pique sous de gros doigts calleux. Aucune révolution ne sera jamais en mesure d'arranger ça. Rien ne le pourra jamais. Parce que ceux aux voix suaves et au toucher agréable, ceux qui vivent des vies aussi douces que de la soie, ils seront toujours là… Mais ça m'est égal, je déteste la révolution, je suis une personne normale (une flegmatique) qui ne supporte pas la foule rageuse, alors autant que les choses restent telles qu'elles sont. Mais toi, Pouchkine, que voulais-tu ?

---

1. « обезьяна » : « singe » en russe.

Vois comme tout est déformé
Comme tout est faux, pitoyable, bon marché
C'est nouveau, et pourtant
C'est complètement vicié
Rouge, rouge et blanc...

18 novembre 1940

Ma romance semble être terminée. Quel idiot stupide, vulgaire et arrogant. Il aime jouer avec moi. Je peux remercier mon cher ami Tusiek. Quelle sale vermine, bon sang ! Mais tu sais quoi ? Il ne vaut pas la peine que j'écrive sur lui. Naturellement, j'aurai ma revanche ; je trouverai un moyen. Il y aura une autre soirée de lecture, qu'est-ce que ça me plairait ! M'aideras-tu à nouveau ?

Je viens à toi
Je suis en route !
Un train gronde sur les rails
le long des ponts et des arcades voûtées
à travers les champs et les villes, il ne se repose
[jamais
Il file en avant, il siffle, il accélère
Le long de ses rails en acier
Il glisse à la vitesse de la lumière !

Les couleurs sont jaune et rouge
avec un peu de noir, de vert et de bleu
Les lumières du soir sont si douces
Et disparaissent chaque matin des cieux
J'entends le klaxon interminable
La locomotive siffle et tousse

Je viens à toi, je suis en route
Je suis le chemin sur la carte...

20 novembre 1940

J'ai eu ma revanche aujourd'hui. Je lui ai écrit un poème offensant. Il l'a mal pris. Il me laissera tranquille à présent. Je ne le supporte plus. Il m'a appelée « la maîtresse de la rime » aujourd'hui. Ce sera encore pire désormais, il… J'aimerais être morte ! Tu sais, parfois, tout cela est si stupide, puis l'instant d'après si important. Mais non, ça ne l'est pas. Ce sera toujours : « Je ne saurai jamais à quoi ressemble le bonheur. » Dieu miraculeux, je Vous en prie, faites que cela ne soit pas une prophétie. Je suis triste, très triste… tellement triste.

24 novembre 1940

Je suis allée au théâtre aujourd'hui. Tout le monde a dit que j'étais très intelligente. Mais Zygu n'était pas là. Je joue l'indifférente maintenant et il semble surpris, fâché même. Il me dit ceci ou cela et je ne réagis jamais. (Nora répète que ce n'est que le début.) Tout ce que je peux dire, c'est : qui sait ?!

Le Maciek de Nora vit au cinquième étage. Elle le fixe constamment.

Est-ce le doré de la lumière de l'aube ?
Est-ce entouré d'obscurité ?
Pourquoi es-tu si isolé ?
Pourquoi le monde entier nous sépare-t-il ?
Pourquoi cette terrible rivière
Nous divise-t-elle comme un frisson ?

28 novembre 1940, jeudi

Demain, c'est la leçon de démonstration en mathématiques. Je suis morte de peur. J'ai ressenti des choses bizarres à l'encontre de Nora ces derniers jours. J'ai l'impression qu'elle est terriblement hypocrite. Dès qu'elle remarque que Z. veut me dire quelque chose, elle fait exprès de s'interposer. Oui, tout ça, c'est à cause de Waldek. Et de toute façon, elle est caractérielle et fantaisiste tandis que, de mon côté, je semble ne plus correspondre à ses attentes, merci mon Dieu. Elle était ravie que les gens croient qu'elle aimait bien Z. Cela lui plaisait, même si elle savait que ce n'était pas vrai. Ha ha ha !

30 novembre 1940

La leçon a eu lieu. Ça s'est plutôt bien passé, j'étais prête. J'ai été publiée dans un journal. Mes sentiments pour Zygu s'évaporent, étant donné qu'il ne les stimule absolument pas. Nora s'est tordu la cheville. J'ai écrit un article à ce sujet, et un poème aussi. Je vais les recopier pour les lui offrir. Après tout, ça ne va pas si mal avec elle, et puis je les ai écrits alors autant les lui donner. J'aimerais beaucoup que ce soit publié dans *Piszemy sami*[1]. Il doit vraiment y avoir quelque chose qui cloche chez moi !

---

1. « Nous écrivons » : probablement un journal.

8 décembre 1940, mercredi[1]

Soudain, je l'aime à la folie. Quand je pense que tout était sur le point d'hiberner et, aujourd'hui, tout est revenu à la vie. Il ne s'est rien passé et, dans le même temps, tant de choses sont arrivées ! Il a joué avec ma capuche, l'a caressée, s'est rapproché ! Mais je suis vaniteuse. Tralalalalala ! Merveilleux Zygu, tellement merveilleux !!! Voilà ce que j'avais écrit il y a quelque temps :

Buvons notre vin
Buvons de nos lèvres
Et quand nos verres seront vides
Buvons du sang à la place
Pleins de désir et d'envie
D'inspiration et d'amour brûlant
Laissons se déclarer un incendie
Laissons la rage brûler comme un bûcher
Mais rappelle-toi, ma belle,
Que les flammes courent dans tes veines
Que le sang peut te faire exploser de l'intérieur
Le vin est rouge, les lèvres aussi
Ils sont pleins de désir et d'envie
D'inspiration et d'amour brûlant
Laissons se déclarer un incendie
Laissons la rage brûler comme un bûcher
Le vin est rouge, les lèvres aussi
Nos cœurs sont affamés, jeunes, enflammés
Ils battent l'un pour l'autre

---

1. Renia a commis plusieurs erreurs dans les dates et les jours de la semaine. Le 8 décembre 1940 était un dimanche.

Mais rappelle-toi, ma belle
que les flammes courent dans tes veines

QU'EST-CE QU'ÊTRE ROMANTIQUE ?
C'est un cheval qui galope à travers les steppes
C'est un haut nuage qui avance doucement
Bouge sans à-coup, baigné d'un rouge brillant
Un cygne blanc qui se cache dans le crépuscule doré
C'est le prétendant au bord d'un profond abîme
Qui glisse le long d'une corde fine
Un bouquet de roses rouges dans les bras.

LA RACAILLE, OU LES ENFANTS DES MACHINES
Parmi le cliquetis et le grincement du fer
Parmi le brouhaha des tôles effondrées
Parmi les sifflements des ateliers
Avec une poussière fine et mordante qui flotte dans [l'air
qui brûle nos rêves et nos cœurs
nous grandissons, nous, les enfants travailleurs
les machines humaines

Dans le feu rugissant des forges
Les creusets engorgés de métal en fusion
Dans la chaleur étouffante de la bouillie de scories
Nous avons du caractère, nous, les gens de l'acier

Nos mains sont calleuses et puissantes
Nos mains sont comme des ressorts d'acier
Nos cœurs comme des scories, chauds, inconstants…
Le pouvoir sifflant et bouillonnant des adolescents
Des travailleurs, les enfants des machines

9 décembre 1940

Je suis folle de Zygu, je l'aime, je le désire !

10 décembre 1940

Je suis allée au deuxième étage aujourd'hui. Zygu m'a dit : « Comment vas-tu, ma belle ? » ou quelque chose d'approchant, et il m'a tiré les cheveux. Tu sais, ces temps-ci, lorsque je le vois, j'ai ce sentiment béat et agréable, qui est désagréable à la fois. Quelque chose me paralyse. Si seulement cet idiot savait combien je l'aime. Un lien invisible nous relie. Il pourrait se briser, mais non… Si nous pouvions vraiment être ensemble, ce serait à la fois merveilleux et terrible ! « La boîte de chocolats est peut-être vide, mais il y a beaucoup de douceur sur tes lèvres. » Je ne sais pas. Je n'ai pas la moindre idée de ce qui m'arrive.

Ah, toi, l'âge ! Lorsque l'on aime comme jamais
Celui qui te connaît ne trouvera la paix
Celui qui te connaît est ivre d'ardeur
Et la vie ne commence que lorsque est pris l'autre [cœur.
L'amoureux est pour toujours incapable de se réveiller
Pris de tremblements fiévreux, piégé dans un rêve [tourmenté
Il ne s'endort que lorsque l'aurore est levée
Et rêve d'amour et de cœur brisé.

11 décembre 1940

Aujourd'hui, je suis restée à la maison. Je dois écrire une rédaction. Je dois écrire pour le concours. Parce que Krela a dit à cette fameuse Teich qu'elle s'attendait à un excellent texte de ma part. Sur quoi devrais-je écrire ?

GIVRE
La brume règne et le vent souffle...
Un ciel de décembre gris...
Les moineaux sont à bout de souffle
À cause du froid qui les transit...

Dehors, tout semble endormi
La neige tombe sans faire de bruit
Le long de lignes invisibles
Des nuages gris fleurissent de toutes parts
Tels de la fumée de cigare.

HEINE[1]
Leise zieht durch mein Gemüt
Liebliches Geläute.
Klinge, kleines Frühlingslied,
Kling hinaus ins Weite.
Kling hinaus, bis an das Haus,
Wo die Blumen sprießen,
Wenn du eine Rose schaust,
Sag, ich laß sie grüßen.

---

1. Extrait de *Neue Gedichte* (*Nouveaux poèmes*), de Heinrich Heine (1844).

Doucement traverse mon âme
Un aimable carillon.
Sonne petite mélodie printanière,
Porte ton chant dans le lointain.

Porte ton chant jusqu'à la maison
Où les fleurs éclosent,
Et si tu vois une rose
Dis-lui que je la salue[1].

20 décembre 1940

Oui, je sais écrire de jolis poèmes, et oui, je peux dire que je suis… bon, tu verras par toi-même (je vais coller une photo), et mes couplets sont si joyeux que toute l'école les chante en chœur, oui je suis appréciée aussi bien des filles que des garçons, et pourtant… ma vie à l'école ne me rend pas heureuse. Jara… Ah ! J'ai toujours voulu ce qu'il y avait de mieux pour elle. J'ai même décidé de continuer d'essayer de la convaincre de s'entraîner (afin qu'elle puisse devenir pianiste). Mais parfois, presque toujours même, elle m'embarrasse. Rends-toi compte, elle flirte avec tous mes amis ! En fait, elle a cette capacité rusée de se faire aimer des gens. Elle a très bon cœur mais, pour ce qui est de sa personnalité, c'est loin d'être aussi glorieux. Elle est très douée en musique, et aussi pour jouer la comédie, mais elle n'est pas très intelligente, elle n'a pas cette chose, cette chose innée,

1. Heinrich Heine, *Nouveaux poèmes*, « Nouveau printemps », poème VI, traduction d'Anne-Sophie Astrup et Jean Guégan, Poésie/Gallimard, 1998.

ce quelque chose. Et c'est une femme, oh, une vraie femme horrible, un petit peu comme tante Hela... Et tu me connais. Maman et toi, vous savez comment je suis ! Je ne peux pas me battre pour elles parce que je suis découragée, à la fois par la bataille et par la vie. Jusqu'à maintenant, mes qualités ont tracé un chemin pour moi, mais, désormais, il existe cette terrible possibilité que nos deux pauvres âmes esseulées soient séparées ! Mon Dieu ! La jalousie... Non, je m'y refuse, tu m'entends, je n'en veux pas, je souhaite l'aimer sans une once de ressentiment, c'est ça que je veux, j'aime mon unique petite sœur !!! Mais elle, elle... Non, je ne peux pas. Elle est consciente de son succès et, maintenant, elle s'adresse à moi avec des demi-sourires, à demi-mot teinté d'ironie. Elle jubile de passer du temps avec Zygu, elle veut m'impressionner en faisant ça et, lorsque je l'appelle, elle fait semblant de ne pas m'entendre. Un jour, elle m'a dit : « Rena, je me marierai avant toi, de toute façon ! » Mais le problème n'est pas là. Dieu, Vous m'avez séparée de ma mère, ne me séparez pas de ma sœur !!!

25 décembre 1940

Hier, c'était ton anniversaire, Buluś. C'est la deuxième année que nous ne le passons pas ensemble. Quand cette torture cessera-t-elle enfin, quand ?! Le manque devient de plus en plus grand, je me sens de plus en plus mal. Parfois, la sensation est si horrible, j'ai un tel sentiment de vide, que c'est comme si ma vie était finie, alors qu'en réalité elle ne fait que commencer. Je n'arrive pas à regarder vers l'avant, vers l'avenir. Je ne vois rien, rien d'autre que de la souffrance et des combats, et tout va s'achever en défaite. Dans la journée, je ris, mais ce n'est qu'un masque, c'est pour oublier (les gens n'aiment pas les larmes), tandis qu'à cet instant, je songe que tu es si loin, maman, que tu vis dans un ghetto, que tu es malheureuse et que je ne peux pas t'aider, parce que je ne suis même pas encore prête pour ma propre vie. C'est ce que Krela dit.

Aujourd'hui, il y a eu une répétition pour un spectacle de variétés chez Irka. J'ai écrit des chansons. Je participe aussi au spectacle. Krela connaît tout un tas de choses, elle sait tout sur l'Europe et parle je ne sais combien de langues. Elle est très astucieuse, très intelligente et vraiment chouette. Elle a dit aux garçons qu'ils n'étaient pas prêts à affronter la vie, puis elle a également mentionné les filles. La mère d'Irka a dit qu'Irka s'en sortirait très bien dans la vie. Irka est tellement intelligente ! Krela a dit que Maryśka Filagrowicz était la fille la plus gentille de l'école (je la connais à peine) et que le garçon le plus intelligent et le plus cultivé de l'école était Zygu ! Encore lui. C'est toujours comme ça : pile au moment où je pense qu'il m'est égal, il recroise subrepticement ma route et je suis de nouveau folle de lui. Je souffre terriblement. Je pleure sans arrêt, parce que je suis amoureuse.

Oh, Maciek n'arrête pas de me faire des compliments et de me dire un tas d'autres choses (les mêmes qu'il dit à tout le monde), mais c'est totalement différent. Et avec Waldek, c'est encore une autre histoire. Lorsqu'il s'agit de moments comme ceux-ci, aucun garçon ne m'intéresse à part Zygu… toujours lui… « Tu dois attendre patiemment, et si Dieu le veut, vous vous rencontrerez. » D'accord, mais quand ? Pourquoi pas maintenant, Dieu ? Si Vous tenez à nous réunir, est-ce que ce sera dans longtemps ? Est-ce que nos cœurs, remplis d'aigreur, de regret et de nostalgie, survivront à cela ? Et si l'un d'eux se brise ? Alors l'autre mourra aussi. Seigneur Dieu, je Vous en supplie, à l'aide !!!

28 décembre 1940, dimanche[1]

Suis-je une pécheresse ? Oui ! Parce que, même lorsqu'en théorie, je suis tout près de quelque chose, ma nature intervient et m'empêche de me lancer, et… c'est fini… Mais là… le hasard n'aurait pas pu mieux faire les choses ! Zygu participe au spectacle de variétés, lui aussi ! En fait, nous allons figurer dans les mêmes scènes, lui et moi. C'était merveilleux lorsque Krela a dit : « Spiegel et Schwarzer seraient parfaits pour ça » et… (qu'est-ce que j'en ai à faire du reste ?). Nous lisons en nous partageant une feuille. Irka dit qu'il m'a écoutée avec admiration quand j'ai chanté (j'ai plutôt eu l'impression du contraire, mais bref !).

Puis nous sommes allés à l'école. Luśka l'a traîné à sa suite, mais Irka a été plus maligne et, pour finir, j'ai marché avec lui bras dessus, bras dessous. Au début, il a attendu que ce soit moi qui l'attrape, mais j'étais trop gênée, alors il m'a pris la main ! C'était comme si ma main ne m'appartenait plus. Ou bien si, sauf que j'avais l'impression qu'elle était complètement différente de mon autre main. Des frissons très agréables l'ont parcourue de haut en bas, c'était si bon… ! Tout à l'heure, lorsqu'il était devant moi en train de lire ses répliques,

1. Le 28 décembre 1940 était un samedi.

j'étais incapable de détacher mon regard de ses superbes lèvres rouges, même si j'ai honte de l'avouer.

Il a suggéré que je m'assoie à côté de lui en cours, ce serait génial ! Si seulement… Si seulement ce qui s'est produit aujourd'hui ne s'était pas produit. Parce que, aujourd'hui, j'ai rougi furieusement. Quelle plaie. (Bon sang ! Marre de ce fichu trait de caractère !) Ensuite, il s'est installé à côté de moi, il a marmonné quelque chose, puis il a dit à Luśka qu'il ne savait rien d'elle et que nous étions ensemble sur scène. Et là, comme une idiote, j'ai tout gâché, parce que je me suis effacée. Je l'ai mis en colère, je l'ai forcé à parler à Luśka rien que pour me contrarier. Pire encore, il a menacé de ne plus participer au spectacle. « Tu entends, Rena ? » Et je lui ai dit que ça m'était égal ! Qu'est-ce que j'ai bien pu faire pour être aussi stupide ?!!!

29 décembre 1940

Aujourd'hui, même chose ! Je viens juste de rentrer de répétition. Il était merveilleux. Il a dit que personne ne chantait les chansons de cabaret aussi bien que moi et qu'il ne s'était pas rendu compte que j'avais autant de talent. Nous avons discuté encore et encore. Il était si formidable et adorable. Mon divin Zygu !

31 décembre 1940

Le réveillon du Nouvel An ! Nous avons donné notre représentation du spectacle de variétés. En coulisse, Zygu m'a retiré ma cape et a démêlé mes cheveux. Lorsque la soirée dansante a débuté, je suis vite partie. Poldek, Rysiek, Julek et Tusiek voulaient vraiment que je reste. Mais je n'en avais pas envie, tout simplement. Zygo est merveilleux, divin, si charmant… Tout était tellement excitant. J'ai tout raconté à Norka. Mais elle n'est plus aussi proche de Maciek qu'avant, alors elle me jalouse. Je suis triste pour elle. Enfin, cela ne m'étonne pas le moins du monde et je la comprends parfaitement. Est-ce que tu te souviens d'à quel point je me sentais mal pour la même raison ? Désormais, c'est son tour. Elle en a même pleuré, la pauvre chérie. J'aurais peut-être pu rester un peu plus longtemps pour regarder, mais c'est à cause d'elle que je suis partie.

Alors que j'étais sur le point de m'en aller, Zygu a couru jusqu'à moi et m'a demandé si je voulais l'accompagner à une fête demain. Je lui ai répondu que je ne dansais pas, mais il a dit quelque chose sur le fait d'avoir une invitation et Jara a lancé : « Oui oui, elle danse. » Alors j'y vais. Voilà. Pourquoi pas, je lui ai dit que je ne danserais peut-être pas après tout. Ah, attends, j'oubliais ! Avant-hier, en répétition, il m'a invitée à venir avec lui aux cours de dessin de la classe XB. Nous y sommes allés, mais nous n'avons pas pu rester longtemps. Ah ! Je suis *vidminna*[1], j'étais la seule à avoir toutes ses affaires ! Ah !

Quoi d'autre ? Aujourd'hui, c'est le dernier jour de l'année 1940. Demain marquera le commencement d'une nouvelle année, qui apportera de nouveaux regrets, de nouveaux rires (peut-être), de nouvelles inquiétudes, de nouvelles difficultés. Mon vœu le plus cher est de retrouver ma pauvre maman adorée. Je fais aussi le vœu de

1. *Vidminna*, « *відмінна* » : féminin pour « excellent » ou « magnifique » en ukrainien.

meilleures relations politiques et de « quelque chose » avec Zygu. Pourvu que ce soit comme je l'ai décrit dans le tableau final de notre spectacle de variétés :

Disparaissez, larmes, révolte et inquiétudes
Soyons tous insouciants et de bonne humeur
Sur ce, bonne nuit, pourvu que l'hiver ne soit pas
[trop rude
C'est ce que nous vous souhaitons, de tout cœur.
Souvenez-vous, tentez votre chance
Commencez la nouvelle année dans la joie
Avec des chansons, des rires et de la danse
Ne soyez pas timide, faites le premier pas.

Je veux que cette nouvelle année soit synonyme de joie et de bonheur. Agréable pour tous dans le monde entier et pour moi aussi.

Accueillez tout en ouvrant les bras
Laissez la chaleur et l'amitié faire la loi
Peignez les visages des gens de bonheur
Emmenez-les vers un futur rieur
Faites-les traverser la vie avec ardeur

Avec de l'amour et un enthousiasme fort
Et laissez mes rêves se réaliser sans discuter
C'est encore plus précieux que de l'or.

Le dernier jour de l'année 1940. La dernière page du journal. J'accueillerai la nouvelle année sur une nouvelle page.

1er janvier 1941, mercredi

Je suis allée à la fête. Tout s'est passé à merveille. Enfin, je pense que ça n'aurait pas pu mieux se passer. J'ai dansé avec tout le monde, mais surtout avec Poldek et Zygu ! Tu entends ça ? J'espère que toute l'année sera aussi agréable que la fête d'aujourd'hui ! Zygu n'a pas arrêté de parler, il était si charmant… Nous n'avons pas très bien dansé, mais c'était délicieux. « C'est ma faute », « Je savais que tu viendrais », « Quel dommage que les lumières soient si fortes », etc. Et à la fin, quand Irka a déclaré qu'elle était enrouée, il a annoncé : « Rena aussi est enrouée. » Hourra ! « Le plus important, ce sont les premiers pas. » À partir de maintenant, j'irai aux fêtes.

3 janvier 1941, vendredi

Ça ne remonte qu'à avant-hier ! Et pourtant, je perds la raison comme si je ne l'avais pas vu depuis un an. Plus nous nous rapprochons, plus je sens que je l'aime. Aujourd'hui, par exemple, je n'ai pas arrêté de trembler. Chaque fois que je repense à la soirée, je suis étreinte par un sentiment que je n'ai jamais éprouvé auparavant.

Alors, comment était la fête ? Tout était parfait. Quel a été le meilleur moment ? J'hésite : lorsqu'il m'a parlé pendant que nous étions en train de danser ? Ou quand il a passé son bras autour de moi alors que je trébuchais pendant une valse ? Ou alors lorsqu'il m'a adressé un merveilleux sourire et demandé : « Rena, pourquoi me fuis-tu ? » Ou encore quand il m'a gentiment tenu le bras après chaque danse ? Il sentait tellement bon ! Et chaque fois qu'il me touchait… *brrr*... ah, quel bonheur ! C'était formidable, que c'était bien ! Nous nous sommes assis ensemble et nous avons discuté. Quelle soirée.

Et Poldek aussi m'aime bien ? J'ignorais qu'il m'appréciait autant. Il a énormément insisté pour que l'on convienne d'un rendez-vous aujourd'hui. Il continue à me raccompagner jusqu'à la maison, ce qui m'agace. Je n'ai dit au revoir à personne, mais Zygu m'a rejointe et a fait un réel effort pour me dire au revoir. J'arrive à peine à me contrôler.

Aujourd'hui, un blizzard terrible souffle. Il a neigé toute la journée. Mais je serais prête à braver tous les blizzards, toutes les tempêtes de neige, tous les ouragans et tous les déluges avec lui, tant que nous sommes ensemble. Mon prodige, ma merveille, mon amoureux. Je dois terminer une rédaction à rendre pour demain, mais je n'ai qu'une envie : voir Zygu. Je deviens folle. Et dans le même temps, je n'ai pas envie de le voir, parce que j'ai trop peur que quelque chose se passe mal et vienne gâcher ce délicieux souvenir.

5 janvier 1941, dimanche

Et ? N'avais-je pas dit qu'il valait mieux ne pas le voir ? J'étais pleine de regrets, mais c'est comme ça. Lorsque l'on aime quelqu'un, on le taquine, forcément. Les retrouvailles furent agréables, mais ensuite, il n'a pas dansé avec moi, il est resté assis là à fumer, de mauvaise humeur, mais tant pis, après tout (mon Dieu), l'amour a bien le droit (le devoir, même) de bouder aussi. Aujourd'hui, je suis au lit ; je ne me sens pas bien. Oh, j'espère vraiment que tout marche comme prévu !! Pitié ! Je trouve des preuves de ses sentiments pour moi-même dans la colère.

AVOIR SEIZE ANS

Lorsque vous avez seize ans
vous aimez le monde entier
avec toutes ses fêtes, ses blagues, son amusement
et surtout vos personnes préférées.
Lorsque vous dissimulez votre journal froissé
à votre mère et ses investigations poussées.
Quand vous chantez des chansons d'amour
Alors vous avez seize ans.

8 janvier 1941, mercredi

Tout va bien de nouveau, et mieux encore. Irka persiste à dire que Zygu est amoureux de moi. Il a dit qu'il se battrait en duel contre Poldek pour moi. Et c'est parce que Poldek est fou amoureux de moi. Il est passé une fois à la maison pendant que j'étais malade.

Zygu n'a pas voulu aller au cinéma quand il a appris que je ne venais pas. Et aujourd'hui, il a dit qu'il irait et que j'irais, alors peut-être que nous pourrions y aller ensemble ? J'avais prévu d'assister à un match (parce que Zygu joue et qu'il m'a invitée par l'intermédiaire d'Irka). Je me suis organisée avec Irka mais, alors que je revenais du bureau de poste, je me suis retournée et quelqu'un a dit : « Rena, où étais-tu passée ? Tu n'as pas honte d'être malade ? Tes bottes montent vraiment haut et tu arrives encore à attraper un rhume ? Accompagne-moi au match. » Viens et viens. Et je n'ai pas pu y aller avec lui, parce que j'avais déjà convenu d'y aller avec Irka. Flûte. Il a dit plein d'autres choses, il était adorable, merveilleux. Par exemple, il a dit qu'il irait sur le terrain en premier, parce qu'il ne voulait pas je le voie, etc.

Zygu a gagné le match et je l'ai félicité. J'étais incapable de masquer mon inquiétude quant à la possibilité qu'il rejoigne les rangs de l'armée. Et lui ? Lui, il était très heureux à cette idée. Puis nous avons discuté, plaisanté, nous nous sommes taquinés comme le font les amoureux (du moins, je crois). Et demain ? Je le verrai au match ! Je te raconterai.

9 janvier 1941, jeudi

Aujourd'hui… Oh, j'ai peur rien qu'en le disant… Je suis allée au match. Il ne s'est rien passé de spécial. (À part lorsqu'un ballon a frappé mon merveilleux Zygu adoré à la mâchoire, si fort qu'il était plié en deux de douleur. Mon pauvre chéri. J'étais très inquiète.) Mais après le match ! Ooooh ! Nous avons marché tous les deux et je lui ai dit que j'étais très contrariée pendant le match. Il m'a demandé pourquoi, j'ai répondu : « Parce que. » Il a insisté : « Mais pourquoi ? » J'ai dit : « J'étais contrariée, c'est tout. Laisse-moi tranquille. » « Parle ! » Il voulait simplement que j'admette : « Parce que tu jouais. »

Irka était juste devant nous avec Genek, mais Zygu s'est arrangé pour que l'on se sépare en deux groupes. Enfin seuls ! Et qu'est-ce que le destin avait en réserve pour nous ? Le destin voulait que nous voyions Arianka patiner. Nous sommes allés à la patinoire et cette gamine s'est entêtée à se joindre à nous. Mais Zygu n'a rien dit. Il s'est montré constamment joyeux, marmonnant en yiddish et demandant pourquoi il ne m'avait pas vue l'année précédente. Puis il a demandé quand nous pourrions aller au cinéma, etc., etc.

Naturellement, Giza m'a aperçue en ville et a fait la grimace la plus stupide qui soit. Ensuite, Poldek nous a vus aussi et, naturellement, il ne nous a pas lâchés d'une semelle.

Zygu prévoit de faire des études de médecine et il a dit : « Rena, qu'est-ce qu'on fait pour l'année prochaine ? Tu vas venir à Lviv et nous allons étudier ensemble. » Hourra, hourra ! Zygu est un garçon merveilleux et il dit plein de choses gentilles ! Si seulement maman était ici, je pourrais affirmer sans l'ombre d'un doute que c'est l'époque la plus heureuse de ma vie. (Il est un tout petit peu trop coquin, à l'inverse des autres garçons qui, eux, sont vulgaires.)

10 janvier 1941, vendredi

Je l'aime, je suis folle de lui ! Je ne l'ai pas vu de la journée aujourd'hui. Ça m'a rendue folle. S'il va à la fête du club socialiste demain, alors j'irai aussi.

Irka m'a donné un éléphant. Elle a soufflé dessus pour nous porter bonheur à Zygu et moi. Pourvu que ça marche !

12 janvier 1941, dimanche

Que pourrais-je bien te raconter ? Je me sens très bizarre ; tout est si difficile et si contrariant… Comme si des pions bougeaient autour de nous, comme si deux yeux noirs brillaient dans l'obscurité.

Je l'ai vu aujourd'hui, nous sommes même allés jusqu'au centre-ville ensemble, mais c'était à cause d'Irka, c'est elle qui avait manigancé ça. Puis il m'a raccompagnée jusque chez moi, de son propre chef, je le reconnais, mais là encore, c'est grâce à Irka que nous nous sommes retrouvés seuls. Nous étions fatigués tous les deux. Il était plutôt poli, mais c'était comme s'il avait envie de rester avec Irka.

À cet instant, je suis dans un tel état que c'est à peine si je parviens à tenir un stylo dans ma main. Je n'écoute pas ce qu'on me dit, j'oublie tout, je n'écris pas et, le soir, je suis allongée sur mon lit avec les yeux grands ouverts et je rumine, je rumine… Maman, j'aimerais tellement pleurer toutes les larmes de mon corps avec toi ! Maman ! Maman ! Viens !

Un filet de cordes entrelacées
Un ballon marron qui rebondit
Un sifflet…
Et de nombreux bras levés
Un grondement comme si un mur s'effondrait
Un cercle plein de couleurs
Des supporters qui protestent et qui crient,
« C'est faux », « L'arbitre est fou », « Dégagez ! »
Sortie, touche, et encore un coup de sifflet
Le ballon rebondit : c'est un match, je sais !!!

Je n'arrive même pas à parler de Zygu. Je me sens défaillir, c'est terrible… Maman ! Aide-moi !

14 janvier 1941, mardi

J'ai lu une rédaction aujourd'hui. Enfin. Tout le monde a aimé, la salle était très silencieuse, tout le monde était captivé. Ensuite, Krela a dit quelque chose mais, en vérité, elle n'avait rien à ajouter.

C'était mignon avec Zygu aujourd'hui : il m'a félicitée après la classe. Puis, sans attendre, il a ajouté : « Rena, qu'est-ce que tu en penses ? J'ai reçu mon avis de conscription. » Il m'a lu quelque chose à voix haute et, comme je ne comprenais pas ce que ça signifiait, il a dit : « Est-ce que je suis marié ? » Il a ri puis nous sommes montés, bras dessus, bras dessous. En haut, une surprise m'attendait. Ils voulaient que je sois la présidente du club de littérature. Ils ont commencé à crier : « Spiegel ! Spiegel ! », puis ils m'ont nommée l'un après l'autre. Zygu m'a nommée également. Nous avons procédé à un vote et, naturellement, c'est moi qui ai obtenu le plus de voix. Et quand Krela a demandé qui ils souhaitaient avoir comme président, ils ont tous crié que c'était moi la présidente. Mais ça n'a pas d'importance. Zygu était gentil, il me faisait des grimaces et nous étions presque tordus de rire pendant que Krela parlait… Et tout aurait été merveilleux si nous avions été seuls, etc., mais malheureusement, un type d'IXA refusait de me laisser tranquille. Zygu était furieux et moi aussi. Tout à coup, il a dit au revoir, il a grommelé quelque chose et il est parti… Quel dommage ! Enfin, espérons qu'il y aura une autre occasion… pour que nous nous retrouvions enfin seuls.

17 janvier 1941, samedi[1]

Ça fait maintenant trois jours que je suis malade. J'ai toutes les peines du monde à écrire ce poème. C'est un

1. Le 17 janvier 1941 était un vendredi.

accouchement difficile, comme dirait ma douce maman. J'ai un plan, oh ! Je viens de recevoir deux lettres de ma maman chérie. Dieu, comme je suis contente ! Elle veut nous rendre visite, ma maman adorée, ma merveilleuse maman. Elle va peut-être venir. Pourvu que ça fonctionne.

C'était une bonne journée, aujourd'hui. Arianka a fait son entrée en classe de septième[1]. J'ai reçu du courrier de maman. Kasia est peut-être de retour. Qu'est-ce qu'Irka et Norka vont dire concernant… (concernant qui ?).

21 janvier 1941, mercredi[2]

Ah, quel merveilleux mercredi ! À l'époque aussi, c'était un mercredi. On dirait bien que le mercredi me porte chance.

Longue vie aux mercredis
pleins de joie et de bon esprit
En toute sincérité, longue vie
à tous les jeunes de tous les pays
à tous les rires insouciants
à tous les espoirs sans limites
qui vous font aller de l'avant
aux fêtes, mes favorites
aux rendez-vous et aux promenades en ville
pour des gâteaux et pour s'amuser
puis à la maison, dans votre robe de chambre
à ces mots que vous écrivez dans la buée
à ces flèches et à ces initiales

1. Ancienne appellation du CM2. *(N.d.T.)*
2. Le 21 janvier 1941 était un mardi.

ce mot qui, dans votre journal
rougit mais est permis
celui que vous emportez partout
celui qui résonne à grand bruit
Alors longue vie aux mercredis
pleins de joie et de bon esprit
Longue vie, surtout, toujours
à tout ce qui s'appelle amour.

La fête a eu lieu mercredi et, aujourd'hui… Devine, parce que j'ai le souffle coupé. Les mots veulent bondir hors de ma gorge. Aujourd'hui, donc… Zygu m'a rendu visite. Il est venu et il était charmant, adorable. Il me fixait, m'hypnotisant sans arrêt avec ses yeux. Je n'ai pas fait semblant d'être malheureuse. Il a passé beaucoup de temps avec moi et il m'a dit plein de choses. Le moment le plus important, c'est lorsque Maciek a demandé : « Qui a les plus jolis yeux ? » Zygu est devenu penaud (moi aussi), puis il (mon adoré) a rougi et dit : « Rena. » Maciek m'a fait un clin d'œil et dit un tas de choses sur l'amour. Et Zygu était tout gêné.

J'écris mal aujourd'hui, parce que j'ai la rubéole. C'est pour ça que Maciek, Poldek et Zygu m'ont rendu visite. Poldek est très amoureux de moi, je le sais. Autant que je sache, je plais beaucoup à Maciek aussi. Quant à Z., c'est un mystère, un Sphinx.

C'est un Apollon
avec sa carrure et sa peau
si hâlée et si douce
C'est un Sphinx

avec ses yeux impénétrables
qui cachent un grand mystère, je crois

Tous les trois m'ont assuré que si je n'allais pas à la fête, ils n'iraient pas non plus, alors j'ai répondu que je préférerais me sentir mieux et y aller, et qu'ils devraient venir aussi.

Ces sales garnements n'ont pas arrêté de cancaner sur Nora. Je me demande bien ce qu'ils lui reprochent (ses jambes, ses bas, son nez). Cela fait un moment qu'elle est à couteaux tirés avec Maciek. J'étais en colère contre lui et, aujourd'hui, il s'est fait pardonner. Maciek est gentil comme un ange, il pourrait être jaloux, mais non.

23 janvier 1941, jeudi

Irka insiste pour que j'écrive quelque chose dans son journal. En vers, bien sûr. Je vais essayer.

27 janvier 1941

Je n'ai pas fini de t'écrire la dernière fois, parce que Norka est arrivée. Puis j'ai reçu d'autres visites, de Poldek et Maciek, puis de Nora avec Irka. C'était varié : parfois, c'était agréable, et parfois, c'était barbant (il y a même eu une situation carrément déplaisante).

Samedi, Zygu devait passer, mais il n'est pas venu parce que sa mère est arrivée.

Et moi ? Je vis de souvenirs. Je n'en reviens pas de constater que je me rappelle chaque mot, chaque sourire, chacune de ses expressions. Quand je me souviens d'une nouvelle chose, c'est comme si… je ne me reconnaissais pas. Je suis incapable de parler ou de penser à quoi que ce soit d'autre. Ça devient une véritable manie.

Hier, oncle Maciek (que j'aime beaucoup) est allé chez Zygu pour lui rendre visite, ainsi qu'à sa famille. Il adore Zygu, autant pour sa personnalité que pour sa façon d'être. Zygu avait laissé deux cahiers dans la pièce, alors il a frappé, s'est excusé et est entré pour les récupérer.

Mon Dieu, pourquoi me racontent-ils tout ça ? J'arrive déjà à peine à contrôler mon cœur, qui semble vouloir bondir hors de ma poitrine. Irka a déjà déclaré sans détour que Zygu est amoureux de moi, mais je n'y crois pas, non ! Je n'y crois pas encore ! Ce serait un miracle ! Et déjà, je… Dieu, Dieu, Dieu, s'il Vous plaît ! Et toi, Buluś…

30 janvier 1941

Aujourd'hui… C'était une bonne journée, aujourd'hui… Enfin, il n'y a rien eu de bien important. Dans l'après-midi, nous avons eu un examen pour la LOPP (Ligue de défense aérienne et chimique) et, naturellement, j'ai décidé d'essayer, sans avoir la moindre idée de ce qu'est l'Osoaviakhim[1]. Zygu m'a préparée un peu. Il est venu après son examen et avant le mien. Il était tellement gentil… Le monde manque de mots pour décrire ses

1. Union des sociétés d'assistance à la défense, à l'aviation et à la construction chimique de l'URSS : organisation soviétique paramilitaire créée en 1927, qui s'occupait principalement des armes, des voitures et de l'aviation. En 1951, elle a été renommée DOSAAF (Société bénévole de coopération avec l'armée, l'aviation et la marine).

yeux. Il n'arrêtait pas de me parler, de rire, de me faire des compliments (il est si spirituel) et, à un moment, il a attrapé mon menton (c'est son geste tendre à lui) et il m'a presque e…, mais je l'ai gentiment repoussé. (La prochaine fois, peut-être. Mon Dieu ! Buluś !)

J'ai dit que manger de la viande de poule me donnait des boutons, ce à quoi Maciek a répondu qu'un coq me remettrait d'aplomb. Maciek est un porc. Il a même appelé Zygu et lui a répété la blague. De mon côté, j'ai fait comme si je ne comprenais pas.

Pendant mon examen, Cukierman était hilare.

J'ai une nouvelle rivale, Dziunka. Aujourd'hui, elle a remarqué que nous nous aimons bien (lorsqu'on était collés l'un à l'autre sur le banc). Elle était furieuse et bien décidée à semer la pagaille. Pauvre de moi. N'ai-je pas été à sa place, à une époque ? Mais maintenant, je peux te dire que je suis dans une meilleure posture et, si Dieu le veut, si le destin le permet, ça va même devenir encore mieux. Alors ? Alors ? Alors ?

1er février 1941

La journée a été mitigée. Il a été charmant, il m'a parlé, nous devions même nous rendre chez Irka ensemble, mais il était fatigué et a préféré rentrer chez lui.

Il y a une grande proximité, une grande intimité. Mais il est très fier (et comment ne le serait-il pas, si tout le monde s'entête à répéter que je lui appartiens ?). Sale garnement, il ne voulait même pas m'inviter à m'asseoir. Il a ri, en disant que, quand je le verrais dans sa chemise grise, alors là… Ah, Buluś, Buluś, aide-moi.

Irka m'a donné ça pour me remonter le moral et me porter chance. Ça paraît bizarre, dit comme ça, mais qu'est-ce que j'en sais ?

4 février 1941, mardi

C'était une drôle de journée, aujourd'hui. Nora s'est disputée avec Maciek, elle a pleuré. Krela m'a crié dessus. Elle était vraiment énervée contre moi. C'est sa faute à lui, de toute façon. Il n'arrêtait pas de me dévisager, et j'étais comme pétrifiée.

Le matin, Zygo m'a caressé la joue devant Irka, Tuśka et Ela, il a pris mon visage entre ses mains et m'a appelée Renusia. J'ai pensé qu'il faisait ça exprès pour me désarçonner. L'espace d'un instant, tout semblait bien se passer. Il a glissé mon bras sous le sien et demandé : « Pourquoi ne veux-tu pas être la présidente ? J'ai vraiment travaillé dur pour te faire admettre au conseil d'administration ! » Puis il s'est assis avec moi, il a tiré sur ma capuche pour me l'enlever et nous avons discuté sans arrêt. Puis Krela m'a disputée pour diverses raisons, mais surtout parce que je parlais pendant la réunion. Zygu m'a consolée en me disant que Krela lui avait crié dessus aussi. Et lorsque Krela a demandé : « Voyons, qui pourrait être la meurtrière dans *Les Lys*[1] ? », il a dit : « Renusia (ce maudit « Renusia » !), tu ne ferais pas une bonne meurtrière », et « Je veux être le fils de Rena », et patati et patata, à tel point que

1. Ballade populaire polonaise d'Adam Mickiewicz, qui raconte l'histoire d'une meurtrière qui a planté des lys sur la tombe de sa victime (son mari).

j'ai commencé à croire qu'il se moquait de moi, ce qui m'a vraiment perturbée.

Il ne m'a pas attendue, il ne m'a pas dit au revoir, comme s'il voulait que je le suive. Mais en réalité, qu'est-ce qui me pose problème ? Il a été gentil, après tout. Et si son intention était de se moquer de moi ? Mon Dieu, vous savez à quel point ça ferait mal ! Il n'arrêtait pas de me dévisager, et j'étais comme pétrifiée.

5 février 1941, mercredi

Je suis si triste ! Je suis si déprimée. Je suis amoureuse, et ridiculisée par l'objet de mon amour. J'en ai même pleuré. Quel coup bas. Et si bien ciblé. Je me suis offusquée. J'ai entendu Zygu dire à Maciek : « Rena est fâchée contre moi. » Il me l'a dit à l'école et j'ai confirmé. Fâchée, est-ce donc ça ?! Je ne suis pas fâchée, je suis très, très triste et inquiète. Il m'a lancé cet horrible : « Regarde sa jambe, elle se tient exactement comme Nora. » Quand il a dit « Renusia », aussitôt, je me suis instinctivement retournée. Puis il a dit que j'étais fâchée. Je l'ai entendu dire exprès qu'Irka était jolie. Je l'ai entendu et j'ai pleuré, sans que les larmes sortent, mais je les sentais en moi, qui me paralysaient, qui inondaient mon cœur. Maman ! Je me suis sentie si mal, affreusement mal ! Mais l'amour est plus fort que tout et, quand il a vu que j'étais triste, Zygu a ri et a dit : « Rena, qu'est-ce qui se passe ? » J'ai voulu prendre un air offensé, sauf que j'ai ri à la place. S'il se moque vraiment de moi de la sorte, s'il le dit vraiment, alors…

Je dessinerai deux petits cœurs
deux cœurs liés par l'amour
et une grande flèche d'un noir lourd
qui transpercera les bourgeons rouges sans peur
Un cœur sera vrai et plein de vie
honnête et brûlant, c'est le mien
l'autre, c'est moi qui lui donnerai vie
Je lui offrirai à boire de l'amour et du vin
je le nourrirai de sourires et de cris joyeux
de mots, de caresses et de regards amoureux
je lui donnerai des choses idiotes (les bonheurs
[les plus précieux)
mes rêves insatisfaits couleront à flots
Il brillera comme un soleil radieux
Il sera rouge comme un joli coquelicot
Et puis, quand viendra l'heure où l'autre déclinera
Le cœur rouge lui murmurera : « Oui ! Soyons
[heureux toi et moi. »

Les pavés bougent, glissent vers l'avant
comme les étoiles, les réverbères et le bitume
Je suis somnambule à travers la ville
étreinte par la lumière argentée de la lune
J'erre sans but, je regarde encore et encore
je scrute les profondeurs infinies
Y a-t-il un petit amour qui grandit
peut-être caché là, dehors ?

Ne t'inquiète pas, peu importe, allons, allons
Tout ne sera pas perdu, sûrement
« Pourquoi pleures-tu, ma pauvre enfant ?
C'est parfaitement normal, ne te fâche pas, voyons. »

Oh, pleure autant que tu veux
Peut-être que sangloter te fatiguera
Peut-être que tu oublieras et que le sommeil te
[gagnera
Je m'accroche à des cordes, c'est périlleux
à des arbres, à des fils électriques, aux cloches
[qui sonnent
Je m'accroche aux tours de l'église qui carillonnent
à la brûlure du tonnerre et des éclairs
Je parcours le ciel nocturne étoilé
alimenté par une force qui dépasse l'Univers
Je file, je vole, je cours
Oh, je suis à la merci de l'amour !

De drôles de pensées tremblent à l'intérieur
embrumées, somnolentes, mystérieuses
mélangées dans un pseudo-cauchemar
chancelant et flou dans le brouillard
l'eau de source jaillit comme d'une gouttière
il y a des baies rouges et juteuses
et l'eau ! Cette pensée vague et malencontreuse
L'effort de la bouche est une agitation futile
Les efforts du cerveau et de la gorge gercent les
[lèvres fragiles
Les mots ne veulent pas résonner
Personne n'entend l'apocalypse qui se lamente
Seulement ce mélange de pensées entremêlées
Qui éclabousse les baies bourgeonnantes
Et ce mot tacite – l'eau – que l'on tait
Et qui emporte tout sur son passage !!!
Pour une fois dans ma vie, je me pense autorisée
À voyager dans les nuages

à voler, à filer, à briller
À monter jusqu'aux étoiles
Pour une fois dans ma vie, je me pense autorisée
À accélérer joyeusement à travers les étendues
[célestes
À escalader les satellites, les lunes et les arcs-
[en-ciel
À me lever en même temps que l'aurore, à tenter
[ma chance
Pour une fois dans ma vie, je me pense autorisée
À profiter du voyage
À sauter sur une étoile
à regarder le ciel depuis l'autre côté
Pour une fois dans ma vie, je me pense autorisée
À me perdre dans cet amour fou
À aimer avec passion et avec fierté
Même si... cet amour est un moi et pas un nous...

7 février 1941, vendredi

Oh ! Tout va beaucoup mieux ! Tout va presque bien ! J'ai eu une longue conversation avec lui dans le coin rouge. Et une intuition au fond de mon cœur me souffle qu'il est allé en ville à cause de moi (même si, vu comment il marchait… Dieu, venez-lui en aide). Et j'ai dû l'abandonner en plein milieu parce que je devais réviser ma littérature. Quelle vie (c'est un grand mot). Mais je ne me plains pas du tout. J'aimerais seulement qu'il déploie ses ailes et s'envole…

Aujourd'hui, Maciek m'a dit : « Aurelia S., née Spiegel… J'aimerais que vous vous mariiez, tous les deux, parce que je t'aime bien et que je l'aime bien. »

Alors je lui ai répondu : « Qu'est-ce que cela peut bien te faire ? Tu serais un ami de la maison », ce à quoi il a répliqué : « Oui, et peut-être qu'avec le temps, tu te lasseras… » Non, jamais je ne pourrais me lasser de Zygu ! Il est tant apprécié que je pense que je risquerais de devenir folle de jalousie ! Dieu… ne m'abandonnez pas, et toi non plus, maman chérie !

8 février 1941, samedi

Aujourd'hui, nous sommes le samedi 8 février, et ma journée a été douce. À l'école, Zygu m'a assuré qu'il voterait pour moi, étant donné qu'il est membre du jury, et qu'il m'attribuerait tous les points possibles. Plus tard, après le match, je l'ai attendu et nous avons marché ensemble. Ensemble, tu entends ça ? Il y avait cet autre garçon aussi, mais il ne comptait pas et il est vite parti, de toute façon.

Lorsque nous sommes arrivés au coin rouge, une de mes nombreuses rivales n'a pas tardé à débarrasser le plancher. J'ai perdu le compte de tous les regards qu'il m'a adressés. Mais il le fait avec des airs de conspirateur, comme s'il ne voulait pas que je m'en rende compte. C'est un garçon merveilleux, le plus beau de toute l'école ! Je vous en prie, Dieu et Buluś, faites que cela continue dans cette voie…

Et maintenant, il faut que je m'active. J'ai un poème à écrire, pour honorer Mickiewicz. Je devrais m'y atteler, mais en suis-je capable ? Est-ce que mes mots seront à la hauteur de l'homme ? Je n'en suis pas sûre, je doute… mais néanmoins… peut-être…

L'humanité a érigé un sanctuaire en ton honneur
Il est là pour te rendre hommage, pour prospérer
Il est là pour observer le monde, rêveur
pour grandir, te rendre célèbre, te ressusciter !

Il est là pour prendre fièrement son envol
propulsé par l'amour et l'admiration
pour devenir un cri et un symbole
de ce que tu avais l'habitude d'appeler la libération

Pour être pour le monde un modèle
Pour durer des années et des siècles
Un monument s'élève
Immense, puissant, à ta mémoire

Il y a une place pour toi au sommet
Pour observer le monde en bas
Voir ce pour quoi tu t'es sacrifié
Et surtout, ce que tu aimais.

10 février 1941

Aujourd'hui, nous sommes le dimanche 10 février[1]. Cette fille, Teich, a découvert de qui j'étais amoureuse et m'a dit : « Je préférerais que tu tombes amoureuse de Maciek. Parce que Zygu est beau, sage, intelligent, mais c'est un bon à rien et il finira par t'user. Il est comme ceci et comme cela, et tu ne sauras jamais pourquoi. » Oui ! Dieu, la fin de sa phrase sonne si juste… Un bon à rien, oh non ! Zygu, toi ? Tu es le meilleur, le meilleur des meilleurs.

1. Le 10 février 1941 était un lundi.

Lundi[1] 11 février 1941

Mon Dieu, ma pauvre maman est si loin ! La pauvre, c'est terrible là-bas, elle est toute seule. J'aimerais tant qu'elle nous rejoigne, parce que j'ai un gros problème et que je suis affreusement triste, et que cette terrible personne m'use ! Teich avait raison. Il me torture psychologiquement, il tire mes ficelles, je suis une marionnette qu'il manipule à sa merci. Aujourd'hui, il s'est vexé, tout ça pour quoi ? Pour rien du tout. Il a souri, mais je suis entrée dans la salle de classe en premier et, seulement après, je suis allée le voir. Et pas le contraire. Naturellement, il n'est pas venu à la répétition l'après-midi et, après la répétition, il m'a lancé un tel regard que j'ai senti mon sang se glacer de peur dans mes veines. Puis il a crié : « Laisse tomber ! » à Poldek, alors… bon. Dieu, qu'est-ce qu'il veut ? Zygu, prends pitié, pourquoi me traites-tu de la sorte ? Arrête, je n'en peux plus ! Seigneur Dieu, aidez-moi !

12 février 1941, mercredi

Maman ne peut pas venir ; c'est affreux là-bas, c'est la famine. Zygu est en colère contre moi, il ne vient pas aux répétitions. Dieu ! Dieu ! Aidez-moi !

13 février 1941, jeudi

Hourra ! Il faut que je m'oblige à bien tout t'expliquer correctement. Des excuses ont été présentées à l'école. Mais comment ? Comme si rien ne s'était passé. Il s'est

1. Le 11 février était un mardi.

approché de moi, m'a serrée tendrement dans ses bras, et nous avons eu une discussion qui a duré jusqu'à la fin de la pause. Toute l'école pouvait nous voir, bon sang ! Les gens faisaient des grimaces idiotes. Teich riait sous cape. Zygo est venu à la répétition, puis nous (lui et moi, je veux dire) sommes allés au coin rouge. Elu est venu aussi et nous avons ri comme des fous, c'était très agréable. Et ensuite, j'ai parlé à Zygu en tête à tête (ah, ces journaux, que d'histoires), puis Stela est arrivée, ma rivale numéro un. Bien sûr, j'ai tout de suite compris ce qu'elle essayait de faire. Alors je l'ai dit à Zygu et nous sommes partis. Waldek, ce pauvre, brave Waldek, n'est pas tout à fait bien dans sa tête. Il voulait nous laisser seuls et partir sans personne, mais je ne l'ai pas laissé faire. Nous nous sommes dit au revoir en ville. Puis je me suis retrouvée rien qu'avec Zygu. J'ai rejoint notre Norka, Belka, Helka et d'autres gens. Nous avons parlé des choses les plus futiles qui soient (merci mon Dieu d'avoir créé Kubrakiewicz). Puis j'ai retrouvé Maciek, Poldek et Julek. Maciek m'a presque embrassée en plein milieu de la rue, pour rire. Bien sûr, il s'est ouvertement moqué de Zygu et moi. Puis nous avons marché seuls une fois de plus, et nous avons à nouveau parlé de choses agréables. En fait, je me demande si c'est comme ça que ça va se passer jusqu'à la fin du monde ? As-tu des conversations aussi insignifiantes ? J'ai besoin de savoir. À un moment, Zyguś a cru que j'étais vexée. « Renusia, est-ce que tu es fâchée contre moi ? »

Il m'a raccompagnée chez moi et nous avons convenu d'aller au cinéma samedi.

Oh, quelle vie j'ai vécue aujourd'hui ! Rien… et pourtant… Buluś, tu m'as aidée, je me sens mieux à présent, même s'il sera peut-être en colère contre moi demain. Et je suis si laide… comment puis-je être séduisante ? Merveilleux Zyguś, ne te fâche pas, sois gentil, comme aujourd'hui, et… plus encore. Maman, si seulement tu pouvais le voir ! Continue à m'aider, Buluś, et Vous aussi, Dieu…

14 février 1941, vendredi

Je ne suis qu'une idiote stupide, une crétine, et j'en passe ! J'avais convenu d'aller au cinéma avec Zygu, et nous devions faire ça samedi. Mais j'y suis allée aujourd'hui avec Maciek et Poldek. Ah, comme je comprends Zygu ! Je serais terriblement vexée aussi, à sa place. Que vais-je faire, mon Dieu ? Irons-nous au cinéma ou peut-être à un concert, ou à rien du tout ? « Je sais que je vaux le châtiment », mais… pas vraiment. Au départ, je voulais seulement savoir de quoi parlait le film pour tout lui expliquer. Et tout a fini sens dessus dessous. J'étais animée des meilleures intentions et ça a si, si mal fini… Dieu, j'ai peur de demain ! Aidez-moi, Dieu, et toi aussi, Buluś…

16 février 1941, samedi[1]

Je tremble comme une feuille depuis ce matin. Même si ce samedi ne promettait pas d'être bon, il n'a pas été trop désastreux pour autant. Je suis allée à un match. Au début, Zygu a fait semblant de ne pas me voir et a invité Irka à s'asseoir à côté de lui. Il lui a demandé,

1. Le 16 février 1941 était un dimanche, on ne sait donc pas si Renia a écrit cela le samedi 15 ou le dimanche 16 janvier.

assez fort pour que je l'entende : « Irka, est-ce que tu vas au concert ? », et lorsqu'elle lui a demandé s'il ne comptait pas aller au cinéma, il a répondu : « À quoi bon voir un film aujourd'hui ?! » Je me suis sentie si mal, affreuse, horrible…

Le premier pas pour briser la glace a été franchi lorsqu'il a tiré sur ma capuche. Il était encore un peu fâché. Mais plus tard, tout s'est bien passé, merveilleusement bien ! Nous avons marché ensemble (il a remis une mèche de mes cheveux derrière mon oreille en pleine rue), puis nous sommes allés chez Irka, et enfin au concert (ç'a été le point culminant). Non, pas encore, non. Mais pendant le concert, nous étions assis ensemble sur une chaise et demie ! Nous n'avons pas arrêté de discuter et j'ai pris conscience d'à quel point il est merveilleux, gentil, convenable ! Tout ce temps passé à deux, un merveilleux après-midi ensemble. Il m'a raccompagnée à la maison, lui et un autre, et… lorsqu'il m'a dit au revoir, il m'a pris la main d'une certaine façon et il a dit : « Au revoir, Renusia. » Et tout à coup, à ma grande surprise, comme si ce n'était pas moi qui parlais, j'ai répondu : « Au revoir, chaton. » Et pourtant, c'était moi. Mon Dieu ! J'ai vraiment dit ça, cet incendie qui me dévorait depuis si longtemps a soudain explosé et donné naissance à ce mot. Et Zyguś… Il a ri (peut-être même qu'il était un peu content ?), il a ri si merveilleusement…

Nous devions aller au cinéma demain, mais il a seulement dit : « On se retrouve à midi demain, en ville. » Ah, demain ! Merci Dieu, et merci à ma merveilleuse Buluś, et merci à toi Zygu pour ce samedi.

Désormais, tout m'est égal
l'ennui, le boucan, les bavardages, le scandale
la physique et les mathématiques
le petit Purcel et son côté dramatique
Tante Józka et son ménisque capricieux
Salcia et Breit et l'hibiscus souffreteux
Krela avec sa grande bouche
toutes les créatures qui s'effarouchent
ils n'ont plus d'importance maintenant
ça ne m'intéresse même pas réellement
les notes que j'ai eues et mon classement
je bâille à mourir en classe
mes pensées ne sont que tristesse crasse
Il n'y a pas de bon ou de mauvais
une seule chose compte : c'est d'aimer

J'ai écrit ça en secret, pendant le cours de physique. C'est plein de sagesse, tu ne trouves pas ?

Aujourd'hui, un frémissement m'habitait
Une drôle de marée m'a balayée
Tout pulsait et tressaillait
Aujourd'hui, mon cœur était ensorcelé.

16 février 1941, dimanche[1]

Je ne voulais surtout pas te dire que Z. était en ville avec ses copains et que j'étais avec Julek K. et que nous avons fait semblant de ne pas nous voir et que cet idiot ne m'a même pas approchée. Je ne voulais pas te

1. Cette entrée date en réalité du 17 février.

dire que cet autre – celui qui m'a ramenée à la maison avec Z. et a déjà interféré une fois, tu te rappelles ? –, eh bien, il est amoureux de moi ! Me voilà dans de beaux draps ! Attends une seconde, et Zygu ? Je n'en sais rien, c'est vraiment une drôle d'histoire. Je voulais seulement te dire qu'il m'arrive quelque chose de terrible. Une force sombre et brute s'empare de moi. Je cherche l'ambiguïté partout, on peut facilement me persuader lorsque je ne vois pas. Je lis les poèmes de Tuwim, y compris ceux qui sont obscènes. J'ai écrit dans le journal d'Irka.

Le sang pulse, le printemps arrive
Et le printemps ouvre les cœurs
Il les fait grandir et gonfler et germer
les yeux brillent, le monde se dissout dans des rires
les lèvres, les poitrines, les hanches s'élargissent
Le printemps est abondant, et il donne librement
Il n'épargne rien ni personne
Il embrasse les lèvres et les paupières
Il rafraîchit avec de douces caresses
Le printemps arrive, soyez prêts pour ses excès
Je veux que sa force m'étreigne et me soulève
Je veux écrire des vers de travers
Maladroits et sauvages, aussi crus que possible
C'est comme ça, je n'ai pas le choix
Je sens mon sang bouillonner
Je sens mon cœur s'accélérer
Les orages de printemps couvent
Je veux du vent et des rafales
Je veux qu'ils me giflent le visage

Me frappent, me battent, m'empoisonnent, me
[torturent
Me mordent, m'étranglent, m'embrassent, m'attachent
Un pouvoir démoniaque grandit en moi
Alors attache-moi, tyrannise-moi
Fais plier cette force en moi
Parce que je n'en dors pas la nuit
mon sang hurle à la folie
Il te faut me maîtriser
Ou c'est moi qui te contrôlerai

Tu vois, regarde. Et encore, ce n'est rien du tout. J'éprouve un immense plaisir sadique à entendre les gens dire « Rena voit Z. ». Les gens en parlent à l'école, mais j'aimerais écrire quelque chose de terriblement indécent… puis trouver du plaisir là-dedans… J'ai honte… Dieu, aidez-moi à nouveau, et toi, Buluś, s'il te plaît, fais que ces gens disent vrai. Donne-moi la force.

18 février 1941

Oh, quelle journée joyeuse et fantastique ! Je pense que Z. n'a jamais été aussi merveilleux qu'aujourd'hui. Je l'ai retrouvé dans l'escalier. Il m'a dit : « Mon ange, ma douce », etc. Nous avons passé toute la pause debout sur les marches. C'est idiot. Ah, et il ne m'avait vraiment pas vue en ville, parce qu'il m'a demandé où j'étais ce jour-là. Des filles de quatrième sont passées et ont poussé des cris. Zygu a éclaté de rire et dit que nous devrions aller ailleurs.

C'est vraiment difficile, il faut que tu comprennes que je n'arrive même pas à le décrire avec des mots.

Ça devrait être inscrit dans le ciel bleu avec les fantaisies du printemps, avec les soupirs et cette chose qui fait tic-tac, qui vibre à l'intérieur…

Il devait me procurer un exemplaire de *Kordian*[1]. Et il a essayé. Nous avons chanté quelque chose au club, pour rire. Il a dit que je serais sa mascotte pendant les matchs. (Ai-je vraiment les mêmes yeux que Valentino ? Grands, bleus, ardents ? Qu'est-ce qu'il raconte ?) Et même s'il est parti tôt, pour la première fois, je sens quelque chose. Pourvu que ce soit vrai. Je touche du bois. C'est quelque chose et ce n'est rien, mais quand même. J'ai entendu Jerzyk dire : « J'ai l'impression qu'un nouveau couple est en train de se former à l'école. » Je ne suis pas sûre qu'il parlait de nous, mais peut-être… Espérons. Dieu, Dieu et ma formidable Buluś, gardez-moi dans vos pensées, aujourd'hui et pour toujours.

19 février 1941, mercredi

Tu sais quoi ? Je commence à y croire. À l'école, il se comporte d'une telle façon… je serais absolument incapable de te le décrire. Nous avons traversé le couloir ensemble et il m'a demandé de réciter un poème. Adorable ! Dziunka m'a vue. Et quand Kubrakiewicz nous a rejoints et a commencé à dire quelque chose sur mes yeux, et patati et patata, Zygu en a rajouté. Soudain, ce bon vieux Kubrakiewicz a crié : « Vous voyez comment il la regarde ? Il flirte avec elle ! Joli couple ! » Si même Kubrakiewicz s'en est rendu compte, alors il doit vraiment se passer quelque chose. Quoique,

1. Drame de l'auteur polonais Juliusz Słowacki.

normalement, il est rapide pour ces choses-là. Mais si cette vieille tante Józka rabougrie a remarqué quelque chose dans le coin rouge, alors que ce n'était rien de spécial… Ah, et après l'annonce de Kubrakiewicz, Zyguś avait l'air terriblement penaud et il a dit : « Je suis gêné. »

Ah, et puis le poème, etc., etc. Aujourd'hui, j'ai écrit dans le journal d'Ewa sur la même page que Z., la même. Et j'ai dessiné un cœur. Tralala ! Tu aurais dû le voir s'excuser pour son écriture peu soignée !

Le soir, nous avons marché ensemble. Ce Tadek voulait sans arrêt être à côté de moi, mais Nora et moi avons été plus malignes que lui. Z. et moi sommes restés derrière, rien que tous les deux, et c'était tout simplement merveilleux ! « Ma chérie », et des sourires et des regards et des « Renusia, fais des études de maths », et j'en passe. Il y en a trop pour faire une liste. Il était supposé rentrer chez lui, mais il m'a raccompagnée, et quand je suis partie pour aller chez Irka, il a fait demi-tour pour rentrer directement chez lui. L'instant suivant, il avait disparu. Le plus important, c'est la façon dont il a dit au revoir : il m'a serré la main et l'a gardée un moment dans la sienne (comme il le fait toujours), puis il a fait ça… Étrangement, je l'ai senti, intuitivement… Je ne savais pas ce que ça voulait dire… J'ai demandé à Ariana et elle savait. Ça signifie, c'est… c'est un appel. Je ne sais pas s'il a fait ça par accident ? Est-ce que c'était le fruit de mon imagination ? Est-ce que je l'ai rêvé ? Parce que je sais que Z. n'est pas vulgaire ni quoi que ce soit de ce genre. Ou peut-être, peut-être que ce n'est qu'un masque, peut-être que cette affection n'est qu'un faux-semblant ?

Peut-être, peut-être, peut-être
Qui sait, dans le fond
Aidez-moi à lire entre les lignes
Maman et Vous aussi, Dieu !

C'est si doux, si bon, si léger et si étrange.

20 février 1941, jeudi

J'ai rêvé de maman toute la nuit. Avec Zygu, nous partions à son secours, nous la cherchions dans les rues de Varsovie. Et aujourd'hui, je me suis souvenue de toutes ces choses douloureuses et en flammes, si… Chut. Lorsqu'il s'agit de ça, ça ne fonctionne pas réellement et c'est en partie sa faute et en partie la mienne. Pourvu que tout se soit arrangé d'ici samedi ! Je suis inquiète concernant le week-end : c'est toujours pendant le week-end que les choses se gâtent. Aidez-moi, Dieu tout-puissant. Aide-moi, ma seule et unique véritable amie, ma merveilleuse maman, si loin et si près à la fois…

21 février 1941, vendredi

Jusque-là, aujourd'hui, tout va bien (à part que tout le monde m'appelle « Mme Schwarzer »). Il était si mignon, rasé de près, beau. Aujourd'hui, tout va bien, mais… et demain ???

J'ai déjà quatre rivales. Mais je Vous en prie, Dieu, et toi, ma merveilleuse maman, qui m'aimez et me comprenez, s'il vous plaît, faites que demain soit… soit…

beau. Et je te raconterai tout. J'ai un trac absolument terrible !

22 février 1941, samedi

J'avais le trac, mais peut-être que ça n'en valait pas la peine. N'empêche. Un salut dans le vestiaire, une poignée de main dans la salle de classe et *Balladyna*[1], puis on recommence, après la pause puis dans le couloir le matin. Exactement. Nous sommes restés là tous les deux, je n'ose pas imaginer de quoi on devait avoir l'air. Tout le monde nous regardait. Eda s'est approchée de nous (son ancien amour) et je suis devenue rouge écarlate, comme une idiote stupide ! Zygu a ri à en perdre haleine ! Bon sang ! Cette manie ridicule de rougir…

Je suis allée au match, je suis entrée alors qu'il était en train de se changer, alors je me suis excusée, mais il m'a simplement attrapée comme lui seul peut et sait le faire, il m'a attrapée par le menton et m'a interrogée sur ma coiffure. Plus tard, je me suis rendue à l'école seule sans dire au revoir. Bizarre ! À l'école, Zygu avait un air de reproche, à cause de ma fuite. Pendant la répétition, ça s'est enfin arrangé. C'est impossible à décrire : il faut le sentir dans la moindre fibre de son être. Et se souvenir que nous avons passé tout ce temps assis côte à côte, et nous avons marché encore et encore, rien que tous les deux, et à 9 heures du soir il voulait à tout prix aller au concert, etc., etc… Puis il n'avait plus envie d'y aller parce qu'il préférait se rendre à une fête, et nous nous tenions là, j'ai baissé

1. Drame de Juliusz Słowacki.

la tête pour regarder ma montre et nos fronts se sont touchés. Je crois que sa main tremblait un peu lorsque nous nous sommes dit au revoir. Il a tenu la mienne pendant un long moment… pendant si longtemps… puis il a refait comme la dernière fois (du moins je crois)… Mais peut-être que c'est seulement pour se donner en spectacle. Oh, peut-être que ce n'est rien du tout ! Après tout, il ne manque jamais l'occasion de dire quelque chose d'ambigu en présence d'Irka, et… Non. Buluś, je suis en pleine tragédie spirituelle. Espérons que tout se termine bien ! Dieu, je Vous en prie, rendez-moi ma maman. Maman, reviens et aide-moi !!!

C'est douloureux comme une brûlure
Je suis dévorée par une jalousie sauvage
Elle me secoue, fait des ravages
C'est un poignard qui me transperce
Écoute, le printemps est là,
Et je suis de plus en plus jalouse
Je me tortille, me tords, me débats
Pourquoi laisses-tu cette vipère me piquer ?
pour me voler ma tranquillité ?
me tourmenter, me dévorer ?
Pour me faire jurer comme un charretier ?
Je sens le goût de la jalousie
Oh, toutes ces nuits d'insomnie
Toutes ces pensées, tous ces songes
Tous ces mots suffocants que je n'ai pas dits
Toutes ces larmes brûlantes retenues et qui me [rongent
Toutes les provocations, les moqueries, les tourments
Je suis tellement jalouse à cet instant

parce que je t'aime à la folie passionnément !!!
Peut-être que quand le lit de la rivière s'élargira
Quand la marée enragée déferlera
Lorsque les vergers brilleront au loin
L'aurore m'étreindra, elle m'aidera de bon matin
Et quand les nuages roses voleront
Et que du ciel azur ils tomberont
Tes yeux brilleront pour moi
Mon prince au regard d'ébène !
Peut-être lorsque le soleil brillera
De ses rayons aveuglants
Ou lorsque la nuit viendra
Remplie des odeurs suffocantes du printemps
Et quand l'oiseau joyeux chantera
Dans la vallée vide de vent
Tes lèvres m'effleureront, farouches
Mon prince à la superbe bouche !
Peut-être que comme une fleur fanée
qui ne laisse que le souvenir de son odeur
Tu seras bientôt parti, évaporé
Il ne me restera que la nostalgie, l'attente et la [douleur...

Non ! Non ! Non ! Maman, non !

23 février 1941

Je suis très fatiguée, alors je serai brève. Je me suis réveillée cette nuit, certaine que Zygu était près de moi. J'ai commencé à le secouer et à crier son nom : « Zygu ! Zygu ! » Mais c'était Arianka, qui avait peur et est venue dans ma chambre. La guerre ! Des matchs en guerre (tout le temps ensemble) ; Zygu se laisse tomber sur le dos dans le présent et hurle : « Renia, baisse-toi ! », puis nous marchons ensemble. Rysiek crie : « Rena a le béguin pour toi, Zygu ! » Zygu marmonne quelque chose dans sa moustache, du style : « Arrête ça. » Nous donnons une fête demain ! Ah, ma deuxième fête. J'ai un trac terrible, tu sais. J'ai peur de tout. Est-ce que je vais bien m'amuser ? Est-ce que Zygu dansera avec moi ? Est-ce qu'il se passera « quelque chose » ?

Bon sang, cet idiot de Nacek a le béguin pour Lidka, il ne manquait plus que ça. Nora est déprimée. La pauvre, j'espérais que tout finirait par s'arranger, mais désormais… Nora misait tout sur la fête, sauf que Lidka y sera aussi.

Norka ! Pourvu que tu ne sois pas déçue ! Z. et M. et les autres la taquinent. Mais ce Nacek, cet horrible crétin stupide et présomptueux… Si c'était moi, je me ferais un plaisir de le gifler en pleine face. Quel sale abruti arrogant.

Le Feluś d'Irka est adorable et Irka (mon Cupidon) est formidable. Et son Feluś, même s'il est loin, ne cesse de l'embrasser dans les pages de son journal.

J'écrirai une fois que… oh, mais ce sera dans si longtemps (voire même jamais) que… Je suis inquiète à propos de la fête de demain. Maman, aide-moi, envoie-moi tes bénédictions, redonne vie à ta petite fille. Dieu, Buluś, s'il vous plaît, aidez-moi ! Aidez-moi !

24 février 1941, lundi (fête numéro deux !!!)

Ah… Oh… Si tu savais comme je suis fatiguée. Mais il me reste assez d'énergie pour te raconter ce que j'ai à te raconter. Maman ! Maman chérie, si seulement je pouvais tout te dire dans le moindre détail, et t'embrasser et avoir ton avis et tout te confier. À coup sûr, tu me comprendrais, tu serais heureuse pour ta fille qui est si… comment dire… (« Il ne faut pas réveiller le chat qui dort »)… satisfaite.

À l'école, rien d'abord, et ensuite : la fête. J'ai dansé avec Zygu tout le temps, mon merveilleux, mon seul et unique Zygu qui sent si bon. Roma, ma rivale numéro quatre, était là également, et elle a soudain déclaré : « Regardez, c'est la septième fois qu'il danse avec elle. S'il va jusqu'à dix, je m'en vais. » Zygu a ri et m'a dit que Roma était encore là, avant d'ajouter : « Maintenant, elle peut compter jusqu'à vingt. » Se sont ensuivies beaucoup de plaisanteries à ce sujet. Puis il m'a acheté un bagel à la cantine et m'a fait mordre dedans d'un geste si tendre… Puis, quand Maciek a dit : « Voilà l'amour de Zygu pour cette soirée », Zygu m'a aussitôt consolée en m'assurant : « Non, ce n'est pas vrai », avec une expression infiniment douce sur le visage. Tout le monde a bien vu qu'il se passait quelque chose lorsque nous dansions ensemble, même un aveugle s'en serait rendu compte. Une chose, cependant : j'étais terriblement jalouse. Il n'a dansé que trois ou quatre fois avec les autres, mais il a appelé Irka « chérie » et elle a passé son bras autour du sien après leur danse (parfois, je marche ainsi avec lui). Il a appelé Elza « Elzuś » et lui a demandé en plaisantant de s'asseoir sur ses genoux. Lorsque nos mains sont devenues moites à force de danser, nous nous sommes tenus par les coudes. Merveilleux, merveilleux Zyguś. Naturellement, désormais, on m'appelle « Mme Schwarzer » sans arrêt. Même devant Zygu.

Nous avons quitté la fête bras dessus, bras dessous, avec Irka à nos côtés. C'était bien, mais ça aurait pu être mieux… Non ! Je commets un péché en disant cela. C'était formidable, merci, Dieu ! Je voyais bien depuis le début qu'il voulait me demander, mais Poldek a été plus rapide et a invité Nora. Nora, la pauvre Norka, quelle horreur ! Nacek et Lidka ont flirté l'un avec l'autre. Elle était de mauvaise humeur et n'a pas dansé. (Quand Zygu a vu qu'elle ne s'amusait pas, il a même envoyé Julek la voir, pour te dire à quel point il est gentil.)

Pauvre Nora, la soirée a été tragique pour elle. Elle m'a simplement dit : « Tu as l'air tellement heureuse. » (Non, je ne devrais pas être jalouse ou quoi que ce soit. Zygu m'a ramenée seul à la maison, et même s'il n'a pas… il a été doux, poli et gentil à chaque instant.)

Norka, je suis si triste, si désolée pour elle… Elle est partie avant la fin de la fête, sans dire au revoir. J'ai entendu Nacek dire qu'elle était assise toute seule dans un coin, et qu'il l'avait invitée par pitié ! Il est horrible ! Maciek aussi a dit que Nora ne s'était pas amusée. Même ce W. ne lui a pas demandé, depuis qu'elle a dit non. Mieux vaut rester en bons termes avec tout le monde, en fin de compte.

Il se passe à nouveau quelque chose entre Irka et Maciek. Mais je ne veux pas être jalouse d'Irka, elle veut mon bonheur. Même si elle ne le souhaite pas autant que toi, maman, ou que Vous, Dieu ! Merci mille fois et, je vous en prie, continuez à m'aider…

Regarde ! Regarde ! Les étoiles brillent de mille
[feux
Prends-moi la main et serre-la fort

Laisse-les jouer leur air doucereux
Laisse la danse nous entraîner, corps à corps
Jusqu'à ce que la valse nous tue
Valsons, de gauche à droite dansons
Comme à une fête, comme dans la rue
Avec légèreté et élégance, valsons
Dansons avec panache et passion
Toute la vie, sur des sols argentés, glissons
Que la maison soit une salle de bal
Où nous oublions que le monde est tout petit
Où le soleil brille même dans la nuit
Rien n'a d'importance car je danse avec toi
cette valse infinie, qui ne s'arrête pas

25 février 1941, mardi

Zyguś ! Mon merveilleux, formidable, extraordinaire Zyguś ! Il est venu jusqu'à la salle de classe pour moi, mon cœur ! Nous sommes restés dans le couloir (pendant que Roma me maudissait dans sa salle), puis j'ai partagé mes gaufrettes avec lui. Il a mis un morceau dans ma bouche. Et il a dit à Irka : « Rena est au premier plan », alors il m'a prêté son exemplaire de *Balladyna*. Etc., etc. « Rena, tu es sous une influence néfaste. » La sienne, bien sûr. Puis « Renusia », et il a failli frapper Rysiek parce qu'il flirtait avec moi. Ha ha ! Mais ce n'est pas tout ! J'ai encore les oreilles qui sifflent après la fête. Joue, fanfare !!! Irka m'a dit qu'alors que Zygu était avec elle dans le couloir, il lui avait dit : « Qu'est-ce que Rena est jolie », et quand elle lui a demandé s'il s'amusait bien, il a répondu : « À ton avis ? » et « Pour qui est-ce que Rena est venue ? ». Et lorsque Irka lui a dit que j'étais simplement là pour m'amuser, il a ri d'un air sceptique ! Je le vois ce soir à 6 heures. Maman chérie, c'est si bon d'être amoureuse. Seigneur Dieu, s'il Vous plaît, faites que ça continue ainsi, s'il Vous plaît…

Ouvrons grand les bras
Traversons la vie avec fierté et avec joie
Laissons notre chant résonner
Et nos larmes vite s'assécher
Applaudissons pour nous encourager
Brandissons une banderole écarlate d'amour pour [défiler
Bras dessus bras dessous, ensemble, tous les deux
(le monde vibrera au son de nos éclats de rire [joyeux)
Laissons le monde devenir un jardin
Que le printemps s'installe et ne prenne jamais fin
Tant de joie dans nos âmes, nos cœurs, à jamais !
Traversons la vie en riant sans nous arrêter
Tous les deux, nous serons toujours heureux
Nous propulserons les mots dans les cieux
Nous ferons entrer le métal des armes en fusion
Écouterons l'amour, ressentirons ce que nous [ressentons.

Debout dans le couloir, il a lu le poème et dit : « C'est le poème de Rena. » C'est Maciek qui me l'a répété.
Nora est vraiment déprimée en ce moment.

26 février 1941, mercredi

Je ne devrais plus douter de lui. Ne m'a-t-il pas demandé aujourd'hui si j'allais au club ? Et si gentiment, en plus. N'est-il pas venu parce que je venais, moi aussi ? N'a-t-il pas porté mon sac et ne m'a-t-il pas aidée à descendre l'escalier ? Ne m'a-t-il pas attendue devant l'école ? Lorsque j'ai partagé mon halva avec lui, il a d'abord dit qu'il n'en voulait pas, puis il en a pris un morceau sans demander. C'était intime et très agréable. Il a pris la page sur laquelle j'avais noté les devoirs. Tu sais à quoi je préfère penser ? J'ignore pourquoi, mais j'aime me rappeler ce doux moment où mon Zygu m'a apporté un bagel et m'a fait mordre dedans. Parce que tu sais, tu comprends, à part la douceur, il y avait quelque chose de très… masculin dans son geste. Ça ressemblait au geste d'un mari envers sa femme. Je me souviens si bien de cette scène…

Tu sais pourquoi je ne l'ai jamais dessiné ? Parce que je ne peux pas restituer sa beauté ; peut-être que j'ai peur, que je n'en suis pas capable. Je pourrais peut-être avoir une photo ? Zyguś en a parlé une fois.

Pour le moment, ils nous taquinent, ils se moquent de nous. J'en suis désolée, mais… espérons qu'ils aient de bonnes raisons d'ici peu…

Dieu, maman, merci ! Aidez-moi ! Si vous saviez…

Je suis si heureuse qu'il ne soit pas comme Nacek !

Non ! Je ne tiens plus. Même si j'ai des devoirs à faire, il faut que je te raconte. Je pensais que c'était fini pour aujourd'hui, mais… Irka est venue avec Zygu ! Avec Zygu, tu m'entends ? Nous avons passé environ trois heures assis ensemble, puis nous sommes allés en ville. Zygu voulait faire une promenade et Irka voulait rentrer à la maison. Ce à quoi mon merveilleux Zyguś a répondu : « C'est Rena qui décide. » Puis nous nous sommes retrouvés tout seuls ! Ha ha ha !

J'ai une photo, deux photos (volées, mais n'empêche). Lorsqu'on lui a demandé de qui il était amoureux, Zygu a répondu de moi (il se tenait juste derrière moi). Ah ! Oh ! Ah ! Je suis si heureuse… Je me sens bête, affectueuse et bizarre. Alors que nous étions enfin sur le chemin du retour, je lui ai dit que j'avais pris la photo et il m'a dit : « Mais je voulais t'en donner une autre, plus grande et plus jolie. Si tu veux mon avis, c'est irrespectueux de te donner une photo comme celle-ci ! » N'est-il pas merveilleux ? Tu n'en sais rien, tu ne peux pas le deviner, mais je suis sur le point d'éclater, j'explose, oui ! Regarde ! Regarde ! Il est tellement merveilleux ! Admire-le à longueur de journée et de soirée, comme moi. Maman et Vous, Dieu, guidez-moi…

P.-S. : Lorsque je lui ai avoué que j'avais peur de ma rivale numéro quatre, Roma, il m'a dit de ne pas avoir peur et qu'il me défendrait, et qu'on devrait faire quelque chose à son sujet, peut-être l'envoyer à Kulparkiv[1].

Les fleurs tout autour de moi
Les étoiles qui dans les cieux chatoient
Tout cela est pour toi
Pour toi
Les insomnies sans fin
Les poèmes passionnés aux mots de satin
Les larmes, l'amertume retrouvée
Tout cela est pour toi, mon aimé !

1. District de Lviv célèbre pour son hôpital psychiatrique.

27 février 1941, jeudi

Tout s'est bien passé à l'école. Et après l'école, c'était encore mieux ! Nous nous sommes retrouvés dans l'après-midi. Je veux dire par là que je l'ai rejoint au coin rouge. Roma et Ewa étaient là aussi et nous avons été incapables de nous débarrasser d'elles. Elles n'ont cessé de nous suivre partout, elles sont venues chez Irka, où une farce a eu lieu. J'ai couru à l'étage, Maciek a rejoint Zygu, qui me cherchait, etc. Il a ensuite retrouvé Maciek et ils étaient censés faire leurs devoirs. Puis ils ont sifflé pour m'appeler et nous sommes partis nous promener. Zyguś m'a tendrement attrapée par le bras et il a fait des allusions, etc., etc. Il était adorable à mourir. Nous avons retrouvé Nacek qui a fait un commentaire sur « la fille Spiegel et le fils Schwarzer », j'ignore ce qu'il voulait dire. Sur le chemin du retour, nous avons entamé une discussion théorique sur les choses du sexe. Je me suis sentie un peu gênée. Mais ils ont commencé à expliquer que, si je comptais faire des études de médecine, alors… patati et patata. Ils pensent que je ne suis qu'une enfant et Zygu les empêche de raconter des blagues vulgaires (en ma présence, je veux dire).

Nous faisons des projets pour l'université. Les garçons vivraient au rez-de-chaussée, Irka et moi à l'étage. Zygu a voulu me prêter un livre « qui pourrait t'apprendre un truc ou deux ».

De manière générale, il est très déterminé ces temps-ci (et j'adore ça). Par exemple, il me dit : « Rena ! Apprends ce poème allemand tout de suite ! » ou « Rena doit faire des études d'art dramatique », et il a frappé Rysiek parce qu'il s'était moqué de moi. Il était furieux contre W. à cause de son « Est-ce que je peux venir avec toi ? ». « Rena, demi-tour, va chercher ton manteau ! » Je me suis vexée, alors il a dit : « Dans ce cas, veux-tu bien faire demi-tour, et je te donnerai ton manteau ? » Alors qu'ils étaient au coin rouge, Zygu a dit qu'aussitôt qu'il parlait de moi, j'apparaissais à la fenêtre. Il n'arrêtait pas de me fixer, avec tellement de douceur… Quand Maciek a dit qu'il fallait toujours avoir un ami, Zygu a répondu qu'il fallait s'en trouver un, alors.

Je pourrais remplir des carnets entiers avec une seule conversation. C'est pour ça que je n'écris pas tout, je réfléchis plutôt… je pense… je songe que Dieu est bon, que ma maman m'aime très fort et qu'ils m'aideront tous les deux…

28 février 1941, vendredi

Dieu ! Nous serons déjà samedi demain ? Que cette semaine est passée vite ! Demain, c'est samedi. Que se passera-t-il à cette heure-là demain ? J'ai si peur… Seigneur Dieu, aidez-moi, et toi aussi, ma seule et unique maman !!

1er mars 1941, samedi

C'était bien à l'école ! Zygu a demandé si Prochaska m'appelle Mme Schwarzer (son nom de famille a lui, donc). Même lui le dit. Je ne suis pas triste. Ce n'est pas un péché. Buluś, Dieu, je m'en remets à vous.

2 mars 1941, dimanche

Quelle belle journée aujourd'hui ! Printanière ! Ensoleillée ! J'ai vu Zygu en ville, qui marchait avec d'autres gens, il s'est incliné et m'a adressé un regard incandescent. Quel idiot ! Il n'aurait pas pu venir me voir ? Il a ri, ce gros bêta. Mais ça n'a pas d'importance ; nous sommes tous les deux amoureux (seulement moi) et jeunes. Irka a écrit ça, et si ça s'efface ensuite… bref. Et ça commence déjà à s'estomper, mais pas nous. Oh, tu sais, je me souviens de mille choses, mille détails intimes et agréables. Autrement, je vais devenir folle (et froide) et tout disparaîtra et il ne restera plus rien.

Irka est amoureuse de Feluś. J'ai écrit un poème pour elle hier.

Est-ce que ce n'est vraiment rien ? C'est l'anniversaire d'Irka cette semaine. Il y aura peut-être une fête où nous pourrons danser. Est-ce que ce sera bien ? Est-ce que je danserai avec Zygu ? C'est si bon en ce moment. J'ai sa photo et je passe des heures à la regarder, je la fixe encore et encore. Je ne le reverrai pas aujourd'hui.

Bonne nuit, cher journal. Je suis jalouse de toi, parce que tu peux passer tes journées avec mes pensées et son image… Bref, nous verrons bien ce qui arrivera ensuite, Buluś. Au revoir…

PETITS APPARTEMENTS ÉTOUFFANTS

La journée est automnale, grise et pluvieuse
Je suis à la fenêtre, chaudement emmitouflée
J'écoute le tic-tac de la vieille horloge capricieuse
Je regarde la rue que la pluie a emprisonnée
Il fait froid et tout est désert

J'ai le nez qui coule et des frissons
Je ne suis pas la seule, c'est clair
Lorsque la pluie d'automne tombe à foison
Tout est identique, mais pas tout à fait
Le crépuscule arrive sans bruit, les criquets
[chantent sans fin
Je lis mon journal à la lumière tamisée
Une page de printemps. Je reviens

« Les jours heureux sont tout près
Remplis de soleil, de légèreté, de bonheur
Je suis si heureuse, pleine de gaieté
Heureuse de ce printemps venu de bonne heure !
Ouvrons grand les fenêtres
Déverrouillons portes et barrières
Prenons par la main le printemps champêtre
Aidons-le à sortir de terre
Viens ! Qu'attends-tu ? Nous arrivons ! »
Nous courons, armés de jeux et de chansons

Avec plein de bouquets de fleurs
Attends, j'arrive, ma place est près de toi !
Je suis si heureuse, je suis si joyeuse
Si rayonnante, tiède et amoureuse
Je veux ouvrir mon cœur, le déterrer
Et vers ce printemps chic, avancer !
Je lis ces lignes ferventes
Ces mots remplis de soleil et d'odeurs
Qui résonnent d'une joie insouciante

Les fenêtres sales pleurent à chaudes larmes
Le ciel d'automne sanglote à fendre l'âme

Je lis et je songe
Qu'il aurait pu y avoir autre chose
Du soleil, du bonheur, des sourires, je suppose
Désormais, tout est épouvantable et sordide,
Ce jour d'automne, sombre et humide
Je suis à la fenêtre, chaudement emmitouflée

Peut-être qu'à un moment de ma vie
Lors d'un triste jour d'automne gris
Quand le moment sera bien choisi
Je lirai mon journal ensoleillé chéri !

Quel sort m'as-tu jeté ?
À cause de toi je ne fais rien
Comme le tonnerre, tu me fais trembler
Je ne vis plus à cause de toi

Qu'est-ce qui se passe, Dieu ! Maman !

3 mars 1941, lundi

C'est l'anniversaire d'Irka. En réalité, Zygu est une ordure, mais il est si gentil et si adorable que je lui pardonne tout. Il m'a rejointe et m'a tendrement dit bonjour à l'école, il m'a dit qu'on l'avait « traîné à une fête », mais qu'il s'était affreusement ennuyé. Ah ! Quand Tusiek a essayé de le convaincre de l'accompagner, il a répondu : « Je préférerais aller en ville pour voir quelqu'un. » Voir qui ? Rena. Ils l'ont terriblement taquiné à mon sujet, il n'a pas dansé, le pauvre, et à l'école aujourd'hui il a dit : « Non seulement ils devraient m'appeler "le mari de Renia", mais aussi “le beau-frère d’Arianka”. » Oh, c’était si formidable d’entendre ces mots. « Rena, on dirait que tu viens de te réveiller. » Puis : « Et le journal, au fait ? » et « Tu as bien dû écrire quelque chose sur moi », puis son regard, etc., etc.

Nous avons convenu d’aller chez Irka ensemble, mais ce charmant goujat n’est pas venu.

Nora évite tout le monde, même nous. Elle nous en veut, à moi tout particulièrement. Je le comprends, je ne suis pas fâchée. Elle semble croire que les gens se moquent d’elle et, à vrai dire, elle a raison. Sauf qu’elle n’a pas la moindre idée de l’étendue des dégâts. Ce Nacek… Et aujourd’hui, c’était le tour d’Irka. Il lui a aussi dit quelque chose lors de la fête. J’aimerais bien savoir de quoi il s’agissait. Qu’est-ce qu’il a bien pu lui raconter, ce rustre vulgaire ? Ça la soulagerait peut-être de m’en parler, mais vu l’état actuel des choses… Pauvre, pauvre Norka. Dieu, Buluś, s’il vous plaît, prenez soin de moi. Il y a quelque chose entre nous qui évoque une relation solide, comme un mariage. Maman, pourquoi n’es-tu pas ici avec moi à cet instant ?

5 février 1941[1], mercredi

Ah, nous voilà à nouveau mercredi ! Maman, si tu étais ici, je pense que je ne manquerais de rien ! Ce serait si bon, mais… Il y a toujours un « mais » quelconque… Quand viendras-tu ?

Il y a eu tant de longues promenades, d’au revoir et de rencontres que je serais incapable de tous les décrire.

1. En réalité, il s’agit du 5 mars 1941.

Bref, ce matin, il m'a apporté du pain d'épice de la cantine et m'a laissée mordre dedans, à vrai dire il me l'a presque collé en entier dans la bouche. Il m'a parlé de Roma : il m'a raconté qu'elle était venue le trouver à 7 heures du matin alors qu'il était encore au lit. Et Irka m'a dit qu'il avait demandé cent fois où j'étais pendant le match, etc., etc. Il n'arrête pas de répéter à quel point j'ai de beaux yeux, ces yeux, mes yeux (il aime aussi ma personnalité : c'est Maciek qui me l'a dit et il avait raison). Zygu dit : « Rena, tu n'y peux rien, tout est dans tes yeux » ou « Je suis envoûté par les yeux de quelqu'un ». Il a aussi dit quelque chose concernant ma peau, alors je lui ai demandé si c'était de l'ironie, ce qui l'a vexé, et il a rétorqué… Ah, il est si merveilleux… Il m'a caressé les cheveux puis a dit : « Comment Irka fait-elle pour que ses cheveux restent toujours si bien coiffés ? », et qu'il ne sauterait pas plus haut qu'un mètre quarante-huit et que je devrais prendre l'option sport. Et que nous irions ensemble à une fête samedi. « Rena, tu ferais mieux d'apprendre à danser le swing. » « À partir d'aujourd'hui, tu commences à lire les journaux. » C'était si délicieux, si merveilleux quand les autres nous ont taquinés en ville et qu'il a lancé : « Rena, quelle alliance ! » et « Roma ne se mesure pas directement à toi parce qu'elle sent ta supériorité ».

Je ne peux vraiment pas tout écrire. Il a dit que nous devions trouver quelqu'un pour Nora, mais je lui ai dit de laisser tomber, parce qu'elle est trop déprimée. Zyguś, merveilleux Zyguś… et encore si timide… Maman, si seulement tu pouvais venir. Dieu, je Vous en prie, continuez à m'aider. Je m'en remets à Vos bons soins… Ah, une partie de mon souhait commence à devenir réalité, pourvu qu'il en soit de même pour l'autre… Ô Dieu !

6 février 1941[1], jeudi

Aujourd'hui, il est venu dans la salle de classe après ses cours. Mais pendant la pause, il complotait quelque chose avec Irka. Ils ont beaucoup ri, j'étais très curieuse. Et Irka m'a tout répété. Zygu lui a dit en secret qu'il était amoureux de moi, que j'ai des yeux magnifiques (je commence à en avoir assez de tout ce raffut autour de mes yeux) et des dents qui ressemblent à des perles, des cils comme des rideaux et un nez qui je ne sais quoi, et Irka ne saurait-elle pas, à tout hasard, si je l'aimais, moi aussi ? Bien sûr, il lui a demandé de rester discrète, parce qu'il veut me le dire lui-même, ou quelque chose d'approchant. Il a dit qu'il serait heureux avec moi.

Je suis indécise, je ne suis pas sûre de pouvoir croire Irka, mais elle jure que c'est la vérité. Ah !!! Si c'est le cas, alors Zygu est le dernier des idiots ! C'est un nigaud, un balourd ! Qui donc traite une affaire aussi délicate par le biais d'une tierce personne ?! Ne peut-il pas m'en parler à moi, tout simplement ? Quel bébé ! Et pourtant, il est capable de m'interroger sur ma période du mois. Mon doux, mon charmant, mon merveilleux Zyguś ! Maman, viens ! Dieu, Buluś, sous vos ailes protectrices je cherche un abri…

J'attends et j'attends, je m'inquiète
Le temps passe. Je ne suis pas folle de joie

1. En réalité, le 6 mars 1941.

L'inscription est de moins en moins nette
Et Zygu n'est toujours pas pressé de me donner
[un...

7 février 1941[1], vendredi

Nous avons presque… Aujourd'hui, après la classe, il m'a (gentiment) poussée contre un mur et a amené ses lèvres tout près des miennes… Il a dit, il a dit « Mon bel ange », et aussi : « Qu'est-ce que je vais bien pouvoir faire de ces yeux ? » Je lui ai répondu de m'acheter des lunettes de soleil. Il m'a demandé pourquoi j'étais aussi diabolique. C'était trop, j'étais outrée. « Comment, Zygu ? Je suis diabolique ? » Il a pris mes mains dans les siennes et a répété doucement que non, non, non ! Puis il m'a demandé quels étaient les projets pour demain.

Il peut bien organiser demain comme bon lui semblera. Nous allons chez Irka, mais est-ce que tout se passera comme je le souhaite ? Je n'ai plus aussi peur… mais serai-je déçue ???

Je me sens bizarre. Peut-être que j'irai chez lui. Est-ce que tout ira bien, ou au moins une petite partie ? Je prie Dieu et Buluś. Je vous demande sincèrement de prendre soin de moi…

9 mars 1941

Il a été charmant à l'école samedi, il m'a appelée « ma douceur » et a dit qu'il fallait qu'il ressemble à une « douceur », lui aussi. Je me demande si je lui

1. En réalité, le 7 mars 1941.

plais vraiment ? Car il n'était pas chez Irka, il n'est pas venu… et j'ai attendu… Peut-être que ce n'était pas sa faute, étant donné qu'il n'était pas officiellement invité, mais tout de même. Lui aussi avait hâte d'être à samedi et…

Chaque moment m'a donné de l'espoir
Chaque tintement de l'horloge, chaque minute passée
Une sonnette, des pas, un coup – un frisson
A décuplé mon impatience
Tu n'es pas venu. Pourquoi n'as-tu pas frappé ?

Les rires et le fredonnement ne m'ont pas manqué aujourd'hui
Quel dommage que tu aies été absent
Nous sommes le lendemain et j'en suis ravie
Tout est fini et cela m'est indifférent
Les couples qui dansent ont disparu, les voix se sont tues
Et je peux penser tranquillement
À t'embrasser, te caresser les cheveux,
C'est si bon, si enivrant !

Il s'est passé quelque chose de bizarre aujourd'hui. Je me doutais qu'un truc clochait, mais je n'imaginais pas que c'était si grave ! Maciek est amoureux de moi ! Tout s'éclaire, à présent : je comprends pourquoi il me raccompagne jusqu'à la maison, pourquoi il a constamment des mots à me chuchoter à l'oreille, ou une poussière à brosser sur mes vêtements, pourquoi il s'extasie sur mes lèvres, mes yeux, qu'il me serre dans ses bras. Il m'a même embrassée hier. Je ne voulais pas te le dire, car je n'y accordais pas d'importance particulière.

Face à tous les indices qu'il semait, je me disais : « Oui, bon, il dit ça, mais ce ne sont que des ragots. » Sauf que maintenant, je ne sais plus, ou plutôt je sais que Zygu n'est pas venu à la soirée dansante parce qu'il était jaloux, très jaloux même, et je le comprends parfaitement. Merveilleux, pauvre, stupide Zygu ! Ne vois-tu donc pas que je n'aime que toi ? Je te le dis avec chacun de mes gestes, avec le moindre regard que je t'adresse ! Toi, toi, toi ! C'est vrai que j'aime bien Maciek, je l'apprécie beaucoup, mais comment peut-on comparer ces deux sentiments, l'appréciation et l'amour ?!!! Il est jaloux. Franchement !

Je suis allée chez Irka et nous avons eu une discussion animée sur le sujet, pendant que Zygu et Maciek étaient chez moi. Zygu a écrit dans le journal d'Arianka : « Pour la sœur de ma petite amie ». Alors maintenant, il m'appelle officiellement sa petite amie, ô cieux miséricordieux ! Ils m'ont laissé un mot, que je vais coller plus bas. Ils sont venus chez moi, quel dommage que je n'aie pas été là ! Zygu était ici, mon merveilleux Zygu, maman ! Ah, Buluś, si seulement tu étais ici… Viens-moi en aide, Buluś, et Vous, Dieu…

11 mars 1941, mardi

Merveilleux ! Divin ! Délicieux ! D'abord à l'école avec du chocolat. Puis, dans l'après-midi, il est venu au club de Chevtchenko[1]. C'était très agréable d'être assis ensemble et de discuter sans fin. Tout le monde faisait des grimaces entendues. Puis nous sommes partis. Au début,

1. Taras Chevtchenko (1814-1862), poète ukrainien.

Maciek et Poldek sont restés dans les parages, c'était terriblement énervant, mais ils n'ont pas tardé à partir et nous nous sommes retrouvés seuls. Nous avons passé deux, trois heures à nous promener. C'était parfait. Zygu a beaucoup de tact et est très délicat, plus que n'importe qui d'autre ! Il a chanté : « *Du hast die schönste Augen. Mein Liebchen (Mädchen) was wils du noch mehr*[1]. »

Je ne me souviens pas exactement de tout. Je sais seulement que j'étais heureuse. C'est si bon d'être avec lui. Il était vraiment désolé de ne pas être venu samedi. Il s'est excusé et a promis que ce samedi, nous ferons la fête ensemble, c'est sûr. Ah ! Et nous avons prévu d'aller au cinéma jeudi ! Zyguś, tu es si merveilleux ! Merveilleux ! Maman, j'aimerais tant que tu fasses sa connaissance… Buluś, Dieu, venez-moi en aide…

12 mars 1941, mercredi

J'ai entendu des gens le taquiner après l'école. Irka l'a retrouvé après qu'il m'a dit au revoir. Elle m'a rapporté qu'il était de très mauvaise humeur et, lorsqu'elle lui a demandé ce qu'il fabriquait pendant tout ce temps avec moi, il a répondu : « Où est le problème ? Je n'ai pas le droit ? Avec ma Renuśka ? » Et il a dit à Irka qu'elle serait une bonne épouse, avant d'admettre que

1. Chant de Heinrich Heine de 1827, tiré de *Die Heimkehr* (*Le Retour*). Les paroles exactes sont : « *Du hast Diamanten und Perlen* […] *die schönsten Augen – Mein Liebchen, was willst du mehr ?* » « Tu as des diamants, des perles […] les plus beaux yeux. Mon aimée, que veux-tu de plus ? » (trad. Henri Mansvic, *Le Livre des chants*, Librairie Garnier Frères, 1920).

je ne serais pas une épouse aussi attentionnée, parce que j'aime bien rêvasser.

Je serai une vraie rêveuse
Une épouse poétique et merveilleuse
Je regarderai le ciel scintillant
Et compterai les étoiles dedans
J'inviterai des nuées de papillons
Je jouerai de la clarinette à la perfection
J'aurai les bras débordants de fleurs
Et m'assurerai que tu n'as jamais peur
Je cuisinerai à merveille
Je ferai le ménage avec des nuages
Raccommoderai les vêtements avec des rayons de [soleil
Je serai aimante et sincère et sage
Une épouse poétique et merveilleuse, pour la vie
D'autres diraient peut-être bête
Ça n'est vraiment pas permis
D'avoir une femme folle et girouette
Ne les laisse pas dire, ne perds pas ton temps
J'aurais les deux mains pleines
De lys en fleur, de cerises, de printemps
J'en ferai des guirlandes pour la peine
Je rendrai chaque moment heureux
Avec des rimes et des vers délicieux
Je me saisirai de l'arc-en-ciel moi-même
J'écrirai directement dans le bleu des cieux
Que... Zyguś, que... je t'aime
Alors silence, bande de pies outragées
Avec une femme aussi fêlée
Qui se consume sur scène

Ce qui compte, ce sont tes yeux, ta vie, toi
Et, sous ton chapeau, ton expression sereine
Alors dis-moi, Zygu... veux-tu une femme comme
[ça ?

13 mars 1941, jeudi

Tu sais quoi ? J'ai le souffle coupé. Si je pouvais, je crierais de toutes mes forces, je brillerais de tous mes feux, comme le printemps !!! Tu imagines un peu, un après-midi entier avec lui ! D'abord, au cinéma, il a payé ma place et il en a aussi acheté une pour un enfant désargenté. Mon Zygu est si bon ! Tu sais, je le dis, ou plutôt je l'écris, sans grand débordement, mais si tu avais assisté à la scène, si tu avais vu son geste et son beau visage… Zygu ! C'est vraiment une bonne personne : il ne dit jamais rien de mal sur quiconque, même pas sur ses ennemis, même pas sur ses rivaux.

Puis nous avons passé deux heures chez moi (je crois qu'il a volé ma photo) puis nous sommes allés chez Irka. Nous étions… tu sais… comme un vrai couple. Ça dépasse tout ce dont j'avais osé rêver ! Ah, ma merveilleuse maman, si seulement tu étais ici avec moi !

Puis, sur le chemin du retour, Zygu voulait savoir quelque chose concernant Maciek. Il en sait déjà un peu, il en a découvert un peu plus… Mais, tu sais, il est partant… Je sais ce qu'il voulait, rue Rejtan, puis lorsque nous nous disions au revoir… ahhh (çaaaa, encore). Je savais qu'il était agacé. À la fin, il a dit « *mein Liebchen*[1] ». Inutile de te dire que nous avons

1. « Mon amour » en allemand. *(N.d.T.)*

marché bras dessus, bras dessous tout le temps et que nous sommes officiellement un couple.

Ich bin din
Du bist min[1]
Je voulais te punir
T'emprisonner dans mon cœur
Tu y resteras à jamais
Parce que j'ai perdu la clé...

Je n'arrive même pas à te décrire ce que ça fait... Maman et Dieu tout-puissant, je vous suis infiniment reconnaissante et je vous aime. Et je m'en remets à vos bons soins.

14 mars 1941

Demain, nous serons samedi... Comme d'habitude, j'attends et j'ai peur... J'aime, j'aime de plus en plus... Buluś, Dieu, venez-moi en aide !

15 mars 1941, samedi

Il était merveilleux à l'école ce matin ! Et il a dit qu'il me consacrerait tout son après-midi d'aujourd'hui. Et il a croisé les doigts pour mes devoirs. Il était merveilleux, merveilleux, merveilleux. Résultat : nous avons oublié de nous organiser et je l'ai seulement vu en ville ce soir. Il était avec des amis. Il s'est excusé auprès d'eux et m'a rejointe. « Tu sais, Irka a raison lorsqu'elle dit que nous sommes comme un "faux"

1. « Je suis à toi / Tu es à moi » en allemand.

couple marié. » Il m'a dit que si je n'allais pas chez le coiffeur, il ne se raserait pas, alors comme je vais aller chez le coiffeur, Z. va se raser.

Il y a une fête dansante demain. Z. m'a demandé si j'allais bien m'amuser. Oh, comment pourrais-je le savoir ? À la grille, il m'a dit : « Rena, la grille est verrouillée, srola snolla à l'letoh[1]. »

Il me rend si heureuse… Ah ! Nous devons nous retrouver à midi, c'est moi qui ai proposé, mais il a dit qu'il voulait voir ma coiffure. Une petite provocation façon « Qu'est-ce que tu veux de plus ? ». Maman, s'il te plaît, sois près de moi demain et toujours. Je serai joyeuse ou triste… Bonne nuit, à demain…

16 mars 1941, dimanche

Nous sommes déjà aujourd'hui. Ou plutôt, aujourd'hui est déjà fini, comme une autre phase de ce beau rêve de printemps. Nous nous sommes rejoints comme le font tous les couples : il m'a attendue, je suis arrivée et nous nous sommes promenés jusqu'à 2 heures de l'après-midi. Et aujourd'hui, au pique-nique d'Olga, c'était merveilleux aussi. Nous avons dansé et il m'a attirée à lui avec force, passionnément. À un moment, nous voulions même aller danser dans une autre pièce, mais… ça ne semblait pas convenable.

Poldek et Maciek m'ont évitée, au début, puis Maciek a dit qu'il ne parvenait pas à m'ignorer davantage. Je n'ai pas dansé qu'avec Zygu, mais avec tout le monde. Et à de nombreuses occasions, on m'a chipée

1. Mots écrits à l'envers.

juste sous le nez de Zygu alors qu'il était sur le point de m'inviter à danser (Maciek, miroir, Zygu). On nous a taquinés sans arrêt et j'ai rougi sans arrêt. Rysiek a dit que je devais écrire des poèmes en l'honneur de Zygu, tu imagines ! Zygu est merveilleux !

Après le pique-nique, j'ai descendu la rue avec tout un groupe de garçons et Maciek a lancé : « Regarde, on dirait des bourgeons ! », ce à quoi Zygu a répondu : « Et Rena, le printemps ! » Je sens ses premiers effluves… Bien sûr, un tas de taquineries émanent de Maciek, Poldek, Fredek et Julek, mais qu'importe.

Aujourd'hui, d'ailleurs, je vais comparer cette journée (le 16 mars, tu te rappelles) à cet autre 16 mars. Les deux jours sont-ils ne serait-ce que comparables ? Non ! Ou plutôt si ! Alors oui, maman n'est toujours pas là, mais j'espère la voir arriver ici bientôt (la guerre devrait se terminer). Et j'aime, j'adore ce garçon beau, sage, le meilleur de tous les garçons de l'école. Et c'est réciproque. Oui ! Même si Zygu ne m'a rien dit, il a dit : « Il y a une chose que je ne te dirai pas », et il veut tout écrire dans une lettre qu'il veut donner à Irka pour qu'elle me la donne.

J'ai désormais une prétendue vie sociale et, pour être honnête, je suis plutôt populaire. Enfin bref, les choses semblent bien engagées. Je vais à des fêtes maintenant, je m'amuse à des pique-niques, comme le ferait n'importe quelle fille de seize ans.

Pour Nora, c'est différent. Son amour pour Maciek s'est désintégré mais il renaîtra de ses cendres, à mon avis. En attendant, je voulais l'entraîner de force dans le tourbillon de la jeunesse. Mais elle était à nouveau déprimée aujourd'hui. J'étais vraiment déçue, parce que je voulais la convaincre de venir au pique-nique.

Elle est restée assise là, alors que presque tous les garçons y étaient, et plus tard elle a lu un livre. Je sais qu'elle écrira dans son journal aujourd'hui et qu'elle comparera ces deux jours à un an d'intervalle. Lorsque nous nous sommes dit au revoir aujourd'hui, elle a dit : « Ce n'est pas ce qu'il y a de plus important dans la vie », ce qui est vrai, et j'en pense autant, mais d'un autre côté, qu'est-ce qui pourrait bien être plus important que « ça » ? Vas-y, je t'écoute, dis-moi : qu'est-ce qui est plus important ? Je me rappelle que j'avais pour habitude d'affirmer que ces choses-là m'étaient égales, mais ce n'est pas vrai. Peut-être que je changerai d'avis un jour mais, pour le moment, c'est simple : la vie vaut d'être vécue pour la personne qu'on aime, pour la personne dont on rêve et à laquelle on pense pendant nos nuits sans sommeil. Vivre, mais pas pour la célébrité ou les connaissances, pas pour apprendre, tout ça n'est qu'un tas de concepts intellectuels. Vivre la vie des sens, « atteindre le cœur de la vie », prendre ce qu'il y a de bon à prendre, prendre du plaisir jusqu'à en avoir le souffle coupé. Peu importe ce qu'on dira de moi à ma mort, je mourrai comme un animal, mais je peux vivre comme je l'entends désormais. Afin de pouvoir affirmer, en étant penché sur la tombe de quelqu'un :

J'ai obtenu ce que j'ai pu de la vie
beaucoup de choses, mais pas assez
Aujourd'hui, dans la tombe gît mon corps flétri
J'abandonne ce que les autres continuent à désirer
Vivre, vivre, vivre ainsi !
Dans la tombe, tout le monde peut se décomposer
C'est facile de mourir, mais vivre est un art, je dirais

J'ai lu le journal de Nora, une fois. Elle disait qu'elle n'écrirait plus sur ses amours, qu'elle ne raconterait plus les détails, et tout ça au cas où quelqu'un tomberait dessus, pour que la personne ne puisse pas dire : « Cette fille n'est qu'une idiote superficielle qui ne s'intéresse à rien dans la vie à part flirter. »

Norka ! Si tu savais comme tu te trompes ! Premièrement, qu'en as-tu à faire que d'autres personnes le lisent ? C'est pour toi seule que tu l'écris. Et deuxièmement, ton journal intime est-il censé être un almanach politique, ou l'almanach de ton cœur ??? Il est possible qu'une personne très méchante avec un cœur de pierre dise cela. Mais une personne normale dirait plutôt : « Ç'a été écrit par une jeune fille de seize ans qui était profondément amoureuse… » En tout cas, c'est ce que moi je pense, Norka, et j'espère que tu ne tarderas pas à être de mon avis. Pour rien au monde je ne reviendrais en arrière, aux anciennes phrases, à mon ancienne situation. Je suis amoureuse, et c'est ce qui explique toutes les sottises que j'écris. On pardonne à une personne amoureuse, on lui pardonne tout.

Tu ne sais pas de quoi la vie est faite
C'est comme une feuille sur l'eau qui tremble
[doucement
Tu ne sais pas ce qui est réellement important
Parfois tu perds, et parfois c'est moi qui connais
[la défaite
Sous le soleil, la vie peut s'assécher, sa forme
[peut changer
Lorsqu'une nouvelle tempête s'apprêtera à la balayer

La feuille se cachera plus profondément
Même si ça disparaîtra avec le temps qui passe
La feuille brillera au soleil du printemps
Comme une plume sur une longue rivière
Elle glissera à la surface
Transportant nos vies, légère

Oui, oui, oui. Buluś, si seulement tu pouvais lire ceci. Merci, merci mille fois. Je ne sais pas si j'aurai le temps de t'écrire demain. Buluś, Dieu, venez-moi en aide.

18 mars 1941, mardi

Nous avions des projets aujourd'hui, il est passé me chercher à 6 heures du soir. Nous sommes d'abord allés au club socialiste, puis nous sommes passés chez Irka, puis nous sommes rentrés à la maison.

Il fait de nouveau froid dehors.

Aujourd'hui, c'était comme si quelque chose flottait dans l'air entre nous, quelque chose d'insaisissable, un non-dit. Et je n'ai pas arrêté de songer à cette idée, celle d'une symphonie inachevée… et c'est à peine si je parviens à me contrôler. Je bous, je suis sur des charbons ardents, j'arrive à peine à me retenir de… Et je sais que c'est un peu pareil pour lui aussi.

Quel dommage que la douceur du printemps soit repartie…

La situation est étrange et floue avec maman (Leszczyńska[1]), j'ignore ce qui va se passer désormais, va-t-elle venir et quand ? Quand ? Quand ???

1. Mariana Leszczyńska est devenu le nom de la mère de Renia après qu'elle s'est procuré de faux papiers à Varsovie. Elle a été baptisée sous ce nom le 20 janvier 1940.

Je suis effrontément grossière, Z. est tellement plus délicat que moi, et malgré cela, il a dit : « J'oublie tout quand je te regarde dans les yeux. » J'ai mis ma main sur son bras et c'était délicieux. Il a fait une petite moue avec sa jolie bouche, c'était si doux, mais c'était comme si… comme s'il se comportait comme mon ange gardien. Il y a réellement quelque chose d'insaisissable dans la « symphonie inachevée »… Sera-t-elle achevée un jour ? Et si oui, est-ce que ce sera dans longtemps ? Maman, je t'en prie, réponds-moi franchement, aimerais-tu que l'histoire ait une fin heureuse ? Dis-moi, s'il te plaît ? Enfin bref, Buluś, Dieu, venez-moi en aide !

19 mars 1941, mercredi

Je me sens coupable. Je suis si vulgaire. Je sens une force grandir en moi. Il faut que je me confie à quelqu'un ou je vais devenir folle. J'ai le sentiment que tous mes sens sont en effervescence, je me sens bouillir. J'ai terriblement souffert hier. Ah ! Quelle malédiction.

Je sens que je détruirai les anciennes fondations
je sens qu'elles seront réduites en miettes et en
[poussière
par mon caractère indomptable et mes frustrations
je me sens si forte, si pleine d'amour
Un sang brûlant bout dans mes veines
je suis ivre d'intimité
impétueuse, aveuglée par un désir enflammé
je suis à la merci de mes sens
qui me contrôlent, me mettent en transe
je sais que je suis comme une bête
Il n'est rien chez moi que je respecte

Je me méprise comme un insecte
Mais je constate que tel un chien
tel un lynx blessé, je ne bouge pas
mon cœur tressaille, je hurle en mon sein
dans un instant, je bondirai et deviendrai sauvage
je rugirai et balaierai tout sur mon passage
les lèvres rouges seront ravagées par les miennes
[en furie
Je suis enragée, mes besoins et ma peur démesurés
Je vis à présent, je ne suis pas partie
et je veux, j'ai envie
Je ne peux pas continuer...

C'est dégoûtant, répugnant, animal…

21 mars 1941, vendredi

Je me suis accordé une journée de repos aujourd'hui. Je ne suis pas allée à l'école, j'avais mal à la tête. Hier, j'étais supposée voir Z., mais il n'est pas venu. Aujourd'hui, je suis souffrante, comme je le suis depuis maintenant plusieurs mois, malade de Zygu, paresseuse à cause de Zygu, rêveuse concernant Zygu, ma symphonie inachevée.

Mon cher journal, tu sais à quel point je t'aime, pas vrai ? Je t'aime très, très, très fort. Je sens que j'ai besoin de toi, je t'ouvre lors d'une belle journée ensoleillée, je te lis pendant un moment, et ensuite je sais. Je me souviens de tout et tous ces jours cohabitent en moi, ensemble et séparément.

Buluś a écrit qu'il va y avoir la guerre. Qui sait ? Est-ce que cet ennemi aussi puissant que détesté interférera à nouveau dans ma vie ?

Demain, nous serons samedi. Je ne sais pas de quoi la journée sera faite. Je n'ai pas d'attentes. J'ai réussi à couper court à ma folie. Elle est partie. Mais elle risque de revenir. Et elle reviendra dès que le vent rapportera de nouveau le parfum du printemps, quand je verrai… Je serai infectée par Zygu et ce sera incurable. Ou peut-être que non ? Je devrais apposer ici les images que j'ai collées là-bas. Si seulement je pouvais écrire ce que je veux.

Laissons une chanson douce
Jouer ses notes amoureuses
Chanter que tu vis dans mon cœur
Et que je vis dans le tien
Ce serait vilain, et pas très intelligent
Ce serait triste, larmoyant et affreux
Si tu vivais vraiment dans mon cœur
Mais que je ne vivais pas dans le tien ! Ce serait
[malheureux
Ce serait encore plus méchant
si le destin cruel décidait
de me laisser dormir dans le mien
et toi dans le tien, séparés.
Heureusement, ce n'est pas le cas
Pars, affreux cauchemar, laisse-moi
Je rêve d'yeux noisette, de ton visage lumineux
Tu rêves d'yeux bleus, et de mes cheveux
Un concert printanier délicat
Nous joue ses notes amoureuses
Chante que tu vis dans mon cœur
Et que je vis dans le tien.

Ah, demain, nous serons samedi, d'un côté c'est un peu trop osé. Buluś, aime-moi ! Buluś, Dieu, venez-moi en aide.

22 mars 1941, samedi

C'était parfait ! Et pas seulement la promenade en ville (même si elle l'était aussi !). Je l'ai retrouvé au bureau de poste. J'ai bien vu qu'il était vraiment heureux de me voir. C'est gentil de sa part de ne pas être allé au pique-nique. Maciek m'a embrassée dans les cheveux et Z. a ri, puis il n'a pas arrêté de m'appeler pour me dire : « Est-ce que tu l'aimes ? Est-ce que ton cœur déborde d'amour ? Parce qu'il t'aime, lui, et tu sais qu'il ne faut pas faire la fine bouche. » Je lui ai répondu qu'il n'était qu'une ordure. Il n'a pas arrêté d'embrasser M. Quand je lui ai ordonné d'arrêter, il a répliqué : « Si toi tu le fais à longueur de journée, alors j'ai bien le droit d'en faire autant, moi aussi. » Mon merveilleux, adorable Zygu. Même si je répétais que je n'irais pas à la fête, il riait sous cape et répondait que j'irais. Qu'est-ce que j'ai fait ensuite ? Je lui ai raconté toute l'histoire concernant Irka et Felek. Je me sens affreusement mal, c'était le secret de quelqu'un d'autre, mais Z. est discret et, de toute façon, je suis incapable de lui dire non, voilà l'effet qu'il me fait. Je ne sais pas ce qui se passera demain, nous n'avons rien prévu. Peut-être que je le retrouverai quelque part. Tu serais heureuse pour moi, Buluś… Dieu, Vous m'aiderez aussi.

23 mars 1941

Je ne sais pas pourquoi, mais je suis triste aujourd'hui ! Très triste, profondément triste. Parfois, je sais pourquoi.

J'ai vu Zygu deux fois aujourd'hui. Nous sommes allés faire une promenade dans l'après-midi avec Felunia. Et là, tout à coup ! j'ai senti ce vide dans mon cœur et dans ma vie… Plus tard, Zygu a avoué l'avoir remarqué et a demandé pourquoi j'étais si triste. Nous avons longuement marché et nous avons eu une conversation sérieuse. Z. m'a dit qu'il n'était jamais comme ça d'habitude, mais que là, il était triste et sérieux. Lorsque nous nous sommes dit au revoir, il a dit : « Peut-être que j'ai une mauvaise influence sur toi ? Mais je suis comme ça et pas autrement. Maciek pourrait sûrement te changer les idées, lui. » Il est stupide s'il croit encore que j'ai des sentiments pour Maciek. Mais ensuite, il a ajouté : « Tu seras mon roc, etc., etc., je serai en miettes. » Il ne sait peut-être pas ce que c'est, mais je soupçonne Zygu d'être triste sous ce doux fardeau. Tout comme moi.

Nous sommes censés aller à une fête demain. Je veux être de bonne humeur, même si je fais semblant. Nous avons fait des projets et, pour la première fois, c'est lui qui a pris l'initiative. Il était impatient. Il m'a rappelé la fête alors qu'il était sur le point de partir.

Zyguś ! J'aimerais être joyeuse, parce que tu es triste et que c'est ce que tu souhaiterais. Mais parfois, une « vague d'apathie » déferle, comme on dit, et, dans ces cas-là, on n'y arrive pas, tout simplement.

Tu aimes écouter de la musique, tu adores la musique, et j'aime rêvasser, rêvasser pendant que j'écoute de la musique avec toi. J'aime rêvasser et être heureuse quand mes rêves deviennent réalité. Mais parfois, il y a des moments comme aujourd'hui. Aujourd'hui, je suis triste, même si la moitié de mes rêves se sont réalisés.

Je ne pense pas avoir changé au point de n'avoir que des attentes. Non ! Nous verrons bien ce qui se passe ensuite.

Je dois le voir demain matin, nous devons aller à la fête, il faut que je sois de bonne humeur.

Irka doit se rendre à Lviv pour aller voir Felek, presque tout le monde part à Lviv, et je reste ici avec Zygu. Nous restons ! Le printemps ! Sept jours de vacances ! Pour quoi faire ? Pour s'ennuyer ? Pour être triste ? Non, pour s'aimer !!! Maman, es-tu au courant de tout, entends-tu les battements de mon cœur gonflé d'amour pour lui et serré à cause de la distance qui nous sépare ? Buluś, Dieu, venez-moi en aide… Seigneur Dieu ! Comment se déroulera la fête demain ?

24 mars 1941, lundi (fête numéro trois !)

Parfait. Zygu est passé me chercher (même si je devais venir plus tard, mais il était trop impatient), il a payé nos entrées, m'a acheté un gâteau et de l'eau, et il a dansé avec moi tout le temps. Bon, à de rares exceptions, peut-être. Cette fête était différente des autres : c'était une vraie « fête de Zygu ».

Les gens nous ont traités comme un couple marié. Par exemple, après une danse, un garçon ne m'a pas raccompagnée à ma place, mais a dit : « Je dois te ramener à Schwarzer », puis quelqu'un d'autre a dit : « Merci, je t'ai ramené ta femme. » J'ai fini par être scandalisée. Qu'est-ce que c'est que tout ce marchandage ? Tusiek a dit : « Je te la ramènerai intacte. » Il m'a dit qu'à un moment, quand « tout ça » a commencé, Z. était incapable de réfléchir correctement. Eau de Cologne.

Z. et moi faisons se former d'autres couples. Nous sommes très subtils. Z. a dit : « Ouvrons une agence matrimoniale. » Il a tellement agacé Irka à propos de Felek qu'elle est rentrée chez elle, mais c'était par vengeance parce qu'elle aussi l'avait agacé, comme elle l'avait fait avec Felek concernant Fredziu, et avec Julek et toute la classe.

Zygu m'a demandé comment se faire pardonner. Tout ce swing… Je ne sais pas danser le swing et lui non plus, alors nous souffrons et nous nous demandons pardon sans arrêt. Oh ! Comment se faire pardonner… J'ai bien une idée et lui aussi. Je lui ai dit qu'il me provoquait avec ces histoires militaires bizarres.

Nous n'avons convenu de rien, parce que Julek était avec nous. Z. est si gentil, si aimant et si compréhensif. C'est très agréable d'avoir un « faux mari ». Tusiek était étonné que j'autorise Zygu à ne pas se raser. Comment puis-je le laisser faire ça, comment puis-je me blottir contre lui ? Ce à quoi Z. a répondu que personne ne se plaignait à mon sujet.

Zygu était content de la fête et moi aussi. C'était une vraie « fête de Zygu ». Je t'embrasse, Renia. Buluś, Dieu, venez-moi en aide, je vous en prie…

P.-S. : Je révise des choses et d'autres avec Luśka. Un homme a dansé avec moi plusieurs fois, il était complètement soûl et il m'a serrée fort contre lui, en divaguant encore et encore. J'ai eu peur… Au revoir, cher journal, à la prochaine.

28 mars 1941, vendredi

Aujourd'hui, nous avons fait une très longue promenade. C'était délicieux : nous avons simplement marché le long d'une rue à demi plongée dans l'obscurité et nous avons parlé, parlé, parlé. Je serais incapable de te rapporter tout ce qu'il a dit, mais il a dit plein de choses agréables et un tas de choses ambiguës. Il m'a dit que nous devrions aller sur la Côte d'Azur ensemble un jour, quelque part loin de tout le monde, un endroit avec un « ciel azur », ce à quoi j'ai ajouté « et une mer azur », et il a conclu avec « et des yeux azur ». Ou encore, par exemple, que Mochnacki[1] était un vrai passionné de mathématiques, mais « je préfère être passionné par autre chose, pas vrai, Rena ? ». Et puis : « Ma pauvre chérie, je suis tellement désolé, pourquoi n'es-tu pas venue me voir comme tu serais allée voir un médecin ? », etc., etc.

Une longue promenade amicale comme celle-ci vaut peut-être mieux que… Mais qu'est-ce que j'en sais ?

Nous avons pris des dispositions pour demain : il passera me prendre entre 4 et 5 heures l'après-midi. Buluś, si tu étais là… Je suis follement heureuse et c'est grâce à toi. Buluś, Dieu, venez-moi en aide. Au revoir, bises, Rena.

1. Mirosław Mochnacki (1904-1970) : expert en analyse mathématique, en algèbre et en calcul des variations. Il a commencé à enseigner les mathématiques au lycée Juliusz Słowacki de Przemyśl en 1934.

29 mars 1941, samedi

Nos plans ne se sont pas déroulés tout à fait comme prévu, mais nous avons réussi à nous voir, en fin de compte. Nous sommes passés au club socialiste avant d'aller faire une promenade. C'était la partie la plus agréable, une longue promenade, rien que tous les deux. Nous avons marché bras dessus, bras dessous et discuté et discuté, et à part ça nous avons aussi parlé avec nos regards. À mes yeux, une promenade comme celle-ci est la plus puissante des symphonies, capable de remplacer des dizaines d'autres choses agréables.

Cette promenade est la force et la puissance
Cette promenade est l'immortalité[1] *!*

Il a dit qu'à son mariage, il aimerait passer la *Marche nuptiale* de Mendelssohn. Fela m'a montrée du doigt et Zygu en a fait autant. Nous avons parlé de l'avenir, des études de médecine, etc., etc. Z. a déclaré qu'il ne voulait pas avoir de fils ou d'enfants en général, parce que les enfants traversent une période de rébellion et de bouleversement intérieur entre l'âge de treize et seize ans. Je me sentais si bien ! Ses regards me réchauffent. Sans parler du fait que nous avons marché bras dessus, bras dessous. Bref, comme je te l'ai dit, une promenade comme ça, c'est vraiment très fort ! À propos de l'idée de vivre en résidence universitaire, il a dit : « Je ne veux

1. Référence à des vers d'Adam Mickiewicz dans son drame poétique *Dziady* : « Ce chant, c'est la force, la puissance / ce chant c'est l'immortalité… » (trad. Adam Mickiewicz et ses fils, *Chefs-d'œuvre poétiques d'Adam Mickiewicz*, G. Charpentier, 1882).

regarder personne là-bas. Je préfère te regarder toi. » Nous n'avons pas convenu de nous retrouver. Ah, les singeries avec Maciek ! Zygu était content que je n'aie pas prévu de le voir. Buluś, Dieu, venez-moi en aide…

4 avril 1941, samedi[1]

Toute la semaine a été rayonnante mais, pour moi, ce n'était que du vide. Je me sens vide aujourd'hui, et triste. Si triste. Mais j'ai découvert qu'il était passé chez moi, et ça m'a consolée un peu. Et demain ? Dimanche, il ne se passera sûrement rien. Buluś, Dieu, venez-moi en aide…

5 avril 1941, dimanche

Internat en médecine – invitation. Il n'arrêtait pas de répéter : « Chut, Renia ! », et quand je demandais : « Quoi ? », il ne répondait pas.

Ah ! Aujourd'hui ! « C'était merveilleux, tendre, aimant. » Je l'ai vu deux fois ; nous avons passé cinq heures ensemble. Nous sommes allés au cinéma. Il a tenu ma main tendrement, très tendrement, et il n'a pas arrêté de bâiller. Il a souri gentiment lorsque nous avons croisé Maciek. Mais, tu sais, j'ai trouvé une photo de lui avec une fille. Z. était penaud. J'étais trop polie pour poser la moindre question. Mais vraiment, crois-moi, mon chou, mon cœur, quand je te dis que c'était merveilleux. Le mieux, c'était avec les sucreries. Ah ! Zygu, je n'arrive même pas à exprimer combien je t'aime.

Z. est prétendument en colère contre Irka de nous avoir menti à propos de Felek. Je le suis aussi. Aujourd'hui, il

1. Le 4 avril 1941 était un vendredi.

a dit que nous devrions commencer à aller au Château. Vraiment ??? Buluś, Dieu, venez-moi en aide.

6 avril 1941

C'était merveilleux, paradisiaque, et maintenant c'est passé comme un rêve, le conte de fées est terminé. Jusqu'à maintenant, j'étais préoccupée à propos de ce dimanche, mais désormais, je m'étrangle de colère et je suis heureuse en même temps ! Oui, je suis ravie d'avoir gâché la bonne humeur de son après-midi ! Je suis ravie de ne pas venir demain à la pause. Il va voir, attends un peu.

Le diable les a envoyés, lui et Irka, et bien sûr, il a fallu que ça tombe pile le jour où j'analysais justement le problème « Irka et Zygo » ! J'étais précisément en train d'imaginer les images les plus fantaisistes d'eux dans des poses romantiques lorsque je les ai croisés ensemble dans la soirée. Au début, j'ai voulu me sauver, mais finalement, nous leur avons joué un bon tour avec Nora (heureusement que ce bâtiment avait deux entrées !). Ah ! J'ai obtenu (une certaine) satisfaction. Tu crois vraiment que je te regarderai prendre Irka dans tes bras en ma présence et guetter ma réaction en même temps ? Va donc la caresser, te promener avec elle, donne-lui des surnoms encore plus tendres, mais je jouerai avec tes nerfs, je te chanterai la neuvième symphonie de Beethoven pour que tu te souviennes de moi, petit crétin, pour que tu comprennes ce que cela signifie de vexer une femme amoureuse jalouse. Je sais que Maciek t'agace. Alors je me servirai de Maciek pour te taper sur les nerfs. « Tu n'as absolument pas à avoir mauvaise conscience, ce n'est pas à cause de toi que je ne révise pas. » Enfin bref, ce ne sont pas tes oignons, Zygu ! Si seulement tu savais que je suis au bord des larmes et à quel point je te déteste à cet instant. Et le plaisir que je vais prendre à me venger de toi, même si cela te fait affreusement mal. Dieu tout-puissant ! Je désespère, je ne sais pas ce que j'écris et je meurs d'envie d'être déjà à demain !!! Ah, Bulczyk, si tu savais ma souffrance et ma haine ! Buluś, Dieu, venez-moi en aide.

12 avril 1941, samedi

La semaine a été douce et brumeuse à la fois, en quelque sorte, et c'est aussi comme ça que je me suis sentie : un peu floue. J'étais d'humeur passable. Irka n'arrêtait pas de ricaner, mais elle a fini par se rendre compte que ça ne générait aucune réaction chez moi et elle a bien failli exploser. Bref, elle flirte avec Z. Pour quelles raisons, je l'ignore. Et lui ? Je n'en sais rien (il ne cesse de la déprécier devant moi). Tu te souviens ?

Dimanche, nous avons convenu d'aller au cinéma, Z. et moi. Irka le sait, parce que je le lui ai dit, et elle aimerait s'incruster. J'ai refusé jusqu'à maintenant, mais je suis furieuse. Je tente de toutes mes forces de ne pas le montrer, mais je n'y parviens qu'en partie. Irka lui a carrément dit qu'elle cherchait l'amour, qu'il lui manquait quelque chose. Très bien, formidable, je comprends, mais je préférerais qu'elle regarde ailleurs que dans la direction de Z. Tout le monde est au courant pour nous, y compris les élèves, les professeurs, et même Mlle Polak qui nous a vus de loin, mais sans que moi je la voie.

Demain soir, je dois lire mes poèmes. La perspective ne m'enchante pas ; je suis très embarrassée. Et ensuite, il y a une fête. Je ne suis pas d'humeur à faire la fête. Je ne sais pas ; j'ai peur ! Une peur panique de la moindre fête. Non, je ne suis pas d'humeur et je préférerais aller au cinéma, mais avec lui, et pour le reste, merci bien mais non merci. Enfin bref, il peut toujours se mettre en quatre. Sais-tu qu'aujourd'hui est un

Jour férié – jour férié – jour férié
Ne ressemble à aucun autre jour de l'année

Dans mon désespoir, j'ai tenté de me distraire avec des aphorismes et j'ai commencé à écrire sur le sujet.

Que vaut l'amour
si l'on doit s'inquiéter ?
Il n'apporte qu'amertume
et aucun éclat de rire
Chaque chemin sur terre
provoque tant de misère
Que vaut l'amour
s'il faut s'inquiéter

Sais-tu que tout le monde pense que nous nous sommes déjà… ha ha ha. Et je pourrais dire quelque chose à ce sujet. Je me comprends. Enfin, bref, je suis encore en proie à cette peur ridicule à cause de la fête de demain, mais… Buluś, Dieu, venez-moi en aide.

13 avril 1941, dimanche

Une fête devait avoir lieu. Mais en fin de compte, n'était-ce pas mieux qu'une centaine de fêtes dansantes normales ? Mieux que tourner en rond dans une salle bondée ? Ne pas rester coincée là-bas avec Maciek et Poldek, aux cris d'« Écrivaine, écrivaine ! » et, au lieu de ça, partir loin, bras dessus, bras dessous, avec mon merveilleux Zyguś ? Écouter ses mots tendres, être assise au cinéma avec lui (et presque, presque, ah…) et rentrer à la maison à minuit ? Alors ? N'était-ce pas mieux ?

Je devrais vraiment arrêter de me faire du souci pour des sottises. Après tout, j'ai une preuve solide que Z. m'aime (« *mein Liebchen was...* »). Arianka est restée à la fête. Une merveilleuse, merveilleuse soirée. Espérons que cette semaine, enfin, nous… oh ! Buluś, vraiment. Z. a quitté la fête parce qu'il était jaloux.

17 avril 1941, jeudi

En fait, il ne s'est rien passé aujourd'hui. Ni aujourd'hui, ni hier d'ailleurs. La vie suit son cours, autrement dit : nous nous retrouvons de temps en temps, nous marchons bras dessus, bras dessous (je ne sais plus comment marcher autrement), nous parlons, et nous sommes très heureux ensemble. Ce que je veux dire, c'est que je trouve ça délicieux, angélique, doux. Et lui ? Ce doit être la même chose de son côté, autrement il n'envisagerait pas que nous allions à une fête le premier « pour n'être à personne d'autre », comme l'a dit Maciek.

Je n'arrête pas de cogiter, de me souvenir et de rêver, je rêvasse tout le temps à l'école. Je suis incapable d'apprendre quoi que ce soit. Je n'arrive à parler de rien d'autre à part des moments où Z. me dit : « N'aie pas peur, je suis avec toi » ou « Nous avons eu une nuit orageuse », « Il n'est que 11 heures 30 ». C'est étrange… Tout le monde pense, personne n'a le moindre doute que nous nous soyons déjà… Mais en réalité, toujours pas, même si c'est comme si nous l'avions fait. Une fois, il pleuvait et chaque mot était prononcé contre les mains, les tempes, avec des lèvres et des têtes, dans des murmures, ah ! J'en ai des frissons. Je ne sais pas… Je ne pense pas… Il ne serait tout de même pas vicieux au point de me bouleverser autant qu'il le peut ! Et pourquoi est-ce que j'écris aujourd'hui ? Parce qu'il pleut et que le monde marche voûté, et qu'il y a une agitation avec maman que je ne parviens même pas à comprendre, et que je me sens vide, mais tout de même relativement en sécurité, parce que… Nora me dit que je « devrais être heureuse ». Pour être heureuse, j'ai besoin de maman et de soleil et (premier enfant). Je frissonne, mais ce n'est pas à cause du froid. « Est-ce que mes yeux sont embrumés[1] ? » Ah, je ne suis vraiment rien d'autre qu'un petit animal…

Ces moments arrivent parfois
particulièrement au printemps, en mai
quand les pensées, tels des papillons délicats
s'envolent dans un ballet désordonné

1. Possible référence à une valse de 1931, intitulée *Mały pokoik* (« Petite pièce » ; paroles de Tadeusz Kończyc et musique de Wiktor Krupiński).

Elles se balancent sur les branches d'arbres
[gentiment
dans la tranquillité du mois de mai folles de joie
ivres de bonheur, aux anges, au firmament
regardez ces yeux perdus dans le lointain
Regardez ces yeux remplis de nostalgie
Tout à coup, tel un signe du destin
Une voix éclate dans votre esprit
Sans jamais parvenir jusqu'à vous, bien sûr
Vous êtes dans le ciel parmi les nuages
Qui forment un auvent rose dans le ciel obscur
Qui se promènent dans les vertes prairies sages
Ne le niez pas, vous voyez ces yeux partout
Des yeux embrumés, remplis du manque de vous

18 avril 1941, samedi[1]

Nous n'avions convenu de rien pour cette fête du bureau de poste, mais nous nous sommes croisés dans la rue (quelle chance) et nous y sommes allés ensemble. J'ai un peu dansé avec Julek B. et une fois avec Zygu. Mais j'avais le tournis, alors nous sommes partis.

Z. était contrarié aujourd'hui, mais il a refusé de me dire pourquoi. L'atmosphère s'est vraiment détendue pendant notre promenade. Il était apathique au début, mais il s'est animé ensuite et, une fois devant ma grille, nous n'arrivions pas à nous séparer.

Je vais aller à la polyclinique pour signaler le doigt cassé et je vais dire au père que c'est à cause du sadisme du fils.

---

1. Le 18 avril 1941 était un vendredi.

Rena, révise ! Nous avons gâché des moments précieux devant la pharmacie. Un au revoir des plus agréables, ah ! J'ai sommeil, et je me sens bien, parce que je le vois demain soir à 6 heures. Est-ce que je devrais ? Buluś, Dieu, venez-moi en aide !

19 avril 1941, dimanche[1]

J'attendais au balcon, Zyguś est venu, tra la la !
Nous sommes partis nous promener, puis au
[cinéma, tra la la !
Ma main était si petite
presque invisible près de la sienne
Alors Zyguś, si attentionné
l'a recouverte pour la protéger.
Depuis je ne sens pas la douleur
mais mon âme est en détresse
Zyguś a promis avec ferveur
De ne jamais faire preuve de rudesse.
Il ne sera pas un mauvais mari
Comme celui du film ou pire
Pour me rendre hommage, il lira ma poésie
Désormais, en vers il vit et en vers il respire.
Viens, poésie, laisse-moi te prendre dans mes bras
Viens, mon cœur, oublie tous les coups bas
Les yeux pleins de rêves embellis
Je me délivrerai de la prose de la vie.

Zyguś, mon mari. Sa barbe est soyeuse, qui l'eût cru ? Ses mains sont douces et agréables, c'est si bon

1. Le 19 avril 1941 était un samedi.

de les caresser délicatement. Il y a une sucrerie, dans laquelle Z. mordra en premier. C'est pour cette raison qu'il serait « incapable de dormir près de moi ». Je n'ai même pas compris de quoi parlait le film ; tout tournait autour de Zygu ! Zygu ! Zygu !

Qu'est-ce que je peux être idiote. Je réfléchissais à ma situation et à celle de Nora, en me demandant si la sienne valait peut-être mieux ! Mais j'aime mon adoré et nous sommes ensemble, et je peux le toucher et lui parler. Ce n'est pas grand-chose, mais c'est déjà beaucoup. Je continue à croiser les doigts pour lui et je vais lui donner un porte-bonheur pour ses examens finaux. Mais il lui faut réviser, néanmoins. Demain, direction l'école. Au revoir, mon chéri. Maman, si tu étais là et que tu pouvais voir ça… Buluś, Dieu, venez-moi en aide… Vous allez m'aider, n'est-ce pas ?

26 avril 1941, samedi

Quel samedi ! Deux jours qu'il n'était pas à l'école. Maciek a essayé de comploter ! Mais enfin ?! Quelle sottise.

Irka a commencé à flirter comme une folle avec Waldek, alors je lui ai dit qu'il avait le béguin pour moi. Je l'ai fait comme une femme, une vraie. Après tout, je n'apprécie Waldek que modérément et il m'est relativement indifférent. Même chose avec Maciek, mais tout de même !

Aujourd'hui, je l'ai vu… Puis j'ai surpris une bribe de conversation entre Julek et C. G. : « Je suis stupéfait par Zygu. » Je n'en savais rien, mais d'instinct, j'ai eu le sentiment que c'était sur l'amour de Zygu, ou plutôt sur l'affection que Zygu me porte. Cela m'a tellement perturbée que j'en ai attrapé mal à la tête et que j'étais de très mauvaise humeur. J'ai vraiment l'impression de n'être pas digne de lui à tous les niveaux, c'est la vérité… Mais qui l'est ? Personne ! Aucune fille n'a autant de qualités que lui et ne pourrait l'aimer autant que je l'aime. Bref, cela m'a inquiétée. Mais en vrai, pourquoi en ai-je quelque chose à faire de la stupéfaction de Julek ? Qu'il pense ce qu'il veut, après tout. Oh, je joue les idiotes, c'est tout. Si Z. le voulait, il pourrait me trouver, mais cela n'a pas d'importance. C'est moi qui l'aime le plus ; tout ce que je veux en retour, ce n'est même pas un amour aussi grand que le mien, mais un peu d'affection. Cela suffit à me rendre heureuse. Ça et tellement d'autres choses en même temps ! En réalité, nous avons fait des projets pour aujourd'hui dimanche dernier. Mais rien de très précis. Est-ce que je sais seulement ce qui va se passer ? Buluś, Dieu, venez-moi en aide. Je doute que nous nous voyions.

27 avril 1941, dimanche

Un ciel larmoyant et un jour plutôt sombre
En quelque sorte pluvieux, incertain et dédaigneux

Maman, ce serait si bon d'avoir, un jour comme aujourd'hui, quelqu'un que je porte dans mon cœur, une personne chère, aimée et aimante. Ce ne pourrait être que toi. Maman, je suis si déprimée. Tu sais, parfois, je trouve des excuses à Zygu. Par exemple, il ne m'a pas rejointe et je me suis dit que c'était simplement parce qu'il avait un empêchement ; il n'est pas venu me voir et je me suis dit que c'était simplement parce qu'il était timide (c'est vrai qu'il est facilement mal à l'aise !). Mais au fond de mon cœur, je pense qu'il… Je ne sais pas, en fait. Et enfin, aujourd'hui, grand-mère a entrepris d'en parler. Grand-mère n'a pas tort, certes, mais son approche est très démodée. Pauvre, chère grand-mère, en tentant maladroitement de m'aider, elle n'a fait que lacérer mon cœur déjà sanglant. Il va lui falloir un moment pour guérir. Guérira-t-il seulement ? Je sais désormais que J. et T. ont décidé d'interférer avec notre amour. Ah ! Cette guéguerre et cette journée, quel dégoût. Je ne sais pas pourquoi cette journée me paraît si répugnante.

Je ne sais pas pourquoi aujourd'hui est si triste
Si nuageux et si pessimiste
Pourquoi tant d'heures cruelles ?
Est-ce à cause de mes larmes ?
Tout est quelconque et vain
C'est si vide et esseulé
J'aimerais avoir quelqu'un
Avec qui être et parler
J'aimerais être une petite fille adorée
Assise sur les genoux de sa mère
Souriante près de la vieille cheminée en pierre...
qui écoute des histoires et dessine
qui rêve ce rêve si doux
qui ne sait pas ce qu'est le manque
quand un jour comme aujourd'hui vous hante...

Ne pas le savoir peut être si triste
Ne pas le savoir peut être si grave
Pourquoi tant d'heures cruelles ?
Est-ce à cause de mes larmes ?

28 avril 1941

J'ai vu Z. aujourd'hui. Quelque chose me soufflait de jouer les grandes offensées, alors c'est ce que j'ai fait, mais j'ai fondu à la seconde où il m'a regardée. Tout va bien. Même si ces idiots m'ont fait douter, ce ne sont que des broutilles.

Il y a eu une fête dansante chez Irka aujourd'hui. Enfin, ce n'était pas vraiment une fête dansante, mais des garçons de notre classe ont amené un gramophone et nous avons dansé. C'était très chouette, je me suis bien amusée. Et Irka m'a dit que Krzyś avait un coup de cœur pour moi ! Ça m'a beaucoup surprise, alors j'ai commencé à l'observer et, en fait, c'est bien possible…

Major a demandé combien d'hommes j'avais déjà séduits, était-ce une demi-douzaine ? J'ai répondu un seul, mais ce n'est pas vrai ! Krzysiek est très beau et très intelligent, mais ça ne veut rien dire. J'ai Zygu ; j'aime Zygu. Enfin, il a un peu de chance aussi. Voyons ce que les prochains jours apportent avec eux… J'attends, Z. Zyguś, l'heure est venue. Buluś, Dieu, venez-moi en aide.

29 avril 1941, mardi

Mardi ! Une grande agitation régnait à l'école aujourd'hui, avec Ewa, avec la lettre, etc. Zyguś a essayé de se justifier en disant que ça n'avait été que l'affaire de dix minutes. Ça m'a donné envie de rire. Lorsque je lui ai dit que j'avais dansé hier, il était fâché, furieux même. Nous n'avons pas prévu de nous voir prochainement. Tu sais combien je suis sensible à ce sujet, et il a fallu que cette sale peste d'Arianka me fasse remarquer : « Tu n'es pas sortie avec Zygu depuis un moment. »

Je lui ai répondu qu'il était très pris par ses révisions, ce à quoi cette vieille femme emprisonnée dans un corps de jeune fille a rétorqué avec ironie : « Je vois. » Ah !

Personne n'en a plus rien à faire de moi dans nos cercles d'amis. Un ami de l'école de commerce est venu me voir aujourd'hui pour me demander si je voulais aller à une fête, car si oui, il m'obtiendrait une invitation. Tu comprends ? Je demanderai à Z. s'il veut y aller, autrement, je refuserai. Mon merveilleux Z. adoré.

Nous étions en ville avec Irka et un professeur de l'école. Waldek m'a raccompagnée à la maison, il est vraiment… enfin bref. Et j'ai un caractère typique de fille, pourquoi est-ce que je ne peux pas m'empêcher de lui embrouiller l'esprit ? Ça doit être instinctif.

Norka n'a pas le moral. Nous lui avons rendu visite. Elle n'est pas bien suite à la fête dansante d'hier. Elle est au lit et elle pleure, rongée par l'inquiétude. Trois fêtes d'affilée comme celle-ci pourraient la briser. Pauvre Norka, je suis si triste pour elle. Une partie de ce qui lui arrive est sa faute, parce qu'elle s'isole, mais comment pourrait-elle faire autrement, après avoir perdu la foi en son propre bonheur et en sa popularité ? Je pense que les choses s'amélioreront avec le temps et que le temps guérira ses blessures, mais en attendant, je sais à quel point c'est difficile pour elle. Dieu, s'il Vous plaît, faites en sorte que tout aille de nouveau bien pour elle. J'écrirai s'il se passe quoi que ce soit, mais jusque-là, rien du tout… Buluś, Dieu, venez-moi en aide.

30 avril 1941, mercredi

Je suis la plus malheureuse des malheureux. Pourquoi faut-il que tous les problèmes déferlent dans ma tête le même jour ? Pourquoi ces deux cartes postales de maman ? Pourquoi est-ce que je ne la verrai pas ? Pourquoi est-ce que Zygu a prévu d'emmener Irka à une fête ? Pourquoi veut-il me blesser ? (Je te raconterai plus tard.) Tu sais quoi, je vais y aller de toute façon. Je vais m'exposer à la torture. Je ne peux tout simplement pas abandonner comme ça.

La vie est un combat
Le monde un champ de bataille
Je me battrai même si
Je ne crois pas à la victoire

Ou peut-être que je ferais mieux de ne pas y aller ? Buluś, Dieu, venez-moi en aide.

Oh, si seulement tu pouvais parler.

11 heures du soir !

Contente d'y être allée. En fait, ce n'était pas à cause de moi que Z. était de mauvaise humeur. Nous avons dansé un peu ; j'ai dansé le jive avec Krzysiek, et un peu plus.

Maciek a une petite amie désormais. Poldek aussi est amoureux alors je me retrouve avec Z., même s'il n'est pas sûr de moi et que je ne suis pas sûre de lui. Ah, que d'inquiétudes et de problèmes, mais même ces choses-là ont leur charme. Il y avait un tas de couples qui dansaient ensemble, mais je ne sais pas pourquoi, le nôtre semblait manquer de naturel. Peut-être parce que Zygu a aussi dansé avec d'autres. Bref, je suis terriblement jalouse. Z. l'est aussi, un peu. Nous souffrons tous les deux (du moins, je crois). À propos d'Irka ! Même à propos d'Irka – enfin, ce n'est pas seulement par rapport à elle, mais je suis jalouse lorsqu'il lui témoigne de l'intérêt. Il m'a dit qu'il voulait qu'Irka vienne samedi. Si elle vient, alors il viendra aussi ? C'est ça ? Comme il l'a fait remarquer, P. et M. sont pris, mon plan B de l'école ne viendra pas, alors je n'en sais rien. Peut-être que je ferais mieux de ne pas m'y rendre… Peut-être que nous nous verrons demain. Enfin, nous verrons… Nous retrouverons-nous seulement pendant ces trois jours de vacances ? J'aimerais bien : il me manque.

Z. se rappelle la dernière fois que nous… Alors il s'en souvient aussi. J'aimerais beaucoup tomber amoureuse pour longtemps… Zyguś, j'aimerais avoir un rendez-vous galant… Allez… Buluś, Dieu, venez-moi en aide.

1er mai 1941, jeudi

Maman, ce serait si bon
De pleurer blottie dans tes bras
De laisser libre cours à ma peine
Voire de mourir contre toi.
De mourir ou de dormir, même
Avec toute la beauté de la jeunesse
Lier pour toujours nos âmes dans la vérité
Nous lier pour toujours dans le bonheur et la paix
Voguer paisiblement jusqu'à un refuge
Sans larmes et sans adieux…

Maman, ma pauvre, ma pauvre chérie. Seule au milieu d'étrangers… Regarde, par la fenêtre, je vois un petit garçon enlacer sa mère et j'ai tant de chagrin, parce que j'aimerais prendre quelqu'un dans mes bras, moi aussi, et me plaindre. Je suis si malheureuse, maman, si tu savais… Pourquoi, pourquoi a-t-il fallu que cette bulle explose ? Pourquoi ma première joie s'accompagne-t-elle d'autant de tristesse, de larmes ? Tu sais, j'ai pleuré aujourd'hui, pendant une éternité, du plus profond de mon cœur… Tu sais, je l'aime, après tout, et il… J'ai attendu pendant de nombreux mois, oui, et j'ai pensé à ce rêve de printemps comme à quelque chose de sacré, d'absolument merveilleux. Et lui, ô Dieu ! C'est ignoble ! Alors c'est donc pour ça qu'il est si timide et modeste ?! Aujourd'hui, au défilé… Mais dis-moi, pourquoi est-ce que c'était comme ça ? Je ne vais absolument pas m'imposer à toi. Non ! Plus jamais je ne ferai un pas de plus, pas même un demi, pourquoi prendrais-je cette peine ? Non, Zygu, ne t'en fais pas, même si je dois en souffrir, je m'écarterai. Oh non ! Je n'irai pas à la fête de samedi ni à aucune autre fête ; je n'essaierai même pas de te voir. C'est faux de dire que tu fais ça par amour. Ou peut-être par jalousie ? Et aujourd'hui, c'est le premier mai. Le premier jour du mois de l'amour, et moi qui croyais tant au mois de mai (nous avions un arrangement, après tout) et en ces trois jours… Je ne peux retenir mes larmes aujourd'hui. Il y a néanmoins une chose qui me dérange, une : qu'était-ce donc que tout ça ? Parce que je n'arrive pas à croire que ce n'était rien. Ah, je sais. Je sais comment c'était, à ce moment-là, et j'étais charmante aussi. Si je l'impressionne et rien d'autre, alors… Non, je ne suis pas en train de dire que je ne suis pas amoureuse, mais je ne m'imposerai pas non plus.

Ne pleure pas, mon cœur blessé
La flèche qui te transperce ne te tuera pas
Avec le désir, tes battements vont recommencer
Même si je ne veux pas cela
Ce sera le cas
Tu peux désormais pleurer des larmes de désespoir
Mais ils n'auront plus pitié pour autant
Ensuite ils te détrousseront et doubleront ton
[tourment
Pour te punir d'avoir voulu y croire...

Ces feux follets sauront te duper
et te plier à leur volonté
tu les poursuis – ils s'échappent
plein de couleurs
j'ai trouvé un cœur
Au bord d'une route
un cœur en pain d'épice
pur, chaud et adorable
une œuvre d'art en forme de cœur
pleine de joie, applaudissant
j'ai couru à travers champs
mais avant de quitter la route
le cœur avait disparu
J'ai alors pleuré amèrement
Et soupiré de chagrin
Devrais-je trouver un nouveau cœur
Ou rechercher l'ancien
Je ne sais pas

Mais pourquoi suis-je en deuil
Pourquoi même ces pleurs
Avant d'avoir trouvé un cœur
Je n'en avais même pas
Je l'ai trouvé, je l'ai perdu – c'est comme ça
J'irai voir mon bon sens
Et lui dirai : « Redonne-moi mon insouciance
Que tout redevienne comme avant... »
Mais j'aurai les sourcils froncés
Comme lorsque planent des nuages menaçants
Parce que ce cœur me tenait à cœur
Et qu'il était chaud dans ma main
Son parfum était si enivrant
J'ai cru sentir son battement
Et c'est pour ça que je pleure
C'est de là que vient mon tourment
D'avoir enfin trouvé un cœur
Pour l'égarer immédiatement

Bref, je verrai, je suis amoureuse et lui… Buluś, Dieu, venez-moi en aide.

3 mai 1941, samedi

Dieu ! Vous seul savez les tourments que j'ai traversés ces jours-ci, la torture que j'ai supportée. Ça ne peut pas être décrit ou même rapporté, il faut le vivre pour le comprendre, mais mieux vaut ne pas le comprendre ni le vivre. Je ne suis pas allée à la fête, mais à quel prix ! Et lui, je n'en sais rien, peut-être qu'il est en train de s'amuser, peut-être qu'il est en train de danser joyeusement, peut-être qu'il n'a même pas pensé à moi une seconde ? Buluś, Dieu, venez-moi en aide.

8 mai 1941, jeudi

J'aimerais te dire tant, tant de choses… rien. J'aimerais te parler, à tête reposée, de l'état de mon âme. Tu sais, maman me manque horriblement ; je sens que ce sentiment s'intensifie, qu'il grandit et augmente. Et je n'ai aucune idée de pendant combien de temps encore nous allons être séparées. J'ai terriblement besoin d'une personne proche, quelqu'un qui s'occuperait de moi, une amie… une mère… Et aujourd'hui, je l'ai vue, elle m'a rendu visite dans mes rêves, elle était malade, elle souffrait. Alors qu'elle s'éloignait, elle a lancé : « Renuś, je viendrai le 25 juin. » Elle a dit qu'elle viendrait alors j'attends… J'attends que ce rêve symbolique devienne réalité. Alors peut-être qu'elle viendra, parce que son âme était avec moi.

Norka m'a interrompue alors que j'étais en train d'écrire, je finis donc ce soir ce que j'avais commencé, et je n'écrirai pas ce que j'avais prévu parce que, sur la route, je l'ai croisé. Le seigneur et maître de mon cœur et de mon âme, le magicien qui, en un simple regard, d'un mot ou avec un sourire, a le pouvoir de me transformer en quelqu'un d'autre. J'ai succombé au charme comme on succombe à une rose pleine d'épines mais qui, néanmoins, sent délicieusement bon. Alors je l'ai cueillie et, même si elle m'a blessée, même si elle a fait saigner mon cœur, j'ai le sentiment de ne pas pouvoir l'abandonner, parce que ses épines ont grandi en moi et que, si je les retire… je mourrai…

J'avais cru que c'était déjà « pour la forme », comme Olga l'a écrit. Que c'était la fin, et que le sol se dérobait sous mes pieds. Mais désormais, j'ai le sentiment que non, pas encore ; le sommet n'a pas encore été atteint, alors pourquoi penser à la fin ? La promenade d'aujourd'hui et tout le reste, n'était-ce pas tout près et à la fois si délicat, comme un parfum dans l'air que l'on discerne intuitivement ? Je sens que j'aime davantage que toutes les filles que je connais. Olga est amoureuse, délirante, elle aime avec un objectif, elle aime un idéal. Moi, j'aime au centuple ; à mes yeux, la moindre broutille est une immense blessure sanglante, je suis plongée dans l'inquiétude, la détresse, le désespoir… Je l'aime, lui et personne d'autre, un idéal incarné que j'ai trouvé par accident et qui est devenu mon idéal… J'aime, j'aime… Nous avons tellement de révisions désormais, le temps me manque… Buluś, Dieu, venez-moi en aide.

J'aime parce que le mois de mai est là
sur terre avec toutes ses guirlandes de fleurs
le monde est rose tout autour
l'âme déborde de cris rieurs
J'aime parce qu'il est merveilleux
Qu'il est fort et valeureux
Il a franchi tous les obstacles
Et gravi la tour de mon cœur
J'aime parce que j'ai le souhait
De faire déferler des cascades de sentiments
Parce que je n'arrêterai plus jamais
Le cours de l'amour ni son tourment
Je sais désormais pour quelle raison j'aime
une tête si haute et si bien portée

et des yeux et les lèvres, oh les lèvres...
J'aime car ça vaut la peine d'essayer !

10 mai 1941, samedi

Longue vie au mois de mai ! Je le sens de nouveau. Nous sommes allés au cinéma et nous nous sommes assis tout près l'un de l'autre, entrelacés, front contre front, et... tu comprends ? Z. : « Eh bien, je te laisserais partir à la guerre », « Comment seront nos jeunes ? », « Nous serons ensemble à Lviv... », « Viendras-tu à Lviv avec moi ? ». Et il voulait des photos de moi : il a dit qu'il les emporterait, parce qu'il n'aurait rien d'autre que des souvenirs et des photographies. « Tu vois, je suis pauvre aussi », avec toutes les intimidations...

Z. aime étudier mes poèmes, il sait dans quel ordre ils sont classés et menace de les faire publier. En résumé, il est merveilleux et je l'aime ! Tellement que je m'en étrangle...

Nous ne nous verrons pas demain mais, entre les examens, nous « rirons ». Buluś, Dieu, venez-moi en aide.

Hier...

C'est si semblable chaque fois... Chaque fois un peu plus léger, plus près, et désormais c'est comme si une paix bienheureuse avait été semée en moi. Ce qui reste, ce sont des souvenirs, quelque chose d'intangible, qu'hier encore j'aurais été capable de décrire en un mot, de saisir en un regard, en... Des souvenirs drôles, chers, un peu taquins... (c'est lui qui m'a habituée à cela, merci). Il s'est promené avec mon écharpe autour du cou et nous n'avons pas encore de logement, enfin bref, tout tourbillonne dans ma tête. Qu'est-ce que cela va donner plus tard ?

13 mai 1941

Et qu'est-ce que ça va donner quand… ? Oh, mai ! Que ce mois de mai est enivrant, mais peut-être suis-je la seule ? Toute ma vie semble gonfler, toutes ces dix-sept années. Toutes les émotions s'amoncellent en un amas de feuilles mortes, et ce mois de mai également, c'est comme verser de l'essence sur ce tas… et ça grandit, ça grandit, une seule étincelle et ce sera l'explosion, les flammes s'élèveront jusqu'au ciel, l'incendie brûlera et se déchaînera comme mon amour longtemps emprisonné, réprimé, réfréné. Que tout s'embrase, dans une chaleur intense. Que le cœur, le cerveau, l'esprit, le corps s'enflamment dans un seul et unique brasier ; et le désir de brûler, des lèvres incandescentes, un désir comme aujourd'hui, comme à cet instant… comme toujours. Le désir ! Bon sang.

Ai-je perdu l'esprit ? Les examens approchent, il ne reste que trois jours avant la fin du semestre ! Et je n'ai absolument rien appris, je me promène, je rêvasse, je rumine… Je ne révise pas du tout. J'en suis tout bonnement incapable ! Zygu a les yeux verts mais, ce qu'il a de plus beau, ce sont ses lèvres. Il a des lèvres incroyables !

Toutes les lumières des maisons sont éteintes
Et tous les porte-voix sont désormais muets
Les magasins et les marchés sont de nouveau fermés
La journée brûlante est terminée…

Les pas arrêtent leur battement et leur musique
Et une nuit de silence, une nuit d'obscurité
descend sur la ville pour s'en emparer
la ville trouve enfin le sommeil
pourquoi mai nous blesse-t-il tous
et inflige-t-il d'autres blessures aux cœurs non
[cicatrisés ?
pourquoi s'agite-t-il et réveille-t-il l'amant
pourquoi brûle-t-il les yeux encore brillants
du désir d'avril ? Pourquoi, pendant la nuit
mai conquiert-il nos âmes par la force
quand les nuits scintillent de poussière d'étoiles
même si l'esprit pense « je ne devrais pas »
la bouche murmurera « et pourtant je dois »
Pourquoi ce mois de mai avec ses champs de verdure
se confond-il encore aux plus beaux yeux que j'aie vus
pourquoi gonfle-t-il ma poitrine, me rend-il ivre,
pourquoi, si c'est une telle torture
m'entêté-je à dire que j'en ai besoin

Quelle idiote je suis, qu'est-ce que cela peut bien me faire, ce mois de mai n'amènera rien de bon de toute façon.

18 mai 1941, dimanche

Vendredi, après l'école, Zyguś m'a ramenée à la maison. Samedi, une dispute a éclaté entre Irka, Zygu et Maciek. Tu sais, je ressens quelque chose à l'égard de Maciek à présent : je ne peux pas dire que je le déteste, mais j'ai l'impression diffuse qu'il me prend Zygu. Parfois, je le trouve supportable, mais à d'autres moments, je le trouve horrible, odieux, capable de tout. Et Z. le laisse l'influencer.

L'année scolaire est finie. Elle est passée plus vite que toutes les précédentes ; elle a filé, parce qu'elle débordait d'amour. Et l'année scolaire est finie, quel dommage… Certes, ça ne changera rien à l'amour, mais tout de même, c'était un lien légitime entre nous, quelque chose que nous partagions, qui nous concernait autant l'un que l'autre. Mais bon, on ne peut pas dire que rien ne nous lie à part l'école, même si elle nous liait, c'est vrai, mais le lien était surtout l'amour.

Irka m'a raconté que la mère de Z. a dit que Z. était amoureux, qu'il n'a pas l'air en forme, qu'elle ne sait pas ce qui lui prend. Elle était également impatiente d'en savoir plus sur moi, de voir ma photo, etc. Enfin une vraie preuve tangible que Z. est amoureux. J'avais très, très souvent pensé à ça, à sa mère. Je l'aime bien à cause de ce qu'elle a dit, et j'aime aussi ma maman chérie, la meilleure, la seule. Je ne me prépare pas pour les examens, pas même un petit peu. Je ne sais pas comment ça se passera. Je te retrouve le 4, soit je serai joyeuse, soit j'aurai les yeux humides. Au revoir, alors, à moins que… Mais j'en doute. Buluś, Dieu, venez-moi en aide.

C'est à peine si je parviens à le supporter. Cher journal, tu me manques tant. Je n'arrive pas à dormir parce que je vais passer deux examens et demi : un pour Zygu, un pour moi et un demi pour Arianka. Jamais je n'aurais cru que c'était possible de s'inquiéter autant pour quelqu'un d'autre. Zygu est incroyablement gentil avec moi, puis horriblement jaloux sans raison.

4 heures de l'après-midi

Non, je n'écris pas la date, à quoi bon, je n'étais pas censée écrire jusqu'au 4. Z. passe ses examens et je suis si nerveuse que je n'en dors pas la nuit, je me soucie comme d'une guigne des miens. Je ne révise pas. Et aujourd'hui, Dieu, Dieu ! Pourquoi suis-je si triste aujourd'hui, pourquoi ai-je fait cela à Z. lorsqu'il est venu ? Je suis affreusement en colère. Pas en colère, non. Triste. Mais je ne sais pas trop pourquoi ? C'était vraiment stupide de ma part de poireauter pendant trois heures en attendant le résultat. Ces filles de la pension de famille criaient : « Ela ! » Pourquoi ? Parce qu'il m'a raccompagnée, et que Stefa à l'étage au-dessus était en colère que Krzyś (son amour) et Waldek aient sifflé sa valse sous mes fenêtres. Mais pourquoi est-ce que je te raconte tout ça ? Probablement pour te dépeindre l'état tragique de mon âme. Examine par toi-même ce qui, à part ça, aurait pu me rendre tellement… Ah, peut-être est-ce ce mauvais état d'esprit ; je traverse une phase où je suis horrible, je dois bien l'admettre, et même franchement méchante, mais peut-être est-ce la déception de ne pas avoir réussi mon examen ?

Je partirai très loin
je laisserais les gens derrière moi
Peut-être que l'immobilité ensoleillée de mai
m'apaisera
Peut-être qu'une brise subtile
rafraîchira mon esprit
Non, je ne peux pas croiser éhontément un regard
Je ne peux pas chercher les yeux de quelqu'un ?

Partir loin, m'endormir dans un brouillard
laisser le temps passer
Quitter la terre, décoller
Et suivre un rêve
Devenir un parfum enivrant
un flot de brèves pensées
et comme une brume de rêverie
déployer mes ailes dans le ciel
caresser en rêve avec mes sourires
disparaître dans un soupir
Oh, être un nuage de pensées
rose et bleu
blanc translucide et orange pâle
prendre le mot et le regard
très loin, m'envoler
et devenir un doux rêve de mai...

10 heures du soir

J'ai passé la plus délicieuse soirée de mai. Peut-être la première soirée romantique de mai et de ma vie. Nous avons grimpé haut dans les collines, en suivant les sentiers. Le San brillait en contrebas comme un miroir, scintillant, aveuglant sous les rayons du soleil. Et le soleil rouge, un peu flou, descendait lentement dans le ciel. Nous avons beaucoup parlé, c'était très plaisant, et nos esprits étaient si reliés que je doute qu'un contact physique eût pu nous rapprocher davantage. C'est difficile de me souvenir de toute la conversation. Tout ce que je sais, c'est que, lorsque j'ai dit quelque chose à propos de sa réputation, il a répondu : « Alors tu ne voudrais pas d'un mari célèbre… ? », et ensuite, il a dit autre chose et s'est totalement embrouillé (passeport, « Tu ne veux pas venir à moi », « Tu n'arrives même pas à te contrôler », beaucoup de choses sur les yeux).

Gentil, adorable Zyguś, même s'il se fâche parce que j'ai peur des chiens et qu'il dit qu'il avait l'intention de me donner une tape, il est parfait sur absolument tous les plans.

Les mots me manquent, alors imagine le silence, la verdure, le mois de mai, le coucher de soleil et les feux d'artifice, et nous deux, amoureux.

Mais Zygu continue à me tester à propos de Maciek : il ne me croit donc toujours pas ? Et ce cœur qui bondit ? Je ne crois plus beaucoup en ce pouvoir : « Les liens des âmes ne valent-ils pas les liens des corps ? » Buluś, Dieu, venez-moi en aide.

Pauvre idiote de Belania ! Ces filles sont superficielles et plates, au bout du compte ! Elle m'a demandé si je ne m'étais pas encore lassée de Zygu. Elle se lasse des étudiants ; c'est impossible d'échanger deux mots avec eux, alors la comtesse tourne les talons.

En dépit de tout cela, je vois que je suis plus profonde qu'elle, je ne change pas d'amour comme de chemise, je suis incapable d'en parler avec froideur et cynisme ! C'est répugnant, dégoûtant. Aimer vraiment, passionnément, sincèrement, voilà ce en quoi je crois, et rien d'autre ! Je suis terrifiée par l'alchimie.

La promenade d'aujourd'hui était… En fait, je n'ai rien de spécial à en dire. Nous avons eu de la compagnie, et je me sens toujours moins bien dans ces cas-là. Je t'avouerais que j'étais un peu jalouse, mais Zygu était cent fois pire lorsque Maciek nous a rejoints, parce qu'il a davantage de raisons. Bref, j'ai découvert qu'ils étudient mes poèmes (celui sur l'explosion et celui sur la tristesse) ; ah, ces doigts entrelacés et, de nouveau, la *Marche nuptiale* de Mendelssohn. Et ces deux voisines qui sont dans sa pension de famille ; mon adorable, tendre amour, il y a quelque chose de très cordial chez lui. Les soirées et les nuits étoilées sont belles, mais à part ça, tout est si insipide en ce monde, tout est comme vide et esseulé ; on veut avoir quelqu'un, dire quelque chose. Quoi ? Pourquoi pas… Zyguś. Ce sont surtout les poèmes qui m'intéressent, maintenant.

4 juin 1941, mercredi

C'est fait ! Je devrais sauter au plafond ! Tout s'est bien passé, j'ai tout validé, même si je n'avais pas beaucoup révisé. Bref, à moi les vacances, trois longs mois de vacances. Mais aussi… à moi le vide. Je ne sais pas, j'ai constamment le sentiment que quelque chose m'a échappé, que quelque chose s'est terminé. Je suis d'une humeur si étrange que je ne sais pas trop quoi faire.

Zygu était merveilleux hier. Il était si content que je le laisse me caresser, et pas M. ! Mais il y a quelque chose d'étrange chez Z., quelque chose de différent des autres garçons. D'un côté, c'est tant mieux, et de l'autre, ce n'est pas très bien… Tu sais, je n'arrête pas d'attendre qu'il se passe quelque chose, je n'arrête pas d'attendre, d'attendre que le rêve se réalise, et s'il se dissipe, alors je partirai pour Horodenka. Tout ce que je sais, ma seule certitude, c'est qu'une chose me manquerait terriblement… Zyguś ! Buluś, Dieu, venez-moi en aide.

10 juin 1941, mardi !

Zygu passe son dernier examen demain ! Pour fêter ça, je vais porter mes nouvelles chaussures bleu marine.

Aujourd'hui, nous avons discuté de tout et de rien. Tu sais que je n'écris plus les conversations entières, peu importe. C'est impossible d'écrire les choses exactement comme elles se sont passées, de toute façon.

Z. a mal à la gorge, il a dit que je devrais lui conseiller un remède ou ne dire qu'un mot et cela irait mieux. Nous avons évoqué Salcia et Krela. Et le fait qu'il a cette capacité à m'influencer et plein, plein d'autres choses agréables. « Bon, que vais-je bien pouvoir te faire ? » a-t-il dit deux fois. J'ai voulu demander si nous irions au cinéma demain, mais je me suis exprimée si gauchement que je n'ai pas réussi à m'expliquer. Z. ne doit rien comprendre à ce que je lui raconte. Je lui ai dit que je lui en reparlerai demain. Très bien, mais qu'est-ce que je lui dirai, il croit… oui, voilà ce qu'il croit. Et moi aussi, j'aimerais vraiment, vraiment le lui dire. Je t'aime, Zygu ! Mais non, je ne peux pas, alors qu'est-ce que je peux lui dire à la place ? Qu'est-ce que je devrais lui dire demain ? Il avait une expression si douce… Zygunio, je t'aime tant ! Je t'aime plus que tout ! Ce « Et ce qui te fait le plus plaisir ! », ça m'a échappé et j'étais très gênée, mais il a deviné, la plus merveilleuse des merveilles. Je t'aime. Baisers de bonne nuit. Renia.

Je pars rêvasser. Je regarderai des chambres et je nous imaginerai y vivant tous les deux. C'est un rêve, un conte de fées, mais on a bien le droit de rêver. Buluś, Dieu, venez-moi en aide.

11 juin 1941, mercredi

Zygu a passé son dernier examen aujourd'hui ! Il était si merveilleux ! Très, très tendre et vraiment adorable. J'ai envie de lui dire quelque chose, finalement. Non ! Honnêtement, c'est la première fois que je voyais Zygu se comporter comme ça. Je n'ai rien d'autre à déclarer !

17 juin 1941, mardi

Cela fait si longtemps que je n'ai pas vu Zyguś ! Enfin, je le vois, mais il est sans cesse préoccupé par sa remise de diplôme. Elle a lieu demain, et demain… c'est aussi mon anniversaire. Dix-sept ans. Nous en parlerons demain. En fait, je sais déjà que je ne serai pas heureuse, parce que je ne verrai pas du tout Zygu. Aujourd'hui, j'ai traduit un peu de Heine. C'est comme un soulagement, certaines de ses pensées semblent être les miennes, par exemple :

Ils s'aimaient tous les deux, mais aucun
Ne voulait avouer son amour à l'autre ;
Ils se regardaient avec hostilité
Et n'en souffraient pas moins.

Ils se quittèrent enfin et ne se virent plus
Que là où les rêves s'attardaient ;
Ils étaient morts depuis longtemps
Mais aucun d'eux ne le savait[1].

1. Chant XXXIII du *Livre des chants* (1827), dont le début est : « *Sie liebten sich beide, doch keiner Wollt es dem andern gestehn ;* »

Néanmoins, peut-être que notre histoire à nous aura une fin plus heureuse.

J'ai une merveilleuse collection de mes poèmes. Irka et Nora les ont compilés pour moi, je leur en suis très reconnaissante. Je veux en écrire un pour Zygu dans le recueil, mais je n'ai pas de brouillon. Alors elles seront un peu déçues demain, d'autant plus que ma jambe est gonflée et que je ne peux pas partir… demain ?!

18 juin 1941, mercredi

Irka et Nora m'ont offert un journal relié en cuir absolument magnifique. Je suis très reconnaissante à Noruśka et Irka et je les aime vraiment, vraiment beaucoup. Simplement, pourquoi a-t-elle écrit que je deviendrais peut-être une poétesse célèbre ainsi que Mme Zygmunt S. ? Car, si ce n'est pas le cas… alors ce journal ne sera plus qu'un très douloureux souvenir. Aujourd'hui, je n'envisage pas vraiment ma vie, peut-être que je ne parviens plus à me projeter comme avant, et de toute façon, ça ne vaut pas le coup. Peut-être que l'événement le plus important de la journée a été ma rencontre avec la famille S. C'est arrivé par hasard, mais j'étais très gênée, heureusement qu'il faisait sombre. Z. a découvert à l'école que c'était mon anniversaire. J'ai dix-sept ans. Ce n'est pas encore trop terrifiant, mais dix-huit ans ? Quel cauchemar. Je ne sais pas pourquoi cet anniversaire-là est si significatif. Bref, je les ai rencontrés, pile le jour de mon anniversaire, enfin… Maman, est-ce que c'est bien ça ? Le deuxième anniversaire sans toi. Et toi, penses-tu à moi aujourd'hui ? Pourquoi moi… ? Demain ne marquera pas le début d'une nouvelle phase, non, ce sera toujours la même.

20 juin 1941, vendredi

Aujourd'hui. Oui, aujourd'hui. Je le savais, je sentais que je ne pourrais en parler qu'à toi. Encore une fois, nous avons passé une soirée merveilleuse. Rien que tous les deux, vraiment seuls. Le soleil s'était couché et les étoiles commençaient à apparaître, et la lune flottait dans le ciel, et nous étions assis côte à côte, à discuter. C'était tellement… Quand nous sommes partis, il faisait nuit ; nous ne retrouvions pas notre chemin. Nous nous sommes perdus, oui, nous nous sommes doublement perdus, ou plutôt : nous nous sommes trouvés. C'était si soudain, inattendu, doux et intimidant. Je ne trouvais pas mes mots et j'étais terriblement perturbée. Il a dit : « Renuśka, donne-moi un baiser » et, avant d'avoir le temps de comprendre ce qui se passait, c'est arrivé… Il a voulu recommencer plus tard, mais je ne pouvais pas, je tremblais comme une feuille.

Z. a dit qu'il avait vraiment aimé cet « égarement intentionnel », et il a ajouté : « Nous pouvons refaire la même chose tout de suite, ou demain. » Je me sens si bizarre et si bien, c'était léger, insaisissable, éthéré, délicat. Il y avait tant, tant d'autres choses, mais une seule chose m'importe, c'est qu'il est devenu très proche de moi, la personne que je chéris le plus au monde, et j'ai constamment le vertige… Comment est-ce arrivé ? C'est tout pour le moment, j'ai besoin de réfléchir et de rêver… Nous nous verrons demain, Z. et moi, et aussi toi et moi. Est-ce que demain sera aussi doux… ? Buluś, Dieu, venez-moi en aide.

21 juin 1941, samedi

J'adore ces yeux verts. D'abord, nous nous sommes écrit des dédicaces sur des photos, en latin. C'est un scandale, voilà ce que Z. a déclaré, c'est un scandale que ce scandale dure déjà depuis six mois. Nous sommes aussi allés nous promener entre les pins. Une fois de plus, c'était très agréable. Nous nous sommes embrassés pour la deuxième fois, ou plutôt la première en réalité, parce que c'était réciproque aujourd'hui. C'était délicieux aussi, mais tu sais, ce n'était pas fougueux ou sauvage : c'était plutôt délicat et prudent, et presque peureux, comme si nous ne voulions pas éteindre la flamme qui grandissait entre nous. Qui aurait cru que nous pourrions parler de manière si « scientifique » ? Buluś, Dieu, venez-moi en aide.

Zygu meurt d'envie d'aller à une fête lundi, moi non, mais on dirait bien que je n'ai pas le choix. Je n'en ai vraiment pas envie ! Je ne m'amuse pas lors de ces bals guindés et bondés. Je préfère être sous les étoiles, sous la lune, dans l'obscurité du soir, avec mon grand Zygunio.

26 juin 1941

Tu te souviens, le 25 mai, j'ai écrit que j'avais fait un rêve. J'ai rêvé que maman disait qu'elle viendrait le 25 juin. Seigneur Dieu ! Je ne savais pas que c'était de ça qu'il s'agissait. Je n'arrive pas à écrire. La peur m'ôte toutes mes forces. La guerre à nouveau, la guerre entre la Russie et l'Allemagne[1]. Les Allemands étaient ici, puis ils se sont retirés. Des journées horribles passées

1. Le Troisième Reich a attaqué l'Union soviétique le 22 juin 1941.

dans le sous-sol. La ville a été évacuée. Tu te rappelles, cher journal, le prix que j'ai payé pour un bref instant, aujourd'hui nous sommes restés aussi… Seigneur Dieu, faites qu'il en aille de même cette fois. Je Vous avais supplié, Seigneur Dieu, de transformer mon rêve en réalité, et ç'a été le cas, Vous avez sauvé ma mère, Vous me l'avez donné, lui, ainsi que la chose que j'attendais depuis si longtemps, et désormais, cette guerre. Donnez-moi ma maman, sauvez tous ceux d'entre nous qui sont restés ici et ceux qui ont fui la ville ce matin. Sauvez-nous, sauvez Zygu…

Ce matin, ils m'ont réveillée, j'ai couru dehors et j'ai aperçu sa silhouette. Oh, je me souviens parfaitement de samedi soir dernier. Dieu tout-puissant, sauvez-nous. J'ai tellement envie de vivre. Je me prosterne devant Vous et Vous supplie en notre nom à tous. Sauvez-nous. Cette nuit s'annonce terrible. J'ai peur, la journée était horrible, elle aussi. Je veux croire que Vous m'entendez, que Vous ne m'abandonnerez pas en ces heures sombres. Vous m'avez sauvée auparavant, sauvez-moi à nouveau.

Mais j'ai le cœur si lourd à présent
Et de vieilles pensées sont déchirées
Mais une main de plomb enserre mon cœur
Et les pensées effrayantes sont une nouveauté

Avec tout ça, peut-être que je vais voir Buluś ! Je ne sais pas ce qui va nous arriver. Je pense qu'il n'arrivera rien à Dido. Je suis terrifiée. Presque toute la ville est en ruine. Des éclats d'obus sont tombés sur notre maison. Les derniers jours ont été horribles. Pourquoi seulement tenter de les décrire ? Les mots ne sont rien d'autre que des mots. Ils ne peuvent pas exprimer ce que l'on ressent lorsque toute notre âme suit la trajectoire d'une balle sifflante. Quand toute notre volonté, tout notre esprit et tous nos sens s'arriment à ces missiles volants et prient : « Pas cette maison ! » On devient égoïste et on oublie que le missile qui nous a ratés va frapper quelqu'un d'autre.

Cher journal ! Tu comptes tant à mes yeux ! Ces moments où je te serrais contre mon cœur étaient affreux !

Et où est Zyguś ? Je l'ignore. Je me convaincs avec ferveur qu'il ne lui est arrivé aucun mal. Où est-il, je n'en sais rien. Seigneur Dieu, protégez-le du mal. Zyguś, mon seul et unique, à cause de nos adieux, cette séparation n'en est que plus amère. Nous avons échangé des photographies et dit que la guerre allait peut-être nous séparer, en fin de compte ; tu faisais des projets d'avenir, le mien et le tien, et je te disais : « Je ne sais pas, il va peut-être y avoir une guerre. » Tout cela a commencé quatre heures après le moment où tu m'as envoyé un dernier baiser alors que j'étais sur le balcon. D'abord, nous avons entendu une détonation, puis une sirène, et ensuite les hurlements de la destruction et de la mort. Je ne sais pas non plus où sont Irka et Nora, et tous les autres.

C'est tout pour ce soir ; la nuit commence à tomber. Dieu, sauvez-nous tous, Dido, Zygu. Faites que maman vienne et qu'il n'y ait plus de malheur, Dieu… Buluś, Dieu, venez-moi en aide.

1er juillet 1941

Nous sommes tous vivants et en bonne santé. Nous tous, Norka, Irka, Zygu, mes amis, ma famille.

Et aujourd'hui, je te parle encore en tant que personne libre. Aujourd'hui, je suis comme tout le monde… Demain, à l'instar d'autres juifs, je devrai commencer à porter un brassard blanc. À tes yeux, je resterai toujours la même Renia, une amie, mais aux yeux des autres, je deviendrai un être inférieur, je deviendrai quelqu'un qui porte un brassard blanc avec une étoile bleue. Je serai une *Jude*[1].

Je ne pleure pas, je ne me plains pas. Je me suis résignée à mon destin. C'est seulement étrange et triste. Mes vacances scolaires et mes rendez-vous avec Zygu touchent à leur fin. Je ne sais pas quand je le reverrai. Tout le monde travaille aujourd'hui. Pas de nouvelles de maman. Que Dieu nous protège tous.

Au revoir, cher journal. J'écris cela alors que je suis indépendante et libre. Demain, je serai quelqu'un d'autre… mais seulement vu de l'extérieur. Et peut-être qu'un jour, je te saluerai sous un autre nom. Accordez-moi cela, Seigneur Dieu, je crois en Vous. Buluś, Dieu, venez-moi en aide !

3 juillet 1941, jeudi

Rien de neuf jusqu'à maintenant. Nous portons les brassards, nous entendons des nouvelles à la fois terrifiantes et réconfortantes et nous avons peur d'être enfermés dans un ghetto.

Il m'a rendu visite aujourd'hui ! Tu entends ? J'ai cru devenir folle de joie et… de confusion. Il travaille à la clinique, il change les pansements, alors c'est de

1. « Jude » signifie juif/juive en allemand. *(N.d.T.)*

la pratique sans la théorie. Il est adorable et merveilleux, comme toujours. Quel dommage qu'il ne puisse plus aller à l'université désormais. Il ferait un excellent médecin. Mais il y parviendra de toute façon, tu verras. Nous avons convenu de nous retrouver à la clinique demain. Ça paraît un peu bizarre, mais pourquoi pas ? Même avec ces brassards, tout ce qui importe, c'est d'être avec lui.

Ils sont supposés ouvrir la frontière le 7. Ah, je désire ardemment que Buluś vienne, je le souhaite de tout mon cœur. Buluś, viens. Dieu, amenez maman, laissez-la être ici avec nous, pour le meilleur et pour le pire. Buluś, viens. Zygmunt est merveilleux. Buluś, Dieu, venez-moi en aide !

6 juillet 1941, dimanche

Les jours passent… L'autre jour, je n'ai pas vu Zygu (c'était ma faute, certes, totalement ma faute). Aujourd'hui, j'ai travaillé (un travail physique, bien sûr), on nous donne du pain en échange. J'ai aussi obtenu des pommes de terre, autrement dit j'ai remporté une victoire dans le domaine du ravitaillement. Je suis très fatiguée, mais moins par le travail que par le manque que je ressens vis-à-vis de maman et de Zygu. Ils me manquent tellement que je meurs de tristesse. Quand ? Buluś, Dieu, venez-moi en aide !

11 ou 12 juillet 1941, vendredi

Je commence à perdre la notion du temps. Je l'ai enfin vu aujourd'hui. Mais c'était de loin, et Maciek était là, alors il ne s'est pas passé grand-chose, naturellement.

Z. travaille à la polyclinique, il change des pansements, il suture des plaies et fait d'autres choses horribles ; les gens l'appellent docteur. Il m'a dit de venir à la clinique et de le faire appeler, mais je suis à nouveau gênée et je ne sais pas si j'irai.

Mais quelles nouvelles j'ai reçues ! J'ai appris par le cousin de Z. qu'il avait pris grand soin de mon carnet avec mes poèmes et n'avait laissé personne y toucher. Comique : je suis partie avec toi et sa photo, et lui avec mon carnet. Il a dit ça sur moi (écoute un peu, ne crois-tu pas qu'il parlait de moi ?) : « Ma femme est subtile. »

Le cousin de Z. travaille au même endroit qu'Irka, ainsi que de nombreux amis de son immeuble ; ils veulent tous me rencontrer, ils savent que je m'appelle Rena et que je suis « la femme de Zygu ». Je suis affreusement gênée, parce que je n'aime pas tant de tapage, et que j'aime encore moins être observée. J'essaierai de passer là-bas, mais je doute d'être en mesure de faire bonne impression. En général, je passe soit pour une barbare rustre, soit pour une idiote. Mais nous verrons. Dans tous les cas, tu seras toujours mon ami, et Z. aussi. Buluś, Dieu, venez-moi en aide.

15 juillet 1941, mercredi[1]

La journée a été riche en événements. Notamment ma rencontre avec Z. ce matin. Comment a-t-elle eu lieu ? Je me promenais autour de la clinique, j'ai vu Maciek et il a appelé Z., qui était déjà chez lui. Nous avons discuté

1. Le 15 juillet 1941 était un mardi.

et longtemps marché (et sans brassards, à cause de Z.). Notre promenade a bien failli se conclure de façon tragique ; un policier s'est approché de Z. et lui a demandé sa nationalité et son passeport. Z. a répondu qu'il était polonais et qu'il n'avait pas son passeport, puis ils ont disparu tous les deux. J'ai entendu qu'ils étaient partis au poste de police, alors j'ai fait l'aller-retour jusque là-bas en courant comme une folle. Difficile de décrire ce que j'ai ressenti alors, le désespoir, la peur, la culpabilité, etc. Tout s'est bien terminé. J'ai vu Z. en blouse de médecin (ça lui va merveilleusement bien) et avec des gants en caoutchouc.

Cet événement, bien que très éprouvant, est une pierre supplémentaire apportée au manoir de notre amour.

Dans l'après-midi, je suis allée à la clinique, aussi courageuse que téméraire, et j'ai retrouvé Z. (avec des complications mineures). Nous avons fait une longue promenade et c'était très, très agréable. Ah oui, je lui ai donné des cigarettes et des sucreries, un trésor de nos jours ! Ce Z. est le plus merveilleux, le plus aimable qui soit. Demain, nous nous revoyons au jardin de M. Z. doit passer me chercher. Alors j'attends… Z. et maman (ma vie se résume à ça). Au revoir, bonne nuit et bonne journée, Rena.

Le jour suivant, jeudi[1]

Oui, je l'ai vu. Il est venu avec Maciek. M. est parti voir Julek, et Zygu et moi sommes allés marcher.

1. Étant donné que la date de l'entrée précédente était incorrecte, le jour suivant aurait été un mercredi.

C'est bon d'écrire les détails, mais aujourd'hui je vais tenter de rclater quelques fragments et de réfléchir un peu à voix haute, à savoir par écrit. Je dis des fragments, car c'est difficile pour moi de décrire une conversation de trois heures. Tu sais, c'est d'une inutilité totale d'écrire, il faudrait filmer, et en couleur en plus, comme ça tu pourrais voir le vert de ses yeux et le rouge de ses lèvres, et voir à quel point il est beau, même s'il n'a pas l'air en forme.

Des fragments du film : qu'il n'a plus personne ici à Jarosław, etc., qu'il pense à sa famille, qu'il n'a pas d'ami homme, ni… femme, « Ah, je savais que c'était ce que tu voulais dire » (bon, malgré tout, je n'ai pas posé de questions sur la fille de la photo, mais je le ferai), et plus tard qu'il parviendrait certainement à me garder et que je ne réussirais pas à me défaire de lui. Puis qu'il veut m'apprendre à faire des piqûres et qu'un jour il fera quelque chose pour mon nez et peut-être ma taille. Il a ôté un moucheron de mon œil, et tu sais quoi ? J'irais jusqu'à affirmer que c'est agréable d'avoir un moucheron dans l'œil si c'est Z. qui le retire. Plus tard, sur les examens et « ce qu'il fera avec moi », et à la fin… que nous pourrions mourir ensemble, main dans la main, et partager une tombe. Qu'en penses-tu ? C'est effectivement très touchant, mais c'est triste. S'il y avait vraiment une tombe ainsi partagée, et nous à l'intérieur, unis dans une dernière étreinte éternelle, et sur la pierre ces mots :

ci-gisent ceux…
qui étaient amoureux
qu'aucun ordre d'aucune sorte

ne fera plus bouger
qui plus jamais ne seront séparés
liés l'un à l'autre par la main de la mort

Oui, mais pas maintenant ; pour l'instant, il me faut encore vivre, me battre, essayer, laisser quelque chose derrière moi dans ce monde. Il le faut, pour peut-être… créer le bonheur puis profiter des bénédictions du monde, de Dieu et des hommes, et partir avec le sentiment du devoir accompli. Z., ton avis sur la question diffère sûrement, il est sans doute plus sage. Mais moi, je réfléchis avec cette sorte d'instinct maternel et, comme tu le dis toi-même, je suis un peu trop calme. Oui, je sais, je suis comme un gros chat qui s'étire. Pourquoi ai-je du chagrin à cet instant, un chagrin vague et sans fondement… ? Ah oui, Dido. À part ça, je pense à eux à longueur de journée, et la nuit je rêve d'eux deux, de maman et lui. Et je sais que je leur donnerais tout, et moi-même, et mon âme, parce que je sens que ce sont les deux êtres que j'aime le plus, les deux êtres qui me sont les plus chers et sont les plus proches de moi. Quand je parcours les rues avec Zygu (quelle ironie du sort, nous ne sommes pas sûrs de survivre, la ville est détruite, guerre, horrible incertitude, brassards blancs), je suis heureuse, je me sens bien, et j'aimerais attraper, capturer « quelque chose », quelque chose qui est, et qui n'est pas, mais qui est. Je marche et je regarde ses merveilleux yeux verts et j'écoute ses paroles, parfois ironiques (parce que la conversation l'est), et ce monde normal que je connais si bien… les horreurs de la guerre… me semble être un monde heureux. Et ce n'est pas seulement un état d'égoïsme (c'est-à-dire qui n'inclurait que Zygu et moi), par exemple : je ris, Z. dit que je ris de lui, même si ce n'est pas le cas, et, au bout d'une minute, nous parlons en même temps. Z. : « Ris si cela te fait plaisir, et chaque fois que tu en as l'occasion. » Moi : « Je ne rirai pas, parce que ça te contrarie », et nous éclatons de rire tous les deux. Dans un état d'esprit pareil, on a envie que tout le monde soit heureux, que les choses prennent une jolie tournure entre Nora et Julek B., Irka et Henek, Arianka et Rysiek, et entre chaque fille et son aimé ; on a envie que toutes ces amours grandissent et se transforment en mariages exemplaires et aimants. « C'est de la folie de réfléchir de la sorte de nos jours », crois-tu que je ne sache pas ce que tu essaies de me dire, mon ami ? Oui, mais les amoureux sont toujours fous, parce que l'amour est une folie, et que la folie, c'est la vie. Alors pourvu qu'elle soit belle pour nous tous, pourvu que je puisse bientôt embrasser à nouveau, et pourvu que Zygu reste toujours le même ! Si je pouvais, je chanterais un de ces hymnes puissants pour louer le Seigneur, l'amour et le monde, mais je ne peux pas, alors je fredonne dans mon cœur !

Sois joyeux, mon ami, et ris
embrasse le passant
sois heureux à en pleurer
« je suis en vie », c'est suffisant !
Et une drôle de foule a déferlé
Des caves brûlantes et humides
Une nuée de visages blancs émaciés
les yeux brillants comme des lampes
une masse affamée qui chancelle et s'évanouit
est sortie des décombres, et vois

Ils sont tous tombés dans une étrange frénésie
et ont ri dans un brouillard d'hystérie
et... se sont sentis heureux
vois celui assis sur un tas de gravats
il n'a pas d'enfants, pas de femme, pas de maison
il a versé de la vodka dans sa bouche
et recraché du sang dans un grand éclat de rire
il s'est accroché à tous les passants
et a crié « Voilà ce qui m'intéresse, vivre ! »

18 juillet 1941, vendredi

Un rendez-vous. Une fois de plus, un rendez-vous similaire à tous les autres, et dans le même temps tout à fait merveilleux. Zygu m'a presque embrassée en présence de Maciek, et Maciek en présence de Zygu. Je tiens à signaler que Z. était très en colère. Il a chassé Arianka, m'a entraînée à l'étage (qu'il était beau dans sa blouse blanche), puis nous sommes allés marcher.

Comme d'habitude, nous avons parlé guerre, médecine, compliments et yeux. Je sais que nous attendons encore tous les deux, c'est facile de le déduire de ses nombreuses allusions. Je suis affreusement lâche. J'essaie de dépasser ça, mais c'est très difficile. Z. est vexé que je n'aie pas confiance en la force de ses bras et de ses ailes protectrices. Nous avons aussi parlé d'avenir. Nous le faisons toujours, et ce que nous voulons dire par là, même si cela reste vague (en tout cas pour moi), c'est : notre avenir. J'ai bafouillé quelque chose de très méchant, à savoir qu'il veut se débarrasser de moi avec ses bâillements nerveux. Alors il m'a attirée à lui avec tant de force, et si près, que… Je ne sais pas.

Mais lorsque je lui ai annoncé que ma cousine venait, eh bien… il était très gêné. Auparavant, nous avions un endroit mais nous ne savions pas comment faire, et maintenant que nous savons comment faire, nous n'avons plus d'endroit où aller ; et je suis certaine que nous attendons tous les deux. C'est ridicule, je sais, je me répands sur ces rencontres joyeuses, je les enfile sur le fil gris de ma vie comme autant de belles perles brillantes, je les passe toutes, rondes et lisses, et parfois elles grandissent et continuent, continuent sans répit pour former la perle principale, la plus grosse, la plus belle. Ce que je t'ai dit est la pure vérité, je suis atteinte d'une maladie incurable, et tu sais très bien de quoi il s'agit, Zygu, parce que tu ne m'as pas posé la question, tu t'es contenté de rire, et quel rire, si divin, si charmant. Il y a quelque chose de merveilleux que je ne peux pas écrire, c'est ce que je ressens et ce que j'essaie d'exprimer en vain avec des mots, parce que je déforme tout. Z. adore les enfants, il m'a présentée à ce bout de chou adorable qu'il terrorise avec des piqûres. Je remercie Dieu que Zygu existe, et je remercie Zygu que notre amour existe, et je remercie l'amour d'enflammer des cœurs, et je remercie les cœurs d'être capables d'amour. Et tu vois, tout se résume à ce mot enchanté : l'amour. Nous devons nous voir lundi, « même si le déluge s'abat sur nous ». Ah, si seulement maman pouvait arriver avant lundi, oh… Buluś, Dieu, venez-moi en aide !

Le jour suivant, samedi 19 ! (19 juillet 1941)

Ces rencontres accidentelles sont assez désagréables. N'était-ce pas mieux de s'en tenir à lundi ? Mieux comment ? J'aurais été d'une autre humeur, il n'y aurait pas eu de larmes et le cœur ne se serait pas autant serré. Je me sens mieux à présent, parce que je me suis épanchée un peu avant de t'en parler, mais plus tôt, tout à l'heure, j'étais agitée par le genre de douleur que toute fille aimante et jalouse ressent. J'ai moi-même cassé le fil sur lequel j'enfilais si joyeusement des perles. La « joyeuse troupe » l'a cassé ; cette Lidka qui s'impose à lui avec sa douceur, et son comportement à lui, et Maciek qui dit qu'il veut étudier la dentisterie à cause d'elle (tu ne la connais pas, je ne la connais pas, elle n'a pas encore joué le moindre rôle dans ma vie et j'espère qu'elle n'en jouera aucun), et mon attitude stupide et scandaleuse.

Oui, je suis stupide, j'ai été punie d'être trop heureuse et d'avoir crié mon bonheur. Ça va mieux à présent et mes mots sont moins amers, mais je me souviens, je me souviens d'à quel point ça fait mal. Tout est ma faute, c'est à cause de moi et de ma jalousie, que j'essaie d'éradiquer. Tout cela a un peu compensé les désirs d'Irka, le baiser qu'elle a donné à Zygu sur la main et le fait qu'il doive la nourrir. Dieu m'a envoyé cette petite créature pour me consoler… Je ne sais pas quand… je te verrai. Lida est horrible. Buluś, Dieu, venez-moi en aide !

21 juillet 1941

Un mois s'est déjà écoulé depuis notre mémorable baiser. C'est Zygu qui me l'a rappelé. Il est venu avec Maciek. Maciek m'a embrassé le sommet de la tête pour me dire bonjour et Zygu est devenu tout rouge. Et quand

Maciek m'a embrassée sur la joue, Z. était furieux, et à juste titre. Il a essayé de se rattraper et, dans le même temps, de cacher sa confusion : il a commencé à me serrer dans ses bras, à me caresser si affectueusement que je me suis sentie extrêmement émue et… presque étourdie. « Son visage est si doux », a-t-il dit. Il m'a raconté qu'une fois, chez sa petite Irusia chérie, il a senti mon odeur, à savoir mon parfum ; Maciek s'en rappelait. Il a serré fort ma main. Lorsque nous avons parlé de ce, euh… livre, Maciek a mentionné l'accident que Z. voulait me raconter vendredi, et Z. a dit : « Maciek, arrête, c'est une “fleur pensive”, elle ne doit pas entendre ça » ; il s'est donné un mal fou… comme lui seul sait le faire.

Il y a tout un tas d'autres choses que je suis incapable d'écrire parce que je ne sais pas comment ; je dois les immortaliser dans mon esprit, les préserver dans mon cœur, afin de pouvoir puiser dans ces souvenirs lors des moments de tristesse. Je dois pourtant bien savoir que Z. m'aime ! Il ne me reste qu'à prier Dieu que les choses se passent comme « notre ami » nous l'a prédit : après la guerre, après l'école, avec Zygu, mon merveilleux mari (j'en ai vraiment eu le souffle coupé). Il a écrit dans mon journal : « 1) Le bonheur est le contentement que l'homme ressent lorsqu'il peut cesser de désirer pendant un moment, et chérir ce qu'il possède. 2) La vue de quelque chose de beau dans l'art ou la nature ravive immédiatement le souvenir d'une femme aimée. » C'est à la fois merveilleux et vrai ! Je le ressens à chaque moment, même au quotidien, dans la vie de conte de fées que racontent les livres, et dans la vie des pensées, autrement dit au pays des rêves.

Seuls les souvenirs et les rêves y vivent. J'aime de tout mon cœur. Je m'étrangle d'amour comme… comme lui… Oui, car lui aussi… Nous en avons tous les deux envie, nos expressions en disent long, et nos lèvres se retroussent légèrement de leur propre chef, M. a même fait un commentaire. Buluś, viens, écoute-moi, conseille-moi. Je n'ai convenu de rien, je ne sais pas, j'attends encore… Buluś, Dieu, venez-moi en aide !

22 juillet 1941, mardi

Je suis allée à la paroisse. Je commence à m'y habituer. Z. et moi sommes allés nous promener. Je cherchais en lui un moyen de défense contre Maciek. Irusia Hauser, cette Irusia, avance à grands pas avec Fiunio. Je lui souhaite d'être heureuse et je suis ravie pour elle. Je suis complètement perdue. Z. est le plus adorable qui soit, « Ai-je jamais été en colère contre toi ? », mais ces regards ! Au revoir ! Bonne nuit, je m'en vais rêvasser, même si je suis fatiguée. À la prochaine rencontre avec Z., quand ? Je le verrai dans mes rêves. Buluś, Dieu, venez-moi en aide !

28 juillet 1941, vendredi[1]

J'ai déjà vu Zygu et j'ai boudé, et il m'a manqué, « et c'est comme ça ». Et pendant ce temps, je suis sans nouvelle de maman. Apparemment, la situation est critique là-bas. Pauvre maman. Dès que je mange quelque chose, je pense à elle, je prends chaque bouchée en l'ayant à l'esprit, comme toutes mes joies et

1. Le 28 juillet 1941 était un lundi.

toutes mes peines. Dieu, je Vous en prie, faites que cela arrive pour de vrai, que je partage réellement tout avec elle. Maman, c'est à toi que j'adresse ces mots ! J'écris comme si les mots gribouillés avaient un pouvoir magique et pouvaient te faire venir. Puissent-ils résonner assez fort pour que Dieu tout-puissant les entende dans les cieux et pour arriver jusqu'à toi, maman chérie.

Hier, j'ai vu des juifs se faire battre. Un Ukrainien monstrueux en uniforme allemand frappait tous ceux qu'il croisait. Il leur donnait des coups de poing et des coups de pied et nous étions impuissants, si faibles, si inaptes à nous défendre… Nous avons dû subir en silence. Et en cet instant, ma seule consolation était de penser à la vengeance. Oui, la vengeance est douce, mais elle ne doit pas faire couler le sang. Et je veux vivre jusqu'au moment où je pourrai me tenir la tête haute, lorsque je serai une personne égale à toutes les autres et libre dans un pays libre et en démocratie ! Je veux être heureuse avec Zygu, avec tous les gens qui ont traversé cet enfer pavé de déshonneur, de massacre et d'humiliation. Je veux être heureuse, je veux que mes rêves se réalisent, et Vous m'y aiderez, Dieu, parce que je crois en Vous, parce que Vous ne m'avez jamais abandonnée !

Chaque matin, des troupes entières d'Allemands blessés passent dans les rues. Et… je suis triste pour eux. Je suis triste pour ces jeunes garçons fatigués, loin de chez eux, de leurs mères, de leurs femmes, peut-être de leurs enfants. Des personnes prient du fond de leurs cœurs pour eux, et d'autres les pleurent pendant leurs nuits d'insomnie. Quelle ironie du sort…

Je maudis les centaines, les milliers, les millions
lorsque les nouvelles recrues partent en guerre
puissent-elles toutes croiser le chemin d'une balle
et qu'aucune ne revienne à ce qu'elle connaissait.

Puissent les grenades pleuvoir
et les faire tomber une par une
Puisse toute cette maudite armée choir
pour le sang des pères, des fils, des frères !

Lentement, il avance, affaibli et angoissé
un soldat, regardez comme il est jeune
blessé à la main ou au bras, du mal à parler
son uniforme pend à son bras.

Il marche, il boite et se repose parfois
Il transpire, il n'ira pas bien loin comme ça
Son regard est un appel suppliant et désespéré
Ses yeux, quelle tristesse y règne, voyez !

Comme si, dans ses profondeurs les plus sombres
une complainte désormais s'alarmait :
regardez, regardez comme je suis jeune
et voyez comme ils m'ont blessé.

J'ai tout appris de la vie à la dure
je ne savais presque rien avant
on m'a pris ma mère, mon père, ma maison
j'ai dû me battre, mais pour qui exactement ?

Désormais, je suis sur la route du retour... et de
[nouveau

mes yeux sont remplis d'une tristesse inouïe
je pleure et mon cœur déborde de chagrin
je ne trouve pas le repos et je suis affaibli.

C'est le destin, c'est la vie
et qui voudrait bien m'expliquer
pourquoi il en est des millions que je maudis
tout en pleurant pour celui qui est blessé ?

6 août 1941

Les humeurs et les pensées, les mots, tout change… Ils changent, ils oscillent de vague en vague. Je suis contente car mon cœur me dit que maman va venir. Il y aura une lettre d'elle la semaine prochaine.

Je suis triste quand j'entends qu'ils veulent nous envoyer quelque part, qu'il va y avoir un ghetto, que c'est terrible. Et à part ça, mes broutilles personnelles me font perdre les miettes de positivité qui me restent. Lida fait des avances répugnantes à Zygu en ma présence. Il se comporte comme un parfait idiot. Il est affreusement égoïste, pourquoi ne pense-t-il pas à moi ? Pourquoi ? Mais je me suis déjà fait la promesse solennelle que je n'irai pas à la paroisse à moins d'une invitation ou d'un rendez-vous convenu. Avec Lida, ce n'est pas faire des avances, c'est comme si c'était naturel, et c'est tout sauf naturel ! Irka a commis un acte ignoble. Je suis en colère contre Zygu, mais toutes mes préoccupations sont balayées par une pensée qui me console : maman ! Buluś, Dieu, venez-moi en aide. Maman, maman, viendras-tu ??? Quand… maman. Et quand… Zygu.

11 août 1941, dimanche[1]

Je travaille. J'ai des raisons de me réjouir. J'attends maman d'un jour à l'autre. Chaque tic-tac de l'horloge est susceptible de me l'amener. Je vois Zygu, il est gentil, charmant, adorable. Il a proposé que nous nous fassions photographier ensemble, tous les deux. J'ai des raisons de me réjouir, et pourtant « cette nuit-là » me manque…

Une nuit pareille n'arrive qu'une fois dans une vie
elle peut ensuite dans nos songes s'attarder
afin que l'on puisse en rêver le jour, et la nuit
et s'en souvenir après le passage des années.
Une nuit pareille, c'est dans les rêves qu'elle
[commence
Dans les souhaits d'une fille
Une nuit pareille transforme la mémoire, les sens
Comme un sourire, elle se distille
Oui, je me rappelle le charme de la lune
et ta joue que j'aimerais tant recaresser
et la chanson d'un oiseau nocturne
et comment tu embrassais

Je ne peux pas écrire davantage, mais cette nuit me manque terriblement chaque soir, elle me manque, ces lèvres me manquent… Ah, cette nuit vit en moi. Ces nuits existent pour réveiller la nostalgie, puis une soif inassouvie. Demain ? Buluś, Dieu, venez-moi en aide.

---

1. Le 11 août 1941 était un lundi.

12 août 1941, lundi[1]

C'est dommage que j'aie parlé de cette mocheté. Je me sens mieux aujourd'hui que je ne me suis sentie depuis des jours. Oui, aujourd'hui, il est possible que Zyguś n'ait jamais été aussi charmant ! Il m'a donné une photographie de lui et a écrit : « Aux douces lèvres chéries ». Zygmunt a dit : « Je vois mes lèvres douces, alors je pense à des lèvres », et de manière générale il dit que « ceci » est un acquis et une certitude, et « ceci » est précisément notre amour.

Nous avons marché loin, avides de « délices sensuels et rien d'autre », pour reprendre les mots de Z., puis nous nous sommes assis. Je n'ai pas voulu m'asseoir sur ses genoux, je ne sais pas pourquoi mais je ne peux pas. Je me suis assise à côté de lui, avec des feuilles collées à mes lèvres. Pourquoi ? J'imagine que c'est justement parce que je m'étranglais avec… Z. m'a serrée dans ses bras comme il l'avait fait ce jour-là et, de nouveau, l'odeur m'a enivrée. Il n'y avait pas un bruit, personne dans le chemin ni le champ ni autour de la mare, et, lorsqu'il a eu terminé de décoller toutes les petites feuilles de ma bouche et que… deux Allemands sont arrivés.

Je ne peux pas tout décrire, alors je me contenterai de parler de l'« allée de l'amour », donc de Z., et je m'en vais rêvasser et revivre tout cela dans les moindres détails.

Z. m'a invitée, il m'a dit qu'il avait une jolie petite chambre, mais et après ? Et tu sais que je lui ai écrit,

1. Le 12 août 1941 était un mardi.

mon adorable adoré ? Z. était ravi, mais ça ne suffit pas ; même avec un dictionnaire entier, je ne parviendrais pas à exprimer ce que je ressens pour lui. Zygu, la moindre de nos rencontres est pour moi un cadeau qui n'a pas de prix. Comment remercier Dieu pour le ciel et le soleil et la vie, peut-on en parler ? Nous allons nous retrouver tous les jeudis. Buluś, Dieu, venez-moi en aide.

15 août 1941, vendredi

Z. a dit que je devrais vraiment te donner à maman pour qu'elle te lise, que je ne devrais pas avoir de secrets pour elle. Maman ! Viens et je t'ouvrirai mon journal, et mon cœur par la même occasion !

Je suis malade. J'ai de la fièvre et mal à la gorge. Hier, je voulais te dire que cela me rend démesurément heureuse. Zygu est passé me voir, il s'est assis près de moi et il était… comme toujours. Il a voulu m'examiner. J'étais heureuse, mais je me dénigre toujours. Oui, j'en ai parlé à Norka et Irka et, à force, j'ai fini par m'attrister toute seule.

Z. est venu aujourd'hui, il a été gentil, mais chaque fois qu'il vient me voir, toute la « sainte troupe » se réunit et cela me contrarie. Zygu aussi, d'ailleurs. À part eux, j'ai aussi reçu la visite de Rena F., Lunka et Lidka, mais je t'en parlerai plus tard. Je vais avoir une photo, mais j'ai dû lui rendre celle de la remise de diplôme, il me l'a demandé.

À part mon état de santé, je n'ai rien de particulier sur la conscience, et pourtant, tant d'inquiétudes alourdissent mon cœur. Maman, quand viendras-tu ? Je n'ai aucune nouvelle à ce sujet, ni au sujet de Lila…

Tu sais, Z. t'a tenu entre ses mains aujourd'hui, il voulait te lire, ça m'a rendue très nerveuse, et à la fin, il a demandé : « Et quand je serai devenu médecin, me laisseras-tu le lire ? » Zygu, si seulement je savais ce qui va se passer avant que ce jour n'arrive. Mais puisse Dieu réaliser ce rêve. Pourvu que tu deviennes médecin et que je puisse te le donner. Cela me manque tant de… Venez-moi en aide, Buluś et Dieu.

16 août 1941

C'est un jour normal, un jour gris, un jour de guerre. Il est comme les soixante-trois jours qui sont déjà passés, et comme les jours à venir. C'est un jour névrotique, pluvieux, froid, hostile… Qu'est-ce que j'en sais ? Je réponds d'avance « je ne sais pas » à toutes les questions que je souhaite désespérément poser. Pourquoi est-ce que maman n'écrit pas, pourquoi n'avons-nous aucune nouvelle ? Qu'est-ce qui lui est arrivé ? Pourquoi vivons-nous dans la peur des perquisitions et des arrestations ? Pourquoi ne pouvons-nous pas aller marcher, parce que des « enfants » jettent des cailloux ? Et pourquoi, pourquoi, pourquoi ? Je suis submergée par une peur contagieuse, non, je n'ai aucun mauvais pressentiment, et pourtant… J'ai peur, si peur. Dieu miraculeux, faites que ma seule et unique maman soit en sécurité.

Un jour peut-être, le soleil brillera de nouveau…
un jour peut-être, nous marcherons toi et moi
à travers un monde qui s'est réveillé
après un long rêve d'hiver

nous aurons nos rendez-vous d'étudiants
tandis que la mémoire se raccrochera à ce qui lui est cher
peut-être un jour, un jour peut-être
nous nous assiérons là, sur le banc
pour oublier et nous rappeler ce que nous pouvons
peut-être qu'une fois de plus, nous nous « perdrons »
dans une allée bordée de pins
avec une prémonition effrayante
peut-être bien que c'était « dans nos têtes »
peut-être une lame verte d'herbe
quand nous affrontons le dernier jour
et peut-être cette fois pour de vrai
un éclat de soleil, un rayon doré ?

Buluś, Dieu, venez-moi en aide.

9 heures du soir !

Quelque chose menace d'exploser en moi, m'étrangle ! L'une en veut encore, toujours plus. Oh, c'est si bon d'embrasser de charmantes lèvres rouges, c'est si bon d'être caressée « comme ça », de parler du goût des baisers, de parler d'amour. Des obstacles à notre amour. Toute cette douleur a déjà été effacée, un baiser a balayé la raison pour laquelle… pour laquelle j'ai pleuré le 1er mai. Oh, c'est si bon d'embrasser… embrasser… embrasser. Buluś, Dieu, venez-moi en aide.

25 août 1941, lundi

Vendredi, nous avons reçu la première lettre de maman, puis une deuxième, puis une troisième, puis ce fut la terreur, une peur horrible pour sa vie et la nôtre, et celle de tout le monde. Mon cœur est lourd comme du plomb depuis ce matin et je passe mon temps à implorer Dieu et à placer notre destin entre Ses mains. C'est le seul à ne m'avoir jamais déçue. Il entendra ma voix. Je veux qu'Il prenne soin de maman et qu'Il me la ramène. Dieu, protégez-la et nous tous du mal, et protégez mon Zygu de tout le mal qui peut lui arriver. Je souffre aujourd'hui, mais en ces jours horribles au milieu du tourment de la guerre, je Vous remercie de m'avoir envoyé un rayon de soleil. J'écris ce que je ressens, et je ressens de la gratitude. Une gratitude profonde, sincère et immortelle.

Zygu m'a parlé comme personne ne me parle à part ma mère… Il a dit qu'il était désolé pour moi et que je méritais un avenir heureux avec toutes les choses que je subissais actuellement, et sache, Zygu, que c'est pour toujours ! Il a dit qu'une maison et une cheminée ne sont nécessaires que lorsqu'on est enfant, mais je sais qu'il voulait me consoler. Mon cher Zygu ! Je ne te mérite pas, pas même un peu. Tu voulais remplacer ma mère avec ces caresses réconfortantes et me consoler, voilà ce que tu as dit. Zyguś, ma maman me donnera ces caresses maternelles, et elles, elles me consoleront beaucoup. Buluś, Dieu, venez-moi en aide. Dieu, protégez maman et protégez-nous tous. Dieu et mes prières t'aideront, maman.

27 août 1941

La guerre ! La guerre ! Pas de fin en vue ! J'aimerais écrire quelque chose, mais je ne peux pas. Je rêve, rêve, rêve. Tout ce qui reste, ce sont des rêves, de l'espoir, et… ce qu'on te laisse, Zyguś, oui, et moi aussi. Oh, que ne donnerais-je pour voir ma mère rien qu'un instant. Buluś, Dieu, venez-moi en aide.

28 août 1941, jeudi

Ça ne sert à rien de geindre, « ne pleure pas, ne pleure pas, ça ne marchera pas ». C'est ainsi, un point c'est tout, nous sommes obligés de marcher en baissant la tête à présent, de raser les murs en courant, de trembler. Le plus méchant des passants peut me provoquer et m'insulter en présence de Zygu et il ne peut pas m'aider, et je ne peux pas l'aider non plus. Ce ne sont que des broutilles, en réalité, mais c'est très, très dur. J'étais un peu confuse lorsque Zygu m'a parlé de Nietzsche, de Werne[1] et de leur idéologie, le fait qu'il est en faveur des mariages jeunes, « sans enfant pour l'instant ». Tu sais, mon attitude face à ces sujets « sérieux » est terriblement idiote et immature. Par exemple, je ne comprends absolument pas cette Rena qui travaille avec Zygu et qui dit que j'ai un « visage unique », mais est-ce que tu me comprends, toi ? Bien sûr, oui, tu sais ! Non, cela n'a rien à voir avec elle. Qu'est-ce qui m'indigne réellement, ou m'inquiète, ou m'ennuie ?

---

1. Rena parle peut-être de Werner May, l'auteur de *Deutscher National-Katechismus*, un pamphlet nazi utilisé dans les écoles.

Cahier photos
(collection personnelle d'Elizabeth Bellak)

Photo de mariage
des parents de Renia, 1923.

Renia (à droite) et sa cousine Lila,
vers 1933.

Renia et Ariana (Elizabeth)
dans le fleuve Dniestr à Zalichtchyky, vers 1935.

Renia, sa maman et Ariana (Elizabeth)
près du fleuve Dniestr à Zalichtchyky, vers 1935.

Grand-mère Anna Finkel et Ariana (Elizabeth) à Przemyśl, vers 1935.

Renia, sa maman et Ariana (Elizabeth) probablement à Przemyśl, vers 1935.

Renia sur le fleuve Dniestr à Zalichtchyky, vers 1936.

Renia, sa maman et Ariana (Elizabeth) dans un vignoble près de Zalichtchyky, 1935 ou 1936.

Renia, sa maman et Ariana (Elizabeth),
toutes debout, à Zalichtchyky, 1936.

Renia en costume, 1936.

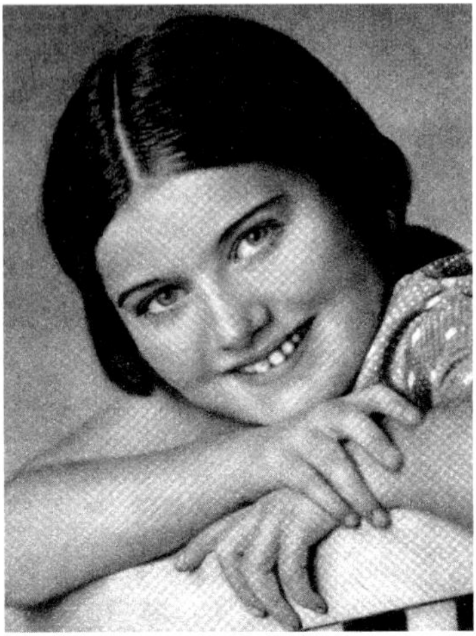

Renia, 1936.

ARIANA

Polska Shirley Temple

Słodka sześcioletnia dziewczynka umie wszystko.

Śpiewa nie gorzej od niejednej artystki operetkowej, tańczy jak Ginger Rogers, recytuje niczem dobry adwokat...

Widzieliśmy krótki film, gdzie Ariana pokazuje wszystkie swoje talenty.

I nie dziwimy się wcale, że zachwycają się nią reżyserowie Lejtes, Waszyński, Tristan, Adwentowicz i inni.

Młodzież polska przestanie wkrótce uważać Shirleykę za jedyne cudowne dziecko, gdyż Arianka bije amerykańską gwiazdeczkę pod każdym względem.

Szkoda, że film „Granica" w którym nasza mała artystka gra w epizodzie, nie jest dozwolony dla młodzieży.

Szkoda, że „„Gehenna" i „Kariera Nikodema Dyzmy" w których Arianka weźmie udział są także tylko dla dorosłych.

Ale cieszymy się, że nasza rodzima przyszła gwiazda daje się coraz lepiej poznać publiczności i realizatorom filmowym.

Po występach w radio Arianka wystąpi na swoim poranku scenicznym, gdzie grać będzie na fortepianie, śpiewać, tańczyć i „robić" artystkę filmową i recytować.

Zobaczycie wtedy wszyscy, jak wiele prawdy kryje przysłowie „cudze chwalicie, swego nie znacie, sami nie wiecie co posiadacie".

Ariana, « la Shirley Temple polonaise », à Varsovie, vers 1936.

Ariana (Elizabeth) et son grand-père, Markus Finkel, 1936.

Renia, sa maman et Ariana (Elizabeth, tout à gauche)
au vignoble Lesieczniki, dans la région de Zalichtchyky, 1937.

Renia, sa maman et Ariana (Elizabeth)
à Przemyśl, vers 1937.

Nora et Renia, environ 16 ans, 1940.

Nora et Renia à Przemyśl, vers 1940.

Ariana (Elizabeth) et sa maman à Varsovie, hôtel Europejski, vers 1943.

Photo de mariage d'Elizabeth
et George Bellak, New York, 1965.

Andrew et Alexandra Renata Bellak,
les enfants d'Ariana (Elizabeth), à Jones Beach, 1976.

Elizabeth et Alexandra à Varsovie, 2017.

Réjouis-toi, réjouis-toi bien
car ceci est ton festin
ô caniveau, cave, taverne, hôtel
le monde t'appartient, nous sommes tes jouets
toi le passant au sourire mauvais
aujourd'hui tu harcèles, cries et maudis
tu me rabaisses, plein de mépris
toi, flottant ici sur l'écume du caniveau
sur ce qu'il y a de plus bas, de plus pourri, de
[plus vil
la seule patrie dont tu disposes
est une pile de déchets et un sourire lubrique
Ton jour viendra, souviens-toi
Le jour viendra, tu verras
où je cracherai au lieu de me détourner
toi et « ton » amour, tas de vermine
retournerez dans votre marécage frelaté
pour couver et vous ébattre
Et moi, je... non !
Même si je déteste ce que tu es
Mon mépris et mon dégoût sont trop grands
Ton espèce, tes péchés
Font qu'aucun mal ne te sera fait
Comme des vers et des serpents
Qui vivent dans la saleté
Personne ne les tuerait
On les mépriserait seulement

Buluś, Dieu, venez-moi en aide.

1er septembre 1941

Il y a un an… Oh, une année entière s'est écoulée. J'ai vécu beaucoup de choses, des bonnes comme des mauvaises. Mais peut-être davantage de bonnes choses. Peut-être que maman viendra bientôt, après tout. Aujourd'hui, Z. m'a rendu visite et ça m'a fait quelque chose lorsqu'il a dit : « Parle comme si nous étions mariés. » Avec cette Hala, ce n'est qu'une broutille, et cette histoire, tu sais, avec celle de la photo, c'est aussi une broutille. En général, tout n'est que broutilles, à part mon amour fou. Oh, Dieu, comme je l'aime, je l'aime tant. Même s'il pense que je suis l'opposé de la dynamite, il n'empêche… ha ha ha ! Je lui ai donné une photo pour le mettre en appétit. Cela fait longtemps que je n'ai pas vu Maciek. Je l'aime bien, malgré tout. Pourquoi est-ce que je montre que je suis jalouse ? Buluś, Dieu, venez-moi en aide. Et toi, maman, viens dès que tu peux !

10 septembre 1941, dimanche[1]

Et parfois, c'est comme aujourd'hui. Et aujourd'hui, c'est… Je ne sais pas. Aujourd'hui, j'ai le sentiment que tout est stupide, l'amour, et lui, et la vie, et toutes les choses du quotidien. Tout ce qui, dans la réalité, est débarrassé de ses ornements romantiques et prospère, toutes ces choses sont odieuses. Non ! Pas odieuses, mais authentiques, vraies. Et les jours comme aujourd'hui, c'est comme si ce sentiment pouvait être apaisé avec de la musique, légère, sonore… Oui, ces

1. Le 10 septembre 1941 était un mercredi.

jours-là, tout ce qui reste, ce sont la musique et les rêves. Mais pas les rêves liés à la réalité, pas ceux qui sont roses mais tout de même en rapport avec la vie, non ! Des rêves détachés, parfumés, colorés, comme de la poésie. Ah, j'aimerais tant savoir jouer cette musique. Avec la musique, l'on peut évoquer tous les états de l'âme. Si seulement je savais comment. Aujourd'hui, je ressens une aversion à l'encontre de l'amour, et ce n'est pas la première fois. C'est injuste, je sais, et je ne comprends pas pourquoi, mais aujourd'hui, je ne parviens à croire en rien. Aujourd'hui, il est bon d'écouter et de réfléchir.

Ma chanson carillonne et vogue
Sur le Danube et ses flots bleus
À sa surface qui brille comme une étoile
Vogue, chanson, aussi loin que tu peux

Alors je réfléchis, et je réfléchis, et je rêve, et je me moque des inquiétudes de la vie, des commérages, de la jalousie et de l'amour, je ne sais pas…

La vie est parfois laide, faite de choses sans valeur
débarrassée de ses charmes, elle est vide et sans
[douceur
dure, sévère et calculatrice
sale et idiote, quoi qu'on en dise
elle est obscène, ennuyeuse et remplie
de choses qui nous font pleurer, nous blessent,
[nous hantent
elle est cruelle, bruyante et se réjouit

hypocrite, vide et si choquante...
J. Strauss[1]

Ma chanson carillonne et vogue
sur le Danube et ses flots bleus
dont la surface brille comme une étoile
Où les larmes et le chagrin ne sont plus
dans un pays de rêves
le vent et le nuage prennent la pose
et il y a une mer là-bas qui écume
faite de fleurs orange et rose
et les rêves sont comme des brumes
colorées... et on ne sent ni ne voit
qu'un brouillard éthéré qui chatoie
si léger et si irréel
parfumé et rêveur
un vertige paresseux et lent
assez flou et insouciant
des rêves
enivrants, doux et adorés
où les sens ne se rencontrent jamais...

11 septembre 1941, jeudi

Quatre heures de l'après-midi. Je dois sortir de la maison. Je dois échapper à Zygu, c'est tout. Si cela s'était produit il y a un mois ou deux, disons, j'aurais pleuré à chaudes larmes et crié qu'il est odieux ! Pas aujourd'hui. Aujourd'hui, rien du tout, c'est comme

1. Poèmes inspirés de la valse *Le Beau Danube bleu*, composée par Johann Strauss en 1867.

s'il ne s'était rien passé. C'est étrange… et pourtant, je n'arrive même pas à déterminer si je suis un peu désolée ou non. Je ne sais pas si c'est terminé, mais c'est exactement ce que je soupçonnais. Une femme sent ces choses-là, oh oui, elle a un système d'alarme bien développé. Tu sais, je ne déteste même pas « l'autre femme », j'irais même jusqu'à admettre que je la trouve parfois séduisante, comme Natasha avec Katya. Mais toute cette histoire est légèrement différente, car même si j'ai été blessée, je n'ai jamais été humiliée ! Je te retrouve plus tard, je vais chez Norka. La seule Nora qui me reste. Je t'ai aussi toi, maman, et toi, cher journal, et tout est presque comme avant. Simplement, je n'ai plus cette envie folle de proximité… d'inconnu… Pour être lucide sur ce que je ressens, je dirais ceci : je tiens beaucoup à les impressionner d'une façon ou d'une autre, mais uniquement dans le but de me venger… pour le plaisir. Je détestais ce genre de comportement auparavant, et aujourd'hui, je reconnais que c'est affreux. Si je deviens ce genre de fille, ce sera uniquement ta faute, Z., et celle de ma jalousie, si les sentiments sacrés, les règles sacrées et l'amour sacré ont été désacralisés… Buluś, Dieu, venez-moi en aide.

14 septembre 1941

N'empêche, c'est triste, très triste, profondément, horriblement triste… Je ne t'ai pas raconté quand il est venu ce soir-là. À quoi bon, de toute façon ? Je ne voulais rien te dire parce que c'est là que j'ai eu le sentiment de l'aimer le plus. Et désormais, ce n'est pas le cas. J'attends. Attendre m'épuise. J'ai peur de demain et en même temps je veux déjà y être, et je suis envahie par le dégoût et le doute. Parfois, je ne veux rien dire, je veux seulement réfléchir et me taire. Et parfois, je veux être diabolique et détestée, je veux offenser, tourmenter et blesser tout le monde. Non, pas tout le monde, pas lui, ni elle non plus. Mais en réalité, je suis simplement triste, profondément, horriblement triste… Et pourtant, je n'arrive pas à pleurer, je n'en ai tout bonnement pas la force. Alors je regarde le lierre sauvage, j'observe la façon dont les gouttes de pluie coulent sur ses feuilles et, d'une certaine façon, c'est comme si je pleurais.

Le printemps, frais et vert
un lierre sauvage grimpe
s'élève plein de vie
contre la fenêtre du balcon.
Il rougit pendant l'été,
pâlit avec les vents d'automne
et baisse la tête, désolé,
triste de ce qui doit passer.

J'aime le soleil et les fleurs au printemps
Quand tant de joie m'emplit également
quand le rire est tout autour moi
quand la vie abonde partout
quand la terre est heureuse en tout
comme moi !

Et lorsque je suis triste et en colère
alors j'aime un jour gris, pluvieux et amer

et un ciel sombre plein de nuages et de larmes
un ciel qui pleure comme mon cœur et mon âme
sans bruit, rempli d'une douleur épuisante
comme moi...

C'est là que j'aime voir une colline embrumée
et une tristesse qui veut encore désirer
et les vides qu'on ne peut pas longer tranquillement
Des vers polonais, d'automne, de larmes
remplis de peurs et de vague à l'âme
comme moi.

Non, je n'avais pas prévu d'écrire cela, mais je suis très, très triste. Ah ! Quelle belle journée pluvieuse. Buluś, Dieu, venez-moi en aide.

18 septembre 1941, jeudi

Heureusement que je n'ai pas écrit de la semaine. Je n'ai pas écrit car j'aurais blasphémé. J'ai souffert, c'est vrai, et beaucoup. Mais désormais, tout va bien, peut-être même encore mieux qu'avant. Parce que chaque fois qu'il y a de l'inquiétude et des pleurs, et des heures passées à réfléchir, je suis davantage convaincue que je l'aime vraiment, vraiment beaucoup. Et une excuse (même si on ne peut pas vraiment parler d'excuses lorsque l'on n'est pas vraiment en colère) confirme également cette conviction. Alors ce sera encore mieux que ça l'a été, parce qu'Arianka est chez maman et qu'elle veut la ramener ici, et que je vais peut-être enfin la voir. Ah, j'ai gaffé : c'était censé être une surprise. Tout arrive en même temps. Dieu, comment puis-je Vous remercier ? Je crois aux fins heureuses, à présent… J'ai foi et confiance en Vous, car Vous m'avez accordé tout ce que j'ai demandé. Je Vous aime. Buluś, Dieu, venez-moi en aide.

22 septembre 1941, lundi

Désormais, le rêve s'est presque réalisé. C'est le Nouvel An[1] aujourd'hui et le rêve est devenu réalité ? Pas complètement, en fait, mais à quatre-vingt-dix-neuf pour cent. Et j'espère que tous les rêves se réaliseront à l'instar de celui-ci. C'est si étrange. Et dire que maman est si près, qu'elle est dans la même ville, qu'elle pense à moi en ce moment, qu'elle aimerait me serrer dans ses bras autant que j'aimerais la serrer dans les miens… Et dire qu'il y a une horrible rivière, une rivière que les gens ont rendue horrible. Une rivière qui nous sépare depuis deux ans, et nous sépare une fois de plus aujourd'hui. C'est impensable que je ne puisse pas voir maman alors qu'elle est si près, si proche. Je suis tellement jalouse qu'Arianka soit avec elle. Et maintenant, elle va repartir et je ne l'aurai même pas embrassée. Je ne dirai rien et, une fois de plus (mais pour combien de temps), il y aura cette question : quand ? N'empêche, un poids est ôté de mon cœur à l'idée que cela arrive bientôt, à l'idée que Vous l'ayez amenée près de moi, Seigneur Dieu. Ce serait si bon de pouvoir tout lui raconter, de lui parler de ma journée et des deux dernières années. Tu sais, maman, je reste la même que celle que j'ai toujours été, ta fille

1. L'année 5702 du calendrier juif commençait ce jour-là.

réticente, tout à toi, mais peut-être que j'ai le sentiment d'être un peu plus, en tout cas je ne me sens pas très bien. Tout ça à cause de Z. Je ne sais pas pourquoi je suis gênée par ce rêve que j'ai fait ? Pourquoi tous ces baisers me brûlent-ils seulement après son départ ? Là, je commence à tout sentir, je me tortille sur le canapé, je ne dors pas, mes sens sont stimulés jusqu'à leurs limites. Et quand « ça » arrive, quand cela dure deux heures, alors Z. n'a pas à me menacer avec des injections de bromure, etc. Pourquoi ? Je ne sais pas… Mais ce que je sais, ce que je sens de manière instinctive, c'est que Zygu a beaucoup changé. Je ne peux pas dire si c'est dans le bon ou dans le mauvais sens, parce que je n'ai généralement « pas d'opinion ferme sur quoi que ce soit, bon sang », mais les changements sont là, c'est certain. On dirait même que, euh, eh bien, je ne sais pas… Dans tous les cas, il y a clairement une influence de cette femme « libre dans ses actes et ses pensées ». Et j'ai ce sentiment ridicule, odieux, insupportable, aah ! Je suis si idiote que je suis même capable de faire des commentaires sur les plus beaux garçons et, malgré tout, je sais que je l'aime très, très fort de toute façon. Pourtant, je suis affreusement contrariée et je pense que je sais déjà pourquoi : parce que je suis moins intelligente et moins belle que lui, et inférieure sur tous les plans. « Qu'est-ce que je sais faire à part écrire des poèmes ? » Certes, mais n'essaie pas de me persuader que tu dois tout m'apprendre, parce que tu ne sais pas tout non plus, tu n'as pas idée. Un aveugle qui guide un autre aveugle. Mais je me sens beaucoup mieux à présent, cher journal ! Ouf, quel soulagement. Je ne raconte pas les détails insignifiants ; c'est mieux comme ça. Enfin, ils ne sont pas insignifiants, ils sont charmants, mais c'est toujours… ce côté secret. C'est beaucoup mieux maintenant, c'est presque bien. Alors bonne nuit, maman, je peux te le dire pour la première fois depuis deux ans. Tu ne m'entends pas, mais je sais que tu penses à moi aussi et que tu me souhaites une bonne nuit. Maman, viens à moi. Viens, ma seule et unique Bunia. Tu es la seule qui m'as toujours aimée avec constance et ne ris pas de moi. Au revoir, maman, dors bien ; puisses-tu rêver que toutes les choses pour lesquelles j'ai prié hier deviennent réalité. Aujourd'hui, je souhaite que cette guerre se finisse bien, que mes parents se réconcilient, que Zyguś ne soit rien qu'à moi et des bonnes choses pour tout le monde. Buluś, Dieu, venez-moi en aide.

29 septembre 1941, lundi

Je suis de ce côté. Tu sais, je suis ici avec maman. Songe un peu que je me suis enfin retrouvée de l'autre côté de la rivière et que j'ai vu maman. Comment je suis arrivée ici ? C'est un secret. Sache seulement que ç'a été très dur et que j'avais très peur. J'ai encore peur de mercredi. Le rêve s'est presque réalisé, je vois maman et j'ai reçu une lettre de Zygu. J'attends encore qu'il se passe quelque chose dans la politique et je sais que ça arrivera, tout comme l'autre chose est arrivée. Buluś, Dieu, venez-moi en aide.

5 octobre 1941

Pour Buluś (lettre à mère), je t'aime tant et « j'aime les yeux qui sont verts ». Bien à toi, Renia.

Un bateau navigue en quête d'un abri après une
[tempête
Un oiseau que la peur a chassé revient dans son
[nid se cacher
Un enfant, en toute confiance, choisit les bras de
[sa mère...
pour pleurer et adoucir sa peine comme il sait si
[bien le faire.

Pour Buluś :

Quand la douleur commence à brûler
Ou que tu sens les cœurs se glacer
Quand tu te sens réduite en poussière
Par les coups du sort de la vie
Abrite-toi sous ses ailes
Elle t'écoutera et te comprendra, elle
Tu seras en sécurité et protégée du conflit.
Il y a de la tristesse pour ceux qui souffrent
De la pitié pour ceux dont on a rebrisé le cœur
De la honte pour ceux qui méprisent et ont peur
Mais tu es vraiment malheureuse sans ta mère
[chérie
Je suffoque dans les petites pièces
Et les grandes salles m'oppressent
Elles ne diminuent pas ma tristesse
Même si elle trébuche et tombe
Dans la grande clairière de la vie
Les vents de la vie soufflent au loin
Ils disperseront tous les chagrins
Pour un petit moment de douceur !

6 housses de couette
8 taies d'oreiller
2 petits coussins
3 draps
2 nappes

9 octobre 1941, jeudi

Je ne t'ai pas vu depuis très, très longtemps. Tu m'as manqué. J'étais incapable de parler, d'écrire. Tellement de pensées se sont accumulées dans ma tête qu'elle était lourde, alors que ma petite tête est légère et vide d'habitude. Et maintenant, je ne sais pas par où commencer. Il s'est passé tellement de choses… Alors peut-être que je vais tout te raconter, mais brièvement. J'ai rêvé dans le rêve. J'étais avec maman et ça semblait si merveilleux, si extraordinaire, cette chose qui, pour d'autres, est si naturelle. Mais il faut aussi dire que ma mère est différente. C'est une amie, une égale. Et maintenant, je suis revenue de l'autre côté, nostalgique, en manque. Mais écoute, mon cher journal, écoute-moi bien, parce que j'ai l'impression que tu pries pour moi et que tes prières sont exaucées, mon petit carnet adoré qui renferme les profondeurs de mon âme. Maman m'écrit des lettres si longues, si sincères et débordantes d'amour que j'en pleure. Mais ce n'est rien, je crois encore ! Je crois en Dieu, en toi et en maman. Je crois que Zyguś voit juste. Nous survivrons à cette guerre d'une façon ou d'une autre, et plus tard… Ah, est-ce que les choses se produiront réellement comme il le dit ? Enfin bref, nous verrons bien, toi et moi, et soit nous serons déçus, soit nous serons enfin heureux, toi et moi. Parce que si je ris, comment peux-tu être triste, toi, mon « petit miroir » (c'est comme ça que Buluś t'a appelé) ?

Mon journal peut être aussi joyeux
Ou aussi méchant et désagréable que moi
Après tout, nous sommes allés à l'école
Ensemble, et à des rendez-vous, et à un match pour voir...
Alors il a les mêmes idées folles
le même rire, les mêmes cris et les mêmes larmes
il y a plus de mauvais que de bon à voir
parce que comme moi, il est dur à supporter
parfois timide, parfois avec un regard lubrique
parfois loyal et le seul ami fidèle
ou un grincheux sur qui on ne peut pas compter
mon journal, c'est tout simplement moi
Mais les jours où je vais vraiment mal
il devient le petit double de mon âme
à la fois dans les rêves et dans les vers
dans la nostalgie et chaque moment qui blesse
chaque mot est aussi triste qu'il puisse l'être
quand il est timide, qu'il est pauvre et effrayé,
quand il est triste et qu'il n'a plus de larmes à [verser,
là, mon journal est tout simplement moi.

Oui, oui, voilà comment je suis. Je suis une fille parmi les millions de filles de ce monde, plus laide que certaines, plus jolie que d'autres, et néanmoins différente d'elles toutes. Zyguś aussi est différent de tous les autres, il est si gentil et merveilleux, et subtil, et sensible…

Ils sont venus avec Maciek une fois ; Zyguś s'est fâché contre moi, parce que je me comportais comme si je ne le connaissais pas. Je ne l'ai pas fait exprès ; je ne voulais pas le contrarier. Le pauvre Zyguś n'en a pas dormi. Mais il n'est plus en colère. Maman, pourquoi dis-tu que je ne devrais pas me noyer dans ces yeux verts trompeurs ? Ne vois-tu pas que je me noie déjà, mais que ces yeux ne sont pas trompeurs ?

J'adore ça, quand Z. parle sérieusement de médecine, de l'avenir, etc. Cela me donne un peu envie de rire, mais c'est très agréable et joyeux, comme si Buluś me souhaitait bonne nuit. Tu sais, je lui ai raconté toute l'histoire avec R. K., que j'étais bouleversée, que j'avais vécu un enfer. Pourquoi ? Même si je me confie autant que possible, pour l'instant, j'ai rangé ça dans une valise séparée et je l'ai laissée dans le « débarras de l'âme ». En fait, ça ne fait même plus mal, et je n'y pense pas.

Z. est devenu mon ange gardien, il a dit qu'il prendrait soin de moi. En réalité, Buluś le leur a demandé, à tous les trois. Mais Z. doit dire à Maciek qu'il n'est pas obligé. Dans l'ensemble, Zygmunt et Maciek sont amis, très bons amis, mais… mais. C'est bien que je puisse écrire tout cela. Je sens que le poids dans mon cœur et dans ma tête s'allège. Je ne peux pas « tout » décrire avec Zygu, et tu sais pourquoi, parce que c'est désormais bien plus qu'à l'époque où tout était encore descriptible. Pas de descriptions, mais cela s'imprègne profondément dans mon cœur et entoure son image d'un magnifique halo chaud et doré.

Maman, pardonne-moi de ne pas t'écouter. Tu vois, je ne peux pas, je ne parviens pas à faire autrement, c'est toujours comme ça : un cœur entier, une adoration entière, une personne entière. Peut-être, peut-être que j'aimerai quelqu'un d'autre au cours de ma vie, mais si c'est le cas, ce sera pareil. C'est ça, ou rien.

Zygu veut te lire et il a dit : « Tu verras, nous le lirons ensemble quand je serai médecin et je rirai et tu riras aussi. » J'espère que ses mots sont de bon augure. J'ai pensé au fait que j'aie rajouté de nouvelles pages qui dureront peut-être jusqu'au moment où, où… enfin bref, cela peut se produire plus tard ou bien plus tôt, et tu resteras mon ami dans tous les cas, et même si tu es scandalisé et rouge de colère, qu'est-ce que cela pourra bien faire ?

Zygu veut que je reste comme je suis, c'est également ce que Buluś aimerait, et moi ? Je suis très curieuse… enfin, laissons-les être heureux ! Mais « tout en ce monde passe doucement ». Je vous aime tous les trois différemment, et toi aussi. Je pense que ce sera comme mes rêves, exaucez-moi, Dieu, et toi, Buluś, donne-moi ta bénédiction. Buluś, Dieu, venez-moi en aide.

10 octobre 1941, vendredi

C'est très triste à la maison. Aujourd'hui, le piano a été confisqué, alors l'appartement est vide ; aujourd'hui, Arianka a rejoint maman, alors l'âme est vide. Tout est froid et obscur et solitaire, et pourtant… Aaah, je me retrouve toute seule et tout ce que j'ai, c'est une lettre de Buluś, ou plutôt plusieurs lettres. Je vais écrire un poème ici. En réalité, j'ai écrit tout ce que je ressens et ce que je vis dans la lettre pour maman. Et maintenant j'ai froid, mes paupières se ferment et mes doigts sont engourdis. Je vais me mettre au lit, mais je ne vais pas dormir, non ! Je rêvasserai un peu, peut-être que je me sentirai plus légère. Je m'imaginerai être avec Buluś, j'imaginerai que le monde est bon et accueillant et ensoleillé, que nous ouvrons les fenêtres et que l'odeur délicieuse des œillets de Stawki entre dans la maison. Ou que c'est un automne nuageux et pluvieux et que je suis confortablement installée dans mon salon, devant la cheminée. Dans cette petite maison où nous vivons avec Zyguś, je travaille là le soir, baignée de la lumière des flammes. Et j'écris, j'écris beaucoup et mes jambes ne sont pas glacées comme maintenant. Puis je vais dans une autre pièce et je vois nos enfants qui dorment, nos merveilleux petits anges. Mais il devra y faire chaud, ce sera indispensable, parce que j'ai terriblement froid aux doigts.

J'ai des pensées stupides quand je suis seule et qu'ils partent, quand les jours froids déborderont de nouveau d'envie. Mais tu reviendras bientôt, Buluś. Je m'en vais rêvasser, après tout Dieu ne m'a peut-être pas oubliée. Il fera vraiment de mes rêves une réalité… Renia. Buluś, Dieu, venez-moi en aide.

Vendredi 17 octobre 1941

Je suis de nouveau seule. J'ai déjà reçu une lettre de Buluś de Varsovie. Jarosia est partie aussi. Bimba[1] est malade, Dido est nerveux et s'en prend à moi en particulier, et je suis seule. Mais le suis-je vraiment ? Non ! J'ai toute une armée de rêves adorables, délicats et timides, et je t'ai toi, et Zygu, et Nora.

1. La grand-mère de Renia.

Les rendez-vous avec Zygu sont si agréables, et plus encore. Il est encore plus merveilleux que ce que je croyais. Mon ange gardien.

Norka m'apprend l'anglais. J'étudie avec passion, mais je serais encore plus passionnée si j'apprenais le français, et j'y compte bien ! Apprendre à parler le français avec toute la bonne volonté dont je suis capable. Après tout, personne ne peut me prendre mes connaissances. Je dois apprendre, je me le suis promis. Apprendre tout ce que je peux. Peut-être qu'un jour, je pourrai vraiment voyager dans la France lointaine de mes rêves. Non, pas je, nous. Nous irons. Oui. « Z. conduira une Buick et je dormirai avec la tête sur son épaule. Puis il m'inscrira au Collège de France. Et il m'achètera le genre d'appartement où je me rends souvent dans mes rêves. » Zyguś rêve tout haut, des rêves magnifiques, comme un grand enfant. Et pendant ce temps, Z. prépare sa vengeance sanglante contre moi à cause de ces influences de Sanok. J'ai peut-être quelques regrets, mais il aura sa revanche. Je n'y peux rien s'il est si tyrannique et ferme, pas de chance. Sa personnalité est entière. Mais je préfère être d'accord avec tout ce qu'il décide que mettre un terme à ça, et c'est tout ! Peut-être que nous nous verrons demain. Buluś, Dieu, venez-moi en aide.

25 octobre 1941, samedi

Tu es joli à présent, beau, relié… Tu as commencé à me manquer, et pouvoir écrire aussi. Je veux écrire, beaucoup, tant de pensées confuses s'attardent dans mon esprit. Zygu dit qu'il doit absolument te lire, et je ne veux pas y penser, car sinon j'écrirais de manière biaisée (en l'état actuel des choses, il y a des moments où mon honnêteté ne m'enchante pas), j'écrirais pour lui, et pas pour lui dans le même temps, parce que ce journal ne serait pas authentique. N'empêche, tes pages sont si douces, au moins elles ne sont pas si banales (il a dit, elle a dit). Mais c'est toujours comme ça, lorsque l'on est content, que quelque chose nous ravit, les mots se mélangent sous le coup de tant d'enthousiasme et il n'y a que des cris, oh, ah, ceci et cela !

Et désormais, je devrais étudier, après tout je ne vais plus à l'école, après tout je dois faire quelque chose pour mon avenir, après tout j'ai déjà dix-sept ans ! Et c'est pile à cet instant qu'une horrible apathie paresseuse s'empare de moi, *brr*, je n'ai pas la moindre envie de faire quoi que ce soit... Là, je me tiens à la fenêtre et je regarde le lierre se couvrir d'humidité, j'observe les gens dans la rue et je pense à leurs inquiétudes et à ce qu'ils ressentent. Ou alors, je regarde les femmes et je me demande lesquelles ont déjà eu des rapports, et à quoi elles ressemblaient alors ? Oui, celle-ci est vieille et ridée, mais elle était jeune avant, et... et celle-ci, qu'elle est étrange, et celle-là... Tout cela est risible... La pauvreté dans ses guenilles est risible, les gens rendus blêmes par le froid et la faim sont risibles, tout comme l'homme effrayé par le soldat, qui lui parle, sourit, se met au garde-à-vous, hoche la tête... Un vieil homme face à un jeune. Et les prisonniers ? Ceux qui chancellent, des squelettes noircis, leur drôle de manière de se balancer sur leurs jambes filiformes et leurs voix aiguës et douces à la fois, eux aussi sont risibles, risibles, j'en ai la tête qui tourne. Je vais m'appuyer contre la cuisinière et je rêvasse… Parce que qu'est-ce que je pourrais bien faire d'autre ? Et même s'il y avait autre chose à faire, je n'ai le courage de rien de toute façon… Bizarrement, je n'ai pas la moindre motivation pour quoi que ce soit… Ou peut-être que si ! Je suis motivée par les rêves qui deviennent réalité… Buluś, Dieu, venez-moi en aide.

29 octobre 1941, mercredi

J'ai eu envie de te parler toute la journée hier et aujourd'hui. Hier, je me sentais mal, très triste et vide… J'avais cet affreux sentiment d'être « incapable d'agir ». J'ai pensé à apprendre les mathématiques et la sténographie, et une langue étrangère ; je le voulais de toute mon âme et, dans le même temps, je savais que je ne lèverais pas le petit doigt pour le faire. Je savais que mes mains ne m'obéiraient pas et que je me révélerais impuissante. Maman a raison. Il faut toujours qu'une personne me donne des ordres, me dirige, me force à faire les choses, même si je les veux aussi. Et maintenant, maman est de nouveau loin avec Jarosia, et « celui qu'il me faut », pour reprendre les mots de Buluś, ne peut pas, parce qu'il n'exerce pas de pouvoir sur moi et que, de manière générale, ce n'est pas ça… À présent, je glisse dans une sorte de stupeur, et de quoi s'agit-il ? D'aversion ? Je ne crois pas. Je réfléchissais hier et voilà ce que j'ai dit à Nora : « Tu sais, Norka, je suis fatiguée de vivre. » Qu'une phrase pareille sorte de la bouche d'une fille de dix-sept ans m'amuse, sans compter que ce n'est pas tout à fait exact. Ce n'est pas la vie dont je suis fatiguée, parce qu'après tout, je n'ai pas encore vraiment vécu ;

je suis fatiguée de l'attente, de l'oisiveté et peut-être précisément de l'envie de vivre. Parce qu'il n'y a pas si longtemps, j'étais intoxiquée par un amour sensuel, des baisers, des caresses, et tout cela me suffisait, à tel point que j'en oubliais que l'on pouvait avoir envie de plus. Et maintenant ? Non ! Maintenant, j'ai repris mes esprits. Ai-je rejeté cette idée ? Non ! C'est aussi important que le présent.

Ne cherche pas le réconfort uniquement parmi les [sens
ils brûlent aussi fort et s'éteignent aussi vite qu'une [flamme
Si c'est en apprenant que tu espères te consoler, alors
c'est ce qui étanchera ta soif, là où est allée ton [âme

Oui, l'âme est allongée là, totalement immobile, même si je déménage souvent. Je vais te donner un exemple, une preuve, ou peut-être que non, pas une preuve, enfin bref, juge par toi-même. Hier à 5 heures de l'après-midi, j'étais censée aller chez Nora pour une leçon d'anglais. J'ai mis une éternité à me préparer, je retardais l'échéance (de toute façon, Nora n'aurait pas encore été chez elle). Alors j'étais immobile, me contentant de regarder des jolies scènes de film, colorées et insouciantes. Un film constitué de mes rêves. Et l'histoire risquait d'être interrompue à tout moment, alors, même si les aiguilles de la pendule continuaient leur course impitoyable, je ne bougeais pas de ma chaise, pour quoi faire ? Ç'aurait été comme partir du cinéma en plein milieu d'une projection. Néanmoins, j'ai fini par y aller. J'y suis allée, mais… pas chez Nora. Parmi toutes les personnes que j'aurais pu aller voir, j'ai décidé d'aller trouver Belania, Helka, Giza, ces filles que l'on voit le plus souvent, ces filles tout à fait normales. Je voulais écouter leurs conversations, leurs pensées, leurs projets ; j'étais en quête « d'un peu de commérages ». Toute la « clique » n'était pas là, il n'y avait que Belania. Cela me suffisait. Après tout, Belania est le moteur qui fait tourner le groupe, c'est la plus fine et la plus intelligente de toutes. Je suis venue, je me suis assise, j'ai écouté les nouvelles, puis je lui ai raconté ce que je savais, et j'ai demandé : « Alors, de quoi est-ce que vous parlez tous les jours ?

— De nourriture, a répondu Belania.

— De quoi est-ce que tu rêves ?

— De manger au point de ne plus réussir à me lever de table. »

Voilà, je savais tout ce qu'il y avait à savoir. Étais-je déçue ? Pas forcément, je m'y étais préparée dans une certaine mesure. Je savais, et j'étais même d'accord avec Belania, qu'il valait mieux avoir quatre « amours » de quatre nationalités différentes. Alors je suis rentrée pour reprendre le cours de mon film. Je préfère de loin cela aux pommes de terre au four. C'est bien que quelque chose m'arrache à la préparation du petit déjeuner, du déjeuner, du dîner, puis du petit déjeuner à nouveau. En définitive, je suis heureuse d'avoir mon lointain film en couleurs. Nora rêve aussi, mais différemment, d'une manière plus logique et plus réelle. Mes fantasmes ne sont liés à rien, à part peut-être à mon imagination extrêmement fertile. Peut-être que je n'ai jamais vraiment apprécié Nora à sa juste valeur. Elle est admirable. Elle a soif d'apprendre, et elle a un côté très volontaire, mais ce n'est pas que de la volonté : elle apprend vraiment, elle lit tout ce qu'elle peut lire (mais jamais des livres sans intérêt). Nora est une personne complète, le genre de fille qu'on ne rencontre plus. Elle affirme avoir mûri cette année. Je dirais qu'elle est encore plus noble à présent, parce que « la souffrance anoblit », et qu'elle a traversé tellement d'épreuves... elle « n'[osait] même plus rêver ». Et là encore, voilà une différence entre ses rêves et les miens. Norka est si courageuse, elle n'a personne, après tout, elle est toute seule (avec ce « joli garçon » lointain) ; et moi, si j'avais été seule, sans Zygu ? Dieu m'en préserve. Je me serais peut-être effondrée, et peut-être que je ferais comme elle... Mais non, je ne veux pas ! Je n'en ai tout simplement pas la force. Je devrais marcher seule, tandis que là, je peux au moins imaginer que je m'appuie sur le bras de quelqu'un, sur « Son » bras. La guerre se terminera-t-elle bientôt ? Accordez-nous cela, Dieu. Je verrai sûrement Zygu demain, peut-être que je discuterai un peu avec toi aussi. Buluś, Dieu, venez-moi en aide.

3 novembre 1941, lundi

Depuis la dernière fois, j'ai souvent eu envie de m'asseoir avec toi et de pleurer. Je me suis sentie si triste, par moments... Dido et Bimba sont nerveux et se défoulent sur moi, ils n'arrêtent pas de me rappeler qu'ils ont daigné accepter que je reste avec eux, etc. Des parents ne diraient jamais une chose pareille à leur enfant, mais ce ne sont pas mes parents, après tout.

Alors parfois (quand je m'éveille de mes rêves), je suis terrifiée par ce qui se passe autour de moi. Mais cela ne dure qu'un instant, puis je me rendors.

Buluś est ici avec Jarusia. Elles vont venir ici pour me voir. J'aimerais qu'elle soit avec moi, je veux qu'elle quitte Varsovie (il y a le typhus là-bas), mais je redoute ce séjour. Buluś est très sensible. Rien que cette remarque la blesserait profondément. Cela me blesse également. Je suis étrangement sensible à ce sujet et j'ai le sentiment qu'on me fait énormément de tort… En réalité, je ne pleure pas souvent, mais je pleure toujours lorsque cela arrive. J'aimerais me nicher dans quelque chose de chaud et de doux, m'installer dans un fauteuil confortable, jeter ces inquiétudes dans un feu de cheminée brûlant et m'envoler à nouveau. J'ai une nature si semblable à celle des chats que j'ai besoin de chaleur (oui, Buluś, tu le sais), de beaucoup de chaleur, d'autant plus que je n'en ai pas beaucoup fait l'expérience dans la vie. Parce qu'à part toi et Jarosia, personne au monde n'est capable de m'en donner. Peut-être que tu vas songer : lui ? Non, ce qu'il donne, c'est un incendie qui dévaste tout puis s'éteint. Je le sens, je sens toutes ces choses, parce que je suis sensible.

Devine qui m'a rendu visite aujourd'hui ? Ludwik ! Je pensais justement à lui ces temps-ci. Il est venu (par accident) et nous avons eu une discussion animée pendant deux heures. Il se peut qu'il soit plus beau que la dernière fois. Il est très charmant, d'une élégance folle et bien élevé, pas particulièrement instruit et d'une grande vanité. Il a parlé de ses victoires et de sa popularité, il a flirté avec moi de temps en temps et a eu l'agréable sensation que j'étais impressionnée. J'étais contente de le voir, etc. Il a sûrement remarqué que j'ai rougi lorsqu'il est arrivé, mais ça n'a pas d'importance, car c'est dans ma nature de rougir, un point c'est tout. Sauf que Ludwik ne le sait pas. Enfin bref, c'était agréable de discuter. J'aimerais avoir de la compagnie, la nôtre, celle de notre famille.

J'ai commencé à apprendre le français et à lire des livres (assez bons), et Nora et moi étudions l'histoire ancienne. À part ça, je ne fais rien, je n'écoute pas ce que racontent les gens, je préfère écouter les « oiseaux dans les buissons » qui gazouillent.

Lorsque Ludwik m'a lancé des regards aguicheurs, je n'ai pas réagi ; je ne pense pas avoir jamais été bouleversée par d'autres yeux, je me suis habituée. Ah, si seulement ils pouvaient revenir le plus vite possible !

Zygu n'est pas venu jeudi ni aujourd'hui. Je me demande ce qui l'en empêche et, en même temps, pas vraiment. Aujourd'hui, j'avais moi-même oublié qu'il était censé passer. Mais samedi... je crois qu'il est venu, vêtu d'un manteau d'hiver, *brr*... Il a apporté un tel frisson avec lui... Alors, Buluś, quand rejoindras-tu ta pauvre orpheline et non-orpheline esseulée ? Buluś, Dieu, venez-moi en aide. L'apogée de mes rêves est une cheminée ? Et comment !!!

Un blizzard se déchaîne au-dehors
Tu ne distingues qu'un nuage de neige blanc
Tout le monde, tous les gens, toutes les âmes
Disparaissent sous la neige et dans le vent...

Quelqu'un tisse tous ses rêves en un châle
Ou se souvient, puis sourit de toutes ses dents

À l'intérieur, un feu crépite chaleureusement
Tu peux t'envelopper dans des contes, reste,
[ne pars pas

C'est la petite maison de mes rêves
où mon âme espère toujours faire une trêve
une maison pleine de souvenirs jaunissants
un cœur rempli de chaleur maternelle

Une nuit froide, un grand blizzard souffle
Chez moi, c'est confortable et lumineux
les vieux rêves donnent naissance à de petites vies
je les berce doucement après les avoir mises au lit
Je vais chercher du bois pour entretenir le feu
Et mes inquiétudes s'évanouissent dans la nuit

Ce matin notre grand-mère
s'est assise toute seule
pour lire un vieux carnet
qu'elle n'arrive pas à lâcher.
Elle lit des gribouillis
Qui recouvrent toutes les pages
Hochant la tête puis grognant
« ah, l'insouciance du jeune âge »
elle feuillette les pages,
raturées, pleines de griffonnages
de cœurs qui devraient être rouges
mais l'encre s'est délavée
depuis longtemps
une époque si belle dans le temps…
Notre grand-mère est assise,

lisant un jour après l'autre.
Parfois elle sourit,
regarde à nouveau,
et répète « ah, la jeunesse »
et sourit à son journal.
Les petits-enfants ne le sauront jamais, mais le
[journal n'est pas terminé
Parmi ces vieilles écritures
Une autre grand-mère perdure
Ils ne sauront jamais que peuvent jaillir de cette
[page
des larmes qui ne sont pas aigries
Des chagrins qui ne font pas mal.

4 novembre 1941, mardi

Je suis heureuse d'être ainsi
Petite, ronde et corpulente
parce que si j'étais mince
je m'envolerais comme un nuage.
je m'envolerais très loin
À la poursuite de rêves
Mais quelle force serait là
Pour me ramener sur terre ?

Buluś… ? Zyguś… ? La vie… ?

J'aime quand une grande route ploie
Sous les camions et leur poids
Quand le silence d'une rue stridente
Est transpercé par l'explosion d'un klaxon
Tandis qu'un rythme régulier s'instaure

Qu'une ligne, une maison et une lampe s'agitent
La vibration et la vitesse flottent alors
Comme un courant qui se précipite
Jusqu'à ce que les camions appuient sur le goudron
Et le fassent jaillir paresseusement, s'étaler de [chaque côté
Déborder de la route et transpirer
Dans ce givre

6 novembre 1941, jeudi

J'ai si mauvaise conscience et je suis si contrariée ! Tout ça à cause de Bimba, enfin, c'est entièrement ma faute. En réalité, j'avais cinq minutes de retard, ce qui est très court, et très long à la fois. Cela fait une semaine à présent. Dieu, faites que je puisse arranger les choses samedi. Le pourrai-je, allons-nous nous voir ? Je dois recopier des poèmes avec Nora, à présent. Buluś, Dieu, venez-moi en aide.

7 novembre 1941, vendredi

Une fois de plus, un nouveau jour a fait disparaître toutes les inquiétudes antérieures. Ghetto ! Ce mot résonne à nos oreilles, il nous terrifie, nous tourmente. Nous ne savons pas ce qui va nous arriver, où nous irons et ce qu'ils nous laisseront emporter avec nous. Dieu, je crois en Vous, je crois que peu importe où nous serons, Vous ne nous abandonnerez pas. Hier soir, tout le monde faisait ses valises, on nous a donné l'ordre de quitter notre appartement avant 2 heures de l'après-midi, avec vingt-cinq kilos d'affaires. Peut-être qu'il y aura un ghetto, mais il semble que, dans tous les cas, nous devrons quitter les rues principales. Dieu, je sais que Vous m'avez entendue tout à l'heure, lorsque j'étais pétrifiée et que mon cœur battait la chamade.

À 10 heures et demie hier soir, soudain, la sonnette a retenti, et qui se tenait derrière la porte ? La police ! J'ai pressé mes mains contre ma bouche et je Vous ai appelé, ô Dieu, et Vous m'avez entendue. C'était un policier de notre ancien village, de Torskie[1], et il s'est laissé soudoyer. Je lui ai rappelé les bons moments, les amis, les fêtes, et cela a fonctionné. Alors à présent, je Vous implore, ô Seigneur, moi, un grain de poussière, moi sans père ni mère, une pauvre fille… si ces voix esseulées et désolées ont le moindre pouvoir, alors écoutez mon appel !

Aujourd'hui, j'ai reçu une carte postale de maman. Elle m'a touchée et étrangement émue. Parce qu'au milieu de la tourmente de la journée, j'ai senti que j'avais quelqu'un qui m'aime, qui s'inquiète pour moi. Et dans le même temps, j'ai ressenti toute l'impuissance de cet amour ; ma pauvre maman est loin et ne peut absolument pas m'aider. Maman, je sais ce que tu traverses là-bas, mais sache qu'ici aussi, je souffre et vis le genre de choses qui donnent des cheveux blancs. Mais je crois en toi et en Dieu. Il t'a sauvée de nombreux désastres, t'a guidée à travers de nombreux dangers, parce que je priais alors et que je le suppliais : sauvez-la, sauvez ma mère ! Il m'a écoutée à l'époque, alors Il m'aidera à nouveau, Il nous aidera aussi ! Ah,

---

1. Village près de Zalichtchyky, qui fait désormais partie de l'Ukraine.

si seulement je savais ce qui est le mieux ?! Que tu sois avec nous, ou que tu sois là-bas avec Jarosia ? Je ne sais pas, je ne sais pas, je ne sais pas ! « J'envoie un paquet à Renusia », alors Dieu ne m'a pas encore délaissée si quelqu'un quelque part dit cela, parce que le monde est étranger et froid, et que ma supplique vient du cœur, tout comme mes prières. Ma maman adorée, jamais je ne pense que tu me fais du mal, même si tu me le disais, je ne te croirais pas. Parce que tes lettres, tes cartes postales, tes mots respirent l'amour et la préoccupation, et quelque chose d'aussi réconfortant que… Je ne sais pas. Dieu, écoutez ma prière, résolvez le puzzle que Vous avez donné aux gens. Si seulement Zygu pouvait venir demain, pour que je puisse me plaindre à quelqu'un. Venez-nous en aide, Dieu, et bénissez-nous.

8 novembre 1941, samedi

En premier lieu, je tiens d'abord à Vous remercier, et, deuxièmement, j'aimerais discuter d'un problème que Zygu a soulevé aujourd'hui. Je dois y réfléchir attentivement, méditer et comprendre. Voilà comment ça a commencé ! Ça a commencé lorsqu'il a dit que j'étais puérile, que j'avais une mentalité d'enfant, que je n'ai pas mûri physiquement jusqu'à mes dix-sept ans. En réalité, il a d'abord dit que, d'habitude, c'est le garçon qui est immature, ne pense pas à l'avenir ou au mariage, que seule la fille y pense. Sauf que dans notre « relation », c'est différent, c'est le contraire. Mais je ne crois pas du tout que ce soit le contraire : je réfléchis avec le plus grand sérieux. Alors je lui ai répondu qu'il me connaissait très mal. Puis Z. s'est vexé et m'a accusée d'être comme une poupée avec laquelle il jouerait : s'il appuie sur un bouton, alors je réagis ; il a ajouté que j'étais passive, qu'il ne s'en était pas rendu compte jusqu'à notre première « vraie » rencontre. Il a également dit que ce n'est pas une accusation et que je ne devrais pas le prendre comme un reproche. Enfin, il a dit que j'étais comme la mer du Nord, ou l'océan Arctique, ou de la glace, que je ne prends aucune initiative, en un mot, que je n'ai pas de personnalité ! Il a expliqué que ses amis lui en avaient déjà parlé (ridicule, mais je le sais depuis le début). Il a cité Rena K. (qu'il trouve séduisante, apparemment) en exemple, ou plutôt il nous a comparées, disant que c'était impossible de discuter sérieusement de ce sujet avec moi, que ce serait plus facile avec Irka. Il a demandé si j'avais quelque chose à lui reprocher ou si quelque chose me déplaisait. Je lui ai rétorqué que oui, en effet, mais que je pouvais en parler au reste du monde, sauf à lui, et qu'il avait raison, il y a beaucoup de choses qu'il ignore, mais que je ne suis pas à blâmer, du moins pas en totalité. Pourquoi ? Et comment expliquer que je suis passée par plusieurs phases depuis notre première rencontre ? Tu es bien placé pour le savoir ; tu as traversé toutes ces époques avec moi, cher journal. Tu serais donc d'accord avec moi pour dire que j'ai toujours été folle… d'amour, parfois au point d'agripper la table pour ne pas me pendre à son cou, parfois au point de ne pas dormir, torturée, tourmentée par les sens. Mais tu vois, c'est passé, c'était difficile à contrôler au début, puis c'est devenu moins difficile, jusqu'à être facile. Et à l'époque, n'aurais-je pas pu te reprocher tout ce que tu me reproches aujourd'hui ? N'aurais-je pas pu t'accuser de la même chose ? Sois juste, Zygu ! Il est possible qu'alors, ces vieilles règles me barraient la route, ces opinions d'arrière-grand-mère sur l'amour et la façon dont une fille doit se comporter face à ça. Mais mai est arrivé, et j'étais, une fois de plus, prête pour… tout et n'importe quoi, et tu étais de nouveau « passif ». Puis j'ai attendu impatiemment, partagée entre le désir et la curiosité. Puis (lors de cette première soirée de juin, on ne peut pas appeler ça comme ça), quand tu m'as jugée, je t'ai jugé, et… J'étais déçue… Sache que c'est toi qui m'as rendue timide avec ton baiser timide. Mais il est vrai que j'ai déterré cette information du fin fond de l'inconscient et que je ne le fais que maintenant. Ou peut-être même quand Belania m'a demandé : « La question, c'est est-ce que Zygu embrasse bien ? », et que j'ai répondu que je n'en savais rien. Mais cela ne veut pas dire que je ne t'aimais pas à ce moment-là. Je t'aimais, et je t'aime, et je t'aimerai, simplement, je devais me débarrasser des sentiments qui m'avaient bouleversée après ton départ, et dans tous les cas je ne te reproche rien non plus, je ne fais que dire la vérité, clarifier les malentendus, comme tu le dis toi-même. Mais il faut reconnaître que tu n'es pas fin psychologue si tu espères obtenir de meilleurs résultats avec les choses que tu as dites. En fait, pour vraiment nous comprendre, il faudrait que nous parlions sérieusement, sans avoir honte de quoi que ce soit, il nous faudrait creuser dans le passé, etc., etc., et je ne suis pas encore prête à le supporter. Peut-être dans deux ou trois ans, comme tu le dis ; alors peut-être que tu as raison finalement lorsque tu affirmes que j'ai une mentalité puérile ? C'est là toute notre malchance : tu as souvent raison, et même quand tu n'as pas raison, cela finit tout de même par être le cas au bout du compte. En ce qui me concerne, les mots ne sont définitivement pas mon point fort ; au mieux, j'arrive à tout écrire, mais ça ne se produit qu'après ton départ… Naturellement, tu vas raconter tout cela à Nora, car tu as deviné qu'elle te répondra que j'ai raison. Ah, si Buluś aussi était ici, elle me comprendrait. Je pourrais aussi montrer ceci… Ce qui avait été écrit dans ces pages n'est plus du tout d'actualité, alors je l'ai effacé. Je vais chez la Teich demain avec mes derniers poèmes. Aux sentiments. Buluś, Dieu, venez-moi en aide.

10 novembre 1941, lundi

J'ai reçu un colis de Buluś. Ma Buluś adorée et ma Jarosia que j'aime ! Je leur enverrai une carte de remerciements. Nous sommes parvenus à un accord avec Zygu, en fait j'ai mal interprété les choses la dernière fois. C'était censé être un conseil d'ami. Enfin, nous sommes sur la bonne voie, même si Zygu a encore un tas de choses à me dire. À présent, tout va bien, mais avant c'était… Dieu me vienne en aide ! Zygu était irritable et transpirait sous l'effort ; j'étais au bord des larmes. Je voulais lui annoncer toutes les décisions que j'avais prises au cours des deux dernières soirées et… je n'ai pas réussi. La situation était si tragique que le mot « rupture » a même été prononcé. Désormais, je souris en écrivant ceci (même si je souffre d'affreuses douleurs menstruelles), mais j'étais vraiment inquiète et je ne savais pas comment résoudre la situation. Je suis contente que tout se soit bien terminé. Je me sens étrangement légère, et si bien. J'éprouve un sentiment très agréable, j'ignore comment, et la vérité, c'est que c'est à Zygu que je le dois. Au passage, personne ne m'a jamais donné une telle leçon auparavant. Mais bon, il avait raison, je le lui accorde. Nous nous verrons quand cela ira mieux.

Ouvrez grands vos cœurs et vos âmes !
il est plus facile de vivre sans drame
peu de choses font plus mal ou chagrinent davantage
qu'une rancœur que l'on garde à travers les âges
jusqu'à ce qu'une pensée qu'on pourrait presque
[oublier
se réveille à nouveau, et amène plus de regrets...

Peut-être que les cloches devraient soudain sonner
et réveiller une douleur mi-enfouie, mi-guérie
Ouvrez grands vos cœurs et vos âmes, je vous le dis !
Il est plus facile de vivre sans secrets
Pourquoi choisir la rancœur, la culpabilité,
[pourquoi être amer ?
Ouvrez vos cœurs, aux cœurs grands ouverts.

14 novembre 1941, vendredi

J'aurais vraiment dû écrire beaucoup plus. Mais à ce moment-là, tu sais... Je ne pouvais pas, puis je ne voulais pas ; peut-être que j'écrirai davantage demain. Sache simplement que beaucoup de choses ont changé dans la vie, dans l'amitié, et dans « ça » (je ne sais même pas comment l'appeler ?) ; les humeurs ont changé, et peut-être même que... moi aussi. Quoique, ai-je réellement changé ? Ou ai-je simplement déversé mes sentiments pour toi et moi ? Dans tous les cas, je vais de ce pas écrire tous les poèmes, c'est décidé ; au pire, je ne les montrerai à personne. J'étais affreusement en colère hier de m'entendre répéter que je suis immature, alors je lui ai annoncé qu'à ce stade, j'ai clairement mûri et que je ne veux plus jamais entendre ça. Et demain, je te raconterai quelque chose d'intéressant, de très intéressant même, tu verras. J'allais t'en parler aujourd'hui, mais non… demain. Buluś, Dieu, venez-moi en aide.

16 novembre 1941, dimanche

Nous ne nous voyons que le surlendemain, car aujourd'hui est le jour qui succède à demain. Et je n'ai pas vraiment réglé le problème. Zygu a lu tout ce que j'ai écrit, et… voilà. À présent, grâce à tout ce que j'ai traversé et aux choses que Zygu m'a dites, je suis de nouveau plus attachée à cette vie, à la vraie vie. C'était nécessaire de verbaliser ces choses. Parce que si tous les non-dits s'étaient accumulés, un jour, cela aurait peut-être débordé, détruisant au passage le pont qui nous relie. Nous avons donc construit des barrages et des réservoirs, et des piscines, précisément parce que nous avons été honnêtes l'un envers l'autre.

Il en va de même avec Nora. Notre longue amitié a connu différentes phases, elle aussi. Parfois nous étions proches, complices, puis nous nous éloignions, parfois même pendant des mois. Était-ce une bonne chose ? Est-ce que ce lourd silence était une bonne idée ? Pourquoi aucune de nous deux n'a-t-elle pas dit à l'autre : « Écoute, je n'aime pas ceci, ne fais pas cela, cela me fait du mal » ? Nous nous serions expliquées et tout se serait bien passé. Pourquoi n'avons-nous jamais fait preuve de sincérité ? Nous sommes amies, après tout ! Mais d'une façon ou d'une autre, nous avons toujours fini par nous retrouver. Parce que nous étions et sommes (du moins, je crois) faites l'une pour l'autre, parce que nous sommes des âmes sœurs et que je doute fortement que nous puissions trouver une troisième personne qui nous comprendrait (Irka… Je ne veux même pas mentionner le nom d'Irka, cela reviendrait à profaner notre amitié). Pour le moment, il n'existe personne de ce genre dans nos cercles. Nous sommes dans la même situation sur tous les plans et nous nous comprenons réellement. Et Nora grandit à présent, elle grandit à travers moi. Et moi ? Qu'est-ce que j'en sais ? Et même si je le savais, je ne peux pas l'écrire parce qu'il y a tellement, tellement, tellement de choses à dire.

Pour ce qui est de cette histoire avec Rena K., même si j'étais au courant (ou plutôt, même si je le pressentais), en fait je ne savais pas vraiment de quoi il s'agissait. Et c'était un tantinet plus que ce que je croyais, ou un tantinet moins. Mais Maciek doit tout me raconter. Je n'avais tort que sur un point, le premier.

Je ne peux pas écrire. Mes pensées s'envolent au loin et je n'arrive pas à me concentrer, ne serait-ce qu'un instant. On pourrait appeler ça de la paresse, oui, mais une paresse extraordinaire. C'est-à-dire que je prends les gens qui m'entourent et les transporte quelque part dans le monde spirituel, crée des milliers de situations contradictoires et de personnes entièrement nouvelles, et toutes parlent, rient et bougent, comme dans la vie. Ah, si seulement l'un de ces rêves irréels et lointains devenait réalité… Mais pas de chance, ce sont les rêves les plus réels, les plus vitaux, ceux en rapport avec la vie, qui ont plutôt tendance à se réaliser. Cela dit, dis-moi, une fille avec des boucles blondes, des yeux bleus, des sourcils sombres et de longs cils, des lèvres rouges parfaites, aussi adorable et douce que mon rêve… n'est-elle pas imaginable ? Je continue à écrire par bribes. Encore. Mes sens sont éveillés, mais pas autant qu'avant. Néanmoins, ils sont debout et veulent se rebeller. Mais non, le monde est trop triste pour qu'ils décollent tout à fait et s'envolent. Même si « tout » a également ses limites, voilà comment c'était en mai.

Tout s'est passé au mois de mai,
qui a quitté le printemps et n'est pas resté
avant même qu'il áit commencé...
Il s'est fondu en un rien du tout,
Il n'y avait pas de supplication, pas de douleur
mais il n'est pas nécessaire de souffrir
Ce qui a un jour été va peut-être revenir
Lorsque le lilas sera de nouveau en fleur...
Quand (exaucez-moi, Dieu) le monde autour de nous
pourra résonner dans le glorieux mois de mai
Que tout soit noyé dans un déluge de fleurs
et le cœur et le corps rougiront sans peur
et tout frémira avec volonté et envie
en mai, absolument chaque nuit

Je ne peux pas écrire sur le sujet maintenant parce que… Parce que je ne peux pas ! Comment pourrais-je parler de ça alors que le monde est froid et triste ? Nous ne sortons plus de la maison à présent, il est interdit de mettre le nez dehors entre 10 heures du soir et 5 heures du matin. Le spectacle dans les rues est presque amusant à 5 heures, les gens se précipitent hors de chez eux et des brassards blancs brillent partout dehors.

La maison de Nora a été perquisitionnée.

Je ne sais pas quand je verrai Buluś, peut-être que Jarosia viendra, au moins. Mon Dieu ! Laissez-nous survivre à cette guerre d'une manière ou d'une autre. Mais il est vrai que je me réveille à nouveau, et cela ne me tourmente plus. C'est un plaisir. Au revoir… Comment ? Buluś, Dieu, venez-moi en aide. Comme d'habitude. En fait, je n'ai pas réfléchi si longtemps que ça à l'écriture de ce poème ; simplement, je suis hantée par lui : c'est la description de l'un de mes rêves, ma « petite beauté ». « Tu ressembles à un caprice royal en or »… Je ne peux pas recommencer, je sais que j'en suis incapable à cet instant.

J'étais toujours timide et résiliente
toujours faible, jamais insolente
comme pour toujours essayer de trouver
des abris dans ce monde mauvais…

Au revoir… comment ? Aux sentiments. Buluś, Dieu, venez-moi en aide.

24 novembre 1941, lundi

Buluś est arrivée vendredi et elle est repartie aujourd'hui ! Jarusia est partie avec elle (mais elle reviendra demain) pour récupérer quelque chose. Elle a passé trois jours ici et ce sentiment reste :

avec un battement d'ailes et un grincement
un petit bec acéré s'est adouci
et tout le buisson s'en est retrouvé tremblant

Elle est venue et a vidé la maison, puis elle est repartie, et j'ignore quand nous nous reverrons. Chaque fois que Buluś vient, elle me parle et j'ai le sentiment qu'elle est la seule personne au monde à réellement se montrer compatissante avec moi. À vrai dire, Buluś est contre. Elle n'aime pas Zygu, peut-être parce qu'elle préférerait qu'il soit aryen. Elle m'a prévenue de ne pas prendre cette relation trop au sérieux et a affirmé que je ne serais pas heureuse, parce que… etc. C'est étrange mais, après ces sermons, j'ai l'impression de m'éloigner de lui, de ne simplement pas l'aimer et d'avoir peur de lui. Et ensuite, une autre silhouette trouble apparaît, cette vieille silhouette indistincte.

Parfois, Buluś a tort, et elle ne le reconnaît pas. Mais parfois, elle a raison ! Parce que, tu vois, est-ce que son côté sûr de lui (que je trouve si séduisant actuellement) ne finira pas par me tourmenter un jour ? Ne fera-t-il pas ce que bon lui semble de moi et de lui-même ? Ma vie sera-t-elle empoisonnée par une Rena, une Halina ou une Lidka ? Alors, tout serait fini. Espérer serait impossible. Je n'aurais plus qu'une demeure à rejoindre : la tombe.

Et moi, comment me comporterais-je ? Je crois que je serais soit totalement indifférente à tout, soit horriblement jalouse, à tel point que j'en aurais physiquement mal, et ensuite… non, je ne me disputerais pas et je ne ferais pas de scènes de jalousie, mais je lui rendrais systématiquement la monnaie de sa pièce sous la forme de gentillesse, d'une manière calculée qui me donnerait entière satisfaction. Ce sentiment s'est déjà emparé de moi à plusieurs reprises, c'est exactement ça. En fait, non, je lui dois encore quelque chose. Et je suis capable de le lui donner avec plaisir !

Pourquoi suis-je si en colère, au fond ? Est-ce à cause de ce qu'a dit Buluś ? Non, je veux toujours qu'il devienne mon mari. Et j'ai dit : « Peut-être que ce n'est pas le mari que je souhaite, mais des enfants, oui, sans aucun doute, “tu ressembles à un caprice royal en or”. » Maman dit qu'il ne faut jamais rien désirer à ce point, car il est possible qu'on ne l'obtienne pas. Je pense que Dieu va peut-être écouter cette requête sincère. Oui, pourvu que cela se réalise !

Jerschina va peut-être me donner des cours. Je suis nerveuse à cette idée. Ticiu et Lila vivent dans le ghetto, désormais.

Dieu, pourvu que mes rêves continuent de devenir réalité. J'en serai éternellement reconnaissante et j'exprimerai ma gratitude… Buluś, Dieu, venez-moi en aide.

26 novembre 1941, mercredi

Après le départ de Buluś, j'ai rêvé que je me disputais pendant une nuit entière avec Zygu. Je t'assure. Je ne sais même pas pourquoi j'étais en colère ni pourquoi j'étais blessée. Il semblerait que ce soit à cause de ces vieux problèmes et grâce à la suggestion. C'est uniquement dû à ça et à rien d'autre. Jara me déteste et n'arrête pas de me provoquer en tentant de me rendre jalouse et soupçonneuse envers Zygu, mais, tout ce qu'elle parvient à faire, c'est diriger ma colère directement contre elle. Parce que je ne suis pas vraiment jalouse. Enfin, si, mais seulement à cause de choses que je vois, et si je ne vois rien, alors je ne le suis pas, je ne suis absolument pas jalouse ni en colère. Ferme les yeux ; c'est tout, c'est tout.

Z. était très doux et très tendre aujourd'hui, et je m'en suis voulu pour ces reproches déplaisants. Ou peut-être que, comme l'a dit maman, je serai malheureuse ? Ce serait terrible, cela signifierait ne pas profiter de la vie. Mais suis-je prête à renoncer à mon rêve, même avec un prix si élevé à payer ? Peut-être… Je ne sais pas… Je verrai… Buluś, Dieu, venez-moi en aide !

29 novembre 1941, samedi

Je voulais écrire hier et ce matin mais, pour une raison quelconque, je n'ai pas trouvé le temps. Je voulais, j'avais même prévu deux poèmes (sur les filles et l'école). Mais maintenant que nous nous sommes vus, je ne commencerai pas comme je le souhaitais, comme toujours.

J'ai dit à Zygu que je m'en remettais toujours à lui, qu'il était tyrannique. Pourquoi lui ai-je dit une chose pareille ? Je crois que c'est à cause de la suggestion de maman et de ce rêve (la dispute à propos du maillot de bain). Enfin bref, je t'en ai parlé et j'en ai également parlé à Nora. Pas d'une façon négative, non, au contraire. Tu te souviens : « Va jusqu'à les laisser être impérieux, autoritaires… » Oui, et c'est ce que je me suis dit, même en y ayant énormément réfléchi. Et comme à son habitude, Z. a aussitôt commencé à argumenter en disant qu'en réalité, il aimait jouer le rôle de « celui qui écoute ». C'est ridicule, je dirais même que c'est impossible. Soit il ne se rend pas compte, soit il ne veut pas reconnaître qu'il fait partie de ces personnes qui ont une influence, qui imposent leur volonté aux gens qui les entourent. Mais il ne pense pas être un tyran, parce que ce mot est entièrement négatif : un tyran est une personne qui impose sa volonté aux autres sans se soucier d'avoir raison ou non. Alors voilà, je change d'avis à propos du mot « tyran ». C'est négatif. D'accord… Je le rejette. Mais dans ce cas, comment appelles-tu une personne qui, à son insu, influence les autres, qui eux-mêmes se soumettent à cette influence à leur insu également ? Il est possible que cette influence déplaise à certains. De fait, il existe dans ce monde des personnes qui s'en éloignent, mais moi, cela m'attire et c'est justement ce qui me plaît, peut-être même que c'est la seule chose qui me plaît ! Ce n'est pas parce que, comme il le dit, « j'aime ça car cela ne peut pas changer » ; ce n'est pas vrai. J'aimais ça avant de le rencontrer, et je me souviens que, depuis mes quatorze ans environ, les héros des livres, des films et des rêves que j'aime ont précisément cette qualité impérieuse ; je n'irai pas jusqu'à dire tyrannique, parce que je trouve ce mot négatif désormais ! Et nous avons signé un contrat, Z. l'a écrit afin de s'assurer que je ne puisse pas en changer un mot plus tard. Le contrat stipule : « J'aimais et j'aime toujours des comportements que j'avais pour habitude de qualifier de tyranniques, mais que je ne qualifie plus de la sorte (du fait du changement de définition du mot "tyrannie"). » Et ? Et rien du tout. C'est du Z. tout craché, il exige des choses de moi, je tente de le satisfaire et j'y suis déjà partiellement parvenue, tandis que mes exigences à moi… Enfin, en fait, je n'exige rien… je me suis contentée de le dire. Z. reste donc comme il était, d'un commun accord. Alors pourquoi toute cette discussion, sachant que je me sens bien dans ce rôle et que lui ne changerait pas le sien même si je le voulais ? On dirait que, ce que je recherche dans cet excès de mots, c'est ce qui me fait mal. Enfin bref, il va jusqu'à dire qu'il aimerait que j'impose ma volonté. Peut-être que c'est précisément cela qui me blesse, et je ne dirai rien d'autre. Je ne sais pas, mais il y a quelque chose qui me fait de la peine. Il y a du mécontentement… Je n'en sais rien. Peut-être parce que je ne parviens pas à l'accepter lui, il y a toujours quelque chose qui se dresse en travers de ma route. Ou peut-être que je ne m'intéresse pas à suffisamment de choses. Oui, si j'avais d'autres objectifs, ce serait différent. Dans l'état actuel des choses, je réfléchis trop, je délibère, j'envisage, c'est tout ce que ma vie englobe et il est trop tôt pour ça ! Aujourd'hui, par exemple, j'ai éprouvé une folle envie d'aller à l'école dont parlent les adultes. Et il me reste une année d'école à faire, une année d'apprentissage. J'aimerais vraiment beaucoup aller dans une école russe. Je me sentais si libre là-bas et c'était agréable, et, bizarrement, j'en avais déjà pris conscience pendant l'année scolaire. Oui, j'aimerais une année supplémentaire, avant de partir loin, de découvrir la vie, les savoirs, les plaisirs, mais pour revenir ensuite. Pour revenir et réaliser le rêve. Revenir vers lui et revenir pour lui ! Oui, ce sont les rêves les plus secrets de mon inconscient. Dans la colère ou le mépris, que je l'aime ou que je le déteste, c'est toujours ce que je pense, ce en quoi je crois.

Je pense que ça pourrait être formidable
De retourner à l'école
Dans n'importe quelle ancienne classe

Je ne peux pas écrire pour le moment, je n'y arrive pas, tout mon être est préoccupé par ce problème. Si tous les hommes sont des tyrans égoïstes, alors lui aussi est un tyran égoïste, parce que c'est un homme, après tout. Oh, cette vie, cette vie stupide.

Tel un oiseau qui s'échappe de sa cage
tel un poulain que l'on a trop bridé
je m'envolerai loin du nid
je survolerai les barrières
traverserai les vallées et les rivières
je courrai aussi librement et follement que le vent
très loin, plus loin que ce que l'œil peut voir
je danserai dans un tourbillon fou
et ondulerai comme dans un brouillard flou
je m'abreuverai de mon propre bonheur
et lancerai des éclairs en dessous de moi
je gronderai et je tremblerai
de rire et de joie et de liberté
et je butinerai de fleur en fleur
brillante comme une étoile, comme une lueur

de petit matin
et à la tombée de la nuit
je regagnerai mon nid

Dans tous les cas, pourvu que Renuśka arrête de pleurer maintenant. Parce que vraiment, Renuśka est une pauvre fille, très pauvre, qui a beaucoup souffert. Rena est professeure, il y a une Rena aimante, il y a aussi ceci et cela… mais celle des rêves, celle qui est aimante est la plus pauvre et la plus triste… Vraiment ? Non ! Pas celle des rêves, mais celle, malheureuse, de Z. Qu'est-ce qui m'arrive ? Et qu'est-ce qui m'arrivera ? Buluś, Dieu, venez-moi en aide.

31 novembre 1941, lundi[1]

Une lettre de maman. Elle est bien rentrée, sans mésaventures. La lettre mentionnait à nouveau « ça ». Mais cela a perdu tout son pouvoir maintenant : premièrement, elle n'est pas avec moi ; deuxièmement, c'est agréable. Ça, et lui. Alors apparemment, c'est comme ça que c'est censé être ; pour cela (des caresses et de la chaleur), je suis dévouée et prête à me sacrifier ; quand il fait froid et noir dehors, il y a de la bonté et de la lumière dans mon âme, et… je ne peux pas renoncer au rêve. Ce matin, j'ai pensé que je serais malheureuse le soir et j'ai écrit ceci :

J'ai commencé à construire
Un bâtiment haut et fier

1. Le mois de novembre compte trente jours. Ce lundi était déjà le 1er décembre 1941.

Des ailes et des étages bâtis sur des soupirs
Dans mes rêves, j'étais un expert...
Tout brillait dans une lumière vaporeuse
L'ébène sombre, le marbre blanc
Des colonnes de griffes pour porter
Des tours grandes et audacieuses
Des dômes impressionnants et haut perchés
À l'épreuve de l'usure du temps.

Si tout s'effondrait d'un seul coup !
Cela ne me peinerait pas beaucoup
Mais déjà les murs se fissurent, regarde
Ils s'effritent et baissent la garde
chaque fragment de mon âme
Fond et glisse, empire doucement
voilà ce qui est triste et épuisant.
J'ai commencé à construire
Un bâtiment haut et fier
Des ailes et des étages bâtis sur des soupirs
Mes larmes l'ont balayé comme le flot d'une rivière...

Il faut pardonner le printemps
les pluies, les tempêtes et la grêle
les blagues que l'on oublie dans l'instant
les nuages seront chassés par le soleil
les roses et les rossignols

et une belle journée attend de naître alors qu'un [crépuscule gris veille

Buluś, Dieu, venez-moi en aide.

8 décembre 1941, mardi

Le mardi 8 ou je ne sais quel jour de décembre 1941. En fait, il ne s'est rien passé de joyeux ou de triste aujourd'hui, rien qui mérite d'être raconté. Ce n'était qu'une journée normale de décembre. Mais j'ai finalement décidé de te parler de ce qui se passe dans le monde. On tire des boulets de canon, des détonations étouffées nous parviennent depuis le sud et l'est. Les Allemands combattent les Russes le long de l'immense front est, la bataille entre l'Italie et l'Angleterre continue en Afrique, à l'extérieur de Tobrouk en Libye, où un nouveau front a été créé. Les Hongrois du front est se dirigent vers Heimat. Personne ne sait vraiment pourquoi. L'Amérique se bat contre le Japon. Et… nous avons donc vécu pour assister à la seconde guerre mondiale de ce siècle. Pour moi, c'est la première, mais pour d'autres, c'est encore plus horrible que la précédente. Le sang coule à flots, les villes sont dévastées, les gens meurent. Les populations sont ravagées par la pauvreté et le typhus (Ticiu et Lila dans le ghetto). Dieu, faites que cette guerre horrible s'arrête ! Faites que nous survivions et que nous gardions la santé jusqu'à un traité de paix. Tout le monde prie à présent, tout le monde croit que seule une force supérieure peut nous protéger du mal : c'est Dieu !

Dans une danse tapageuse,
à un mariage, un banquet
où les foules font craquer le plancher
on ne le réclame pas, on n'implore pas son nom
le nom de Dieu est faible et silencieux.

Ivres, ils reprennent de la vodka
Ils boivent et crient, puis le sang jaillira
« Allez, allez ! laissons le monde s'effondrer
si tu bois aussi, trinquons à ta santé ! »
Dans des rires enivrés, choisis n'importe qui
d'un coup de couteau, règle le conflit de la vie.
Que le sang coule.
Que les joues s'empourprent
sous l'effet du champagne doré
qu'une nouvelle orgie stridente se déchaîne
parmi tous ces « sans peine »
Dieu n'est pas requis
peut-être que les gens tristes prieront tout bas
il n'est pas avec nous
dans le rire ou la joie
dans les maisons ou les guerres
dans le vin des verres !
Mais quand l'heure malheureuse arrive
quand le ciel saigne du feu et de la peur
ils tombent et regrettent l'absence du Seigneur !
quand leurs vies dépérissent sous l'effet de la maladie
quand leurs corps se décomposent de pauvreté
quand la faim pèse lourd et que la peur les abrutit
tout ce qu'ils répètent, c'est « Dieu ne peut-il pas
[nous aider ? »
puis, depuis les fenêtres grillagées de chaque prison
et depuis les caves humides, Vous entendrez les cris
Vous entendrez les complaintes jaillir de toutes
[les directions
Dieu, ne pouvez-Vous pas nous aider ! Dieu, mais
[c'est ce que Vous faites !
(Vous êtes le seul à pouvoir nous sauver)

Si seulement notre Dieu pouvait oublier et pardonner !
C'est là qu'ils se changent en Vos humbles serviteurs.
Vous êtes là de nouveau. Dans une miche de pain
[noir
Dans les nuages qui s'obscurcissent
derrière chaque sécheresse estivale
derrière chaque conscience coupable,
dans les larmes, l'espoir et le besoin
Vous êtes là et on Vous appelle.
Et quand dans le ciel le soleil reviendra
Et que tout s'illuminera, à partir de cet instant
On ne Vous appellera plus.
Vous ne serez plus là et ils recommenceront à
[pécher...
exactement comme avant

Et voilà. Jerschina est venu. En réalité, je n'avais pas imaginé que cela m'importerait aussi peu. Peut-être que c'est parce que je les déteste. Pardonnez-moi, Dieu ! Zyguś est très gentil et très doux, et ergoteur. Maciek est venu. Nous discuterons plus tard, lorsqu'il y aura du nouveau. Buluś, Dieu, venez-moi en aide.

11 décembre 1941, jeudi

Non !… La guerre, qui sait ? Dans deux ans, peut-être… Mais Zyguś est si merveilleux, tendre, doux et gentil et adorable, que cela dépasse tous mes rêves. Je me sens si bien aujourd'hui que j'aimerais pouvoir raconter à quelqu'un les moments de bonheur que je vis au milieu de toute cette misère. À sa façon de se comporter, ç'aurait été un péché de ne pas aimer Zyguś comme je l'aime… J'ai beaucoup de poèmes en tête, mais je n'arrive pas à écrire. À plus tard… Buluś, Dieu, venez-moi en aide, jusqu'à ce que mes rêves deviennent réalité.

15 décembre 1941, lundi matin

Aujourd'hui, j'aimerais parler et écrire, et parler, et parler, et je ne sais même pas par où commencer… Je pense que je vais commencer par le fait que Nora ne me comprend pas. Oui, elle-même en est consciente et m'a dit que j'avais une longueur d'avance. Elle est à la traîne, elle en est encore là où j'étais… eh bien, il y a un an environ, ou un peu plus. Et j'adorerais lui tendre la main, mais elle… pourquoi ? Elle s'entrave toute seule. Noruś, j'aimerais tellement que tu sois en mesure de me comprendre totalement. Pourquoi ne me comprends-tu pas lorsque je te dis quelque chose sans me plaindre, mais simplement pour te parler ? Pourquoi transformes-tu tout en accusation ? Néanmoins, nous nous comprenons sur d'autres sujets, il reste toujours quelque chose.

Si seulement tu savais, cher journal, le nombre de poèmes qui vivent en moi, mais je ne sais même pas quand, ni même si je coucherai ces pensées sur le papier. Et même Nora ne me comprend plus. Oh, j'ai dû beaucoup changer. Enfin, peut-être que je ne suis plus vraiment moi-même, peut-être que je suis l'ombre de l'âme de Zygmunt. Je suis terriblement transformée mais, après tout, mon ancien moi est encore là ! Et la vie, la vie n'est plus qu'attente, à présent. Car, tu sais, il existe des moments dans la vie sans expériences heureuses ou malheureuses, sans tempêtes, sans rivières de bonheur, et l'on ne prend pas ces moments en considération plus tard. Et tant qu'ils durent, ils nous plongent dans un état béat de calme et d'indolence.

Non, ce n'est pas parce que j'ai porté un chapeau que je suis devenue étrange aux yeux de Nora, pas du tout. Mais pour une autre raison qui m'échappe, pourquoi, pourquoi ma sensualité s'est-elle fanée ? Parce qu'elle a été remplacée par une caresse monotone, une caresse presque « maritale ». Néanmoins, je me rends désormais compte que j'en ai cruellement besoin : j'ai besoin de cette tendresse gentille et délicate, autant que des emportements. Et comprends-tu maintenant pourquoi, Noruś, et peut-être que ce sera : « Combien faudrait-il t'estimer, seul celui qui t'a perdu peut le dire[1] », mais nous nous ressemblons toi et moi, alors je ne sais pas… mais peut-être que tu en auras besoin aussi ?

J'ai écrit quelque chose de stupide, je ne le lui enverrai probablement pas. Et ces poèmes s'accumulent de plus en plus, mais je ne les écrirai pas non plus. Au revoir, cher journal, nous nous reverrons… je ne sais pas quand. Buluś, Dieu, venez-moi en aide.

16 décembre 1941, mardi

L'anniversaire de Bulczyk arrive, et avec lui le moment d'écrire une carte d'anniversaire, la traditionnelle lettre. Parce que j'envoie toujours une lettre et que je n'ai que très, très rarement l'occasion de la

---

1. Paraphrase de *Messire Thadée*, poème d'Adam Mickiewicz.

féliciter en personne. Et désormais, que pourrais-je bien lui souhaiter ? Je ne peux pas envoyer de vœux, ou de félicitations, non. Buluś, que puis-je te donner ? J'y ai réfléchi toute la journée. Et j'ai finalement décidé de t'envoyer un souvenir d'hiver brillant et argenté, un souvenir d'un temps où nous ne savions pas que nous étions heureux. Seulement, j'ignore si je suis en mesure de le recréer avec le même éclat que son éclat d'origine. Non, j'en suis incapable à cet instant. Et voilà la maladie dont je vais souffrir à partir de maintenant. Buluś, Dieu, venez-moi en aide.

20 décembre 1941, samedi

Pour l'anniversaire de Bulczyk. Tu te souviens ?

Des chevaux galopaient à une cadence régulière
Un traîneau filait, rapide comme l'éclair
La neige et le froid glacial embrassaient nos visages
Nos cheveux givrés et nos joues rougies
Le vent haletant nous soufflait dans les yeux
Les congères disparaissaient sous les sabots
C'était si agréable de faire du traîneau
Avec le bruit de la cloche rieuse !
Des flocons et des pommes de pin nous tombaient
[sur la tête
Dérangées et agitées par notre passage dans la
[poudreuse
Nous avons continué, tout à la fête
Emmitouflées dans un chaud manteau de fourrure.
Autour, les arbres silencieux nous regardaient de
[là-haut

Le silence du matin tiré de ses pensées
Nous avons glissé, comme un éclair rieur
Avec le bruit de la cloche joyeuse !
Nos traces dans la neige fraîche ont fondu
Les silhouettes des chevaux ont disparu
le cocher et le traîneau, les bois, les champs
seul le son de la cloche te parvenait encore...

Sache qu'à l'arrivée du crépuscule
quand la cloche sonnera pour les prières du soir
et que la journée de décembre aura dépensé
toute son énergie, recroquevillée, ratatinée
et d'une humeur pesante, je viendrai à toi
je viendrai sur une rivière d'impatience
ou sur une étoile brillante qui porte chance
ou dans un souffle silencieux
ou dans un soupir si tu veux ?
Je viendrai...
Dans la grisaille de l'hiver
quand le givre brille sur les fenêtres
Je dirai un mot, un seul
Sincère comme des larmes, mais chaud et
[réconfortant...

Oui, nous serons avec elle, afin qu'elle ne soit pas seule dans cette capitale bondée, vide et rugissante. Au revoir, cher journal, nous la rejoindrons ensemble. Buluś, Dieu, venez-moi en aide.

23 décembre 1941, mercredi[1]

Rien, les jours passent et se ressemblent tous… Oppressés par les pensées, l'attente, l'oisiveté… Ils passent, avec moi assise à la maison et qui réfléchis, réfléchis, deviens folle à force de réfléchir. Je grossis. Je ressemble à un tonneau. Répugnant. J'ai écrit une lettre d'anniversaire à maman. J'ai vu Jerschina : il a deux fils. Comment est-ce possible ? Nous sommes en train de faire un recueil avec Norka, ou plutôt, Nora est en train de le faire, et moi je l'aide. Ça me procure tant de joie, tant de plaisir, que je pourrais y passer des journées entières. Je n'ai même pas envie de voir Z., seulement de continuer à constituer ce beau recueil. Et ensuite… qui sait, peut-être pourrait-il être publié comme ça ?

J'aimerais dire une chose sur Zygmunt. Une chose qui me préoccupe. À savoir que je ne le déteste pas, mais je crois que je ne l'aime pas non plus. Peut-être que ce n'est pas vrai, peut-être que c'est seulement temporaire, et j'ai juré, j'ai fait des promesses solennelles. J'ai promis de tenir jusqu'à la fin de la guerre. Sauf que je ne sais pas comment c'est arrivé ni d'où c'est venu, mais c'est là. Puis-je le nier ? Je ne peux pas le lui dire non plus, que… quoi, qu'il ne m'attire pas, que « ça » me lasse et qu'une fois de plus, je me retrouve avec des poèmes, toi, maman, Nora, des êtres si éthérés. Et tu sais que, parfois, il y a quelque chose et qu'ensuite, tous les défauts apparaissent en pleine lumière et créent comme de l'aversion ou de la lassitude. Pourquoi ?

---

1. Le 23 décembre 1941 était un mardi.

Comment ? Je ne sais pas. Oh ! Si je détestais… sauf que non, je ne déteste pas, je suis indifférente. Alors pourquoi, pourquoi est-ce que je prie chaque soir pour que le rêve se réalise ? Je n'en sais rien non plus. Je ne sais qu'une chose : j'ai besoin d'un travail, qu'il soit intellectuel ou manuel, d'un travail à l'extérieur de la maison, d'une occupation ! J'ai beaucoup de pensées « poétiques » en tête. Tu ignores que cette question s'est accidentellement transformée pour devenir le plus sincère des compliments.

Je peux répandre l'ombre de la nuit
pour aider le jour à se lever
je peux disperser les nuages les plus sombres
avec des éclairs de lumière dorée

Je peux me tenir au milieu d'une neige épaisse
et invoquer le printemps
et je sais où se cachent les trésors
parmi les fées dansant et chantant

Je peux trouver mon chemin dans les rues en catimini
je peux prendre des trams et des taxis
Je peux allumer l'étincelle des lampes citadines
Envelopper un village d'un manteau de neige épais
Adoucir la douleur. Je connais
les personnes qui vivent dans les villages et les [villes

Je peux saupoudrer de la gaieté argentée
couvrir les arbres de mousse pour les réchauffer
je sais où vivent les petits nains

qui soufflent des bulles avec des rêves en leur sein
je peux faire apparaître un ciel plein d'étoiles
en plein milieu de la journée
Et je connais un monde magique et idéal
d'elfes et de princesses, de châteaux dans les airs
je connais tout un monde pas encore découvert

Mais voilà une chose que j'ignorais
et à laquelle je n'avais jamais pensé
Quelqu'un m'a demandé d'un air de reproche :
[« Et toi,
tu écris des poèmes, ne sais-tu faire que ça ? »

Le recueil avance à merveille, ah, c'est bien pratique, sa façon à lui d'être… non, non, je ne le dirai pas. Buluś, Dieu, venez-moi en aide.

24 décembre 1941

Ah, j'ai une folle envie d'écrire des poèmes, je veux écrire encore et à jamais.

Froid, glacé et rageur
Le vent est de mauvaise humeur
il souffle depuis que le jour s'est levé
Rafales et bourrasques virent et se balancent
Les gens s'interrogent et pensent
qu'ils ne comprennent pas vraiment
Pourquoi le vent fait preuve d'une telle folie
Quelqu'un s'en est-il pris à lui
alors qu'il soufflait tranquillement ?
Peut-être que des gnomes ou des nains l'ont
[réveillé

en criant depuis les bois où ils se cachaient ?
ou bien le vent a fait un mauvais rêve
où un rival souffle sans trêve
au point que toutes les feuilles s'envolent !
Il souffle et hurle et décolle
faiblit, repart, accélère
qu'il y ait ou non du sable
qu'il y ait ou non de la neige
les toitures sont emportées
les branches arrachées
Toutes les poussières sont soulevées
il sème le chaos et ne s'arrête pas
à travers les marais et les bois
là où coulent les rivières, il prend le même chemin
Il s'assoit sur les ailes des moulins
et fait valser les nuages dans le ciel encombré
puis il se balançait et chancelait
il bousculait un tas de foin
Il arrachait une branche
Et l'envoyait au loin.

28 décembre 1941, dimanche

Ou peut-être parce que je ne me suis pas mise sous Votre protection. Penser et croire, même si c'est difficile à croire. Hier, les manteaux, les fourrures, les colliers, les manchons, les chapeaux, les bottes ont été confisqués. Et maintenant, il y a une nouvelle législation qui interdit de posséder le moindre petit bout de fourrure sous peine de mort. Je suis si triste, bien plus pour Dido que pour nous autres, en réalité. Mais ensuite, pour quelle raison être triste ? À cause des fourrures ou de cette relation chaleureuse et cordiale qui s'est dissoute avant de disparaître ?

Je n'ai pas vu Zygu pendant une semaine et je dois avouer que je n'en étais pas mécontente, cela m'a un peu guérie de cette obsession de persécution. Mais… mais il est venu après une semaine, à savoir qu'il m'a officiellement rendu visite (il portait un manteau), visite pendant laquelle il m'a globalement donné l'impression de s'acquitter d'une corvée. Mais le pire, c'est qu'il est venu parce qu'il y était obligé, mais qu'il aurait préféré ne pas venir, et c'eût été mille fois mieux qu'il s'abstienne. Je ne vais pas rentrer dans les détails, mais mon instinct me dit que… enfin, tu le sais sûrement déjà.

Et puis il y a autre chose, une chose qui me déconcerte légèrement : il ment. Jamais je n'aurais imaginé qu'une personne que je respecte puisse mentir. C'est dégoûtant et je trouve cela incompréhensible. Ce n'étaient que de petits mensonges insignifiants. Alors ? Alors rien. Mais ce matin, j'ai retenu des larmes de colère. Je ne connais qu'un seul remède à ces malheurs ; peut-être que je vais l'appliquer ! Oui, oui, mais attendons un peu. Oh, que ça fait mal… Ça signifie donc que j'aime. Buluś, Dieu, venez-moi en aide.

30 décembre 1941, mardi

Une année est donc passée depuis que j'ai écrit « Disparaissez, larmes, révolte et inquiétudes ». Et aujourd'hui… aujourd'hui, c'est totalement différent, aujourd'hui, je suis plus âgée d'un an, plus expérimentée, peut-être un peu plus mature, mais je ne vaux pas grand-chose de plus. Il n'y a pas grand-chose d'autre que je sache faire.

Je me souviens du spectacle de variétés, c'était drôle, Rysiek était d'excellente humeur. Je l'ai vu aujourd'hui, d'ailleurs. Quelle différence, comparé à l'année dernière. Il est recroquevillé, comme déplumé, il désinfecte des personnes malades du typhus, mais il continue à deviser et à raconter ses histoires.

J'ai vu Poldek, il transportait des cadavres.

J'ai reçu une lettre de Nora, très gentille et chaleureuse. Enfin ! Tout est ravivé dans ce domaine, tout est revenu à sa place, nous sommes plus proches et nous nous comprenons à nouveau, unies dans notre amitié. Avec tout ce qui a changé en un an, je me demande bien de quoi l'année prochaine sera faite ? Et comment savoir ce que j'écrirai l'année prochaine ? L'an prochain et il y a un an… Et à présent, je me tiens à la frontière et… je suis reconnaissante à l'année passée d'avoir entendu mes prières et je demande à la prochaine de m'être favorable. Ô Dieu, faites que tous les rêves deviennent réalité ! J'ai vu maman, il y a eu quelque chose avec Zygu, et une amorce dans la politique. Alors cette année, qui s'achèvera dans une heure et demie[1], disparaîtra et cueillera une fleur de ma vie. C'était une année débordante d'amour. Les larmes, les soupirs, les explosions de colère, la jalousie, tout cela a découlé de cette amitié. Et toi, nouvelle année sur le point de naître, feras-tu preuve de compassion envers les cœurs d'Amor ? Tu es jeune, après tout. Toi aussi, tu sais comment aimer. Et si tu souhaites être aimée également, si tu veux que les

1. Plus probablement « dans un jour et demi ».

gens te fassent leurs adieux avec regret et sans soupirer de soulagement, si tu veux que ta date s'inscrive en lettres d'or dans l'histoire du monde et en guirlandes de fleurs dans les cœurs des hommes, alors mérite-le. Apporte un rameau d'olivier au milieu de ce monde hurlant et hostile et apaise-le comme une mer agitée d'un coup de baguette magique. Et laisse-moi continuer à aimer celui dont je suis tombée amoureuse, et laisse-moi être aimée. Fais en sorte que les personnes séparées par la guerre soient réunies dans un calme bienheureux. Fais en sorte que les parents reviennent à leurs enfants et que maman me revienne. En réalité, c'est la suite de mes rêves. Laisse-les se prolonger, chacun d'eux est un petit morceau de la cheminée, du « caprice royal ». Tu le comprendras et moi aussi. Et demain, je t'accueillerai sur une nouvelle page, et même si de vilaines choses arrivent, l'année sera tout de même nouvelle et pleine d'espoirs pour les douze mois à venir. Alors au revoir, vieille année, et merci du fond du cœur pour les premiers baisers, pour les étreintes d'une mère, pour l'amitié, pour tout le bon et tout le mauvais. Buluś, Dieu, venez-moi en aide.

1er janvier 1942, jeudi

J'ai promis, alors j'écris. C'était une journée comme les autres. Le matin, je suis allée chez Norka, puis j'étais à la maison, puis je me suis mise en quête d'un cadeau d'anniversaire pour Zygu. Et quand je suis revenue à la maison, j'y ai trouvé Zygu. Il était très débonnaire et très beau. Il m'a souhaité de résister et de survivre.

C'était très ordinaire : nous nous sommes assis à table et nous avons discuté.

Z. est vite parti (en colère parce que je n'ai pas voulu lui montrer la Saint-Sylvestre de l'année précédente dans mon journal). Mais ce n'est pas vrai ! Je sais que même si les apparences laissaient entendre que tout allait bien, c'était tout de même en demi-teinte. Il semble que Z. était animé des meilleures intentions, mais il s'est lentement refroidi et… Je ne sais pas, mais je sens qu'il y a quelque chose. Ça ne peut pas continuer ainsi ! Si nous avons décidé d'être honnêtes, alors nous devons nous y tenir. La vérité doit éclater ! Parce que je sais que toutes les aversions, les réflexions, les questions, les soupçons n'étaient rien d'autre qu'une autre forme d'amour. Parce qu'il apparaît dans tous mes rêves. Et maintenant, j'ai retrouvé le moral, peut-être parce que je m'en suis convaincue, tout simplement. J'étais triste, pourtant, infiniment triste. Je pleurais et je pensais à Bulczyk. Je voulais écrire une lettre, qui aurait été un cri de manque et de détresse ! Je me sens si seule, comme si je n'avais personne, absolument personne… Il n'y a que Buluś, mais elle est si loin… J'ai compris qu'en fin de compte, la plus grande proximité entre deux êtres est celle entre une mère et son enfant. Je comprends que je suis aux yeux de maman ce que mon enfant serait à mes yeux. J'ai envie de pleurer, je suis infiniment triste. Dieu, faites que les choses s'arrangent. J'aimerais tant un peu de chaleur… Buluś, Dieu, venez-moi en aide.

5 janvier 1941, lundi

La lettre de maman était chaleureuse. Mais je n'ai rien écrit, j'attendais, je continuais à attendre une étreinte réconfortante, un regard, mais seul un vent froid et gelé a soufflé. Il m'a glacé le cœur, il a rempli mes yeux de larmes. Je voulais écrire une lettre à maman, mais je me suis ravisée. Cette lettre aurait été un tel cri de douleur qu'elle lui aurait fait trop de mal. Non, je mens au monde en prétendant que j'y suis indifférente ; c'est faux ! Je souffre, je me tords sous la douleur. Je ne sais pas, est-ce à cause de cette fille inconnue qui l'a conquis, grâce au poste et à la nationalité de son père ? Ou à cause du fait qu'il n'a jamais dit un mot à ce sujet, ou du fait qu'il n'est presque pas venu me voir pendant deux semaines ? C'est à cause de quoi ? C'est à cause de tout !

J'en ai parlé avec Jarośka. Nous avons discuté comme deux amies. Mais il y a une différence entre nous, même pas d'âge, mais d'émotions. J'aime envers et contre tout, tandis que, pour sa part, elle déteste. Mais nous sommes tombées d'accord sur une chose : j'ai besoin de distraction, j'ai besoin de quelqu'un, et vite ; j'ai déjà écrit à Norka à ce sujet. Si cela ne guérit pas la blessure, ça cachera au moins la cicatrice. Et ensuite… qui sait ce qui se passera ensuite ? Nous vivons dans une époque qui fait que nous devrions penser à autre chose, à des questions existentielles, mais je n'y arrive pas. Peut-être que je commets un péché. Sais-tu seulement avec quel dégoût j'ai préparé un recueil de poèmes pour son anniversaire ? Parce que Maciek m'a confié que c'était ce qu'il voulait. Certes, mais il faut être magnanime au moment de se dire au revoir. La prochaine fois, j'essaierai de ne pas autant m'emporter, de prendre la chose avec plus de légèreté, et de ne pas creuser si profondément. Mais cette histoire a eu un impact énorme sur moi pendant toute l'année. Songe qu'en trois cent soixante-cinq jours, il ne s'en est pas passé un seul sans que je pense à lui, ni presque aucune nuit sans que je rêve de lui. Et désormais, est-ce que tout cela va se dissiper de façon aussi banale ? En réalité, j'aurais dû m'effondrer il y a déjà bien longtemps à cause de tout ça ; après tout, il a toujours eu les yeux qui traînent sur toutes les jupes. Enfin, pardon, pas toutes, celles qui le regardaient dans les yeux. C'est typique venant de lui d'être attiré par des filles qu'il attirc également. En fait, il m'a avoué un jour qu'il rend la pareille à l'extrême en matière de sentiments. On dirait bien qu'il en fait autant en matière de coquetterie. Je n'en suis pas certaine mais, en même temps, j'en ai sûrement fait l'expérience moi-même ? Mais j'écrirai ce que je ressens dans ce recueil. Il le faut. Peut-être qu'il me comprendra.

COMMENT
Un papillon aime toutes les fleurs
dans le pré, dans la plaine, sur la colline
Le lys et la camomille
il vole du matin au soir
Quand il ne chasse pas les odeurs
Mais veut encore du nectar

LES FEUILLES
En mai, les feuilles tremblent
et jouent impatiemment avec le vent
Est-ce étrange ?

Pour moi non, il me semble
Pendant les nuits d'août,
elles brûlent
avec une volonté heureuse
d'aimer, peut-être
en automne elles deviennent jaunes
elles flétrissent, moribondes
c'est sans doute de la jalousie
Elles meurent pendant l'hiver
et se congèlent aussitôt
sur le sol de la forêt enneigée
elles tombent
elles bruissent, et ne chantent pas
et au lieu de caresser, elles piquent
Est-ce étrange ? Pour moi ça ne l'est vraiment pas

Et je ne sais pas, en vaut-il la peine ou non ? Sûrement, oui. J'ai éprouvé plus de joie que de tristesse, après tout. Au revoir…

J'ai rêvé, un rêve
doux et délicieux
je marchais
dans des nuages qui ressemblaient
à un pays de couleurs et d'odeurs
et de cloches
et de cloches
de rire
qui résonnaient
et se répétaient
jusqu'à s'étendre
très loin

jusqu'à un soupir
de rire doré ensoleillé
quelle journée
puis dans un nuage blanc
une nuée de papillons s'est envolée
et a tracé un nom dans le ciel, si lumineux
un nom aussi doux que mon rêve
et tout aussi merveilleux...
le réveil ensuite
est moins mouvementé
avec un coup dans les côtes
j'écarquille les yeux en grand
il fait sombre, le jour se lève
l'ombre est sur le point d'interrompre
un doux rêve
un rêve de printemps
mais qui ne vaut un tel réveil

Une journée très triste et larmoyante. Noruś, je voulais t'écrire aujourd'hui. Et pas « que je suis là pour toi si tu veux pleurer » (même si je sais que cela appartient au passé), mais tu vois, c'est ainsi que ça fonctionne, bizarrement. Mais as-tu déjà réfléchi à ce que ces mots signifient ? Quand quelqu'un traverse une période difficile, oui, une période difficile et triste, quand la personne a besoin d'être consolée, elle se tourne vers celui ou celle dont elle est la plus proche : sa mère. Et je n'avais pas de mère ici. Je voulais écrire sur l'amitié, mais je sais que mon humeur a changé depuis ce matin. Et ? Et c'est mon tour de pleurer de nouveau. Oh, Dieu, mon cœur est si lourd ! Les mots ne sont que des mots, et ils ne veulent rien dire. Ce n'est pas avec une lettre à ma mère, ou à toi, ma Noreńka adorée, que j'allégerai le poids de ce fardeau, ni même avec des poèmes : ce sont ses mots à lui qui ont infligé ce fardeau. Quelle humiliation ! Pourquoi ai-je posé des questions ? Réfléchis, Noruś, j'ai un poignard dans le cœur qui, quand il est là, me fait mal, terriblement mal, sauf que la douleur est encore pire si je tente de le retirer. Et l'idée même de notre amitié me fait l'effet d'un refuge si paisible que je la considère comme quelque chose de sacré. Est-ce que tu me crois quand je te dis qu'il l'a senti à l'époque ? Mais je vais tout de même mieux. Peut-on dire que j'ai deux visages ? Buluś, Dieu, venez-moi en aide.

19 janvier 1942, lundi

Anniversaire ! Cher journal ! Maman ! Noreńka ! Je me sens si bien et si légère… C'était son anniversaire aujourd'hui. Je lui ai donné le recueil de poèmes (d'accord, il était très joli et j'en suis presque tombée amoureuse en le faisant) et il était ravi ! Je n'avais pas imaginé que ça lui ferait tant plaisir. Il était touché. Je lui ai demandé ce qu'il aimerait que je lui souhaite. Il a répondu que nous survivions à cette guerre sans nous séparer. Est-ce ce que je désire, moi aussi ? Quelle question. Je ne veux pas que nous rompions, ni avant la fin de la guerre ni jamais. Comme Z. l'a dit, les poèmes nous unissent. C'est formidable qu'il le comprenne. Les poèmes sont une chose extraordinaire et unique, ils lient les âmes et ennoblissent, élèvent l'amour. Dieu, merci, et faites que mes rêves deviennent réalité… Buluś, Dieu, venez-moi en aide.

24 janvier 1942, jeudi[1]

Je me sens merveilleusement bien ! Nous avons compris que nous nous comprenions totalement. Et j'ai exploré tes profondeurs, cher journal ! Es-tu fâché ? Je les ai dévoilées à quelqu'un de très proche, que j'aime beaucoup. J'ai donné tout ce que j'avais de plus profond, de plus précieux, de plus honnête : toutes mes inquiétudes et mes pensées contenues dans des poèmes. « Lorsque nous sommes comme des nénuphars », Zygunio. Ta façon d'être fait que je suis honnêtement incapable de trouver les mots ; il vaut alors mieux s'allonger, fermer les yeux et rêver. Seule Jarośka continue à gâcher cette image avec ses commentaires, comme : « Il a l'air d'un vrai juif avec ce chapeau. » Cause toujours. Peut-être qu'elle a raison et que je suis trop aveuglée pour le voir, cela dit, mais quand bien même.

Le cœur ne recevra pas d'ordre de bonne grâce
Il est plus sage que tu ne l'es[2]

De manière générale, j'ai eu envie d'écrire toute la journée, sans savoir sur quoi.

Au début, « il » était sur
un trône doré

1. Le 24 janvier 1942 était un samedi.

2. Il s'agit d'une allusion au vers d'une chanson de Julian Tuwim (paroles) et Henryk Wars (musique), interprétée par Hanka Ordonówna dans le film de Mieczysław Krawicz *Szpieg w masce* (« L'espion masqué »), sorti en 1933.

un château, des chevaux, des chevaliers
des ailes, comme sur un fantôme
un véritable prince couronné
comme dans les plus beaux rêves des plus douces
[nuits
Il saute, vole, bondit
le dragon trépasse
et l'éclat des sabots dorés
est si vivace
il a sauté pour briller
sur l'écran argenté
Une fois de plus, c'était « lui »
le véritable rêve d'une fille
Il a pris des villes et des cœurs
si charmant et unique
Il a démoli des murs
Marqué des buts
Son armure mettait son physique en valeur
Puis des nouveaux se sont lancés
des héros de livres
le soldat et le garde
avec des avions et des grades
Et c'était à cause d'eux
que ton cœur s'est brisé
et ensuite, un... qui ?
une silhouette dans la rue
Quelqu'un avec des lèvres si douces
Quelqu'un avec un regard brillant et profond
Quelqu'un dont on rêve et qu'on garderait
Quelqu'un comme un rêve éveillé de mai
qui ne va pas disparaître ou se dissiper
Une fois de plus, c'était « lui »

le véritable rêve d'une fille
une vedette d'une certaine réputation
Il a démoli des murs
marqué des buts

Un talent indisputable
Son costume était propre et bien taillé
et il a disparu sur l'écran brillant argenté

Et parfois, c'est exactement comme dans ce poème. D'abord, cela a pris de la vitesse, ça s'est envolé puis ça s'est arrêté, et je lutte, je lutte, je lutte et je ne parviens pas à finir. Mais peut-être que je le terminerai…

Il a boudé et attendu
puis d'un bond
il a fait jaillir un flot profond
Il a déplié ses ailes sombres
et dans un éclair
il a gribouillé des poèmes
sur une page à toute vitesse
Chaque sentiment et chaque pensée
a pris la forme de signes noirs
Il a aligné les mots serrés
qui brillaient dans son dos
Il a craché un vers après l'autre
et toussé des rimes, puis
il a fait couler des larmes d'encre
d'un pauvre vieux stylo à plume
Puis il est resté
le dos tourné au texte
sur une page blanche, aussi rageur

qu'un bouquetin têtu
comme une flèche qui transperce un arbre
il s'est fermé comme une huître
et a regardé autour de lui, effrayé
et la fin de ce poème
n'arrivera sûrement jamais

Peut-être que je le terminerai, en fin de compte. Buluś, Dieu, venez-moi en aide.

26 janvier 1941, lundi

C'était une journée très étrange, aujourd'hui. Ma pauvre Noruśka chérie. Elle est venue ce matin, catastrophée, en pleurs. « Mon grand-père est mort. » Puis elle est repartie en courant. Mon cœur s'est serré dans ma poitrine, j'avais terriblement mal. Plus tard, je me faisais du souci pour elle, j'ai pensé qu'elle avait été réquisitionnée pour déblayer la neige. Je sais combien elle est sensible et ce que cela représente pour elle. Et alors que j'étais en train de me demander si la pauvre n'était pas gelée quelque part et ce qu'elle pouvait bien être en train de faire, j'ai senti à quel point mon amie m'est chère. Son journal est l'histoire de notre amitié. Il pourrait s'intituler *Comment une amitié s'est renforcée*. Oh, mais il faut dire que c'est à elle que devrait revenir la position la plus noble, celle que l'on respecte le plus. Et désormais, nous sommes si proches que je ressens sa douleur autant que si c'était moi qui souffrais. J'aimerais tant qu'elle nous rejoigne. Sa dernière lettre était si chaleureuse, seule une personne d'une infinie gentillesse est capable d'écrire une chose pareille. C'est vraiment affreux, Irka a perdu sa grand-mère, Norka son grand-père. Dieu, préservez tous les autres et mettez fin à cette guerre. Buluś n'écrit pas. Ticiu n'écrit pas. Toute notre famille est comme un corps déchiqueté. Reviendra-t-il à la vie ? J'en viens à douter du terme « maison de famille ». Je ne peux avoir qu'une maison, à présent. Oh, exaucez-moi, Dieu. Nos grands-parents sont toute la protection et tout l'amour qui nous restent, ils sont tout pour nous. Chère Bimba, sainte Bimba ! En dépit du froid glacial, leur présence apporte un peu de chaleur et de soleil. Je traverse des moments qui n'arrivent que rarement dans la vie. J'ai dix-sept ans et, quand je regarde dans ses yeux, j'oublic toute la tristesse qui règne dans le monde. Et je les graverai sur mon cœur en lettres d'or. Parce que j'ai atteint cet âge et cette phase où les mots, les regards, les caresses nous remplissent de joie, où le simple fait de voir mon amour me rend heureuse. Et peut-être que ce sont les poèmes qui m'octroient cette clarté. Maman, envoie-moi de tes nouvelles ! Ton silence est un tel fardeau… Je dis « bonne nuit » aux jeunes gens heureux, « bonne nuit » à ceux qui sont inquiets et tristes, « bonne nuit » à toi, ma maman au loin, et à toi, mon pauvre ami. Bonne nuit. Buluś, Dieu, venez-moi en aide.

Puisse cette nuit apporter
un peu de répit bien mérité
à ceux qui souffrent
et qui ont mal
un répit joyeux
plein d'espoir
à ceux qui sont amoureux

Puisse sa main fraîche
apaiser les tempes brûlantes
après une journée ardente
Puisse le monde
apporter son aide
peut-être
et puisse-t-il frapper aux portes
des cœurs barricadés
bonne nuit...

29 janvier 1942, jeudi

Bon... Elle n'a toujours pas écrit, non. Cela me pèse à un point... Et comme à mon habitude, je commence aussitôt à imaginer des choses, et je ne veux pas penser à tout cela. Je suis si triste. Je suis aussi très inquiète à cause de Z. Il dit que j'aimerais vivre avec légèreté, que rien n'a vraiment d'importance à mes yeux. Ne voit-il donc pas la façade que je me construis (difficilement) ? Ou peut-être que c'est vrai, peut-être qu'à force de toujours me « moquer du monde », je me moque désormais sans le vouloir ? Mais ce n'est pas ainsi que je pense à ma maman adorée, ou à nos affaires : tout cela est une expérience difficile qui m'oppresse terriblement. Toute ma jeunesse s'est passée ainsi. Tu le sais. Je n'ai jamais manqué de rien sur le plan matériel, mais sur le plan affectif, en revanche... c'est arrivé. Et je ne pouvais pas le montrer, et je ne voulais pas y accorder trop d'importance, et c'est resté comme ça. Buluś, écris et viens me voir. Voilà ce que je désire plus que tout au monde. Buluś, Dieu, venez-moi en aide.

30 janvier 1942, vendredi

Non, pas une lettre, pas un mot… Pourquoi mon sang cogne-t-il si fort dans mes tempes ? Ah, et j'envisage d'écrire un roman court. Pas d'humeur joyeuse ou passable, c'est fini. Et voici ta réponse, Buluś.

Si j'étais comme toi désormais
tous les garçons seraient à mes pieds
je serais entourée de prétendants
et je les laisserais m'embrasser tendrement !
je les laisserais devenir fous !
cela me serait égal, après tout
sans cette honte qu'éprouvent les jeunes filles
j'ouvrirais grand les bras, puis
je les répudierais sans façon
je repousserais ceux qui m'ennuient
Je montrerais mes jambes aussi
Je remonterais mes jupons
Pour laisser la lumière éclatante les transpercer
avec tant de grâce
qui donc pourrait faire face
à tant de tentation et y résister ?
Les justes et les bons se feraient remarquer
Les vieilles âmes chastes laisseraient les langues [voler
contre mon corps, jusqu'à ce qu'elles meurent
contre ma bouche, mes cheveux et…
Je garderais tous ces charmants garçons contre [mon cœur
Je les ferais s'étrangler de bonheur
Si seulement je pouvais être comme toi…
Mais je ne le suis pas, et voilà pourquoi

Je n'en aimerai aucun autre, même si j'essaie
mon amour est jeune, attentif, honteux
et si attaché, si malheureux...

Je suis contente de ce que j'ai écrit sur moi-même... Je vais actualiser le texte. Buluś, Dieu, venez-moi en aide.

6 février 1942, vendredi

Un vendredi des plus ordinaires. Parce que tu ignores que les vendredis aussi, et, en général, tous les jours, tout le temps. J'ai eu une lettre de Buluś, Jerschina l'a apportée. Je n'ai rien révisé pour sa leçon. Je suis affreusement honteuse et désolée. J'ai vraiment envie d'apprendre. C'est réellement ce que je veux, j'y ai bien réfléchi. Maman, pardonne-moi, je t'en prie, pardonne-moi, toi aussi tu as connu ça une fois, après tout. Je... Je ne peux pas.

Zygmunt voulait venir plus fréquemment, et j'ai accepté. Mais voilà une chose que j'ai ressentie dès les prémices de l'amour : je n'aime pas le voir aussi souvent. C'est comme si je redoutais que cela devienne banal, de finir par m'ennuyer ou par être à court d'énergie (mais ce n'est pas le cas, n'est-ce pas, Noruś ?). Alors pourquoi pleurnicher, dans ce cas ? Parce que c'était ainsi aujourd'hui ? Après tout, hier et tout à l'heure et avant ça, c'était différent. Alors il faut dire ce qui est. Ou ce qui n'est pas. Cela m'a beaucoup excitée et a provoqué en moi des frissons déconcertants de plaisir. Tout était doux : les baisers, les regards et les mots, et tout n'était pas si éthéré, c'est vrai aussi.

Et aujourd'hui, c'était comme ça aussi au début, mais pas à la fin. Car en réalité, qui est à blâmer si j'ai commencé à réfléchir à la façon claire et honnête qu'a Z. de dire les choses ? Moi aussi, je lui dis des choses, et peut-être que ce sont mes dires qui m'ont tant humiliée intérieurement. « Renuśka ! Ce que tu peux être bête ! », dirait maman. Parce que tu n'as pas connu d'autre amour avant celui-ci ? Parce que ton rêve était si inespéré ? Parce que ce premier baiser était, pour reprendre les mots de Z., semblable à des cerises fraîchement cueillies ? Oui, à cause de tout cela ! Parce qu'une fois qu'il a eu fini de me confier (de manière assez honnête et en toute bonne foi, en fait) toutes ses aventures, le flirt désinvolte et les petites romances, je ne pouvais pas l'impressionner en retour avec quoi que ce soit de ce genre, si toutefois cela était susceptible de l'impressionner ? Ou peut-être pas. Je dois palper mon cœur tout doucement, pour voir où il me fait mal. Peut-être était-ce ce discours passionné sur la première fille, Jadzia, mais non, ce n'était pas ça non plus, ni le fait que ces expériences étaient beaucoup plus romantiques que la nôtre, ou peut-être était-ce la comparaison ? Oui, oui… tu as comparé mon amour pour toi à ton amour pour elle. Je n'étais rien, je ne représentais absolument rien dans ta vie ; tu ne m'as même pas prêté attention. Mais qu'est-ce que je veux vraiment ? C'est ce que j'ai toujours connu, après tout, je n'ai même pas (parfois) exigé que cela soit réciproque. Alors pourquoi étais-tu surpris que je sois « rongée par la retenue » ? Pourquoi, parce que j'étais mortifiée, l'humiliation ravageait ma vue de toute façon. Tout ce que je pouvais faire et dire me paraissait toujours trop à mes yeux. Tu étais libre de faire ce que bon te semblait, mais les filles ont leurs propres « saintes » règles. Et pourquoi, Z., pourquoi est-ce que « cela » est arrivé ? Ce n'était pas parce que tu me trouvais séduisante (« Parce que je n'essayais même pas de rendre la conversation intéressante »), ni parce que je t'ai trouvé, pas vrai ? Ou peut-être était-ce à cause de la dispute au spectacle de variétés et au concours ? Peut-être que c'était sans importance, relativement sans importance ? Cela ne m'a pas rendue heureuse de vaincre ces rivales (ou alors si ?) (je comprends mieux ce qui s'est passé au spectacle de variétés, à présent…). Après tout, chacune d'elles aurait pu en faire autant. Je savais tout cela, mais jamais au grand jamais je n'aurais imaginé que l'entendre d'une façon si douce et « accessible » pourrait me faire aussi mal. Enfin, ce n'est pas vraiment de la douleur, plutôt un spasme. Tu ne pouvais pas faire autrement que de l'aimer, même si tu ne l'as plus aimée ensuite. Et nous ne mettions pas d'étiquette à notre relation, elle se situait alors quelque part entre l'amitié et exactement « ça », puis elle a pris une tournure plus distincte. Mais je peux le formuler différemment. Pour moi, tu as tout de suite été davantage qu'un ami même si je te détestais parfois, ou peut-être même précisément à cause de ça. Peut-être que je me serais retirée et que j'aurais fermé la porte si… ? Oh, il y a toujours eu un « si », et c'est pour ça que je suis restée et que je resterai. Mais je suis tout de même triste aujourd'hui d'avoir été inexpérimentée, une novice, une oie blanche ; je suis triste de ne pas pouvoir dire : « Au moins, je sais que je n'ai pas vécu une vie ennuyeuse. » Mais une promesse sera tenue, même si j'ai aimé de toutes mes forces, comme aujourd'hui.

Désormais, ça va mieux, tout va bien, à présent je vais feuilleter ces vieilles pages d'une naïveté désarmante. Buluś, Dieu, venez-moi en aide.

Laisse-nous donc chanter
laisse-nous donc chanter
pour que le rêve
de la jeunesse perdure
jusqu'à ce qu'il puisse grandir et jaillir
laisse-nous donc remplir
le ciel de chansons !

8 février 1942, dimanche

J'aimerais commencer à écrire une histoire. L'histoire de notre amour. Écrite de manière totalement indépendante. Mais il faut bien, c'est peut-être difficile, quand… Je ne sais pas. Buluś, Dieu, venez-moi en aide.

16 février 1942, lundi

Je vais passer toute la journée chez Noruśka demain. Nous allons pouvoir discuter tout notre soûl. Nous nous mettrons d'accord sur tout et nous monterons notre future entreprise, au moins en théorie. Il le faut. Nous devons le faire à tout prix. Je suis allée chez Irka et elle m'a rendu visite en retour. Une fois de plus, une toile de relations est en train de se tisser. Mais je ne veux pas que cette toile se referme au point que les araignées m'étouffent. J'ai besoin de voir mon aimé, il faut que nous nous retrouvions.

C'est dégoûtant, cette vie qui commence en regardant ses lèvres et finit en regardant le bout de ses pieds. Je tente de toutes mes forces de me soustraire à cette influence, mais c'est très difficile, car je rêve de me jeter à son cou. Si j'avais une occupation, ou quelqu'un d'autre, je n'y penserais pas autant. C'est étrange et amusant à la fois de constater que je le sais toujours à l'avance.

Hier, j'ai raconté à Jarośka l'histoire de ma vengeance. Jarośka a répondu : « C'est ridicule, tu inventes tout ça ! » Mais aujourd'hui, aujourd'hui, il y a enfin une part de vérité.

Parfois, on a des rivaux ; c'est ainsi. Dans certains cas, rien que leur nom suffit à ce que l'on voie rouge. Que suis-je si elle est ma rivale ?! Je n'y avais jamais réfléchi, mais lui si, apparemment. Non. Ce n'est rien. La blessure guérira. Soit elle guérira, soit elle restera béante à jamais ! Ou peut-être seulement pour un temps. Parce que cela me coûte de renoncer au rêve. Le rêve que j'ai rendu parfait, que j'ai cultivé dans mes pensées les plus secrètes. Supporter des humeurs, déjà ? Non, c'est mal dit. C'était une humeur agréable, mais je le sais immédiatement, je le sens aussitôt et je change, je m'adapte. Et je suis en colère ! Mais le mieux est de cacher sa mauvaise humeur en paraissant d'excellente humeur.

Chacun a écrit le portrait de l'autre. Zygu était plus ouvert, alors j'ai ajouté quelque chose d'encore plus « aimant ». C'est étrange que je préfère toujours en dire plus, que j'aime donner autant que je reçois. Je sais qu'un cadre peut beaucoup changer, c'est comme le décor d'une scène de théâtre. Au revoir, bonne nuit. Buluś, Dieu, venez-moi en aide.

18 février 1942, mercredi

Pourquoi a-t-il fallu qu'une si belle journée se finisse ainsi ? Pourquoi cette journée en particulier, remplie de discussions amicales avec Norka et de projets légers et radieux, se referme-t-elle et se replie-t-elle, comme… comme moi ? Pourquoi la perspective du 16 mars ne m'égaye-t-elle pas, ni ce beau rêve d'être ensemble, d'être dans les montagnes, rien que tous les deux ? Pourquoi est-ce que mon aimé, mon adoré est pire que tous les autres ? Pourquoi est-il aussi odieux ? Odieux, oui ! Ce n'est pas un cri de jeune fille expansive, non ! Je prends pleinement conscience que toutes les lettres de ce mot sont autant de petits vers odieux, qui créent un ensemble tout aussi odieux. Tout est tellement creux, plat et sans intérêt : les cercles, les commérages, les cercles, les commérages, les cercles… et cela s'étend à l'infini. Maman, ma seule et unique, ma maman chérie, emmène-moi loin de cette atmosphère aussi répugnante qu'étouffante dans laquelle je suffoque. Même Jarośka me rend la vie impossible ! Je voulais donner des ailes à l'amour, vois-tu ? J'y ai mis toute mon âme, mais les ailes se sont brisées et il est tombé, il a dépéri. Pourquoi donc suis-je étonnée ? Tout se résume à cela. Ou peut-être ne nous sommes-nous jamais, jamais vraiment compris ? Et j'ai terriblement besoin de paroles de réconfort. Oh, maman. Et je lis un livre sur l'amour. Véritable, pur, mais « les pieds sur terre » à la fois, et je me dis qu'un tel amour ne peut exister que dans les livres, ou peut-être… Peut-être que le grand amour existe, là-dehors ? Peut-être que l'on peut récolter ce que l'on sème ? Mais pas ici, j'ai frappé à la porte du mauvais cœur, je me suis trompée, oh, je me suis fourvoyée à un point… Buluś, Dieu, venez-moi en aide.

24 février 1942, mardi

Moi. Je me fais rire. J'ai grossi, je ressemble à une vieille tantine grasse et rondelette. J'ai un triple menton. Sur quoi écrire ? Je reviens à la vie. Beaucoup de commissions à faire. Beaucoup de choses partagées avec Noruśka. Et tu sais quoi ? Nous allons peut-être fêter officiellement l'anniversaire de notre amitié. Le 16 février 1942[1].

Aujourd'hui, la journée a commencé comme n'importe quelle autre. Il m'a dit que j'avais été désagréable ces temps-ci, et patati et patata. Et une distance s'est installée, etc., etc. Jusqu'à ce que nous fassions le point sur notre pari et que nous comptions les poèmes. Zygmunt m'a pris la photo, celle qui est entrée sur la scène de nos vies à de si nombreuses reprises dans le passé. Il voulait la garder, je l'ai supplié, j'ai imploré, j'ai commencé à pleurer. Rien à faire. Zygmunt était implacable, même si je ne peux néanmoins pas dire qu'il était indifférent, au contraire. Jarośka me met si mal à l'aise que je ne sais plus où me mettre. En guise de geste pacifique, j'en donnerai un exemplaire à Zyguś. Mais j'ai résisté de toutes mes forces, même ses caresses et ses regards ne m'ont pas tentée, non ! Et pourquoi ? Zygmunt m'a posé la question et je n'ai pas réussi à y répondre, je ne savais pas comment expliquer. Après tout, cette photo fait partie d'un rêve. Ce grand rêve doré que j'emporte partout avec moi, un rêve qui est ancré en moi, qui vit,

1. Cela devrait être le 16 mars 1942.

qui palpite. Le prix à payer, c'est la tranquillité, une entrée incomplète dans le recueil, peut-être même de la tension dans notre relation ou même une rupture…

Mais ce rêve est incroyable, rien ne me fera reculer, personne ne me ramènera à la réalité. Je pense qu'un jour, ce sera dans le recueil et je dirai à un petit ange : « Tu sais quoi… ce ne sont pas mes larmes qui coulent. Un rêve ne peut être décrit avant de s'être réalisé. » Alors Zygu est peut-être fâché, même si j'ai trouvé que c'était lui qui venait vers moi. Zyguś, je t'aime tant ; qu'importe ce que j'ai fait, tu devrais me pardonner. Mais ensuite, j'ai pensé que ça n'arriverait peut-être pas jeudi ni samedi ni… jamais, et j'ai eu le cœur brisé, j'ai senti un tel manque… une fois de plus. Buluś, Dieu, venez-moi en aide.

28 février 1942, samedi

Ç'a été mieux, puis moins bien, puis mieux à nouveau. Ces sentiments déferlent en moi et me submergent. Mais j'ai écrit une longue lettre à maman, et cela m'a soulagée. Oh, si seulement je pouvais partir d'ici. J'ai le sentiment que chaque personne que je croise est un ennemi. Peut-être que c'est à cause de ces histoires.

Zyguś est adorable, mais je suis incapable de danser, je suis léthargique, désagréable, horrible. Je n'ai envie de rien… à part de rejoindre maman. Aller là-bas et faire une pause pendant quelque temps. Je suis affreuse de dire ces choses sur lui dans un moment de faiblesse. C'est mal, c'est petit, et c'est vrai. Maman, je suis si malheureuse… Buluś, Dieu, venez-moi en aide.

6 mars 1942, vendredi

Cette semaine a été riche en événements. C'était l'anniversaire d'Irka. Nous avons passé la journée avec Nora ; c'était très agréable. Nous nous sommes fait prendre en photo avec Nora et Jarośka (elles seront probablement affreuses, d'ailleurs). On prendra peut-être des photos dimanche et maman a écrit et envoyé deux colis, etc., etc.

Je n'ai pas vu Zygmunt de toute la semaine. Absolument. Et là, je vais faire une crise de nerfs, me défouler, cracher ma colère, je vais exploser ! Oui, parce que cela m'est égal qu'il rende ses petites visites par-ci, par-là. Je comprends qu'il aime être en bonne compagnie (il me l'a dit lui-même). Mais il est trop embarrassé pour y aller avec moi ; il est gêné et mal à l'aise, tout simplement. Il me l'a dit, en réalité : il ne voulait pas y aller avec moi et a déclaré qu'il s'y rendrait tout seul. Qu'importe, je lui épargnerai le déplaisir de ma compagnie, car il pourrait même être gêné dans la rue aussi. Pas de chance. C'est difficile de décrire à quel point je suis amère, j'ai le goût de la bile dans la bouche. Et imagine un peu, imagine ce que j'ai ressenti quand Lidzia a gentiment demandé : « Pourquoi n'es-tu pas venue avec Zygu ? » Ce sont sans cesse de nouvelles déceptions.

Les lettres que j'écris à maman sont la seule chose qui m'apaise. Je ne parle à aucun moment du « problème », mais je dis, à juste titre, que j'aimerais partir d'ici, trouver un monde différent. Je sais que ce monde-là ne vaudrait pas mieux, mais il serait nouveau, et c'est cela qui m'attire. J'en ai assez de ce tête-à-tête. Et ce rôti manque sérieusement de sauce. « Je suis en colère, parce que j'ai retourné mon cœur comme on le ferait avec une vieille poche pour en faire tomber toutes les miettes. Je sais, je sais que je ne suis qu'une pauvre fille, tu n'as pas besoin de me le dire. » Voilà ce que j'ai écrit à Binka. Te souviens-tu d'« Ouvrez grands vos cœurs » ? Je suis en colère contre ce poème maintenant, je le réfute : ça ne m'a convaincue que temporairement et, désormais, je le renie de toutes mes forces. J'étais partiale. En réalité, « Ouvrez vos cœurs… aux cœurs grands ouverts » est la bonne chose à faire. Mais seulement avec ceux qui sont grands ouverts. Et s'ils ne contiennent aucun doux secret, alors ils seront vides.

Un filet de lumière violacée
illumine une urne orange
montrant des visions étranges
dans des spectres enchantés
On peut voir des transes profondes
cachées dans la couleur orangée
front contre front, regards échangés
On peut voir une couronne brillante
Une reine mystérieuse dans des rêves enfouis
sur son trône fait de tombée de nuit…
Puis quelqu'un a ouvert les auvents
Pour laisser la lumière entrer
dans ce sombre secret
pour chercher ce qui se cache
Dans les commodes, dans chaque coin,
Dans un vase,
Fouillant à deux mains
et conclure : « Vide, elle n'est qu'un lieu vide et sans rien. »

Un secret cesse d'en être un lorsque quelqu'un le découvre. Mon cœur est vide, parce que j'ai tout dit.

Je ne serai jamais fâchée, mon chéri
quand tes joues deviennent cramoisies
quand une question te rend inquiet
quand tu dis tout bas : « C'est un secret. »
Tu mettras un doigt sur tes lèvres
Tes cheveux te tomberont sur le front
Tu lèveras les yeux au ciel
Remplis de mystère, de surprise, d'abjuration.
Je sais que tu aimerais dire
Je sais que tu aimerais appeler
C'est dur, si dur, mais
Veux-tu tout découvrir ?
C'est ennuyeux et inutile
Oui, j'aimerais connaître toutes tes histoires
mais je ne serai pas en colère, mon aimé
parce que si je venais à tout savoir
ça ne serait plus ton doux secret...

Et donc, il est gêné. Bon. À demain. Buluś, Dieu, venez-moi en aide.

(Le samedi)

La blessure ne s'est pas refermée, comment le pourrait-elle ? Irka était là, ainsi que Waldek et Zygmunt. Et c'était agréable. Très agréable. J'envoie des baisers... Buluś, Dieu, venez-moi en aide.

11 mars 1942, mardi

Une fois de plus, c'est lui qui m'a contactée et il était comme avant. Et une fois de plus, je l'ai repoussé. Je ne peux pas dire que ce n'était pas tentant. Ça l'était, mais la blessure n'a pas encore cicatrisé et je pense qu'elle ne cicatrisera jamais. Cette colère refera surface ailleurs, tant que je voudrai récupérer l'autre partie du portrait. Pourquoi ? Parce que, désormais, les questions les plus intimes, pas celles du cœur mais celles de l'âme, sont étalées sans pudeur sur le papier et montrent les dents ; elles sont entre les mains de quelqu'un d'autre. Et le problème n'est pas qu'il les montre à une autre personne, maintenant ou plus tard, quand « cela » ne sera plus là, tout comme le problème n'est pas qu'il les lise lui-même ou non. Le problème, c'est qu'il existe un autre « je », c'est qu'un autre « je » vit. Je suis séparée en deux, j'ai émis quelque chose et ce quelque chose existe, désormais. Cela ne veut pas dire que je suis stupide. Plutôt que j'aime cet idiot qui ne m'aime pas en retour, que je crois fermement en un rêve qui ne se réalisera jamais et qui n'est rien de plus qu'un spectre. Je m'apitoie tellement sur mon sort que j'aimerais me rouler en boule dans un coin et pleurer. Je suis bien navrée pour toi, pauvre idiote, parce que je vois toute la souffrance qui t'attend et que ce n'est pas près de s'arrêter.

J'ai tant, tant d'inquiétudes qui s'accumulent. Je suis contente que maman vienne, je vais lui en parler. Mais j'ai peur qu'elle ne me comprenne pas, elle me dira peut-être d'en rire, d'arrêter d'y accorder de l'importance, alors que j'éprouve encore de l'amour, tellement d'amour… Le moindre effluve suffit à me serrer le cœur et cela ne s'arrête que lorsque j'en parle à Nora ou à toi. Mais… Rien… Est-ce vrai que…

Oui, c'est exactement ça !
Le printemps est tout sauf une joie
Il ne s'accorde pas à mon humeur
Je me révolterai, je me ferai huer
je défierai ces contraintes de malheur
j'attraperai mon vieux parapluie percé
j'enfilerai des caoutchoucs noirs, sans me lamenter
mon écharpe et mon manteau d'automne.
Je reniflerai, oh la crasseuse.
Et dans mon accoutrement,
je traverserai la ville boueuse
en disant à qui veut bien l'entendre
« Que c'est ignoble, ce temps. »
Je me cognerai dans quelque crétin.
Un passant au bout de sa laisse
dévisagera ce fantôme vilain
qui parle désormais de l'automne.
« C'est l'automne là où je suis, vraiment,
vous avez ma parole, je vous le promets,
j'apporte l'automne avec moi librement
car mon humeur ne s'accorde pas au rythme
[printanier ! »
Personne ne me comprend.
Tout le monde dit que j'ai tort.
Fatiguée, malheureuse, épuisée,
je reste à la maison, cachée.
Je tire les rideaux, ferme les portes
Je remplis de bois la cuisinière
je me préserve du printemps

Je me frotte les mains en attendant
le retour des congères.
Je retrouverai l'automne
à moins qu'il ne m'abandonne !

Je n'ai vraiment pas envie que ce soit agréable et de voir des milliers de « couples » déferler dans les rues. Je suis égoïste, affreusement égoïste, mais dans le fond, à quoi bon ? Je n'ai pas besoin de ce sentiment ; il ne fait que malmener mon cœur. Parfois, j'ai des envies de rébellion. Envie de relever la tête (le printemps arrive, après tout) et de me battre. Oui, me battre contre mon amour, contre lui et contre ma propre impuissance et ma propre stupidité. J'aimerais tout oublier et écrire un roman. Je vais commencer bientôt car j'ai le sentiment qu'il me faut un exutoire pour tout ça. Au revoir, bonne nuit… Buluś, Dieu, venez-moi en aide.

12 mars 1942

Il n'y a pas de mots pour exprimer ce que je ressens. C'est absolument impossible. Je ne pense qu'à mes parents qui, bien que vivants, ont fait de moi une orpheline. Pourquoi n'ai-je pas mon propre appartement, pourquoi suis-je à la merci de personnes qui, à tout moment, peuvent assener : « Va-t'en ! Nous ne sommes pas obligés de te nourrir » ? C'est ce que grand-mère m'a dit aujourd'hui. « Va-t'en ! » Pourquoi ne l'a-t-elle pas dit plus tôt ? Pourquoi m'a-t-elle laissée vivre avec eux ? Pourquoi mes parents ne m'ont-ils pas envoyée dans je ne sais quelle institution ou, mieux encore, pourquoi ne pas nous avoir tuées toutes les deux lorsqu'ils se sont séparés ? Et maintenant, je suis obligée de penser à ça. Je dois réfléchir à un moyen de quitter cette vie discrètement, sans me faire remarquer. De me retirer. Tout le monde serait content, mes parents n'auraient plus à s'inquiéter de mon sort, grand-mère et grand-père auraient bien assez de nourriture pour eux deux, ils n'auraient pas à s'occuper des bâtards des autres, et moi… je serais la plus heureuse de tous. Mais je sais que ça n'ira pas jusque-là. Je n'en ai pas le courage. Pourquoi, pourquoi me dis-je ces choses-là, je n'en sais rien. Tout ce que je sais, c'est que seul l'espoir de demain me fait avancer. Mais si demain est… J'essaierai.

Au revoir, cher journal. J'aime tout le monde, mais ma corde sensible, mon unique but dans la vie était une maison. Ce n'est pas ma faute si je n'ai pas de foyer : c'est la faute de tous les autres, mais pas la mienne, et néanmoins ce ne sont pas eux qui en souffrent, mais moi et moi seule. Alors je souffre sans en être le moins du monde responsable. Au revoir. Buluś, Dieu, venez-moi en aide.

Nous composerons un poème vivant
nous nous noierons dans le bonheur
tout le monde en parlera doucement
tous les jeunes, au milieu du printemps en fleur
il sera fait de déclarations brûlantes
décoré de nos douces caresses
et de complaintes d'affection sanglantes
encadré par nos lèvres pleines de tendresse
Il pulsera avec notre sang
il aura le goût de nos baisers et de nos larmes
il aura l'odeur du lilas ou du jasmin blanc
la douceur d'une vieille chanson pleine de charme

froid et indomptable comme une rivière
quiconque le lira dira :
« Je le connais, on dirait mon vers... »

16 mars 1941[1]

La troisième année de guerre. Mais Renia ! Qu'en avons-nous à faire de la guerre aujourd'hui ? Nous avons célébré le deuxième anniversaire de notre amitié, comme nous l'avions prévu !

Tu ne m'as pas laissée terminer lorsque nous étions chez toi, alors je dois recommencer depuis le début. Les aiguilles de la vieille horloge ont avancé de quelques heures seulement, et pourtant, tant de choses ont changé au cours de ce laps de temps. La matinée a été merveilleuse, aussi parfaite que l'on aurait pu l'imaginer, c'était familier, délicieux et inhabituel à la fois. Nous avons triomphé d'Irka, nous avons eu le sentiment que nous nous dirigions vers un « mieux », que nous avions un grand jour à fêter ! Cela faisait bien longtemps que je n'avais pas été de si bonne humeur… et tout s'est évanoui à la seconde où Zygu est apparu. Il a apporté avec lui quelque chose d'étrange, de raide, c'est lui qui m'a mise dans l'état où je me trouve à présent.

J'aimerais écrire quelque chose de joyeux pour te remercier, Renia, pour tous les efforts que tu as déployés afin de rendre cette journée agréable, mais je ne peux pas. Ce matin, j'irradiais de joie, et désormais je suis assise ici, dans le froid, courbée au-dessus d'une page de ton journal, complètement cassée, et je n'arrive plus

1. Cette entrée a été écrite par Nora, l'amie de Renia.

à penser à rien. Tout est la faute de Zygu. Il m'a donné l'impression d'être une personne minuscule, stupide, sans importance, qui au mieux peut sourire comme une idiote, ou plutôt rire, et rien de plus. Renia, ne m'en veux pas d'avoir gâché cette journée remplie de chaleur, de douceur, de joie. Nous devons nous souvenir d'une seule chose : la satisfaction est l'ennemie de la créativité. Je suis reconnaissante à Zygu de m'avoir fait reprendre mes esprits (bien qu'il l'ait fait involontairement, j'en suis sûre). J'ai dessoûlé, mais j'ignore pour combien de temps, car une autre personne est en mesure d'affecter à nouveau mon état d'esprit.

En fait, nous pourrions commencer à écrire notre roman maintenant, l'humeur ne pourrait pas être plus appropriée, mais il y a un problème, Renia : j'en suis tout bonnement incapable. Je n'ai pas le moindre talent en matière d'écriture. Tu as bien plus d'imagination que moi. Les mots te viennent facilement, tu as du panache. Et mes connaissances sont bien trop limitées pour entreprendre l'écriture d'un roman, si petit soit-il. Commence à écrire sans moi, Renia, je te rejoindrai peut-être, ou peut-être pas, nous verrons bien.

Mais en ce moment, je pense à quelque chose de nouveau, à l'idée de Mila. « Organiser une journée de la vérité, nous a-t-elle dit, et tout mettre sur la table. » Oui ! Nous devons mener ce projet à bien. Cela me fera peut-être changer d'avis sur Zygu, peut-être même que cela me rapprochera davantage de vous deux.

C'est étrange, après tout nous n'avons pas besoin de circonstances nouvelles, parce que je pense que nous ne pourrions pas être plus proches que nous ne le sommes actuellement. Parce que, Renia, nous sommes très proches, toi et moi, mais une distance me sépare de Zygu et toi. Je le ressens chaque fois que vous êtes ensemble et j'aimerais vraiment que cela change. Alors haut les cœurs, tout finira bien. Nous avons déjà accompli tellement de choses, Renia, que ça aussi, nous y parviendrons. Vive le 16 mars ! Vive notre précieuse amitié ! « Disparaissez, larmes, révolte et inquiétudes… »

Mardi 17

Je n'ai pas écrit hier parce que tu étais chez Norka. Quel dommage. Je me sentais si bien. Et toute cette joie, tout ce calme bienheureux, je les ai transposés sur les pages du journal de Nora. Même dans l'après-midi, c'est ce que j'ai ressenti. Nous étions ensemble, tous les quatre, et j'ai eu le sentiment que nous étions si proches… Dommage que tu n'aies pas eu cette impression, Nora… (ah, tu n'as aucune nouvelle de Julek). C'est étrange que j'écrive si peu sur Julek. Je parlerai davantage de lui à partir de maintenant, étant donné qu'il est… prépare-toi… mon « beau-frère ».

En réalité, j'apprécie beaucoup Julek, notamment parce qu'il m'a agréablement déçue. Je le croyais expérimenté, je le prenais pour un don Juan, un hédoniste paresseux, superficiel, talentueux et très intelligent. Et à présent, je me rends compte qu'il est très direct, qu'il n'y a rien d'artificiel chez lui, rien de forcé. Il est très gentil et il n'a absolument pas la grosse tête. Alors je suis heureuse que Nora ait dit : « J'aime. » Il est vrai que c'était plutôt une question : « Est-ce que j'aime ? », mais cela fait longtemps qu'elle l'aime sans en avoir conscience. Et je lui souhaite le meilleur en amour. J'attends impatiemment qu'il se passe quelque chose.

Hier, j'ai eu le sentiment que tout ce dont nous avions rêvé devenait réalité. Nous avons vaincu cette horrible peau de vache, nous avons partagé notre « bébé » (le recueil), nous avons notre amitié et… nous prenons des photos. Oui, cela aussi veut dire beaucoup (pour eux qui sont au courant). Et ensuite, hier, lorsque nous nous sommes enfin retrouvés seuls, c'était très agréable et ça sentait le printemps. Zygmunt a dit que nous ne devions plus jamais nous disputer. Mais j'ai répondu que c'était impossible. En réalité, je le savais et j'ai reconnu que j'étais en colère et que, dans ces moments-là, j'inventais des choses extravagantes sur lui, mais que j'avais déjà oublié la raison de notre différend et que je me sentais coupable, jusqu'à ce que cette blessure se rouvre et que la douleur se ravive. Jusqu'à ce que je me rappelle qu'il était gêné d'aller chez Irka en ma compagnie. Et aujourd'hui, cette histoire avec la photo m'a de nouveau perturbée.

Et tu sais quoi, aujourd'hui, je l'ai vu d'un mauvais œil. Krela avait raison lorsqu'elle disait qu'il était vulgaire. J'ai cru mourir d'embarras. Mais Norka a fait disparaître tout cela, elle a réussi à présenter la chose sous un jour humoristique et gentil, ce qui m'a permis d'être plus bienveillante. Chère Nora, c'est si gentil de sa part… Je suis curieuse de la photo et de sa réaction. Je suis sûre que nous ressemblons à Antek et Margośka[1]. Buluś, Dieu, venez-moi en aide.

---

1. Il s'agit peut-être d'une référence à Antek, dans le livre *Les Paysans* de Władysław Stanisław Reymont, et au personnage

19 mars 1942, jeudi

Doux jeudi, tu as un goût de baisers et de larmes ! J'ai exprimé mes inquiétudes et je me sens mieux, maintenant. Zyguś était si gentil et aimant… Mais je sens qu'il y a encore quelque chose qui me dérange. J'ignore ce que c'est. Après certaines conversations, je reste sur une sensation désagréable. Mais je l'aime toujours énormément, même si je ne le trouve plus aussi beau qu'avant. J'aime cette atmosphère tendre, pleine de caresses et de chaleur. Je donnerais tout pour ça. Oui, ma chère maman, je veux, je désire ce que je n'ai pas eu, parce que tu étais loin. Buluś, Dieu, venez-moi en aide.

21 mars 1942, samedi

Irka était censée venir. Tout ça ne signifie rien ; elle est la méchanceté incarnée. Mila appelle un chat un chat…

Mais aujourd'hui, c'est une journée spéciale pour moi à cause de Norka… Je tremble de curiosité et de contentement. Enfin, ouf ! Je peux recommencer à respirer.

Je suis si désolée
pour le printemps, pour l'amour, pour moi-même
j'aimerais me noyer dans les célestes étendues
dans le bleu infini, suivant mon regard
ou tenter ma chance dans l'inconnu
je me sens si seule, oh si mal
je sais que tous m'ont abandonnée
perdue dans mon impuissance, je bataille

éponyme d'*Opowiadania Margośki* de Józef Birkenmajer (« Les Contes de Margośka »).

mon cœur restera ici même quand je m'en serai
[allée

Je ne ferai rien, ma chère madame
car je ne peux me battre contre moi-même
même si je sais, même si je veux
même si j'insiste, je le dis moi-même
Reste, je meurs avec toi
je sais que ce n'est pas vrai
Moque-toi de moi, ne te gêne pas !
Je ne mourrai pas, j'y suis opposée
je continuerai à vivre, mon heure n'est pas arrivée.

Je terminerai plus tard.

Nous avons gagné. Ou plutôt, Nora a gagné. Elle a persisté et, aujourd'hui, ça n'est pas arrivé mais ça s'est manifesté. Nous avons senti que nous étions là l'une pour l'autre et que nous les tenions.

Julek est parti avec Nora, Zygmunt est resté avec moi. Elle était comme abattue, déçue et esseulée. Je voyais bien qu'elle voulait me rendre jalouse pour ensuite me prendre en pitié (comme elle l'avait fait une fois), mais elle a été prise à son propre piège. C'était en grande partie la faute de Zygu. Je lui en étais si reconnaissante que j'aurais pu l'embrasser à en mourir. Zyguśka, je ressens désormais une envie que je n'avais pas éprouvée depuis longtemps. Au fait, tu étais de mauvaise humeur.

Le mieux, c'est que, maintenant, j'ai de la peine pour Irka, je suis tiraillée par les regrets quand je songe qu'elle pleurait presque en partant. J'ai beaucoup, beaucoup de peine, mais c'est la vie, on n'a pas le choix.

Si elle était partie avec le sourire, c'est moi qui serais en pleurs en ce moment. Buluś, tu peux rire à présent. Buluś, Dieu, venez-moi en aide.

23 mars 1942, lundi

Merci, Dieu ! Mille mercis car, au lieu d'être seule, affamée et enfermée dans une prison, je suis chez moi avec mes proches. J'ai conscience de ma chance. Je me souviens encore du visage sous le casque et j'ai de nouveau terriblement peur, aussi peur qu'à ce moment-là, et j'ai affreusement envie de pleurer. C'était un véritable miracle, un miracle extraordinaire. Merci, Dieu tout-puissant, et merci maman chérie qui prie pour moi quelque part. Comparé à ça, tout le reste est insignifiant et fade, une promenade, des baisers, des photos… Z. ceci ou cela, et alors ? Je m'inquiétais de ne plus l'aimer, et alors ? Qu'il ait l'air ridicule, que dans mes songes j'écartais son visage ? Mais ce n'est même pas drôle, comment puis-je dire des choses pareilles, quelle affreuse peau de vache je fais ! Face à sa tendresse, je me suis forcée à dépasser cela et, ensuite, je n'ai plus eu à me forcer du tout, ce qui était encore mieux. Je suis heureuse que la journée soit finie… et en même temps, c'est dommage. Parce que j'ai de nouveau une folle envie. Buluś, Dieu, venez-moi en aide.

25 mars 1942, mercredi

Quelle ironie. Ils bouclent notre quartier (je ne pourrai plus voir Norka) ; ils expulsent des gens de la ville ; il y a des persécutions, l'illégalité règne. Et par-dessus tout ça, il y a le printemps, des baisers, des douces caresses, qui me font oublier le reste du monde. Au revoir. Buluś, Dieu, venez-moi en aide.

28 mars 1942

Quelqu'un reste à la maison, parce qu'elle y est obligée. Quelqu'un a un miroir sur son bureau et se regarde dedans et constate qu'elle a pris du poids. Les pensées se bousculent dans la tête de quelqu'un comme de l'eau dans une roue de moulin. J'ai été interrompue et je n'ai pas fini, au revoir. Buluś, Dieu, venez-moi en aide.

Le jour suivant

Quel dommage que je n'aie pas écrit hier. J'étais submergée par le désir printanier. Zyguś est si gentil avec moi, si tendre, si affectueux… Il n'a jamais été comme ça. Même en présence d'autres personnes, je me sens bien. Ou plutôt, je me suis sentie bien, mais ce n'est plus le cas. Oui, c'est fini. Je ne supporte pas tous ces « chasseurs ». Il y en a plein ; je suis cernée comme si j'étais en cage. Certains essaient d'être francs et honnêtes, d'autres disent du mal de moi dans mon dos, d'autres encore essaient par le biais d'un frère ou d'un cousin, d'autres… enfin, cela ne vaut pas la peine de gâcher mon encre.

Dommage que nous n'ayons pas pris de photos. Étais-tu au courant ? Et qu'en as-tu pensé ? Quel monde horrible. Pas « le » monde, seulement notre petit monde. Et d'abord, pourquoi Z. me dit-il tout cela ? Cela me refroidit sérieusement quant à notre relation et, dans le même temps, cela me secoue, je commence à « sentir » que je suis sur terre. « Si le soleil ne brille que pour la bourgeoisie, eh bien ! camarades, nous éteindrons le soleil[1]. » C'est bien vrai ! Oui, oui, voilà ce que j'ai appris.

Julek me dégoûte. Je me sens mal de ne pas en parler à Nora, mais je ne peux pas. Elle semble si heureuse, si contente, comment pourrais-je détruire sa joie d'un seul mot ?! Non, je ne le ferai pas, c'est impossible. Et de toute façon, personne n'est parfait. Personne. Je ne sais même pas ce qui vaut le mieux. Mais tandis que Z. me racontait ça, j'étais heureuse : heureuse qu'il existe, que nous existions, et que notre demoiselle existe[2]. J'ai senti que nous avions quelque chose de plus grand que ce qu'elle a. Que Z. est plus permanent. Mais rien n'est acquis. Rien du tout. Je traverse une drôle de période, j'ai envie d'écrire des poèmes et je n'y arrive pas. Je n'ai pas l'énergie nécessaire.

Bonjour, hé, écoutez
vous, les drôles de passants
vous les idéalistes, les rimeurs
et les incurables rêveurs
qui marchez constamment
avec le nez levé
que cherchez-vous donc
parmi les étoiles dorées ?
Pour qui soupirez-vous

1. Citation de Léon Trotski.

2. Ce terme apparaît plusieurs fois dans le journal, mais sa signification n'est jamais très claire. Il s'agit peut-être d'une plaisanterie entre Renia et Zygmunt, une métaphore pour leur amour / leur relation.

par cette nuit de pleine lune argentée ?
La vie est ici, parmi nous
Qui gronde avec force
elle infuse, bouillonne, déborde
Il faut laisser passer les premiers remous
Ne suivez pas les mauvais chemins
sur la carte du ciel infini, son guide
arrêtez de regarder les cieux
avec cet éclat dans les yeux
sauf si vous souhaitez tenter votre chance
vous faire bousculer et punir
Rassemblez vos forces sans réfléchir
observez, regardez autour de vous
ou vous en paierez le prix
et essuierez de nombreux coups !

Oui, c'est vrai, mais c'est si agréable parmi les nuages et si laid ici-bas. Cela n'a aucun intérêt. À présent, un petit quelque chose pour le club, un peu de commérage.

Tu veux ?
Nous escaladerons les montagnes
Avant, je disais « Je le veux »
Mais désormais, je te pose la question
Tu veux ? Est-ce que tu peux ?
En as-tu envie ? Le sais-tu ?
C'est toute mon affection
Rien d'autre qu'une grande question
Sais-tu…
Oui, oui, notre affection
est une autre question
Enfin, que veux-tu ?

Oui, oui, notre affection
est vraiment une question.
Comment oses-tu !

Je vais réfléchir dans mon lit. Buluś, Dieu, venez-moi en aide.

7 avril 1942, mardi

Eh bien voilà… Nous avons eu une dispute et… j'ai décidé de rester en colère. Mais Norka est venue me voir pour me persuader de changer d'avis et elle a réussi. Je ne suis pas difficile à convaincre. Et en réalité, je suis heureuse que Norka ait discuté avec Zygu. J'espérais depuis longtemps que ça arriverait. Je suis contente aussi qu'elle vienne au pique-nique demain et qu'elle aime son Julek, je me réjouis qu'elle traverse ce printemps en « fleurissant » autant. Je n'arrête pas de repenser à mon printemps de l'année dernière. Que Noreńka soit heureuse, elle le mérite. Tout le monde doit vivre son premier printemps. Nos « printemps » sont similaires, comme nous le sommes elle et moi. Mais il y a aussi « quelque chose » de différent, comme tu sais.

Je vais me battre contre Irka avec… toutes les armes que je peux trouver. J'avais ce sentiment idiot, indifférent, et désormais… ça n'a pas d'importance… Buluś, Dieu, venez-moi en aide.

9 avril 1942, jeudi

Tout va mieux, tout va bien. Tout est arrangé… et c'est très bien. Mon adorable Zyguś ! Ma Nora chérie ! Je suis heureuse que vous ayez appris à vous connaître.

Zyguś, ton âme est aussi délicate qu'un brin de mimosa. Il ondule à la moindre brise. Il meurt. Je ne changerai jamais. Je serai toujours une rêveuse et c'est comme ça. Je continue à m'envoler très haut, je vis toujours dans le royaume des rêves. Buluś, aujourd'hui, et même si cela ne diminue en rien l'amour que je te porte, j'ai un grief, et ce n'est pas la première fois. Je me sens si bien avec lui désormais, j'aimerais m'accrocher à lui, le serrer fort, et enfin… qu'il soit à moi, à moi, rien qu'à moi ! Au revoir, Zyguś… Buluś, Dieu, venez-moi en aide.

10 avril 1942, vendredi

Ce matin, j'ai beaucoup réfléchi à notre conversation d'hier. Le soleil brillait de tous ses feux et il semblait aimant. J'ai senti le printemps et je peux affirmer que c'était ma première vraie journée de printemps. Aujourd'hui, les « couples » ne m'agaçaient pas ; c'est le cas depuis plusieurs jours, à vrai dire. Aujourd'hui, même les couples qui s'embrassaient ne provoquaient en moi que des sentiments amicaux et chaleureux. Et pourtant, aujourd'hui, dans la matinée, je prévoyais tout de même de partir loin d'ici, de m'envoler très haut, de me terrer très profondément, et, comme je l'envisage depuis un moment, je voulais emmener Zygmunt avec moi. Je pense que cela commençait ainsi :

Qu'en dis-tu ? Donne-moi ta main
Quittons ces terres, partons très loin

Oui, c'était le début, j'en suis sûre, c'est exactement ce que j'ai écrit, mais ensuite j'ai abandonné, je voulais voyager seule, puis finalement je nous ai imaginés marchant ensemble. Et voilà ce qui est sorti de ce méli-mélo de pensées :

Chaque libellule, je l'ai chevauchée
Sur tous les rayons de soleil, j'ai galopé
Tous les nuages, je les ai escaladés
Je tourne en rond toute la journée.
Le vieux vent me connaît bien
Il me serre chaleureusement la main
Et demande : « Partons-nous, chère resquilleuse
je t'en prie, dis-moi, ma majestueuse ?
— Où ça ? » C'est un perce-neige qui pose la [question
celui qui pousse près des grands chardons
« Loin, s'il te plaît, mon ami, très loin
là où le ciel embrasse la terre le matin. »
Les nouvelles du monde ne m'atteindront pas
Même si elles me pourchassent à la vitesse de la [lumière
Mais si tu veux suivre la trace de mes pas
Cherche-moi, mais là-bas, pas sur cette terre !

Oui, mais ce n'est pas tout. Dans la matinée, j'ai ressenti cette excitation, je voulais écrire un poème fait d'absurdités pures et simples.

Tout est déformé
Tout va mal !
Sans aide, la Terre tourne trop lentement
Elle donne naissance à des journées trop courtes
Le soleil se couche trop rapidement

Quand le crépuscule finit sa course
La lune semble bien mal en point
Face aux étoiles qui brillent trop fort
La distance ne suffit pas, et de loin
Le printemps manque de ressort
le chagrin est trop triste...
Mais si tu veux...
nous ferons repartir le monde
nous ferons remonter le soleil dans les cieux
la lune brillera à la ronde
Si tu veux, alors il le faut !
Le fredonnement du silence doit être étouffé
Les courtes distances, écartées
Le printemps doit être plus joyeux, les peines [écourtées
Non, débarrassons-nous des chagrins, s'il vous plaît !

J'ai fini et je me sens bien ! Aujourd'hui, Z. m'a déchiffrée comme on déchiffrerait une énigme. C'est vrai que je fuis ce monde uniquement parce que je ne suis pas dans un bon état d'esprit. Il a dit que ce n'était pas du romantisme traditionnel, mais quelque chose qui se rapprochait plutôt du symbolisme. C'est l'échappatoire d'une vie oppressante, dont je ne sais pas profiter, que je ne sais pas comment aimer. Il était terrifié à l'idée que ce soit anormal et que je l'entraîne avec moi. Oui, il a raison, il a raison à cent pour cent (comme d'habitude), car c'était ce que je comptais faire. Mais désormais, je comprends que je n'en avais pas le droit, que je ne dois surtout pas faire ça ! Je ne peux pas détourner une personne qui aime passionnément la vie, qui sait la croquer à pleines dents et la laisser l'emporter, uniquement parce que je suis malheureuse ici. En fait, je ne suis pas malheureuse, je me sens mal. Oui, il a besoin de rester ici, de jouer, de s'amuser et… rien. Et moi ? Je vais essayer de tomber amoureuse de la vie, du printemps « terrestre » et des gens. Tomber amoureuse de la vie, voilà ma nouvelle mission. M'ajuster à ses exigences, devenir une romantique aussi normale que possible (s'il le faut). L'autre option est celle à laquelle j'ai songé si souvent : me défaire de tous ces rêves, ne plus jamais écrire de poèmes, ne jamais rien analyser et, à la place, devenir une fille de dix-sept ans normale avec « les pieds sur terre », apprendre à danser, aller à des fêtes, en profiter et tout le reste. Devenir, tu sais… comme Rena, mais cette version différente que j'ai décrite. Alors il n'y aurait plus de risque de développer un complexe ; je ne saurais même pas que cela peut exister et je demanderais : « Qu'est-ce que c'est donc ? » Je sais que ce serait agréable, mais cela signifie mourir et renaître. Peut-être que je peux être la première. J'essaierai, en tout cas.

Enfin bref, je suis pleine de bonnes intentions et très cordiale, je vais vers les autres. Voyons comment le monde réagit et m'accueille, enfin, pas « le » monde, mais notre petit monde. Néanmoins, je dois avouer que je le fais uniquement sous l'influence de Zygmunt et à cause de lui ; autrement, je ne me lancerais jamais dans une entreprise pareille. Ah ! Au cas où j'aurais envie de fuir (ça peut arriver), contente-toi de me regarder comme tu l'as fait aujourd'hui, Zygu, et… tout ira bien. À bientôt.

Jusqu'à la trahison du printemps
quand il te fera souffrir

que de fausses pensées feront pire
fais-toi étreindre en attendant.
Jusqu'à ce que tu plies sous le poids
de ces moments et ces années
ris de bon cœur, ne réfléchis pas
aime le monde, crie ton bonheur.

7 heures 30 du matin

Buluś, Dieu, venez-moi en aide.

11 avril 1942, samedi

Zygu me manque, il me manque terriblement. J'y ai pensé toute la nuit et la journée m'a semblé durer une éternité. Je n'avais pas été aussi excitée depuis longtemps. Et j'ai joué de malchance ! Je ne l'ai eu pour moi toute seule qu'un moment. Mais je suis très satisfaite et très heureuse ! Zyguś, mon chéri, tu étais si, si gentil et adorable, j'étais très touchée. Je suis sensible à ton comportement. Mon chéri, mon amour, ma merveille ! Si seulement tu étais toujours comme ça, cela me rendrait si heureuse. Je n'aimerais rien de plus au monde que de t'avoir près de moi à cet instant. J'aimerais être avec toi, parce que c'est tout sauf apaisant, c'est un tourment d'attente et de désir, mais je me contenterai d'imaginer en détail que nous sommes ensemble ! Oui ! Buluś, Dieu, venez-moi en aide.

13 avril 1942, lundi

Une douce journée. Des colis de maman sont arrivés, qui renfermaient des bonbons, des sucreries. Mais… ce n'est pas uniquement pour cette raison que la journée était douce. Les lèvres de quelqu'un l'étaient bien plus encore. Celles de qui ? Je te laisse deviner. Je n'ai pas envie de l'écrire, à quoi bon ? Je gâcherais « ça » avec des mots. Il faut vivre « ça » pour le comprendre. Vous pouvez m'envier, tous ceux d'entre vous qui n'ont jamais vécu le printemps, le second avec une subtile fragrance des champs d'avril ou d'amour, si brûlant (bien que terrestre) qu'il s'infiltre parfois sous ma peau et me fait frissonner. Ah. Buluś, Dieu, venez-moi en aide.

16 avril 1942

M'entends-tu ? Je t'appelle par monts et par vaux
Le vent emprisonne tous mes mots
Je lui ordonne de les transporter
C'est ma chanson, ma réponse
Mon chant nuptial printanier !
Je crie, je m'épanche
je remplis mes poumons d'air
et de cette rieuse impatience
Il arrive, écoute le vent
Écoute son murmure, son fredonnement
Je t'invoque, maman, je t'appelle de mes vœux
La chanson est ma plainte, mais c'est un cri heureux
Maman, le vent atterrira à tes pieds
Il aura peut-être vu du sang en chemin
Peut-être que des tombes l'auront effrayé
Qu'un nuage d'agonie grise l'aura étreint
Ou peut-être des vagues de larmes brûlantes
l'ont désormais rendu muet
Il est pâle et roulé en boule, tremblant.

C'était une aurore parfumée
aux éclats frappants
dans le verger
le vent
secouait les bourgeons
et les arbres
Nous étions là, assises
à rêvasser, dans l'oubli
ignorant le monde menaçant
De doux regards
et de doux vers
(te rappelles-tu mon visage rougissant ?)
si timides et si prudents
les premiers, les tout premiers
J'ai aimé, j'ai rêvé, j'ai désiré.
Tout était silencieux, brillant et frais
au sol, les fleurs de pommier formaient un tapis
et nous étions simplement là, assises
pâles de bonheur
blancs comme les fleurs.
Le soleil nous a pris en pitié
et nous a couverts de rosée
Ce n'est pas vrai, ça ne s'est pas passé comme ça !
Mais peut-être que cela se reproduira.

Buluś, Dieu, venez-moi en aide.

20 avril 1942, lundi

Aujourd'hui, c'est l'anniversaire du Führer. Et pas seulement. J'ai envie de hurler à pleins poumons. Et je n'arrête pas de penser à la phrase « La vodka est fraîche et les lèvres sont brûlantes[1] ! ». Et… Non, je ne peux pas le dire ; Zyguś a raison, est-ce possible d'exprimer à quel point ? Non, il n'y a pas de mots pour le décrire.

Comment est-ce possible d'être amoureux pendant dix-huit mois ? Quelle question idiote ! Sauf qu'à présent, tu peux vraiment aimer. Je suis… Bon, je crois que j'ai perdu l'esprit. Mais non, tout est réel, tout palpite, tout bouillonne de vie et d'amour et de jeunesse. J'ai l'impression de conduire un char ou de faire la course dans le vent et sous la pluie. Et je n'arrive pas à écrire sur Zygu, sur l'être le plus merveilleux au monde. Je n'arrive pas à reprendre mon souffle, je n'arrive pas à trouver les mots. Peut-être vais-je me dissoudre dans ma propre tendresse, dans ma propre affection. Aujourd'hui, j'étais vraiment prête à l'étrangler, mais que ferais-je ensuite ? Zyguśka, c'est pour toi et pour toi seul que j'écris ceci ! Je t'ai ouvert mon cœur et tu m'es si, si cher ! Je suis heureuse, heureuse et légère, et… Des rêves ! Des rêves stupides, fous, merveilleux ! Tout.

Je sauterai sur le rebord de la fenêtre
Non, encore plus haut en fait
Sur le toit je me rendrai
Une très haute tour j'escaladerai
Je ferai sonner le marteau
De la cloche à l'heure qu'il faut
Je crierai, je braillerai
D'une horrible voix de fausset

---

1. Phrase d'une valse populaire intitulée *Gwiżdżę na wszystko* (« Je me moque de tout »), avec des paroles de Krzysztof Lipczyński, une musique de Jan Markowski, et interprétée par Mieczysław Fogg.

Le marteau carillonne
Entends-tu ? La cloche sonne.
La joie, le bonheur, la vie
L'amour fou flotte dans l'air
Et a hâte d'être ressenti
L'âme résonne en frémissant
Je suis une douce fille de dix-huit ans
Tout est en train de déborder
C'est impossible à contrôler
Peut-être que je te raconterai
Peut-être que je commencerai
Et cela arrivera, c'est vrai
Comme si le monde entier savait
En revanche, ce qu'il ignore
C'est que la brise du printemps dehors
Cingle le moindre rayon de soleil
Escortant jusqu'à toi ta petite demoiselle.

Buluś, Dieu, venez-moi en aide.

Après aujourd'hui. Demain

J'ai peur. J'ai vraiment très peur. Pendant la nuit, je n'ai pas arrêté de penser à écrire, écrire, écrire, mais je ne pouvais pas écrire. Parce que je sais que mes pensées étaient concentrées. Songe donc que le printemps et toutes les rêveries qui se baladaient parmi les étoiles et la lune et le monde étaient désormais combinés en une seule grande étreinte ! Et désormais, l'imaginer ne suffit plus ♥, désormais je veux l'avoir avec moi. Ce serait parfait pour moi car, pour le moment, je suis seulement contente. Mais hier, je ne l'oublierai pas, Zyguś, hier c'était le printemps !

Je suis choquée que les fleurs
ne poussent pas à tes pieds
toi, mon ange, mon oiseau chanteur
toi, paradis, doux printemps, mois de mai

J'étouffe mon cri, je le garde à l'intérieur. J'aimerais courir dans les champs, ouvrir grand les bras et crier comme une folle. Mai ! Paradis ! Printemps ! Printeeemps ! Et ensuite… Une étreinte de plus comme celle-ci. Qui renfermerait tout. Mon Dieu, je suis vraiment terrible !

J'ai reçu des cartes postales de maman et de Ticiu. Des cartes postales tristes, horribles ! Et j'ose être d'humeur si joyeuse et chantante, moi, leur fille ?! C'est un affreux péché. Pardonnez-moi. Parce que…

Ça m'est égal, en vrai
dans la cave, dans le grenier
du côté aryen, ici, là-haut,
en tant qu'habitante misérable du ghetto,
mon cœur réchauffé par une flamme comme celle-ci
fait du monde un endroit plus heureux
mon cœur réchauffé par une œillade comme celle-ci
je coulerai avec grâce au fond de l'océan bleu
je peux même porter un brassard
et pas qu'un seul
mais toute une armée.

Non, ce n'est pas ce que j'avais envie d'écrire.

Écoute mes nouvelles
Attends, je vais te raconter

Dans la nuit, une averse de printemps est tombée
et des violettes me poussent sur la tête
Je ne sais pas comment c'est arrivé
mais quand je me suis réveillée
le monde était devenu rose
et ma tête... comme un bouton-d'or, toute verte !
J'ai vu d'innombrables visages moroses
entendu des soupirs de désespoir
et la complainte : « Qu'est-ce qui lui prend,
à cette fille ! Elle sifflote, bondit gaiement
comme une polissonne, il y en a marre.
Incroyable, quelle nouveauté, vraiment ! »

Les tantes, les cousins et les parents lointains
discutent de comment ramener la pécheresse
Quelle disgrâce pour la famille, quelle détresse
tout le clan est attaqué et ne fait qu'un !

Je sais, je devrais avoir l'air triste, me recroqueviller
je devrais me ratatiner encore un peu
me plaindre de la race humaine, du monde, des deux
m'occuper en reprisant des vieux bas, quelle corvée.
Je devrais soupirer car les temps sont durs
car les hommes sont stupides et impurs
je devrais m'inquiéter
Mais dans quel but ? Quel intérêt ?
Je me suis promis il y a longtemps
de mettre à la poubelle inquiétude et tristesse.
Que les choses pénibles et tristes disparaissent
Il n'y a de place dans mon cœur que pour l'amour
seulement.

Ma boutonnière est ornée
D'une jolie fleur
Partout dans le monde, je peins des cœurs
Je les dessine dans tous les lieux divins
Et j'écris ton nom dans chacun

J'ai du travail physique à faire. Buluś, Dieu, venez-moi en aide.

Vendredi 24 avril 1942

Tu étais chez Z. Zyguś te connaît ! Oh, paradis ! Oh, mois de mai ! Oh, printemps ! Mais ça suffit… Buluś, Dieu, venez-moi en aide.

26 avril 1942, lundi

Je ne sais pas par où commencer ! J'ai besoin de rassembler mes pensées et de me reprendre ; je dois me forcer à tout exprimer. En fait, cette exclamation sur le paradis, le mois de mai et le printemps était la dernière. Au début, je me sentais affreusement mal. Je voulais te déchirer, te brûler, te réduire en poussière pour te punir d'avoir trahi mes secrets. Comment as-tu pu ? Après tout, tu m'as promis dès le départ de me rester fidèle ! De quel droit as-tu révélé le contenu de tes pages si impudemment ? Quand j'ai songé que quelqu'un s'était introduit de force (eh bien oui, de force) dans mon royaume privé, dans mon intimité, je n'ai pas ressenti un vide, non, mais une honte terrible et dévorante. Mais ce n'est plus que ce que j'éprouve, et ça n'a pas duré longtemps. Tu sais, j'ai cru qu'il pourrait me comprendre mieux que quiconque. En fait, je pensais que lui seul le pouvait. Il me connaît par cœur, si bien que c'en est effrayant. Et il est bon, aimant, compréhensif et… Aujourd'hui, ne m'a-t-il pas embrassée comme un père, un mari, une mère ?

Ah, je n'ai pas la moindre envie d'écrire. J'ai des rêves terriblement doux auxquels je dois réfléchir. Mais il me faut écrire pour alléger et éclairer mon âme, pour tout clarifier. Certes, je ne rentre pas dans les détails, mais je ne peux pas. (Zygmunt, tu voulais que je grandisse un jour, après tout.) Mes mots sont honnêtes, ils disent la vérité, ils sont profondément sincères, mais… (car il y a un mais) je pense que j'ai un petit peu perdu confiance en toi. Dans le passé, je te confiais mes pensées, ces pensées que je n'avais même pas encore formulées alors, mais aujourd'hui je ne veux pas, je ne peux pas… Non pas que ce soit ta faute, cher journal, ce n'est pas toi, c'est moi, et… non, ce n'est pas seulement moi. Je ne veux plus y penser. Je veux oublier, je veux t'enlacer avec mes mots et te dire : « Merci, mon cher ami, d'avoir donné à Zygu un aperçu de mon âme. »

Nous avons trouvé un accord aujourd'hui. Je sais que nous nous comprenons depuis longtemps maintenant, mais ces mots n'avaient pas été prononcés. Je cherche aussi un travail et je sais pourquoi j'ai besoin de cet emploi. Après tout, je suis moi et je sais pourquoi je fais les choses. Mais songe un peu qu'à présent, Zygu le sait aussi ! C'est à la fois atroce et merveilleux. Et comment le sait-il ? Comme je l'ai dit, il me connaît par cœur. Ah ! Sais-tu qu'en fait, c'était la première fois ?! Alors, est-ce que ça s'est réalisé ? Sais-tu que la cousine de Zygmunt est venue, qu'elle vit avec eux et que je dois la rencontrer ? Mais j'ai gardé le meilleur, le plus doux et le plus cher pour la fin. Sais-tu qu'avec Z., nous avons parlé d'enfants aujourd'hui ? Que nous avons discuté de mes, ou plutôt de nos enfants ? Lorsqu'il a abordé le sujet, j'étais très contrariée qu'il l'ait lu ici (que tu aies à nouveau vendu la mèche), mais c'était vrai. Zyguś était si tendre quand il m'a demandé : « Garçon ou fille ? » J'ai failli devenir folle de bonheur. Alors désormais, notre secret a un troisième complice. C'est si charmant. Je n'arrive même pas à… Même maintenant, je me sens bizarre. Nora comprend tout, mais je sais qu'elle n'en a pas autant envie que moi, qu'elle trouve ça un peu surprenant, parce qu'elle est une femme moderne. Je n'ai pas mille ans non plus, mais si le prix de la modernité est de renoncer à un rêve, alors je veux bien revenir plusieurs siècles en arrière… simplement pour caresser tendrement la tête de mon enfant. Et Zyguś le comprend. Zyguś est un mari bon et merveilleux, le meilleur. Je suis encore un peu timide à l'idée d'écrire à ce sujet, mais cela arrivera bientôt, très bientôt. Buluś, Dieu, venez-moi en aide.

30 avril 1942, jeudi

Qu'est-ce que j'ai à te raconter ? Ah, il y a quelque chose. Nous sommes presque en mai. Mais ce mois de mai n'est ni parfumé, ni vert, ni frais. Je ris à gorge déployée quand je pense que ce mauvais temps est ma faute. En réalité, ce serait plutôt automnal. Je ressens cette tentation diabolique. Alors je ne dirai ni oui ni non. Mais savoir que c'est peut-être arrivé parce que j'en avais autant envie me ravit, m'amuse, m'enchante ! Enfin, ce temps humide ne m'aide en rien, mais il ne me dérange pas non plus. Et il contrarie tout un tas de gens. Ah, parfois, comme aujourd'hui, j'ai envie d'être un gobelin maléfique. Oui, parce que Z. a dit aujourd'hui que le petit monde englobe tous les gens, alors que le monde se résume à Nora et moi. Il l'a dit avec toute l'ironie dont il était capable. Parce que c'est comme ça. Ah ! « Mais je sens quelque chose. » Quoi ? Il a dû arriver quelque chose de désagréable à Z. Pas de chance. J'imagine qu'il se sent comme une femme qui s'est donnée. Je me suis aussi donnée spirituellement : je t'ai donné toi, et désormais je n'ai plus honte de rien (c'est peut-être pour ça que j'ai arrêté de rougir). Mais de temps en temps, quelque chose me rappelle que c'est arrivé, que c'est fait. Il me restera toujours quelque chose, parce que j'ai des pensées encore plus secrètes que les plus grands secrets, plus secrètes $+ - \infty$. C'était très sage, ce que Z. m'a montré aujourd'hui sur les personnes brillantes : il existe des personnes qui sont fières mais aussi sensibles, faibles et susceptibles, et c'est ce qui fait qu'elles ont un si grand cœur. Il a vraiment tapé en plein dans le mille. Même si j'ai tout de même poussé un soupir de soulagement quand Z. m'a dit qu'il ne te lirait plus jamais.

C'est si agréable de faire courir un stylo sur du papier… J'aimerais tout écrire. C'est pour ça que je sème une telle pagaille. Mais j'ai tout de même encore un peu peur que Z. m'ait fait croire que je suis différente d'une certaine façon. Ne vais-je pas devenir maniaque, comme Klim Samguine[1] ? Non ! Je vais essayer d'être normale (si tant est que je ne le sois pas déjà ; et « moyenne » aussi). Ah,

1. Protagoniste de la série de romans *Vie de Klim Samguine*, de Maxime Gorky, qui raconte l'intelligentsia russe à l'aube du

pardon ! Peut-être que toutes les filles tiennent un journal, réfléchissent à tout, analysent tout ? Qu'en sais-je ? Mon Dieu, alors elles pensent, en fait ! Mais à quoi pensent-elles ? Peut-être qu'elles rêvent, tout comme moi ?

Sais-tu que la mère de Z. a dit qu'il n'a pas l'air en forme quand il revient de chez moi parce qu'il n'a pas d'exutoire érotique ? Cela m'a beaucoup plu. Et tu sais pourquoi ? Parce que c'est sérieux et adulte. Ce n'est plus un jeu d'enfants, il ne s'agit plus de dessiner des cœurs et de contempler la lune. Je peux affirmer qu'« un animal s'est éveillé en moi » ! Et une fois de plus, je me perds en moi-même ou je m'agace avec mes propres pensées et les choses qui sortent de ma bouche. Soit j'exagère, soit ça dépasse ce que j'imagine.

Non, aujourd'hui, mon écriture est relativement sobre. Il fait moche et froid. Je ne sens pas le parfum des jonquilles ni du lilas. Là non, là il n'y a rien. Mais je sais que dès que j'irai au lit, ça viendra ; non, pas aujourd'hui. Aujourd'hui, je rêvasserai ; j'imaginerai des choses. Non, je vais trop loin (du moins, c'est le sentiment que j'ai aujourd'hui).

C'est naturel que ce soit si incroyablement agréable d'être allongée près de Z. Aujourd'hui, nous nous sommes allongés sur le canapé. En fait, toute cette proximité est délicieuse et j'en ressens constamment le besoin. Oui, oui…

Enfin bref, je continue à chercher un travail, je n'ai pas encore trouvé ; je ne sais pas où je travaillerai. Je ne veux pas que ce soit au Château. Quand je pense que Z. a lu le

---

XXe siècle. La traduction polonaise (par Karolina Beylin) a été publiée dans les années 1929-1930.

journal, je n'arrive pas à y croire, parfois. Tout de même… je suis plutôt paisible en général, mais je sais que je me débarrasserais avec joie de mes complexes, de ma timidité et de ma tendance à tout à analyser (oh non, pas mes rêves, je suis navrée, non, pas mes anges !), en soupirant profondément comme quelqu'un qui vient de retirer difficilement des vêtements ou des chaussures inconfortables. En fait, Z. n'en a pas grand-chose à faire des enfants. Comment est-ce possible ? Je n'ai encore rencontré personne qui souhaite réfléchir à ce sujet. L'autre jour, je croyais que c'était le cas. Mais il n'en a même pas reparlé. Je sais que, s'il l'avait fait, j'aurais été émue et heureuse. Ah, quelle idiote je fais. Je suis vraiment anormale. Il fallait que ce soit dit. Au revoir, Zyguś, au revoir, journal, au revoir, maman… Buluś, Dieu, venez-moi en aide.

2 mai 1942, samedi

Je me sens divine dans mes chaussures bleues. Zyguś les a faites pour moi ! Quel délice ! Je suis touchée quand je songe qu'il pensait à moi tandis qu'il les fabriquait. Et je suis si heureuse que j'en ai le souffle coupé. En général, j'aime tout, et ensuite, cette agitation avec les sabots et tout ce tapage…

Je ne vais pas tarder à écrire une lettre à Buluś et, demain, j'inviterai Noruśka à venir passer toute la journée ici. Tra la la. Valse, amour et… mai ! Sais-tu que nous sommes déjà en mai aujourd'hui ? Ça n'en a pas l'air quand je regarde par la fenêtre, mais on le sent et on peut embrasser ses douces lèvres. Ah, les caresses que nous avons échangées aujourd'hui ! Quel délice !

Je suis tout bonnement incapable d'écrire, parce que je flotte au-dessus du sol tant je suis euphorique.

Maciek est venu un peu plus tard, etc., etc., et Z., mon amour, s'est fâché et a dit quelque chose (j'ai arrêté d'écrire pour prendre un bain). Tu sais, ça fait longtemps que je ne m'étais pas sentie aussi bien, j'arrive à peine à contenir mon cœur, il veut jaillir hors de ma poitrine. Quand Z. m'a dit aujourd'hui que c'était le mois de mai, je me suis sentie complètement différente, plus amoureuse. Mais je me suis un peu calmée et je dois dire que… eh bien, malgré tout, j'étais un peu jalouse de Maciek aujourd'hui. (Ne t'énerve pas, j'essaie de m'expliquer.) Enfin bref, peu importe. Dès qu'il m'arrive quelque chose de déplaisant, il me suffit de regarder ces chaussures d'un bleu azur et de songer qu'il les a faites pour moi, et… j'ai le sentiment d'être bleue moi aussi, céleste. Ma vie est de nouveau pleine de « ça ».

Ah, cette cousine, Zośka, est venue aujourd'hui. J'étais terriblement gênée parce que j'avais l'impression qu'elle venait pour me jauger, et qu'elle le faisait avec cette curiosité typiquement féminine. Je ne sais pas quoi dire sur elle, parce que je ne la connais pas. Mais il semblerait qu'elle soit comme Zygu l'avait décrite… Cela m'est complètement égal.

Le mois de mai a ses droits, particulièrement pour moi. Zyguś est comme le mois de mai, lui aussi. Cette année, il m'appartient davantage, il n'est pas si mystérieux, il est affectueux et doux. Je pense qu'il m'aime un peu plus. Moi, je l'aime autant, toujours autant, de toutes mes forces. « On ne peut pas aimer plus ou moins : on ne peut qu'aimer » (*Anna Karénine*). C'est le début du mois de mai.

Bienvenue, mai... amour
illumine toute notre famille[1]
tu ne nous rendras visite qu'en mai
mais tu ne cesseras jamais d'exister

Au revoir, Zyguś… Buluś, Dieu, venez-moi en aide.

C'est dimanche aujourd'hui. Mais je ne peux plus attendre alors j'écris. J'ai écrit une lettre à ma chère maman. Et je lui ai tout raconté. Et, dans un souci d'honnêteté, j'ai aussi révélé ce que je n'ai pas écrit ici. J'ai ressenti une grande joie, une joie sans limites, bien que légèrement réprimée. Alors que j'écrivais la lettre, c'était comme si je pouvais la serrer dans mes bras et lui montrer mes chaussures bleues et lui dire que tout va bien ; ou peut-être que c'est cet émoi qui a toujours tendance à m'envahir au mois de mai, cet appel des champs, des arbres en fleur, des bois qui chantent. Dommage. Sans lui, je n'aurais même pas su que nous étions en mai. Si Buluś était ici, peut-être qu'elle ne me comprendrait pas. Mais Zyguś me comprend, lui. J'aime maman et je lui écris. Mon merveilleux Zyguś ! Je sens cette vague de chaleur inonder mon cœur. Dans un moment, je m'imaginerai en train de te serrer dans mes bras, je m'imaginerai blottie dans les tiens et… beaucoup, beaucoup plus.

---

1. Les deux premiers vers font référence au poème « *Śpiew* » (« Chanter ») de Rajnold Suchodolski, écrit pendant l'insurrection de Novembre de 1930 : « Bienvenue, aube de mai / illumine notre terre de Pologne ».

Zosia L. est passée aujourd'hui. C'est une fille adorable et très bien élevée. Nora et moi l'aimons beaucoup. Elle est fiable, tout simplement. J'ai parlé de Zyguś. Sais-tu que son père a demandé si nous étions fiancés ? Cela m'a beaucoup plu, j'aime faire semblant que nous sommes un couple marié. J'aime notre « mariage ». En fait, ces chaussures aussi ont quelque chose de très charmant, tu sais. Il faut le sentir. Quand je repense au moment où il les a apportées… il était si adorable ! Puis-je le raconter par écrit ? Non, les mots me manquent, ils ne suffiraient pas. Pourquoi l'esprit ? Pourquoi ? Et concernant le mois de mai ?

Il se tortille, il veut se libérer
Il est comme emprisonné
Mai… mai, fou et impétueux
si vert et si amoureux !
Il s'agite, sursaute, bondit
« J'étouffe, laissez-moi aller
dans les champs, où le soleil resplendit »
Il regarde autour de lui fébrilement et
Il cogne avec ses poings, fort
Il se bat avec ses larmes aussi
Il appelle à l'aide, il se tord
Est-ce vrai, ce que l'on dit ?
Une autre tombe du même acabit
Entre ces murs si étriqués
Des mois de mai par centaines crient
Demandant d'être libérés pour se promener
au soleil dans les champs et les prairies

Au revoir, Zyguś… Buluś, Dieu, venez-moi en aide.

6 mai 1942, mardi

Norka n'a pas vraiment le moral. Je crois que j'ai trouvé un travail ; j'aurai peut-être la confirmation demain. Mais non, ce n'est pas là-dessus que j'ai envie d'écrire.

Aujourd'hui, je suis submergée par cette paresse, par ce sentiment délicieux. Je voulais rire, pleurer, mais avant toute chose, je voulais écrire. Je n'avais pas le temps, je n'ai pas pu. Mais ce mois de mai est beaucoup plus beau que celui de l'an dernier. Je veux dire par là qu'il est complètement différent. Quand je pense à notre proximité, à l'honnêteté dont nous faisons preuve l'un envers l'autre, je suis très émue. Imagine un peu, pouvoir dire ce que l'on pense ! Je pense « mon adoré » et je le dis. J'ai envie de l'embrasser, alors je le fais. Je peux lui parler de mes joies, et de mes peines aussi. Et il comprend. N'est-ce pas magnifique ? Ah, c'est si bon. Si bon.

Aujourd'hui, j'ai imaginé, comme cela m'est déjà arrivé, que nous étions dans un train. Je suis assise près de la fenêtre, appuyée contre l'épaule de Z., je le serre toujours plus fort. Le train se met en branle puis avance de plus en plus vite… Où va-t-il ? Je n'en sais rien. Je crie le nom d'une gare, peu importe laquelle. Nous voyageons ensemble ; nous quittons le vieux monde, nous laissons les inquiétudes et les regrets derrière nous, nous partons vers un monde nouveau, un monde meilleur. C'est pour ça que je nous imagine toujours voyageant. Pour faire le moindre pas en avant dans la vie, il faut voyager. Alors c'est dommage que, quand je pense « Reste » (ou même quand je le dis), il ne reste pas, et ensuite il me manque… Nous nous manquons. Mais c'est le plus beau des manques, le plus merveilleux, parce qu'il n'est pas désespéré. Je serais gênée d'écrire des hérésies. J'ai sommeil. Je t'envoie d'énormes baisers. Buluś, Dieu, venez-moi en aide.

8 mai 1942, jeudi

Ah, notre demoiselle me manque tant ! Je l'aime, ainsi que ses manifestations. Désormais, je n'ai pas besoin qu'on me dise que c'est le mois de mai. Je le sens dans chacun de mes muscles, dans la moindre fibre de mon être. Je sens quelque chose gonfler en moi, grandir jusqu'à repousser les limites. Ce n'est rien d'autre que mon amour, qui est devenu si marital, si lumineux et simple, direct, honnête. C'est vraiment comme cela. Non seulement il a un aspect spirituel, mais aussi… un aspect très tangible également. Enfin, que dire, après tout je ne suis pas gênée devant les gens. Je sens simplement que je ne peux pas m'éloigner de Zygu, qu'il devient de plus en plus difficile d'être séparée de lui. Je n'ai jamais assez de caresses, je pourrais le mordre à en mourir… Tu sais, je ne peux pas… Rien que le souvenir en lui-même m'a épuisée. Je ne sais pas ce qui m'est arrivé. Imagine que, désormais, je suis contente de ne pas être « plate comme une planche ». Je ne sais pas à quoi tout cela me sert, mais je sens mon corps. En vérité, c'est la première fois de ma vie que j'éprouve cette sensation. Je sens que mes jambes existent, je ne le sens que trop, je voudrais bien (couvre-toi les oreilles) sebmaj sem ertne rerres el[1].

1. Mots écrits à l'envers.

C'est monstrueux ! Non ! Pas du tout, c'est délicieux en réalité ! Pourquoi devrais-je être choquée par quelque chose qui semble si agréable ? Zygu n'est pas si innocent, lui non plus. C'est lui qui m'a provoquée au point de me faire frémir aujourd'hui, puis il m'a donné un dernier baiser et il est reparti comme si de rien n'était, me laissant seule avec mon cœur brûlant, mon âme tremblante, mes pensées pressantes et mon imagination « nerveuse » et tordue ! Non, il ne peut en être ainsi ! Je n'écris plus de poèmes ! Je suis dans une phase de non-écriture. Et je n'ai pas envie de me forcer. Mais si je pouvais, j'écrirais ! Rébellion ! Je me rebelle, tu m'entends ? Je ne veux pas passer la moitié de la nuit allongée là avec les yeux grands ouverts ; je veux que Zygu soit là, aussi près que possible.

Ouf, je suis calmée. Mais même si je remplissais ce journal jusqu'à la dernière page, je ne parviendrais pour autant pas à éteindre l'incendie qui fait rage en moi. Cet autre mai était si différent, beaucoup plus subtil et romantique. Celui-ci… celui-ci est sauvage, mais c'est celui-ci, l'indompté, le sauvage, le terrestre qui est le plus authentique et le plus exquis ! Comment est-ce que je le sais ? Est-ce que j'en sais même quelque chose ? Je n'arrive pas à m'arrêter d'écrire. Tout comme je n'arrive pas à me séparer de Zygu. Je suis submergée par tellement… d'amour.

Les cancans
Que de bavardages
sur l'amour, le printemps, mai, entre autres affaires
Sur la couleur rouge et sur l'éclat vert
qui brille dans les yeux de quelqu'un

Sur les teintes de l'aurore le matin
Écoute, Renuś, tout cela est pour toi.

Buluś, Dieu, venez-moi en aide.

9 mai 1942, samedi

Un grand soleil resplendissait ce matin, c'était vraiment le printemps. Le soleil m'a réveillée et, dès que j'ai ouvert les yeux, j'ai pensé à la possibilité de voir Z. Et j'étais si joyeuse à cette idée que j'ai eu envie de le voir ici et maintenant. Je me suis habillée une heure trop tôt… Enfin, qu'importe. Nous nous sommes promenés ensemble, en nous tenant la main comme « deux enfants bien sages ». Non, c'était vraiment charmant et, alors que j'écris ceci, je n'ai pas envie d'écrire le reste. Parce que, lorsque j'ai commencé à ruminer, je me suis mise à penser qu'il est un peu condescendant, qu'il m'autorise aimablement à l'aimer (je n'ai pas dit qu'il ne m'aime pas, ce n'est pas du tout ce que j'ai dit) ; parfois, il me regarde comme s'il avait envie de dire : « Laissons la petite s'amuser. » Et quand il remarque que je suis… disons, printanière, alors j'ai le sentiment qu'il se croit supérieur et plus sage. Hier, par exemple, il a dit : « Je te donne un dernier baiser et tu files. » Et j'ai songé que, normalement, c'est la fille qui dit ça. Mais peu importe, partons du principe que je l'aime comme un garçon aime une fille. Et de toute façon, quand j'ai dit que notre demoiselle était si franche, pourquoi ne voulait-il pas me regarder dans les yeux ? Peut-être que c'est uniquement de mon côté ? Ah, il faut que je m'ôte ces idées de la tête. Il le faut !

Ces hésitations sont terribles. Je sais ce que cela a donné pour Anna Karénine et Anna Fülop.

Je me sentais merveilleusement bien ce matin et il a dit, comme cela n'était pas arrivé depuis longtemps, avec douceur et gaieté : « Au revoir, ma chérie. » Ah, c'était cette soi-disant confiance (en soi) qui fait que le soleil a brillé pour moi ! Ce doit être à cause de la guerre, parce que la guerre va bientôt se terminer, forcément. Zygmunt dit qu'il y a une offensive qui vient de l'ouest, en France. Il l'a dit il y a longtemps, mais il est convaincu que cela va se produire d'un moment à l'autre. Voyons donc s'il a l'âme d'un diplomate. Adieux printaniers… Buluś, Dieu, venez-moi en aide.

9 mai 1942, samedi

L'apparence du printemps s'est matérialisée. Mais je sais sur quoi je voulais écrire. Quelque chose me chiffonne. C'était absolument exquis. Nous avons commencé à parler d'un complexe et, une fois de plus, je me suis sentie rapetissée, sans importance, impuissante. Cela m'a rendue très triste. Heureusement que Zyguś met cela sur le compte des temps étranges que nous traversons.

Je suis triste de ne voir personne, j'aimerais inviter Nora pour une journée, mais je ne peux pas et cela ne dépend pas de moi. Je sens qu'elle est fâchée contre moi.

Au travail, ça ne fonctionne pas non plus. Je dois y aller après-demain et j'ai très peur.

Zyguś est charmant, mais… Dis-moi, Rena (entre toi et moi), serait-il possible que tu sois jalouse de cette Zosia ? Non, qu'est-ce qui te fait croire une chose pareille ?! Mais il y a effectivement un problème. Peut-être que je lui envie son assurance, ou le fait qu'elle soit tout le temps avec lui, toujours, toute la journée, et que j'éprouve un tel vide, comme en ce moment… Je suis tellement attachée… Sa condescendance se ressent toujours, plus encore en ce moment. « Tu penses déjà à une petite maison ? » et, généralement, il dit : « De plus en plus. » Et il pense que je… Il n'imagine même pas à quel point ce manque peut être terrible, ce manque de la personne la plus chère à notre cœur. On peut se languir ainsi, je peux me languir ainsi, mais pas tout le temps. Et ensuite, je me sens mal. J'ai décidé de me contrôler, de me taire. De ne pas tant dire qu'il me manque, pour qu'il ne me regarde pas de haut comme il le fait. Quoi qu'il arrive, ne pas le dire du tout. C'est énervant qu'il le sache, même pour moi. Mais il sait comment calmer la chose. Il est tellement convenable lorsqu'il dit qu'après tout, nous sommes des enfants.

J'ai tout écrit, mais cela ne m'a pas soulagée. Enfin, peut-être un petit peu. Mais mon humeur est encore comme ci, comme ça. Je n'arrive même pas à rêvasser comme je l'ai fait ce matin. Et c'était si bon de rêvasser ce matin ! J'écrirai après le travail, que je redoute affreusement. Je crois en Vous. Vous me prêterez certainement main-forte. Buluś, Dieu, venez-moi en aide.

J'ai aussi réfléchi à l'insignifiance de la vie face à l'éternité. Cela m'a apaisée. Je n'ai pas écrit la date, étant donné que j'étais censée écrire demain. Mais je ressens un besoin incontrôlable d'écrire aujourd'hui, ou de parler à quelqu'un.

Ce matin, j'ai réfléchi et j'ai écrit une lettre à maman, mais aucune de ces deux choses ne m'a calmée, au contraire. J'ai le sentiment d'avoir terriblement froid et d'étouffer en même temps.

Aujourd'hui, j'ai pensé à ce que ce serait de travailler incognito à la campagne, comme fermière par exemple, de ne se consacrer qu'au travail physique et de ne penser à rien. Sentir l'effort dans mes os et mes muscles, comprendre le calme insouciant de la vie des paysans. Qu'est-ce que je suis supposée faire ? Quelque chose me tracasse sans arrêt. Récemment, j'ai été tourmentée par l'idée que Zygu m'aime davantage que je ne l'aime, et je me sentais très coupable. À présent, je me dis que je l'aime davantage et aussi, d'une certaine façon, plus intensément qu'il ne m'aime. Etc., etc. La vie est si simple… C'est moi qui la complique terriblement. Buluś, Dieu, venez-moi en aide.

Dix heures du soir. J'ai besoin d'écrire à nouveau. Plus tôt, je m'inquiétais inutilement, désormais j'ai une raison. Le ghetto, encore. Ô Dieu ! Qu'allons-nous devoir supporter ? Qui sait où nous vivrons et dans quelles conditions ? Tout coûte une fortune. Nous avions l'habitude de nous asseoir dans cette pièce avec Zygu et nous caresser, nous enlacer, et tout est gâché maintenant. Mais je crois, je sens qu'il ne nous arrivera rien de mal. Seigneur, écoutez les supplications que je Vous adresse chaque jour.

Je suis allée chez Nora et, en revenant, je suis tombée sur Julek et Lidka. Ils marchaient ensemble. Ça m'a vraiment perturbée, j'étais dégoûtée et écœurée. C'était si hypocrite. Je ne sais pas si je dois le dire à Nora. Je pense que je le ferai. Je suis heureuse qu'on soit lundi demain, je veux partager mes inquiétudes avec Z. Je ne peux pas vivre sans ça.

Je te donnerai toutes les fleurs,
Contente-toi de m'aimer, cher enfant
La musique du rossignol chanteur
Te retrouvera à ta cabane, en secret
Le flot de mes larmes coulera
À travers les prairies en fleur dans la forêt
Et de mes profonds soupirs naîtra
Le refrain nocturne que le rossignol chantera

11 mai 1942, lundi

Merci, Dieu miraculeux. Le travail n'est pas si terrible, tout compte fait. J'ai passé la journée avec Nora aujourd'hui. Nous avons discuté sans arrêt. Nous nous sommes comprises, nous nous comprenons toujours facilement. Mais son attitude vis-à-vis de l'amour est différente, légère, alors que la mienne est sérieuse. Elle affirme que cela me rendra malheureuse. Peut-être, mais je sais que je ne peux pas faire autrement. Et pour le complexe, c'est pareil. Oui, Nora, si nous apprenons à danser et que nous dansons bien, tout ira bien ! J'étais épuisée après cette conversation, à tel point que j'en ai attrapé mal à la tête.

Il ne faut pas y penser ou en parler, Z. a raison, Z. a lu en toi, mon cœur. Je suis en colère ! C'est vraiment la fin. Mais nous devons parler de ce problème : ce n'est pas notre faute, mais celle du printemps. Et ce ghetto, cette situation, cette guerre… Au revoir, je vais travailler alors je n'écrirai pas souvent. Buluś, Dieu, venez-moi en aide.

12 mai 1942, mardi

Ces derniers temps, j'écris quand ça ne va pas, et j'écris quand ça va bien. Dans tous les cas, j'ai besoin d'écrire. Écoute ! Écoute-moi et comprends. Une espèce de fièvre s'est emparée de la ville. Le spectre du ghetto, que tous avaient déjà oublié, est revenu. Et c'est encore plus épouvantable qu'avant, car il frappe aux portes de cœurs pétrifiés et il est impitoyable, il refuse de s'en aller. Hier, il me faisait peur aussi, mais pas aujourd'hui. Rien ne peut m'atteindre aujourd'hui. Je suis heureuse de pleurer maintenant, alors que personne ne peut me voir. Aujourd'hui, j'ai crié : « Ô Dieu, je veux que vienne le moment où ils m'emmèneront ! »

Non, ce n'est pas ce que je veux ! Seigneur, pardonnez-moi. Mais mon âme était si amère que j'ai pensé que cela valait peut-être mieux. Maman nous écrit et nous raconte que des enfants sont envoyés aux travaux forcés. Elle m'a dit de faire mes valises. Elle veut être avec nous et en même temps elle veut… ah ! Ils se séparent pour de bon. Maman veut envoyer une lettre officielle à Ticiu pour demander le divorce. Et nous… Enfin, à quoi bon écrire là-dessus, cela me fait pleurer comme une Madeleine. Dans cet affreux tourbillon qu'est la guerre, nous n'avons ni mère, ni père. La tourmente de la vie nous a amenés à de terribles croisées des chemins. Nous sommes toutes seules. Ils ne se réconcilieront jamais. Maman se remariera et jamais, plus jamais je ne pousserai la porte de la maison de mes parents. Ma mère… Son mari sera un étranger. Et mon père, enfermé dans le ghetto ! Il m'a écrit qu'il n'était pas sûr de me revoir un jour !

Ticiu, tu es un juif bien malchanceux, tout comme moi. Dieu saint, pouvez-Vous me sauver ? Pouvez-Vous les sauver ? Eux tous. Oh, s'il Vous plaît, accomplissez un miracle !

L'atmosphère est très pesante à la maison. Bimba est angoissée, épuisée par le travail et exaspérée. Elle se fait du mauvais sang. Elle souffre à cause des enfants, à cause de son mari et de la famille. À tel point que l'on n'a même pas le droit de rire dans la maison. Et ils ne cessent de me rappeler que je suis à leur merci.

La vie est si misérable. Misérable, laide, mauvaise, et pourtant, j'ai tout de même le cœur lourd de chagrin quand je pense… vais-je mourir ? Qu'est-ce que l'avenir nous réserve ? Ô Dieu tout-puissant ! Tant de fois, je Vous ai imploré et Vous m'avez écoutée. Pitié, mettez fin à notre misère. Je me sens mieux à présent : cela fait un bien fou de pleurer. Ce qui me fait le plus de mal, ce sont eux. Certes, cela fait déjà longtemps, certes, c'est depuis toujours, mais… quand même. Les gens racontent désormais que ce qu'il y a de plus important, c'est la nourriture. J'ai fait un bon repas, mon dîner m'a rempli l'estomac, et je me sens affreusement mal. Je n'ai pas faim, mais j'ai faim de protection et d'attention.

Et Zyguś ? Oui, c'est peut-être pour ça que je ne veux pas faire mes adieux à la vie. Maman, ne m'en veux pas. Je sais que ce serait un coup terrible pour toi, mais tu vas vivre ta vie maintenant. Peut-être même que tu auras d'autres enfants. Et mes grands-parents sont âgés et fatigués, ils méritent mieux pour leurs vieux jours. Parfois, j'ai simplement envie de demander pourquoi les avoir forcés à nous prendre chez eux. Mais là, je suis trop épuisée. Je ne comptais pas vraiment sur la possibilité que nous soyons tous réunis sous le même toit dans l'avenir. J'avais seulement ce rêve timide et naïf. Je ne suis pas réellement déçue, j'ai regardé le monde qui m'entoure et son vide m'a effrayée. Personne ! N'y a-t-il vraiment personne près de moi ? Et maman, qui m'est si chère, est toujours si loin, et elle sera bientôt avec un autre homme qui m'est étranger. Je ne pleure plus. L'homme avec qui je serai lui sera étranger. La vie rassemble les gens pour les séparer ensuite.

Avec passion, ils se sont chamaillés et bagarrés
ils se sont volé dans les plumes et
ont déchiqueté leur nid
en morceaux, sans trouver le répit
autour d'eux s'étalent, épars
plumes, brins d'herbe et brindilles
et même de la paille dans tout ce bazar
ils se sont dit des mots pleins de bile
et ont fui dans la forêt
pour se mettre en quête
d'un nouvel arbre où loger
oubliant sur un coup de tête
leurs deux oisillons,
laissés à l'abandon

15 mai 1942, vendredi

Aujourd'hui a été une journée mémorable. J'ai reçu mon premier salaire. J'en suis très fière et je ne sais pas comment le dépenser. J'aimerais l'envoyer à Ticiu. Je verrai.

Imagine, il est venu aujourd'hui. J'étais heureuse, heureuse à un point... Je rêvais de le voir aujourd'hui et il est venu. Mon beau Kokośka[1], mon Zyguś. Il n'y a pas plus gentil que lui. L'espace d'un moment, j'ai pleuré sur son épaule comme je l'aurais fait avec mon père. Il me comprend si bien, mieux que quiconque en ce monde. Et tu sais, il a vraiment compris, exactement comme je m'y attendais. Il m'a expliqué qu'il ne pouvait pas me vénérer à longueur de temps comme une espèce de déesse, qu'il n'est pas un *perpetuum mobile*, et patati et patata. Et parfois, comme aujourd'hui par exemple, je pense que je suis infatigable et que cette demoiselle est loin de se montrer telle qu'elle est. Seigneur Dieu, Vous savez à quel point j'aime le serrer dans mes bras, me blottir contre lui, me faire câliner. C'est si charmant, si délicieux, si doux. Tout est plus facile et plus confortable quand je suis avec lui. Au revoir, cher journal. Que de sensations nouvelles, des bonnes sensations je crois, grâce à toi, qui « me guides dans l'inconnu ». Buluś, Dieu, venez-moi en aide.

SAMEDI

Oh, je t'ai attendu
en retenant, le soir venu,
mon souffle, la porte maintenue entrouverte
par de brillantes étoiles à la fête
elles avaient la plus belle des couleurs
la même que la caresse des fleurs
leur grâce doucement odorante
offrait l'étreinte la plus touchante

---

1. Terme affectueux en polonais.

La brise de mai a murmuré à la lune argentée
que mon aimé ne tarderait pas à arriver.
Le chant du soir s'était tu
ses ailes déployées dans le noir ténu
les fleurs et les étoiles se sont fanées sous mes yeux
à force d'attendre. Tu n'es pas venu, c'est malheureux.

Triste est le dernier regard
dans le lointain brouillard
triste est le manque soudain
d'amour, d'affection et de liens
et de la main tendue de quelqu'un
pour dire au revoir à la fin
Triste est une attente si vaine et infinie
Comme au portail aujourd'hui.

Tout était si gracieux
les fleurs et toutes les douceurs
les poignées de main et les adieux
comme les mots d'une chanson banale
qu'on jette telle une erreur.
Un quai de gare bruyant et bondé
puis le sifflement et le vacarme
d'un train à l'arrivée
dans un wagon, une fenêtre
à nouveau ouverte
un cœur brisé dans la poitrine
des larmes qu'on peine à retenir
et le train et moi et TOI...
Les oranges dorées étaient de toute beauté
comme les mots pour se séparer
les regards suppliants et un soupir

Le plus beau de tout, c'était ce mot pour finir
Un mot ordinaire : au revoir.

Je suis désespérément triste. Buluś, Dieu, venez-moi en aide.

18 mai 1942, lundi

« Le monde est beau et je suis heureuse » : voilà ce que j'ai écrit à Buluś. Je me sens si, si heureuse ! La journée d'aujourd'hui a rattrapé l'attente de samedi. C'était délicieux, si typique du mois de mai, si printanier ! Mai est un mois si merveilleux ! Zygu est divin et l'amour est magnifique ! C'est difficile de se séparer. Et ces caresses… Ooooh, je le verrai peut-être demain.

Tout se passe bien au travail. Norka a un problème avec Julek. Je suis très triste pour elle. Z. va la voir demain. Au revoir, cher journal. Je t'embrasse, et j'embrasse et enlace Z. Buluś, Dieu, venez-moi en aide.

19 mai 1942, mardi

Maman a envoyé une lettre. Si sincère, si gentille. Je suis très heureuse et très touchée. Elle dit qu'elle aime Zyguś. C'est si si si merveilleux, maman. Elle m'a appelée de loin avec tant de sincérité et de chaleur… Je dois répondre au cri du cœur d'une mère. Elle m'a parlé de ses inquiétudes et de ses joies, de ses espoirs. La pauvre. Seigneur Dieu, s'il Vous plaît, protégez-la et apportez-lui ma bénédiction. Dors bien, maman chérie. Dieu nous surveille.

Noreńka est venue aujourd'hui. Elle est dans un bien triste état. Irka et Lida redeviennent fidèles à elles-mêmes. Je ne peux pas écrire à ce sujet, c'est dégoûtant.

Quand mon Zyguś adoré a parlé de lui, j'en ai eu la nausée. Bien sûr que c'est de la peur. Parfois, lui aussi en rigole. Mais, tu sais, nous avons parlé de l'« implication » de Julek (tout vient de là) et, ensuite, j'ai songé que même Z., si adorable, proche et réel soit-il, en a peur également. Il a peur des mots. Soit il ne veut pas trop en dire, soit il est évasif. Et je rougis toujours. Aujourd'hui, par exemple, ne pouvait-il pas dire à cet étranger, à ce soldat : « *Das ist meine Braut*[1] » ? Moi, je le dirais à coup sûr. Mais il y a autre chose ; c'est une urgence.

Pendant ce temps, je tombe encore plus amoureuse de lui. Si j'y parviens, je raccommoderai les relations avec mes amies, autrement je vais devenir une recluse.

Je suis très triste pour Nora, ça doit être si difficile pour elle de nous voir ensemble… Mais, à vrai dire, « qui recommence à manger ne comprend pas la douleur de mourir de faim ». Et peut-être ne suis-je pas aussi triste pour elle que je le voudrais. Je ne sais pas pourquoi, mais je pense que c'est aussi sa faute. Enfin, le plus important, c'est que maman est en sécurité et que Zyguś et moi sommes toujours amoureux, et… Je ne peux pas, je rougis, la matinée était si merveilleuse… Bonne nuit. Buluś, Dieu, venez-moi en aide.

20 mai 1942, mercredi

Que je suis égoïste, c'est incroyable ! Je suis obligée d'écrire chaque jour. Même si ce ne sont que quelques mots. Je suis obligée de répéter que je l'aime, car je ne

1. « C'est ma fiancée » en allemand.

sais pas où ça commence, ni où ça finit. Hier, j'étais un peu fâchée. Mais imagine, Z. est passé me chercher au travail à l'usine et nous avons marché main dans la main. Les orchidées sont en fleur, mai brille de tous ses feux avec son ciel bleu et j'irradie également, de joie. Voilà ce que je ressens, j'ai vraiment l'impression d'être sa petite fille et j'adore ça !

Zośka travaille pour le régiment. J'en ai parlé à Malka, mais seulement dans les grandes lignes. Elle est très gentille. J'étais très heureuse. Au revoir, on se reparle vite… Buluś, Dieu, venez-moi en aide.

21 mai 1942, jeudi

Oh, le rêve, le rêve, le rêve de la jeunesse ! Je suis fatiguée, si fatiguée… C'est une délicieuse soirée de mai. Si parfumée. Le ciel est bleu marine, mais je n'ai pas le droit d'être trop émotive, parce que quand je pense à… *Grrr…*

Zyguś était très amusé aujourd'hui, il riait et faisait des blagues. Parfois, je pense qu'il plaisante exprès, parce qu'il est mal à l'aise. Mais c'est moi qui le suis quand il me rappelle que je… bref. Il a dit qu'il ne plaisantait pas ; qu'il aimerait me mettre au lit, m'emmener avec lui (c'était sur le quai). Pourquoi dit-il des choses pareilles ? Enfin, qu'il les dise, cela m'enchante en réalité. Qu'il les dise, qu'il m'embrasse, qu'il m'aime, m'aime, m'aime ! Après tout ! Est-ce vrai ? Ah, Klaus[1] est si adorable, qui l'eût cru ? Je pense que ce serait le comble du bonheur. Ce que je peux être bête. Et pourtant, c'est ce que je veux et c'est comme ça.

---

1. On ne sait pas exactement à qui Renia fait référence ici.

Dis-moi que tu m'aimes terriblement
que je te manque horriblement
je sais que ce n'est pas très modeste venant de moi
mais c'est ce que je veux et c'est comme ça.

Buluś, Dieu, venez-moi en aide.

23 mai 1942, samedi

Toujours les samedis. Ç'aurait été plus facile si j'avais écrit il y a plusieurs jours. Maintenant, je ne sais pas quoi écrire, par où commencer ? Quelque chose m'a terriblement dérangée ces derniers jours. J'ai parlé à Nora et, à la fin, je lui ai confié cet autre trait de Zygmunt qui me gêne. Et patati et patata. Mais n'empêche, une fois, il n'y a pas si longtemps, j'ai demandé à Jarośka pourquoi le monde entier était contre nous, pourquoi ils pensaient tous que c'était drôle, stupide, absurde ? Enfin, pas maman, plus maintenant. Et pour ça, j'aimerais la serrer de toutes mes forces dans mes bras. Mais même Nora. Nora aussi. Je sais qu'elle pense à ce qui va se passer lorsque ma romance se terminera. Elle m'accuse de prendre mon histoire trop au sérieux (en a-t-elle une vision lucide ?) et elle me fait mal au cœur. Je sais qu'elle a des doutes, elle n'est pas sûre que Z. m'aime vraiment. Je le sais ; je le sens. Et cela me peine ; cela me dérange peut-être. Ces petits détails sans importance…

Parce que tu dois savoir que je suis jalouse, d'une jalousie maladive. Et je pense que c'est cette jalousie, et non pas mon complexe (qui a disparu désormais), qui fait que je déteste. Cela m'agace. Constamment, je suis constamment agacée.

Et Zyguś dit parfois des choses sans s'en rendre compte et cela me fait très mal. De temps en temps, quand cela devient trop difficile, j'ai envie de partir. De fuir, de m'enfuir aussi loin que possible, d'être loin de lui et aussi de ne pas voir tout cela, de ne pas subir cette torture. Mais à d'autres moments, je sais que ce n'est pas possible. Quand je le serre contre moi, quand il est tout près, si près de moi, alors je sens que je ne me séparerais pas de lui pour tout l'or du monde. Cela voudrait dire abandonner mon âme, ce que j'ai de plus cher dans la vie.

Nora, tu as tort. Tu es différente, mais je me retrouverais sans rien.

Les études, la nature… tout cela est bien joli lorsqu'on est comblé en amour ou qu'on ne l'a jamais vécu. Peut-être une chose : la poésie. Les poèmes formeraient une rivière qui coulerait comme des larmes, comme le manque, comme le désespoir et la souffrance.

Je sais que les parents de Zygmunt ont contribué à l'atmosphère hostile qui nous entoure, mais je n'étais pas consciente de l'importance de leur rôle ni d'à quel point ils étaient contre nous. Parce qu'il rentre tard ? Quoi d'autre ? Et si c'était parce qu'Irka… Et alors ? Mais je sais : c'est parce que je le leur vole. A-t-on déjà vu un garçon si jeune et si sérieusement impliqué ? Je les comprends et je ne leur en veux pas, mais tout cela m'attriste un peu, oui et non. Cela peut être quelque chose de très important, ou de pas important du tout.

J'aime Zyguś plus que tout au monde. C'est mon adoré, mon tout. Je ne veux pas l'embêter avec mes problèmes, mais je sais que personne au monde ne me comprend aussi bien que lui. Chaque fois qu'on a mal au cœur, on sent cette douleur dans toutes les parties de notre corps. Et c'est pour ça que mes inquiétudes me font encore plus mal dans ces moments-là.

Quand Z. est gentil avec moi, tout est beau et radieux et plein de soleil. Nous sommes le 23 mai. Quel dommage que ce mois soit presque terminé. Les nuits sont remplies d'étoiles. Elles m'enivrent et je rêve, je rêve encore et encore. Buluś, Dieu, venez-moi en aide.

24 mai 1942, dimanche

Une matinée comme celle-ci ne peut arriver que lorsque l'on est jeune, que l'on aime et que l'on est aimé en retour. Mon Dieu, c'était si merveilleux ! Nous étions si proches et… Non, rien ne peut changer ça. Le monde est si cruel ! Ça aussi, je l'ai toujours su. Mais c'est mignon que Z. ait vécu plusieurs aventures et qu'il m'en parle… Dans tous les cas, je veux savoir. Je trouverai quelque chose. Mais pourquoi devrais-je en avoir quelque chose à faire de leur méchanceté, leur hypocrisie, leur jalousie, quand Z. est le meilleur et le plus gentil ? Après tout, ce n'est pas d'eux que je suis amoureuse, mais de lui. Et je sais que mon rêve se réalisera, comme tous mes rêves, parce que c'est le destin. Et si nous persévérons, il en sera ainsi, nous survivrons et nous serons un couple heureux. Et je ne serai plus jamais stupide ; je me contenterai simplement de sourire en regardant des choses idiotes. Oh, maman, ma maman ! Toi et Zyguś, aimez-moi, je vous en prie ! Buluś, Dieu, venez-moi en aide.

25 mai 1942, lundi

Il est passé me chercher à l'usine à midi. Et c'était (oh, ce que Dido peut être pénible !) merveilleux. La jeunesse, le mois de mai… cela devrait te suffire, et, de toute façon :

Lorsque j'entends ces mots si doux
ces mots adorés, oh mon Bel Ange
chacun est un trésor que tu déposes à mes pieds
chaque mot en dit plus que mille louanges.
Mais si je voulais décrire
cette nuit de mai dans toute sa splendeur
les mots ne voudraient plus rien dire
ils ne seraient pas à la hauteur.

C'est une nuit de mai magnifique ! Avec une lune souriante. Oh, si seulement Z. était avec moi. Je place mes mains invisibles sur les fronts de maman et de Ticiu. Mon Dieu, prenez soin d'eux et de nous. Buluś, Dieu, venez-moi en aide.

26 mai 1942, mardi

J'écris à la lumière de la lune, littéralement. Tout s'éclaire. Je sais, ou plutôt je pressens que tout est la faute de Zośka. Et je sais pourquoi elle fait ça : ce n'est pas à cause de l'autre fille, mais à cause du changement, pour me séparer de lui et… Pas demain, jeudi. Je ne saurais même pas dire qui je déteste le plus : elle ou eux. C'est comme ça depuis le tout début, *grrr*. Buluś, Dieu, venez-moi en aide !

28 mai 1942, jeudi

J'aime beaucoup Z. C'est un grand sportif, je suis très impressionnée. Je sais que je peux me réfugier près de lui, je peux simplement me blottir contre lui. C'est si agréable, si douillet et…

Mais commençons par le début. Après tout, la journée d'aujourd'hui n'a pas été très bonne.

Première chose ce matin : la réunion. Rougir comme une pivoine et parler du travail. Puis la conversation avec Zyguś. Ensuite, il y a eu Maciek et enfin ce complot dégoûtant, qui a pris d'horribles proportions pour finalement ne rien donner. Parce que toute cette aventure avec Z. est plutôt agréable. Mais c'est aussi étrange, très étrange ! Je ne m'étais pas rendu compte que ça pouvait être ainsi.

Z. dit que je suis langoureuse et inflexible, et patati et patata, et il m'interroge sans arrêt sur les raisons qui font que je n'aime pas danser. Je n'aime pas danser parce que je ne sais pas danser. Et quand je me sens comme aujourd'hui, aussi étrange, c'est comme un frisson, comme un je-ne-sais-quoi, et je suis contre. Bon sang, suis-je la pire ordure que la Terre ait jamais portée ? Oh, c'est si bon de me défouler, je suis soulagée. Je suis contente qu'il soit à l'aise de parler de moi si ouvertement et, en même temps, ça me blesse, j'ai le sentiment d'être coincée à un niveau inférieur et de ne pas pouvoir m'élever. Mais après, j'ai tout oublié. Lorsque je l'ai serré dans mes bras, lorsque mon corps tout entier était blotti contre le sien…

Le plus difficile, c'est toujours de se dire au revoir. Je l'aime de tout mon être et, lorsqu'il est près de moi, c'est comme si j'étais avec la personnification du printemps. Et le printemps peut être enivrant ! Est-ce vrai que les femmes sont dangereuses pendant cette saison ? Oui, des femelles à l'état sauvage. Mais pas moi, je n'aime que les caresses les plus innocentes qui me mettent ensuite dans un drôle d'état, et s'il n'était pas 9 heures du soir, je me déchaînerais sans doute comme elles, mais… Allez, ma fille, sois sage. Ah, je suis prise, et c'est tout. Buluś, Dieu, venez-moi en aide.

2 juin 1942, mardi

Probablement, mais c'est difficile à écrire. Tu sais, je sais à présent ce que le mot « extase » veut dire. Je le comprends presque. C'est indescriptible ; c'est la meilleure chose que deux êtres vivants puissent accomplir. Pour la première fois, j'ai senti que ce désir ne faisait qu'un, qu'il ne formait qu'un seul corps et… disons… qu'il ressentait davantage. Mordre et embrasser et étreindre jusqu'au sang. (Et ensuite, il y a cet autre symptôme.) Et Zyguś a parlé d'une maison et d'une voiture, et dit qu'il était exactement ce qu'il me fallait.

Mon Dieu, je Vous suis si reconnaissante pour cette affection, cet amour et ce bonheur ! J'écris ces mots différemment, je les murmure dans mon esprit afin de ne pas les effrayer ou les faire fuir. Écrire un poème, mais un poème sanguinaire, un poème de printemps. Maman est toute seule, même H. n'est pas là-bas. Je ne veux penser à rien, je veux seulement désirer follement, passionnément, comme… tu sais. Buluś, Dieu, venez-moi en aide.

6 juin 1942, samedi

Les jours scintillent et les humeurs brillent. Peu de jours se sont écoulés, mais de nombreuses pensées ont traversé mon esprit. Un matin, je me suis réveillée en croyant qu'il s'était passé quelque chose. Deux antennes dépassaient du toit d'en face, transperçant le ciel bleu. Je ne voyais que ces deux antennes et ce bout de ciel entre les deux, et rien d'autre. Pourquoi est-ce que je te raconte ça ? Parce que je veux te montrer que ce n'est pas un symbole qui a fait naître cette pensée. Je me suis seulement réveillée après un rêve qui me disait de ne pas croire en mon grand fantasme adoré. Pourquoi ? Je n'en sais rien. Simplement, je me suis sentie adulte et j'ai trouvé ce fantasme immature, stupide et irréalisable. Alors voilà donc ce que l'on perçoit lorsque l'on observe le monde objectivement : deux antennes et le ciel. Et moi, sage comme je suis, je pourrais sourire avec dérision, mais je n'en ai ni l'énergie ni le courage… Alors ma foi a diminué, mais elle est revenue et recommence à grandir petit à petit. Je prie toujours avec le même zèle qu'avant. Pas maintenant. Ce que je veux plus que tout, c'est le rêve. Je veux le désir, oui, parce que je désire de tout mon être, avec toute la force de mes pensées et mon imagination. Même le livre le plus innocent me met en émoi, tout comme la proximité d'autres personnes, et nous. Ah, je me bats contre des rêves horribles, des rêves dégoûtants. Et je… et toi. Un bateau qui tangue, je cours, je prends de la vitesse et… et… est-ce que je saute ?! Je sauterais si… Je sauterais mille fois si je savais qu'il allait exister à jamais.

Je n'ai pas vu Zyguś aujourd'hui, il est surmené, fatigué et affaibli. Et c'est tant mieux, c'est une chance, parce que je déborde d'énergie. Ma soif de vivre me rend sauvage. J'aimerais mettre mon pouvoir à profit pour mener une bataille honorable. Buluś, Dieu, venez-moi en aide.

7 juin 1942, dimanche

Je suis en paix avec moi-même. J'ai fait une longue promenade avec Nora dans le quartier et nous avons discuté. Elle est la première personne que j'aie prévenue. Je me suis rendu compte que c'était ce fardeau qui me tourmentait. Nous avons parcouru le recueil et je me suis sentie bien, et surtout… en paix.

Zygmunt aussi était là, il était là puis il est parti, je n'aurais pas dû l'écrire.

Nous avons aussi parlé de Waldek. C'est bizarre. Parfois, je me demande si je ne suis pas a…….e de lui. Je pourrais m'étrangler avec ce mot. Et mon cœur palpitait sous le coup de la peur pas plus tard qu'il y a une demi-heure.

Partout où je regarde, il y a des effusions de sang. Des pogroms terribles. Des assassinats, des meurtres. Dieu tout-puissant, pour la énième fois, je me prosterne devant Vous, aidez-nous, sauvez-nous ! Seigneur Dieu, laissez-nous vivre, je Vous en supplie, je veux vivre ! J'ai si peu vécu, je n'ai encore rien vu de la vie. Je ne veux pas mourir. J'ai peur de la mort. C'est si stupide, si insignifiant, si infime, si petit. Aujourd'hui, je suis inquiète à l'idée d'être laide ; demain, peut-être que je cesserai à jamais de m'inquiéter. Oui, oui, la guerre est terrible, sauvage, sanglante. Je sens que c'est à cause d'elle que je suis devenue comme ça.

Songe que demain, nous ne serons peut-être plus
Un couteau en acier froid
Se glissera entre nous, tu verras
Mais aujourd'hui, il est encore temps de vivre
Demain, le soleil s'éclipsera peut-être
Des balles transperceront et déchireront peut-être
Et recouvriront les trottoirs
De sang, de puanteur, de crasse noire
De la bouillie à cochon
Aujourd'hui, tu es vivant
Il est encore temps de survivre
Mélangeons notre sang
Pendant qu'encore résonne la chanson
La chanson du sang furieux et violent
Que nous donnent les morts vivants

Écoute, tous mes muscles tremblent
Mon corps cherche désespérément ta proximité
Ce n'est qu'un jeu qui nous étrangle
L'éternité ne suffirait pas à tous les baisers.

J'ai été interrompue. Mais cette pensée m'absorbe. L'effort en vaut-il la peine ? Non ! Je te le dis, il va y avoir un imprévu. Quoi ? Je l'ignore. Mais ça arrivera. Ou peut-être que c'est déjà fait. Je n'arrive pas à me sortir cette idée de la tête. Le moment est venu de penser à autre chose. Seigneur Dieu, pardonnez-moi, sauvez-moi et protégez-moi. Dieu, mettez fin à cette guerre. Buluś, Dieu, venez-moi en aide. Je crois en vous !

9 juin 1942, mardi

Je suis malade et un peu grincheuse. Je suis très inquiète pour Jarośka. Elle tousse, il faut l'emmener chez le médecin (ses poumons sont très faibles). Grand-mère refuse. Je lui ai dit qu'elle devrait, elle a répondu que « devrait » était un concept tout relatif. Et maintenant ? Jarośka n'est qu'une enfant. Grand-mère ne va jamais chez le médecin, c'est une règle qu'elle s'est fixée, mais cette règle s'applique-t-elle à une petite fille qui a la vie devant elle ? Peut-être a-t-elle simplement besoin qu'on l'aide, qu'on la sauve ? Peut-être qu'elle est vraiment gravement malade ?

Ces mots sont aussi quelconques qu'idiots, mais dis-moi, comprends-tu le désespoir qu'ils contiennent ? Cette enfant va vraiment mal. Bimba la critique constamment, elle ne se retient jamais. Mais après tout, elle n'y est pour rien dans cette affaire, ce sont les autres qui l'ont mise dans cette situation, alors pourquoi Bimba est-elle aussi injuste ?

J'avais très envie de pleurer aujourd'hui. Bimba pense que je devrais raviver mon ambition d'écrire de la poésie. J'ai crié : « Grand-mère, tu ne comprends pas ! » Maman voulait que je devienne écrivain, mais peut-on « devenir » écrivain ? Oh, ces gens ne comprennent rien. Et on me dit ça maintenant, alors que je tente de m'empêcher d'écrire des vers. Parce que je ne veux pas écrire quand j'ai quelque chose à raconter et que j'en ai envie : je veux écrire quand je peux, quand je dois. Ils ne savent pas à quel point ça fait mal. Et les tueries continuent, les meurtres continuent. Zyguś est ma seule bouffée d'air et mon seul rayon de soleil. Buluś, Dieu, venez-moi en aide.

14 juin 1942, dimanche

Il fait noir, je ne peux pas écrire. La panique s'est emparée de la ville. Nous craignons un pogrom ; nous redoutons les déportations. Ô Dieu tout-puissant ! Aidez-nous ! Prenez soin de nous ; accordez-nous Votre bénédiction. Nous persévérerons, Zyguś et moi, pitié, laissez-nous persévérer, laissez-nous survivre à cette guerre. Prenez soin de tout le monde, des femmes et des enfants. Amen. Buluś, Dieu, venez-moi en aide.

15 juin 1942, lundi

Je suis agitée et grisée. J'ai passé toute la journée submergée par une peur terrible. J'étais fatiguée, épuisée, désespérée. Et j'ai ressenti un tel manque… Imagine, deux jours et deux nuits. Des nuits sombres, d'une obscurité palpable ; imagine, je me suis consumée affreusement, sous l'effet d'un manque insupportable.

Dans la journée, je suffoquais dans l'atmosphère lourde et menaçante de la ville morte. Les journées sont difficiles. Les nerfs sont sans cesse au garde-à-vous, sous pression, ils sursautent, tous les sens sont sur le qui-vive, en proie à un émoi mortel.

Est-ce que Zyguś a été gentil ? Je ne sais pas s'il s'est montré particulièrement gentil, mais il était délicieusement viril. Et à la fin, j'ai eu la sensation qu'il était un homme avant toute chose. C'est la deuxième fois que j'ai cette impression. J'ai comparé ça à un livre. J'ai été surprise d'en être capable. J'ai envie d'éclater de rire, ha ha ha, de rire jusqu'à m'en rendre malade. Ce sentiment vaut tous les dieux et toute l'extase du monde. L'on aimerait abandonner. Non ! Non ! Nous allons persévérer, n'est-ce pas ? Oui. Nous allons persévérer, ma merveilleuse tête de printemps !

Il était charmant et, quand je suis avec lui, je me sens toute petite, comme une enfant, je me sens en sécurité. Il fait nuit noire à présent. J'écris dans l'obscurité, mais je sais tout de même ce que j'écris.

La conversation sur les lèvres n'était pas très agréable, mais elle n'a néanmoins rien gâché. Rien ni personne ne pourrait gâcher ça.

Dieu tout-puissant, pitié, faites que cela continue, continuez à nous sauver. Vous seul êtes en mesure de nous protéger et la force de ma foi est inébranlable. Buluś, Dieu, venez-moi en aide !

Je t'imagine, mon tremblement amoureux
Je t'imagine avec mes seules pensées
Tu ressembles à un fruit de printemps juteux
Je grogne, par les hanches agrippées
Je gémis, ma poitrine se soulève sans arrêt
Mes veines pulsent dangereusement, en colère
Dans un acte saint, une douleur et une fureur sacrées
que les sens qui s'éprouvent soient bénis.
Je t'attraperai, t'étoufferai, t'écraserai, te pèlerai
Entre mes lèvres, je te saisirai
Oh ! je serai bonne et généreuse
Je serai vivante, je serai heureuse.
Je t'absorberai, je t'adorerai
Je t'embrasserai comme une dévergondée
Une vraie, ardente et enflammée.

Le summum de la vulgarité ! Je me collerais des gifles, mais je l'écrirai quand même ! Ce soir ! Je n'ai pas écrit de prière. J'écrivais sur des bêtises lorsque je me suis fait la réflexion. Pardonnez-moi, Seigneur. Vers qui me tournerai-je, si Vous m'abandonnez ? En qui pourrai-je avoir confiance ? Dieu saint, pitié, protégez-moi, apposez Vos paumes sur les fronts de ceux qui croient, ceux qui ont besoin de Votre protection.

Ma chère maman, aujourd'hui, à cet horrible instant, tu es avec des étrangers, et peut-être que c'est mieux ainsi, peut-être que tu es plus en sécurité… mais si tu devais… (Dieu nous en préserve)… si nous devions… je ne veux pas le dire. Une fois de plus, pour la énième fois, à l'heure où les enfants se blottissent contre leurs mères, tu es loin. Tous les moments importants, dangereux, cruciaux de l'existence nous séparent. Et toi, ma chère maman, prie pour nous, prie pour nous où que tu sois. Il existe un Dieu. Il t'écoutera et priera pour tes filles orphelines. Notre Dieu est unique ; des gens sont morts en prononçant ces mots, morts dans la foi, et moi je suis encore en vie, vivante et fidèle. Buluś, Dieu, venez-moi en aide.

18 juin 1942, jeudi

C'est mon grand jour aujourd'hui. J'ai dix-huit ans le 18. Je suis une adulte désormais, mais je ne sais pas grand-chose. Il y a eu déjà beaucoup de tristesse et d'inquiétude dans ma vie, beaucoup de joie et d'amour aussi. Mais je ne sais pas grand-chose ; que devrais-je savoir, d'ailleurs ? Même ça, je ne le sais pas. À cet instant, je me sens bien, ça ne va pas si mal, heureusement.

Nora est si gentille et si bonne… Elle souffre parce qu'elle non plus ne sait pas grand-chose. Je trouve ça étrange que nous gravitions l'une vers l'autre, nous qui sommes si « autocritiques ». Elle aime bien Maciek. Ce serait formidable, tu ne crois pas ?!

Quel jour sommes-nous, déjà ? Je me suis cogné la tête. Tout le monde s'est réuni et c'était très agréable. Norka m'a donné le recueil, un recueil complet, superbement relié, merveilleux ! Il y a quelque chose de si doux, si charmant, si bon ; quelque chose qui nous élève, nous rend meilleurs. Encore un rêve qui s'est réalisé. Nora, je crois et tu sais que ce n'est pas le dernier…

Zyguś m'a offert des chocolats et deux cœurs en pain d'épice, Irka des fleurs et du parfum, et Maciek m'a envoyé des roses et une carte, dans laquelle il me souhaite que tous mes rêves deviennent réalité.

Et moi ? Que dire, parfois je rêve de devenir célèbre, d'atteindre des sommets et de parcourir le monde, et pas seulement en esprit. Et pourtant, à d'autres moments, j'aimerais simplement être une personne ordinaire, une citadine, une mère. Je veux, je désire ardemment avoir des enfants, heureux et gentils, droits, nobles et honnêtes. Qui sait laquelle de ces tâches est la plus noble et laquelle est la plus difficile ?

Oh, je suis si contente, maman, et je sais que tu m'envoies mille mots d'amour. Sais-tu que j'ai déjà dix-huit ans ? Oui, et je crois, et j'aime ceux que j'aimais.

J'ai décidé de travailler sur moi-même à partir de maintenant. Il y a encore le temps, on peut encore devenir quelqu'un. Quiconque a une vie spirituelle, quiconque peut avoir cette vie, doit avoir une base solide sur laquelle la construire. Toutes les vies ne reposent pas sur de jolies jambes. Et oui, oui, oui… Faut-il que je le dise ? Eh bien, oui, je le ferai, c'est comme un grain de sable coincé dans une coquille et qui finit par devenir une perle. La souffrance est la perle de l'amour. J'étais en colère contre Irka et Zygu. Je suis incapable d'imaginer de bons moments sans qu'ils soient empoisonnés par quelque chose. Mais il était adorable, c'est vrai, il était très gentil. Il vient demain. Si ce n'est pas un rêve, alors nous nous envolerons très haut…

Cet au revoir m'a mise en colère.

Demain, j'irai chez Nora pour trouver Kiciek.

Bonne nuit. Maman, je t'envoie un baiser, je te serre fort, comme toujours. Personne au monde ne m'aime plus que toi. Tes rêves pavent la route que je dois suivre et ma vie est une bénédiction. Buluś, Dieu, venez-moi en aide.

19 juin 1942, vendredi

Et Dieu a sauvé Zygu. Oh, je suis folle d'inquiétude. Ils ont embarqué des gens toute la nuit. Ils ont fait une rafle de 1 260 garçons. Les victimes sont nombreuses, des pères, des mères, des frères. Notre sang teinte l'océan de rouge, pardonnez-nous nos péchés, écoutez-nous, Seigneur Dieu ! C'était une nuit terrible, trop terrible pour être racontée. Mais Zyguś était ici, mon adoré, mon chéri. C'était si bon, nous nous sommes étreints et embrassés à l'infini. J'en ai presque oublié la journée d'hier, alors que c'était mon anniversaire, alors il aurait pu m'épargner cela. Mais il est comme ça. C'est son caractère, sa nature. Il aime « les femmes ». Zośka, ce « brouillard aux cheveux rouges » était là aussi. Quelle idiote j'ai été de montrer ce poème. Même Z. l'a dit. Enfin, tant pis, c'est justement ce qui importe. Il y a des moments où l'on peut parler et écrire, et pas agir. Et c'était si délicieusement plaisant que ça valait la peine de souffrir. Mais parfois, je pense que cela n'en vaut pas la peine, que le prix qu'une femme aimante a à payer est trop élevé.

Une nuit de juin
pleine
d'une obscurité dense
la nuit... s'étire
au-dessus de ma tête.
Une nuit de solitude
est arrivée. L'irrésistible se tenait
au pied du lit
avec un visage tourmenté
il a enfoncé ses griffes
dans le cerveau poisseux
et j'ai rêvé...
Mes pensées nues
débarrassées de leurs atours
s'étirent sous mon crâne
en silence
et pendant une éternité impitoyable
la nuit se prolonge.

Un lourd linceul noir
est tombé et s'accroche
au corps
silencieux et têtu
J'ai frémi.
La fleur ouvre
sans bruit
ses pétales
qui murmurent des mots
au parfum de jasmin
de boutons prêts à éclore.
Gémissement
l'exaspération s'atténue lentement
les sens soupirent de soulagement
doux fantasme
Aube...

Buluś, Dieu, venez-moi en aide.

23 juin 1942, mardi

Une fois de plus, les mots ne signifient rien ; une fois de plus, les mots sont ridicules. Hier, il nous a été donné de vivre une des merveilleuses symphonies de la jeunesse.

Il y a eu une sorte de pogrom dans notre quartier. Buluś a écrit et m'a dit de quitter la ville pour venir à Tłuste[1] avec Zyguś. Elle a écrit « ensemble ».

---

1. Un village d'avant-guerre en Pologne (près de Zalichtchyky), et un district pendant l'occupation allemande.

« Ensemble » ! Ce serait si doux, si merveilleux ! Cela dit, c'est absurde pour le moment. Mais de nos jours, même les absurdités les plus énormes peuvent devenir réalité.

Oh, mon cher Zyguś, nous partirons ensemble, tra la la la la… aaah ! Bimba te dit bonjour et je t'envoie un baiser. Zyguś aussi. Rena. Buluś, Dieu, venez-moi en aide.

25 juin 1942, jeudi

Par où commencer… Bon. Je vais simplement dire les choses comme elles sont. Une vague de bon et de mauvais a déferlé. Tout va bien à présent, parce qu'il est permis de rêver, d'embrasser. Mais aujourd'hui, je ne me « consume » pas, je ne suis pas comme un chien qui essaie de se libérer de sa chaîne, même si je suis toujours en proie au désir. C'est parce que Z. a dit une chose horrible aujourd'hui. Il a dit qu'il voulait lire mon journal, parce que cela l'excite ; cela lui procure de la stimulation. Écoute, cher journal, je t'aime, je t'aime tant, tu es mon âme, tu vis dans des milliers de souvenirs lumineux, tu pleures les larmes de mes vieilles inquiétudes, mais jamais je ne t'ai écrit pour que tu deviennes une source de stimulation en amour ! Dois-je constamment réduire en lambeaux les parties les plus profondes de mon âme, dois-je faire saigner mon cœur pour qu'il me croie et qu'il y trouve du plaisir ? Et moi ? Pourquoi donc aimé-je sans la moindre stimulation extérieure ? (Je trouve la mienne dans la rêverie.) Je ne crois pas que la vie soit si idyllique. La vie est pleine d'amertume ; il n'est même pas nécessaire de la chercher pour la trouver. Et c'est pour cette raison que Zygmunt était ainsi, exactement comme ça. C'était parce qu'il y avait trop de douceur.

Quand ton inquiétude s'endort
ne la réveille pas
il y a tant d'amertume dans la vie
c'est la source de tous les maux
quand ton inquiétude s'endort,
ne la réveille pas.
Sois heureuse, ris et souris
ça ne dure jamais longtemps
Quand ton inquiétude s'endort, ne la réveille pas
il y a tant d'amertume dans la vie !

Je pense que, même si Z. est bon, affectueux et gentil (il était vraiment très gentil aujourd'hui), il y a quelque chose d'étrangement calme chez lui. Ce n'est pas la première fois que je me fais cette réflexion. J'écris et je réfléchis, et je suis en colère, comme aujourd'hui, mais à la seconde où je me blottis contre lui, dès que je le serre dans mes bras, je suis de nouveau sur un petit nuage. Qu'est-ce que je vais faire ? Les rêves aussi sont absolument merveilleux. Ils deviendront réalité ; il le faut ! Est-ce possible d'éprouver à la fois de l'amour et de l'aversion pour quelqu'un ? Buluś, Dieu, venez-moi en aide.

Le jour suivant

C'est possible, apparemment. Non, je ne peux pas écrire là-dessus aujourd'hui, parce que je suis en colère.

Z., lui qui peut être si charmant, aussi chaleureux que mon propre cœur, peut aussi être incroyablement distant. Oui, il était distant hier. C'était difficile pour moi, et étrangement morose. Heureusement qu'il me reste ma poésie ! Mes poèmes. Je les aime tant.

Ce n'est pas vrai, Z. n'est pas du tout celui qu'il me faut ! Il dit des choses, par exemple sur le fait que mon goût change. Il dit ça exprès, il dit ça pour me faire du mal et, quand on aime quelqu'un, on ne veut pas lui faire du mal. La vie est nuageuse, mais notre petit bout de ciel était bleu. À présent, il ne reste rien. Les jours comme aujourd'hui, je me dis que nous serions malheureux ensemble. Mais cette pensée me blesse terriblement. Oh, Seigneur Dieu, pourquoi est-ce aussi douloureux ? C'est horrible, c'est si difficile ; j'aimerais que l'on soit déjà samedi. Buluś, Dieu, venez-moi en aide.

27 juin 1942, samedi soir

Un samedi soir agréable, paisible, tranquille, béni. Mon âme s'est apaisée. Pourquoi ? Parce qu'une fois encore, je me suis blottie contre lui, il m'a caressée et m'a fait me sentir comme sa toute petite fille. J'ai oublié tout le négatif. C'est dommage que Zyguś soit parti. J'aurais pu rester nichée contre lui pendant très, très longtemps. Buluś, Dieu, venez-moi en aide !

28 juin 1942, dimanche

Tout est calme et paisible à présent ; je vais bien. J'aimerais me blottir à nouveau, simplement me blottir et dormir. C'était au-delà des mots. Il était au-delà des mots. Je ne sais pas ce que j'écris, parce qu'il fait noir. Oh, la nuit est si douce. C'était un vol merveilleux, diabolique et paradisiaque à la fois. Nous avons fait un grand pas en avant. Vers ce Z. que les gens adorent. Pourquoi, oh pourquoi seulement dans cinq ans ? Après tout, aujourd'hui, déjà, déjà aujourd'hui. Mes jambes n'ont pas tenu le choc. Ce que Z. a dit était absolument adorable (que je suis mature). Et c'était charmant avec Marysia, aussi, j'aime vraiment cette douceur façon papa-maman. Peut-être même que je la préfère. Tout cela est absolument extraordinaire. Divin et très humain. Oh, que j'aimerais me blottir contre lui et dire : « Oh, papa chéri ! » Je m'en vais rêver avec douceur et tranquillité. Buluś, Dieu, venez-moi en aide !

29 juin 1942, lundi

Dis-moi un peu, Zyguś, comment suis-je censée survivre à ces deux jours et à ces deux nuits ? Chaque heure dure dix fois plus longtemps. Elles passent à une lenteur… c'est absolument horrible, insoutenable, oppressant. Comment en est-on arrivés là ? Comment ce qui s'empilait et grandissait encore et encore a-t-il pu donner lieu à un tel débordement ? Et est-ce qu'il en sera toujours ainsi à partir de maintenant ? En voudra-t-on davantage, et si oui, quand, oh, quand ? Parce que aujourd'hui, je n'en ai pas envie, mais mon corps si. Mon corps le demande, il l'exige. Est-ce que ce sera comme ça tous les jours, désormais ? C'est étrange de constater que je semble incapable de revenir en arrière. J'ai mûri ; je suis même trop mûre. C'est bien de penser, de vouloir et d'accomplir, mais comment ? Tout cela me fait peur. Parce que c'est une pensée sobre. Trop sobre. Comment puis-je l'envisager comme une chose réalisée ou en cours de réalisation, mais sans songer à la manière d'y arriver ? Non ! Non ! Je n'ai pas le courage de penser, tout simplement. Et c'est pour ça que cette lettre m'a fait l'effet d'un coup de massue. Ma Buluś chérie. Mon adorée, je sais à présent que tes intentions sont bonnes. Je le sais, parce que c'est aussi ce que je veux, c'est ma destinée. Mais sais-tu que c'est totalement absurde, c'est le plus grand leurre au monde. C'est seulement maintenant, en lisant ta lettre, que j'ai pensé qu'il n'y avait pas de vraies raisons sérieuses. Tu es une femme qui a beaucoup vécu. Tu sais beaucoup de choses. Et tu me dis d'être pragmatique. Quelle enfant tu fais. Sais-tu que j'ai trouvé ta façon de me présenter la chose disons… (pour éviter de commettre un péché) de mauvais goût. Imagine, deux jeunes personnes et…

Zyguś me dit de vilaines choses, et de jolies choses aussi… Il estime que nous devons nous séparer ; il affirme que, dans cinq ans, je serai plus grande de dix centimètres et plus jolie. Mais je ne serai ni l'un ni l'autre. Je suis toujours plus jolie après, avec les yeux brillants, les lèvres brûlantes et les joues rouges. Zyguś aussi est toujours plus beau que jamais après. Je préfère me débarrasser de tous les obstacles et rêver que c'est déjà là, que c'est… Buluś, Dieu, venez-moi en aide.

5 juillet 1942, dimanche

Nous le redoutions, la menace planait sur nous et c'est enfin arrivé. Ce dont nous avions si peur s'est finalement abattu sur nous. Le ghetto. Les avis ont été diffusés aujourd'hui. Peut-être que nous allons rester ici ; peut-être pas. Ô Dieu. Vous m'avez donné tant d'espoir et de réconfort, je Vous en remercie.

C'est terrible. Tu n'imagines pas à quel point, tu n'en as pas la moindre idée. Tu vas m'accompagner, bien sûr, parce que je vais emporter mon âme avec moi, mon petit miroir. Songe que ce que renfermaient de vieux livres jaunis, ce qui figurait dans des parchemins en vélin couverts d'écritures, ce qui vivait dans les légendes et que l'on a appris avec étonnement à l'école, tout cela est devenu réalité. La réalité la plus réelle qui soit. Et c'est absolument terrifiant.

Nous redoutons la déportation ; apparemment, ils prévoient de déporter la moitié des gens. Oh, Dido, oh, Bimba. Seigneur Dieu, prenez pitié. Mes pensées sont si sombres que le seul fait de les penser est un péché.

J'ai croisé un couple qui avait l'air heureux aujourd'hui. Ils avaient fait une sortie et étaient sur la route du retour, amusés et contents. Zyguś, mon chéri, mon amour le plus sincère, quand ferons-nous une sortie comme eux ? Je t'aime autant qu'elle l'aime. Je te regarderais de la même façon. Mais elle est beaucoup plus heureuse, c'est tout ce que je sais. Ou peut-être que… – Ô Dieu saint, Vous qui êtes si miséricordieux – un jour, nos enfants diront : « Notre mère et notre père ont vécu dans le ghetto. » Oh, j'y crois de toutes mes forces. Vous nous sauverez, Dieu tout-puissant. Ma maman prie de toutes ses forces pour nous. Buluś, Dieu, venez-moi en aide.

Le 6 de je ne sais quel mois, lundi

Il y a tant de peur et d'inquiétude, tant d'amertume que j'ai honte d'écrire sur notre petit nid. Mais il est doux, charmant, merveilleux. C'est si bon de parler du nid. Buluś, Dieu, venez-moi en aide.

10 juillet 1942, vendredi

Au revoir, mon petit journal ! Cette demeure me manquera. Espérons que Dieu me permettra de te revoir un jour. Accorde-moi ta bénédiction de loin, maman, et Vous, Seigneur Dieu, ramenez-moi vite à la maison, et pas dans le ghetto, mais dans notre maison… J'ai vécu tant de bons moments ici, je garderai toujours des souvenirs attendris de cet appartement où mon amour a grandi et mûri. Je suis en plein déménagement, c'est un bazar terrible, il faut que je file. Buluś, Dieu, venez-moi en aide.

15 juillet 1942, mercredi

Souviens-toi de ce jour ; souviens-toi bien de lui, car tu le raconteras aux générations futures. Depuis 8 heures aujourd'hui, nous sommes enfermés dans le ghetto. C'est ici que je vis, à présent. Le monde est mis à l'écart de moi et je suis mise à l'écart du monde. Les journées sont terribles et les nuits ne sont pas mieux. Chaque jour apporte davantage de morts et je continue à Vous supplier, Dieu tout-puissant, de me laisser embrasser ma maman chérie.

Ô Dieu qui êtes si grand, donnez-nous la santé et la force. Laissez-nous vivre. Je me sens horriblement mal. Bimba est malade. L'espoir se flétrit à toute vitesse.

Il y a des fleurs parfumées devant la maison, mais qui a besoin de fleurs ? Et tu sais, je n'ai pas encore vu Zygmunt. Enfin, je veux dire que je l'ai aperçu de loin aujourd'hui, mais il n'est pas encore venu. Dieu, je Vous en prie, protégez-le. Pourquoi ne puis-je pas me blottir contre lui ? Dommage… Peut-être qu'il… Dieu, laissez-moi prendre ma chère maman dans mes bras. Buluś, Dieu, venez-moi en aide.

16 juillet 1942, jeudi

Tu veux sûrement savoir à quoi ressemble un ghetto fermé. C'est assez banal. Des fils barbelés tout autour, avec des gardes qui surveillent les grilles (un policier allemand et la police juive[1]). Sortir du ghetto sans laissez-passer est passible de la peine de mort. À l'intérieur, il n'y a que quatre personnes, les proches, les êtres chers. Dehors, ce sont des étrangers. Mon âme est infiniment triste. Mon cœur est envahi par la peur. C'est la vie.

Zyguś m'a beaucoup manqué aujourd'hui, j'ai pensé à lui tout le temps. Je ne l'ai pas vu depuis une semaine, il m'a terriblement manqué et il me manque toujours, parce que sa visite d'aujourd'hui n'en était pas vraiment une. Personne ne peut imaginer à quel point j'aimerais des caresses. Après tout, nous sommes face à une situation

1. De nombreux ghettos comportaient des unités de police juive, constituées sur les ordres des Allemands. Elles surveillaient le ghetto, collectaient l'argent et les impôts, regroupaient les travailleurs forcés, entre autres. Même si les membres des unités faisaient souvent officiellement partie des Judenrat (conseils juifs, sorte de corps administratifs), ces derniers les regardaient souvent d'un œil soupçonneux, à l'instar des habitants juifs des ghettos.

terrible. Laissez-moi recevoir quelques caresses. Mais ça s'est fini sur une note étrange et froide, probablement parce qu'il y avait d'autres personnes dans l'appartement et que c'était un véritable foutoir. Peut-être que ça ira mieux samedi… Oui, il le faut. Il nous faut l'équivalent d'une semaine de caresses. Je vais aller rêver comme avant. Buluś, Dieu, venez-moi en aide.

18 juillet 1942, samedi

Les jours passent. Ils se ressemblent tous, comme des gouttes de pluie. Le plus agréable, ce sont les soirées. Nous nous asseyons dans le jardin devant la maison, nous discutons, nous plaisantons et, lorsque je respire les odeurs du jardin, je parviens à oublier. J'oublie ce que je veux oublier. Oublier que je vis dans le ghetto, que j'ai une foule de préoccupations, que je me sens seule et pauvre, que Z. est un étranger, qu'en dépit de mon désir je ne peux pas me rapprocher de lui. Ce n'est pas le genre de relation qu'ont les autres couples, après tout.

Des colombes roucoulent dans la cour. Le croissant de lune flotte sans bruit dans le ciel, les fleurs diffusent un doux parfum et, quand je regarde tout cela, je me demande : pourquoi ? J'ai été au bord des larmes trois fois, aujourd'hui. J'ai mis ça sur le compte de nos conditions de vie, mais ce n'est pas vrai ! L'amour peut fleurir partout, cher amour, plein de chaleur… Et pourtant, des ombres errent toujours sur mon chemin. Qu'est-ce que c'est ? D'où viennent ces ombres ? Sont-elles les ombres des nuages qui flottent au-dessus de moi ? Malheureusement, non, ce sont les ombres d'un visage caché, ou bien… enfin, cela ne vaut pas la peine d'en parler. J'ai si mal au cœur.

Je ne veux pas demander quoi que ce soit d'autre à Dieu, à part notre survie. Mais l'on a aussi le droit de rêver, pourquoi pas ? Je rêve de poser la tête sur les genoux de maman et de pleurer doucement, comme en ce moment… Maman n'est pas là, mais Norka oui, alors c'est elle que j'irai trouver pour pleurer sur son épaule. C'est une bonne âme, elle comprendra. J'irai chez elle. Je ne veux pas voir d'autres amis qu'elle. Irka a dit qu'elle passerait. Pour quoi faire ? Je ne la supporte pas. Je ne veux pas entretenir cette relation. C'est stupide, calculé, forcé. Parfois, j'ai envie de dire que je m'en fiche, mais tout ce que je dis, c'est que j'espère que la guerre va se terminer ! Au revoir, cher journal, j'ai le cœur lourd, comme s'il était en plomb. Buluś, Dieu, venez-moi en aide.

Ce qui m'effraie le plus, ce sont les ombres
Quand, au petit matin
une ombre vacille à brûle-pourpoint
sur la route devant moi
Mon cœur tremble à l'intérieur
et je regarde autour de moi
pétrifiée
on ne peut pas regarder une ombre dans les yeux
on ne peut pas l'attraper par le bras
on ne peut pas la toucher, l'interroger
ni même lui demander qui l'envoie
Cette grisaille rampante et vacillante
qui brille et se tortille étrangement
Ce qui m'effraie le plus, ce sont les ombres.

Buluś, Dieu, venez-moi en aide.

19 juillet 1942

C'est l'anniversaire de Norka demain. Irka vient, alors ce ne sera pas comme cela aurait pu être. Mais ce sera tout de même agréable, parce que Zyguś, mon Zyguś bien-aimé, fait de nouveau battre mon cœur ; il est si délicieusement charmant. La vie est bonne avec nous, même dans le ghetto. Seulement, je me sens toujours un peu bête, je suis gênée d'y aller. Mais Z. est vraiment le plus beau et il n'y a rien de mieux que de me blottir contre lui et d'être sous sa protection. Alors aujourd'hui, je suis beaucoup plus calme. Dans cet appartement, « cela » est merveilleux aussi. Désormais, j'aurai des pensées douces sur tout !

Demain, Norka fête ses dix-huit ans. J'aimerais lui offrir certains de nos rêves, quelque chose de plus qu'un recueil et des fleurs, quelque chose que personne d'autre ne va lui donner. Je lui ai promis qu'une fois que nous aurons quitté cet endroit, je lui achèterai un bel appareil photo et nous irons faire de la randonnée dans les montagnes, pour rendre mon amie heureuse. Cela me rendrait heureuse aussi.

dans une petite maison
avec des volets verts
où les fleurs écloront
où ce ne sera toujours que nous deux

Zyguś, mon bien-aimé, le meilleur. J'envoie des baisers à tout le monde et je remercie le bon Dieu pour cela, et je remercie ma chère maman de prier pour nous. Buluś, Dieu, venez-moi en aide.

20 juillet 1942

L'anniversaire de Nora. Et donc ? Je savais que ça se passerait comme ça. Mais à présent, j'ai discuté avec les voisins et je me sens un peu mieux. Dieu saint, protégez-nous et sauvez-nous. Buluś, Dieu, venez-moi en aide.

22 juillet 1942, mercredi

Je dois écrire pour faire taire la douleur, pour ouvrir les blessures et laisser les inquiétudes sortir. Quelle époque sombre et horrible. Nous ne savons pas de quoi demain sera fait. Nous nous attendons à ce qu'ils emmènent des familles. Bimba est malade et épuisée, Jarośka est au plus mal, pas un mot de maman ni de papa. Avec Zygmunt, ça ne va pas non plus. Je ne voulais vraiment, vraiment pas admettre que je déborde de venin. Mais je n'ai pas pu m'en empêcher. Et accessoirement, j'ai raison. Le chagrin me fait monter les larmes aux yeux et mes mains tremblent de colère.

Je n'ai pas envie de rentrer dans les détails, car je risque de vociférer et d'écrire des mots bourrus, et à quoi bon ? Cela ne changera rien. C'est sa faute. Il a raison, je suis rancunière et désespérément amoureuse. Une chose doit changer, cependant, au moins une expression… Après tout, le « nigaud » ne dira peut-être rien à personne et… Non ! Quand j'y pense, je suis si furieuse que je ne veux plus jamais le revoir. J'en ai assez de tout ça. Je me bouche les oreilles et je ferme les yeux. J'aimerais utiliser ma souffrance pour créer de la souffrance, pour me rendre malade. Et il a raison, c'est lui le plus sage de tous…

Mais dans mon rêve, c'est complètement différent. Mes rêves sont doux… Buluś, Dieu, venez-moi en aide.

23 juillet 1942, jeudi

Eh bien, Noruśka, ma chère, très chère enfant. J'admire ton monde, je l'aime aussi, mais tu me connais, un seul mot peut tout briser. Noruś, j'aimerais étudier également et m'améliorer, mais tout se résume à un mot. Je sais déjà qui vaut quoi, je connais l'amour et je t'ai dit la vérité (même si c'est la première fois que j'y pensais) : il n'en vaut pas la peine. Mais ce n'est pas une question d'en valoir la peine ou non, l'on a besoin d'amour, l'on a besoin de continuer à aimer, l'on n'arrive pas à dire non !

Je sais, ma chère, que tu comprends tout, mais tu ne comprends pas ma faiblesse et mon impuissance quand je suis face à… ce mot. Ce que je t'ai dit est vrai, même s'il n'a pas dit non, je le sais. Je sais qu'il regrette et qu'il est gêné. Et (c'est marrant) je suis exaspérée. Si seulement les cœurs pouvaient être guéris de l'amour ! Mais je ne suis même pas sûre que cela me plairait. Ce que je veux, Noruś, c'est revenir à la vie et aller faire de la randonnée dans les montagnes avec toi. Buluś, Dieu, venez-moi en aide.

Vendredi 24 juillet 1942

Mon Dieu, aidez-nous. Nous devons payer notre cotisation demain à midi. La ville est en danger. Mais j'ai toujours la foi. Ma foi est grande et je Vous supplie. Buluś, Dieu, venez-moi en aide.

25 juillet 1942, samedi

Le lendemain matin ! Les Ordner[1] sont venus hier soir. Dido n'a pas encore tout payé. Pas assez d'argent. Oh ! Pourquoi l'argent ne tombe-t-il pas du ciel ? On parle de vies humaines, après tout ! Des heures sombres nous attendent. Maman, tu n'imagines pas à quel point. Mais Dieu nous surveille et, même si j'ai terriblement peur, j'ai foi en Lui.

J'ai confiance parce que, ce matin, un rayon de soleil a illuminé l'obscurité, sous la forme d'une lettre de maman, sous la forme d'une merveilleuse photo d'elle. Et alors qu'elle me souriait à travers la photo, j'ai pensé que Dieu prenait soin de nous ! Même dans les pires moments, il y a toujours quelque chose capable de nous faire sourire. Maman, prie pour nous. Je t'envoie plein de baisers. Buluś, Dieu, venez-moi en aide.

Le soir !

Mon cher journal, mon bon ami, mon bien-aimé ! Nous avons traversé des moments terriblement difficiles ensemble, et le pire est à notre porte. Je pourrais avoir peur. Mais Celui qui ne nous a pas abandonnés nous viendra à nouveau en aide aujourd'hui. Il nous sauvera. Écoute, Israël[2], sauve-nous, aide-nous. Vous m'avez protégée des balles et des bombes, des grenades. Aidez-moi à survivre, aidez-nous ! Et toi, ma chère maman,

---

1. Agents de la police juive du ghetto (*Jüdischer Ordnungsdienst*).

2. Référence à l'une des prières les plus importantes du judaïsme, le Chema Israël (« Écoute, Israël, l'Éternel est notre Dieu, l'Éternel est un »).

prie pour nous aujourd'hui, prie pour nous de toutes tes forces. Pense à nous, et puissent tes pensées être bénies. Maman ! Maman chérie, la seule et l'unique, des heures sombres nous attendent. Je t'aime de tout mon cœur. Je t'aime ; nous serons à nouveau réunies. Dieu, protégez-nous et protégez Zygmunt, les grands-parents et Jarośka. Dieu, je mets ma vie entre Vos mains. Buluś, Dieu, venez-moi en aide.

NOTES DE ZYGMUNT

27 juillet 1942, lundi

C'est fait ! Avant toute chose, cher journal, je te prie de pardonner mon intrusion dans tes pages et ma tentative de continuer le travail d'une personne que je ne mérite pas. Je dois te dire que Renuśka n'a pas obtenu le tampon de permis de travail dont elle avait besoin pour éviter la déportation, alors elle doit se cacher. Mes chers parents se sont vu refuser le tampon, eux aussi. Je jure devant Dieu et l'histoire que je sauverai les trois personnes qui me sont les plus chères, même si cela doit me coûter la vie. Dieu, venez-moi en aide !

28 juillet 1942, mardi

Mes parents ont eu la chance de pouvoir rentrer dans la ville. Ils se cachent au cimetière. Rena a dû quitter l'usine. J'ai dû lui trouver une cachette à tout prix. Ce soir, je suis resté en ville jusqu'à 8 heures. J'ai enfin réussi.

29 juillet 1942

*L'*Aktion *a été évitée pour la deuxième fois, à cause d'une dispute entre l'armée et la Gestapo*[1]*. Je suis incapable de décrire tout ce qui s'est passé au cours des trois derniers jours. Je n'en ai pas l'énergie après douze heures passées à courir dans toute la ville. Ces événements m'ont ébranlé jusqu'au plus profond de mon âme, mais ils ne m'ont pas brisé. Je dois m'acquitter d'une tâche terriblement difficile. J'ai tant de personnes à sauver sans bénéficier moi-même de la moindre protection ni de la moindre aide extérieure. Ce fardeau repose uniquement sur mes épaules. Je ne tiendrai pas longtemps et je subirai le même sort que mes trois condamnés. J'ai fait passer Arianka de l'autre côté.*

30 juillet 1942

Tout va se jouer aujourd'hui. Je vais rassembler toutes mes forces physiques et mentales et atteindre mon but. Ou je mourrai en essayant.

5 heures de l'après-midi

Skrzypczyński me donnera la réponse définitive à 5 heures. À midi, ils ont pris nos cartes pour les tamponner (ainsi que les cartes des épouses). J'ai décidé de mettre mon document en jeu, parce que j'ai pensé

1. Très probablement une référence à la tentative de stopper la destruction du ghetto, entreprise par le lieutenant de la Wehrmacht Dr Albert Battel (1891-1952). Il a secouru une centaine de juifs du ghetto de Przemyśl et reçu le titre de Juste parmi les Nations de la part du mémorial de Yad Vashem en 1981.

que c'était ma dernière chance de sauver Renuśka. Sans succès ! Ils ont menacé de m'envoyer à la Gestapo. Après que je les ai suppliés, ils ont enfin rétracté leur menace. Mais cette contrefaçon m'a coûté mon travail à la HUV[1]. *À 8 heures, je saurai si je reste ou non. J'y vais.*

La nuit

Ô Dieu ! Quelle horreur ! Tout ça pour rien ! Le drame a duré une heure. Je n'ai pas récupéré ma carte. Est-ce que je viens de me mettre à mort tout seul ?! Zosia est partie ! Je suis tout seul maintenant. Qu'est-ce que je vais devenir ! C'est la grande question. Je voulais sauver mes parents et Rena et, au lieu de ça, je n'ai fait que m'attirer davantage d'ennuis. On dirait que la fin du monde est proche. J'ai encore de l'espoir.

31 juillet 1942

Trois tirs ! Trois vies perdues ! C'est arrivé hier soir à 10 heures et demie. Le sort a décidé de me prendre les êtres que j'aime le plus. Ma vie est finie. Tout ce que j'entends, ce sont des tirs, des tirs. Ma Renusia adorée, le dernier chapitre de ton journal est terminé.

---

1. Heeres-Unterkunft-Verwaltung : administration alors responsable de la gestion des logements militaires.

Épilogue

Je ne passai que deux semaines dans le ghetto, un quartier pauvre et délabré appelé Garbarze, au nord-ouest de l'appartement de nos grands-parents. Les nazis avaient donné à tous les juifs vingt-quatre heures pour emménager là-bas. Chaque famille était autorisée à n'emporter que vingt-cinq kilos d'affaires. Mes grands-parents, Renia et moi rassemblâmes nos vêtements d'été et d'hiver les plus pratiques, nos chaussures les plus solides et quelques manteaux au cas où nous ne récupérerions jamais nos fourrures. Mon grand-père colla autant de pièces d'or qu'il le put dans un coin de sa valise, en espérant que les gardes ne les trouveraient pas. L'argenterie fut enterrée au sous-sol ; grand-mère et grand-père reviendraient la chercher après la guerre.

Le 27 juillet, une *Aktion* commença dans le ghetto de Przemyśl ; à moins de pouvoir prouver que vous occupiez un poste essentiel ou que vous travailliez dans l'administration (et obtenir ainsi un tampon de permis de travail de la Gestapo sur vos cartes), vous étiez condamné à quitter le ghetto pour les camps, ou condamné à mort. Seuls 5 000 juifs devaient recevoir ce tampon, et Zygmunt et Maciek eurent la chance de faire partie de ceux-là. Malheureusement, ce ne fut pas le cas de ma sœur ou de mes grands-parents, ni le mien.

Le lendemain, la Gestapo encercla le ghetto de Przemyśl et organisa une rafle parmi les gens qui y vivaient : 6 500 juifs furent entassés dans des wagons à bestiaux et envoyés au camp de la mort de Belzec, à une centaine de kilomètres au nord-ouest de la ville. 2 500 autres, déclarés trop vieux ou fragiles, furent emmenés en camion dans la forêt de Grochowce, qui entourait Przemyśl. Là, on leur tira une balle dans la nuque avant de les enterrer dans une fosse commune.

Ma sœur et moi n'étions dans aucun de ces groupes. Sans que je sache comment (il ne me l'a jamais expliqué), Zygmunt réussit à faire passer clandestinement Renia et ses parents et à les cacher dans le grenier d'un petit immeuble au 10, rue Moniuszko, où vivait son oncle Samuel Goliger, membre du Judenrat. Je n'étais pas avec eux. Zygmunt m'avait emmenée juste avant, et nous nous étions faufilés le long des murs du ghetto pour gagner la maison de ma meilleure amie, Dzidka.

Je pense que je partis tôt le matin, mais cette image vient d'un coin reculé de ma mémoire où je me suis repassé mille fois chaque souvenir. Le même recoin que j'ai fouillé à la recherche de mes derniers souvenirs avec ma sœur, sans parvenir à les retrouver. Comment ai-je pu oublier le moment où je lui ai dit au revoir ? Quelle était l'expression sur son visage ? Je donnerais tout pour me rappeler les derniers mots que nous avons échangés. Je donnerais tout pour savoir que je lui ai dit combien je l'aimais.

Je me souviens de la dernière fois que je vis mes grands-parents. Ils essayaient d'être courageux tandis que Zygmunt me faisait signe qu'il était temps pour moi de partir, que je devais y aller, que nous n'avions plus le temps. Ma mamie, que j'adorais, fit volte-face et couvrit son visage de ses mains. Mon papy s'agenouilla, il plaça ses mains sur mes épaules et me regarda dans les yeux. Puis il me tendit une petite boîte colorée avec une poignée en forme de chaîne. C'était le genre de boîte parfaite pour transporter son déjeuner, comme si j'étais une petite fille sur le point de se rendre à l'école toute seule pour la première fois, et non pas une enfant qui fuyait dans l'espoir d'avoir la vie sauve.

« J'ai collé vingt pièces d'or à l'intérieur, dit-il. C'est tout ce que j'ai. Où que tu ailles, tu pourras toujours les échanger contre de l'argent liquide. »

Ma grand-mère s'approcha de moi, avec dans les mains un manteau bleu, fin, que je ne mettais que les soirs d'été. Elle glissa mes bras dans les manches, en prenant bien soin de ne pas froisser la robe rose que je portais, puis elle le boutonna jusqu'en haut. Ils me serrèrent brièvement dans leurs bras puis ils m'accompagnèrent jusqu'à la porte du jardin, où Zygmunt m'attendait.

J'ignore ce qui leur arriva, mais je suis persuadée qu'ils terminèrent dans la fosse commune de la forêt de Grochowce. Ils étaient simplement trop vieux pour que les nazis les envoient dans un camp.

Je ne sais pas trop comment Zygmunt se débrouilla pour me faire sortir du ghetto, mais il m'emmena directement chez les Leszczyński. C'était un appartement situé près de la petite usine de café dont M. Leszczyński était propriétaire, mais dans un autre quartier de la ville que celui où se trouvaient le magasin de mes grands-parents, mon école et l'étang où nous faisions du patin à glace. Dzidka, ma meilleure amie au monde, était là qui m'attendait, avec ses parents et ses deux sœurs.

J'ignorais combien de temps je resterais chez eux. Je crois que je ne comprenais même pas pourquoi j'étais là. Tout ce que je savais, c'était que, même si j'étais avec Dzidka et sa famille (que j'aimais et en qui j'avais totalement confiance), j'étais terrifiée. Plusieurs fois par jour, quelqu'un frappait violemment à la porte et exigeait de fouiller l'appartement. M. et Mme Leszczyński me faisaient alors signe de me cacher sous un lit et murmuraient : « Ne dis pas un mot. Ne fais pas un bruit. Nous allons revenir te chercher. » Puis ils fermaient la porte.

Je me tapissais sous le lit en me faisant aussi petite que possible, et ma poitrine se soulevait tandis que j'essayais de ravaler mes larmes. « Une minute », criait Mme Leszczyński à l'intention de la personne sur le palier.

Puis M. Leszczyński ouvrait la porte et disait quelques mots, qui étaient suivis d'un silence. La porte se refermait. Pour les deux heures suivantes ou la demi-journée à venir, j'étais en sécurité.

Je faisais confiance à la famille de Dzidka et, plus encore, je faisais confiance à Zygmunt. Je savais qu'il ferait tout ce qui était en son pouvoir pour protéger Renia, qu'elle soit encore dans le grenier de son oncle où qu'il l'ait exfiltrée comme il l'avait fait avec moi. Il aimait ma sœur, et il avait promis à notre mère qu'il prendrait soin d'elle.

Vous connaissez la suite de l'histoire de Renia. En dépit de tous ses efforts, Zygmunt n'a pas pu la sauver. Ma jolie sœur a été assassinée le 30 juillet 1942, en même temps que les parents de Zygmunt.

Plusieurs semaines s'écoulèrent avant que je découvre ce qui lui était arrivé. Roulée en boule dans l'appartement de ma meilleure amie, je n'avais pas la moindre idée que quelqu'un avait averti les Allemands que trois juifs se cachaient dans le grenier de l'immeuble de M. Goliger, que la Gestapo y était entrée de force et que Renia et les parents de Zygmunt avaient été emmenés dehors et abattus.

Les Leszczyński le surent peut-être tout de suite, mais je n'ai aucune certitude. Tout ce dont je me souviens, c'est que, tandis que je me cachais chez eux, terrifiée à l'idée que la Gestapo vienne, me trouve et m'emmène loin de ma famille, de mes protecteurs, de ma meilleure amie et d'une vie de plus en plus lugubre, ma mère me manquait désespérément. C'était une douleur intense, identique à celle que Renia avait ressentie chaque jour depuis 1938.

Après une semaine chez les Leszczyński, M. Leszczyński m'annonça qu'il était temps de partir. « Nous allons à la gare », dit-il.

Je ne demandai pas pourquoi. Je me contentai d'enfiler la robe rose que je portais lorsque j'avais quitté mes grands-parents, je m'enveloppai dans mon manteau bleu, et j'attrapai la petite boîte dans laquelle mon grand-père avait collé des pièces. Je repensai à ses derniers mots, sa moustache, l'éclat gentil dans son regard, et je songeai à ce qu'il avait dû ressentir en me la donnant. Il devait savoir qu'il était condamné, et que les vies de ses petites-filles touchaient peut-être à leur fin également.

Je n'ai aucun souvenir du trajet jusqu'à la gare, ni de là où j'étais assise dans le train, ni même de si j'étais assise. Voilà bientôt quatre-vingts ans que j'ai quitté Przemyśl, et je me suis repassé tant d'odeurs, d'images, de rencontres et de conversations que c'est parfois difficile de les différencier les unes des autres. Je ne suis jamais retournée dans la ville de mes grands-parents. Je ne peux pas. C'est trop éprouvant, tout simplement.

Nous devions faire un changement à Cracovie. M. Leszczyński et moi sortîmes prudemment du train. Il serrait ma main dans la sienne. Nous avancions droit vers un groupe d'officiers de la Gestapo, vêtus de leurs traditionnels uniformes gris, avec leurs grades sur les épaules. Ils étaient accompagnés de bergers allemands. Ce n'était pas inhabituel de croiser la Gestapo, surtout dans un lieu public comme une gare, mais cette fois, c'était différent. Je n'avais pas de papiers, nous n'avions donc aucun moyen de prouver que je n'étais pas juive. Si M. Leszczyński se faisait prendre en train d'exfiltrer une juive, il serait condamné à mort.

Nous continuâmes à marcher tandis que mon cœur cognait furieusement dans ma poitrine. Alors que nous nous approchions d'eux, un des Allemands jeta un regard à M. Leszczyński, sans apparemment remarquer le moins du monde ma présence. Puis il se retourna vers les autres officiers et reprit le cours de sa conversation. Je poussai un long soupir tandis que nous passions à côté d'eux. Ensuite, nous attendîmes le train à destination de Varsovie pendant ce qui me parut être des heures.

Aujourd'hui, le trajet en train entre Cracovie et Varsovie prend environ deux heures et demie. Dans la Pologne en guerre, c'était sans doute deux fois plus long. Je ne me rappelle pas le voyage : ce que j'ai vu par la fenêtre, si j'ai dormi, ce que le père de Dzidka m'a raconté, ni même si je savais où j'allais. Mais nous finîmes par arriver à Varsovie et, lorsque le train s'arrêta, je me sentis plus anxieuse que jamais dans ma vie. J'étais dans une ville que je connaissais, où j'étais montée sur scène pour réciter de la poésie à tout juste huit ans, et pourtant j'avais le sentiment que ma mère, la personne qui me faisait sentir le plus en sécurité et la plus aimée que n'importe qui d'autre au monde, était à des milliers de kilomètres.

Lorsque les portes du train s'ouvrirent, j'attrapai ma boîte et je regardai autour de moi. Il n'y avait ni officiers de la Gestapo ni chiens sur le quai. Au lieu de ça, une nuée de gens couraient d'un train à un autre, mais personne n'avait l'air de chercher une petite fille dans un manteau d'été qui portait une petite boîte. Alors que M. Leszczyński et moi longions le quai, un jeune homme habillé en civil avança vers nous et leva la main en l'air pour nous intimer de nous arrêter.

« Vous êtes venu ici avec une enfant juive ? s'écria-t-il. Je vais vous dénoncer ! »

M. Leszczyński passa son bras autour de moi et m'attira aussi près de lui que possible tout en se rapprochant de l'homme, qu'il dominait en taille.

« Je vous ordonne de dégager de mon chemin, sinon, je vous tue ici et maintenant », répondit-il.

S'ensuivirent ce qui me sembla être cinq minutes de silence. M. Leszczyński ne bougea pas. Il resta planté là, baissant une fois les yeux sur moi pour s'assurer que j'allais bien. L'homme le dévisagea quelques instants, puis tourna les talons et partit en courant. Je ne sais pas qui c'était. Je ne sais pas pourquoi il pensait que j'étais juive. Tout ce dont je me souviens, c'est que M. Leszczyński et moi quittâmes le quai, puis sortîmes de la gare pour nous enfoncer dans les rues animées de Varsovie, mon ancienne ville qui avait bien changé.

M. Leszczyński m'emmena directement chez les amis de ma mère, les Bereda. Ils vivaient dans un bel immeuble sur la rue Ossolinski, près du jardin de Saxe. Je n'avais jamais rencontré M. et Mme Bereda auparavant, alors leurs visages souriants et baignés de larmes étaient inconnus et effrayants. Je ne faisais confiance à personne. Mais soudain, j'aperçus le visage qui avait hanté mes pensées et mes rêves, et ce fut comme si le manque que j'avais ressenti depuis des mois explosait en moi. Je laissai tomber ma petite boîte et m'effondrai dans les bras de ma mère en sanglotant. Puis mon cœur se brisa, parce que je savais que j'étais en train de vivre un moment auquel ma sœur n'avait pas droit. Ma mère apprit sûrement ce jour-là par le biais de M. Leszczyński que Renia était morte, mais elle ne me dit rien avant d'en avoir la confirmation en personne, plusieurs semaines plus tard. Avec l'aide et la compagnie du mari de la nièce de Mme Bereda, un aristocrate hongrois du nom de von Anderle, ma pauvre maman rassembla ses papiers et entreprit le long périple jusqu'à Przemyśl. Ce voyage en train dut être le plus difficile de toute son existence, à espérer envers et contre tout que sa fille aînée fût encore en vie, tout en connaissant, au fond, l'horrible vérité.

Elle ne se rendit pas dans l'appartement abandonné où ses parents avaient vécu, alors elle ne vit pas que le piano n'était plus là ou que l'armoire du salon ne contenait plus ni vaisselle ni argenterie. Elle ne vit pas le bureau vide, là où son père avait pour habitude de signer tous ses contrats. Mais pendant son séjour à Przemyśl, quelqu'un lui donna une petite amulette que Renia avait l'habitude de porter. Je pense que c'est à ce moment que ma mère accepta que ma sœur était vraiment partie.

Ma mère revint à Varsovie et me retira du couvent où elle m'avait placée temporairement. Ensemble, nous prîmes le tram pour gagner la chambre qu'elle louait dans un appartement à Zolybusz, une belle banlieue de Varsovie. Au cours des semaines suivantes, les contacts de Mme Bereda me permirent d'obtenir des papiers qui me donnèrent une nouvelle identité, et je fus baptisée par le même prêtre catholique que celui qui avait baptisé ma mère. Tout à coup, j'étais catholique, j'avais un nouvel anniversaire, et j'avais un nouveau nom : Elzbieta Leszczyńska. Tout à coup, la Shirley Temple polonaise avait disparu.

Même si ma mère et moi vivions à l'extérieur du ghetto, déguisées en Polonaises catholiques, nous voyions et sentions tout de même l'impact de la guerre au quotidien. Ma mère devait travailler, par conséquent je passais la semaine dans un couvent, et elle venait me chercher pour passer le week-end à la maison. Les dimanches, nous allions à l'église pour embrasser la religion qui nous avait sauvé la vie. Nous prenions le tram pour aller à l'église et en revenir, comme le faisait ma mère les jours ouvrables. Pendant la guerre, les tramways étaient divisés en deux. Les Allemands étaient assis à l'avant ; les Polonais à l'arrière.

Un jour, après la messe, nous avions prévu de dîner chez le patron de ma mère, dont le nom de famille était Kosiński. Nous étions dans le tram, confortablement assises à l'arrière. À un moment, le tram ralentit, puis s'arrêta le long de son itinéraire habituel, qui passait près des hauts murs du ghetto de Varsovie. Un camion de l'armée allemande était garé là, avec le moteur qui tournait. Soudain, la portière côté passager du camion s'ouvrit et un soldat nazi en sortit. Il s'approcha du tram. Il était armé.

« Tout le monde descend ! cria-t-il en allemand. Les Allemands de ce côté, les Polonais de ce côté. Descendez ! »

Ma mère attrapa ma main. À l'époque, il y avait ce que nous appelions « *łapanka* », des rafles. Cette pratique, qui existait depuis que les Allemands avaient commencé à occuper la Pologne en 1939, consistait à faire sortir les gens d'un endroit (comme un tramway), à les séparer en différents groupes et à forcer un groupe à monter dans un camion à destination d'un camp de travail. Là-bas, ces personnes participaient à l'effort de guerre allemand : elles creusaient, pelletaient, pavaient des routes, pilotaient des machines dans des usines, ou alors elles se faisaient probablement battre, affamer et assassiner.

J'avais été témoin de ce genre de scènes à Przemyśl, et ma mère avait aussi assisté à des rafles à Varsovie. Cela n'avait rien d'inédit. Mais ma mère ne l'entendait pas de cette oreille. Elle n'allait *certainement pas* perdre un autre enfant.

Grâce à une éducation à Berlin et Vienne et à son travail à l'hôtel Europejski, ma mère parlait couramment l'allemand. La tête baissée, elle me prit la main et commença à me parler en allemand. Je ne comprenais pas la langue, mais je jouai le jeu et hochai la tête à tout ce qu'elle disait. Son arme à la main, le garde s'approcha de nous, entendit ma mère parler et nous fit signe de nous tenir du côté des Allemands. Alors que nous tournions les talons, j'étais persuadée que j'étais sur le point de prendre une balle dans le dos.

Mais on ne nous fit pas monter dans un camion et on ne nous tua pas. On nous laissa partir et nous allâmes chez les Kosiński, qui vivaient à l'hôtel. Nous croisâmes plein de camions remplis de gens (davantage que je n'en avais vu à aucun autre moment durant la guerre) et nous finîmes par arriver, en retard mais avant le couvre-feu de 8 heures. Après le dîner, je m'écroulai sur un des lits des Kosiński. Je passai toute la nuit à transpirer, fiévreuse. Le lendemain, ma mère appela le médecin. Il m'examina et lui expliqua que je souffrais de jaunisse. Selon lui, c'était ma peur de la veille qui avait déclenché la maladie.

Après cette nuit-là, M. Kosiński nous autorisa à vivre à l'hôtel, ma mère et moi. J'y passai plusieurs semaines en convalescence. Lorsque j'allais mieux, nous dînions avec eux. Nous allions à l'église. Nous fêtions Noël et Pâques. Ma mère devint amie avec Ziutka, la compagne du propriétaire du restaurant de l'autre côté de la rue, et elle nous nourrissait gratuitement parfois. Elle adorait ma mère. J'allais aux *komplety*, ce qui veut dire que j'étudiais en secret. Et jour après jour, ma mère et moi voyions les juifs et les Polonais se faire piétiner par les bottes des Allemands. Voilà comment nous vivions.

Nous ne sommes pas parties en Amérique tout de suite après la guerre. Entre les étés 1942 et 1944, un officier allemand qui vivait à l'hôtel tomba amoureux de ma mère. Il voulait l'épouser. Je ne crois pas qu'elle l'aimait en retour ; c'était simplement un arrangement très pratique et avantageux pour une femme qui avait trouvé de la ressource dans la moindre fibre de son être pour survivre. Alors que l'armée soviétique se dirigeait vers Varsovie au début de l'année 1944, un mouvement de résistance complotait une rébellion contre les occupants allemands. L'insurrection de Varsovie commença en août 1944, et l'Allemagne se défendit de toutes ses forces. En soixante-trois jours, près de 250 000 Polonais furent tués et la moitié de la ville fut détruite par des bombardements.

L'officier allemand supplia ma mère de quitter Varsovie quand la violence atteignit son plus haut niveau. « C'est trop dangereux ici, disait-il. Je t'aime et je peux t'aider à partir. »

Ma mère accepta et l'officier nous prépara des papiers. À l'été 1944, ma mère et moi emballâmes nos affaires dans plusieurs petites valises. Avant la capitulation de Varsovie, nous passâmes du côté allemand, puis nous prîmes la route dans une ambulance de la Croix-Rouge à destination d'une célèbre station thermale autrichienne, où l'officier nous avait dit que les soldats allemands blessés se rendaient en convalescence.

C'était un voyage dangereux. Les combats continuaient autour de nous tandis que nous traversions les Alpes autrichiennes. Mais lorsque nous arrivâmes à la station thermale, je vis que l'officier avait dit vrai : il y avait des milliers de soldats allemands, et les hôtels étaient ornés de croix rouges, ce qui indiquait qu'ils faisaient désormais office d'hôpitaux de convalescence. Ma mère trouva rapidement un travail de réceptionniste dans l'un des hôtels (le Straubinger), et nous y vécûmes de septembre 1944 à mai 1945, jusqu'à l'arrivée de l'armée américaine. Les Alliés avaient vaincu l'Allemagne, et l'Europe était sur le point d'être libérée.

Je n'oublierai jamais la première fois que je vis des soldats américains. Ils étaient en rang, beaux, souriants. Ils me plurent tout de suite, mais il y avait quelque chose de bizarre. « Qu'est-ce qui leur arrive ? demandai-je à ma mère. Leurs bouches bougent, mais ils ne parlent pas ! » Ma mère rit. « Ils mâchent du chewing-gum », répondit-elle.

J'étais une adolescente réfugiée qui avait de justesse survécu à l'Holocauste et je n'avais jamais vu, et encore moins mâché de chewing-gum.

Ma mère trouva un emploi dans l'armée américaine et tenta d'obtenir les papiers qui nous permettraient de partir aux États-Unis. Elle avait aussi un contact à New York. Elle parvint à retrouver cette personne par le biais de la Croix-Rouge. La femme aida ma mère à retrouver un cousin de mon grand-père, et il nous écrivit une attestation qui nous permettrait de quitter l'Autriche pour les États-Unis. Mais nous ne partîmes pas tout de suite ; avec l'aide de l'Église catholique, nous atterrîmes d'abord dans un camp de personnes déplacées à Munich. Puis on nous envoya plus au nord, à Brême. Ma mère avait rétabli le contact avec son frère en France, et il lui écrivit en nous suppliant de venir vivre auprès de lui. En voyant que ma mère ne répondait pas, il nous envoya une voiture. La voiture s'arrêta devant l'endroit où nous vivions et un homme appelé Major Zaremba en sortit. Il faisait partie de l'armée polonaise et avait des papiers qui nous autorisaient à nous installer en France.

À ce moment-là, ma mère dut prendre une décision. « J'ai traversé trop d'épreuves en Europe, lui répondit-elle. J'ai perdu toute ma famille. Je veux commencer une nouvelle vie, et cette vie est en Amérique. »

En décembre 1946, ma mère et moi rassemblâmes nos valises, et les cinq cents dollars que mon oncle Maurice avait envoyés. Nous embarquâmes à bord d'un bateau branlant, le *Marine Marlin*, et nous naviguâmes cinq ou six jours sur l'océan Atlantique, avec le bateau qui gîtait sérieusement d'un côté tandis qu'il était battu par les vents et la pluie. Nous amarrâmes à un appontement dans Manhattan, où nous fûmes accueillies par le fils du cousin de mon grand-père, le Dr William Dublier. Il nous emmena au nord de la ville, à La Nouvelle-Rochelle, dans le comté de Westchester. Nous n'y restâmes que quelques semaines, parce que maman trouva un poste à Greenwich, dans le Connecticut. Elle travailla là pendant un an, puis elle nous installa dans un petit studio sur la 90e Rue Ouest à Manhattan.

À l'exception du couvent où j'avais séjourné en Autriche en 1944 ou 1945, je n'étais pas vraiment allée à l'école depuis trois ans. Ma mère attachait la plus grande importance à l'éducation : elle trouva donc un pensionnat catholique où elle m'inscrivit, et je partis à la Nazareth Academy de Torresdale, en Pennsylvanie.

Je parlais à peine anglais, et je devais avoir deux jupes tout au plus. J'avais l'impression d'être une miséreuse comparée à toutes les autres filles, mais je ne pouvais pas leur dire pourquoi. Je ne voulais même pas avouer la vérité à ma nouvelle meilleure amie, une fille polonaise qui s'appelait Ewa. Car la vérité était déjà indigeste pour moi, alors imaginez pour une autre adolescente… Je me répétais : « Ceci est ma nouvelle vie. Je suis en Amérique, je suis catholique et je suis Elizabeth. »

J'obtins mon baccalauréat et je partis à l'université, d'abord à Manhattan, puis dans le Missouri, puis de nouveau à Manhattan à l'université de Columbia. Un jour, au début des années 1950, alors que j'étais chez ma mère dans son petit appartement, Zygmunt Schwarzer nous rendit visite. Ce bel homme aux yeux verts qui avait aimé ma sœur plus que tout au monde n'avait pas seulement survécu à l'Holocauste : il était devenu médecin, comme il l'avait toujours voulu.

« J'ai quelque chose pour vous », annonça-t-il.

Il tendit à ma mère un épais carnet à la couverture bleue. C'était le journal de Renia dans son intégralité. Sept cents pages. Ma mère éclata en sanglots, et moi aussi.

Zygmunt resta encore un peu et nous raconta comment il avait survécu après m'avoir conduite chez Dzidka. À la fin du mois de juillet 1942, il évita la déportation vers le camp de la mort de Belzec parce qu'il avait enfin obtenu le tampon de la Gestapo confirmant qu'il avait un emploi. Entre juillet et novembre 1942, il fut travailleur forcé dans une base militaire sur la rive droite du San. Quand la base se remplit davantage à cause des soldats qui revenaient du front,

Zygmunt devint charpentier, et on lui confia la mission de construire les baraquements où les nouveaux arrivants étaient désinfectés avant de regagner leurs foyers en Allemagne.

En novembre 1942, il y eut une nouvelle *Aktion* parmi les habitants du ghetto de Przemyśl. À cette époque, Zygmunt avait perdu son permis de travail, et il était caché avec quelques autres personnes dans le grenier de l'un des immeubles du ghetto. Sans qu'on sache trop comment, ils réussirent à survivre jusqu'à la fin de l'*Aktion*. Je n'ai jamais posé la question à Zygmunt, mais je pense que c'est à ce moment-là qu'il confia le journal de Renia à un ami de l'autre côté des murs du ghetto.

Après la destruction du ghetto en septembre 1943, Zygmunt fut envoyé au camp de concentration de Szebnie près de Jasło, et, de là, à Auschwitz deux mois plus tard. En octobre 1944, il fut évacué vers le camp de Sachsenhausen et il travailla dans les usines de fabrication de bombardiers Heinkel à Orianenbourg. En décembre 1944, on l'envoya au camp de Landsberg, en Bavière. En janvier 1945, il contracta le typhus et survécut uniquement grâce à l'aide d'un médecin et d'une jeune Lituanienne qui travaillait dans les cuisines du camp. Croyez-le ou non, le médecin était Josef Mengele, le praticien des camps de la mort célèbre pour s'être livré à d'horribles expériences sur les prisonniers juifs.

Le 30 avril 1945, le camp fut libéré et Zygmunt retrouva enfin sa liberté. Il rencontra sa femme, Genia (qui se faisait appeler Jean en Amérique) dans un camp de personnes déplacées. Cet automne-là, il commença ses études de médecine à l'université d'Heidelberg. Il obtint son diplôme en 1949 et déménagea aux États-Unis, où il parvint à localiser ma mère au début des années 1950.

Ç'avait été difficile de finir mes études. Nous n'avions pas d'argent, et nous vivions au cinquième étage d'un immeuble sans ascenseur de la 3e Avenue, où le loyer ne coûtait que cinquante-cinq dollars par mois et devant lequel des trains circulaient sur des lignes ferroviaires aériennes jusqu'à 7 heures du soir tous les jours. Je travaillais comme serveuse quand je n'étais pas en cours, et j'étais tout le temps fatiguée. Ma mère l'était aussi. Ça ne lui ressemblait pas, et pourtant elle me dit tout de même un jour : « Pourquoi tiens-tu à aller à l'école ? Tu vas te marier, de toute façon. » Je répondis : « Non. Je veux mon diplôme. »

Je finis par l'obtenir en 1955, avec l'allemand en matière principale et le russe en matière secondaire, et j'étais folle de joie. J'avais *enfin* réussi.

Un jour, juste avant ma cérémonie de remise de diplôme, un homme que je n'avais jamais vu me convoqua dans un bureau de Columbia. Quand je fus assise en face de lui, il m'offrit un travail. « Quel genre de travail ? demandai-je.

— Disons que c'est le genre de travail dont vous ne pouvez parler à personne. »

C'était la CIA. Ils voulaient me recruter parce que je parlais et écrivais le russe et l'allemand couramment. Néanmoins, il ne me fallut même pas une seconde pour réfléchir à ce que *je* voulais.

« Merci, mais je ne peux pas accepter. J'ai vécu toute ma vie dans le secret. Je ne veux plus vivre comme ça. »

Néanmoins, c'est difficile d'avouer un secret quand il nous protège depuis si longtemps, alors ma mère et moi continuions à cacher notre identité aux gens. Même lorsqu'elle épousa son second mari, Clyde, au début des années 1960, elle ne lui parla pas de son passé. Je ne racontais jamais d'où je venais à mes amis de Columbia, où je restai pour effectuer un master en psychologie de l'enfant. Je me forçai à oublier les films dans lesquels j'avais tourné, et je n'en revis aucun jusqu'en 2014, lorsque Tomasz Magierski, un réalisateur polonais qui avait fait des recherches sur l'histoire de Renia et la mienne et retrouvé les films dans des archives, me les montra. Dans l'école élémentaire où je commençai à travailler en 1963 en tant que professeure d'allemand et de russe, je ne dis à personne que j'avais été, à une époque, la Shirley Temple polonaise. Je me contentais de rire quand mes élèves m'appelaient « Miss Niska » parce qu'ils n'arrivaient pas à prononcer Leszczynska.

Un jour, en 1964, alors que j'avais démissionné d'un poste au lycée de Newton dans le Queens et que j'avais pris un poste de professeure de sixième à Staten Island, je fus invitée à une fête d'un syndicat d'enseignants. La soirée avait lieu chez une amie qui avait une grande maison dans le Queens, et elle avait un piano en plein milieu de son salon. Je n'avais peut-être pas joué la comédie depuis trente ans, mais je n'en restais pas moins une artiste, alors je décidai de m'installer au piano et de commencer à jouer et à chanter les chansons de mes répertoires russe et polonais. À la fin d'un morceau, un bel homme, grand et plus jeune que moi de quelques années, s'approcha de moi. C'était George Bellak, un professeur de Newtown que j'avais toujours trouvé très sympathique. Il était né à Vienne, alors il nous arrivait de discuter en allemand, mais je ne l'avais jamais vu autrement que comme un ami.

« Tu joues très bien, me dit-il avant de me demander avec un sourire : Comment rentres-tu chez toi après la fête ? »

On passa tout le reste de la soirée à discuter et on prit le métro ensemble à 2 heures du matin. En sortant de la station, George me raccompagna jusque chez moi. C'est ainsi que notre romance commença.

Ensuite, tout alla très vite. On se maria à la mairie en juin 1965, un jour de semaine où nous étions tous les deux en congé. Nous éclatâmes de rire quand le célébrant bafouilla en voulant dire mon nom : « L… L… L… shhh… ka », et on alla fêter l'événement au Russian Tea Room ce soir-là. Quelques mois plus tard, j'étais enceinte de notre fils, Andrew.

Je mis très longtemps à dire à mon mari qui j'étais. Même si George me ressemblait beaucoup (il était juif, mais sa famille avait fui l'Autriche en 1939), je n'étais pas sûre d'être capable d'affronter la douleur que réveillerait l'évocation de mon passé. Je me demandais aussi si lui accepterait ma véritable identité. La guerre était finie et je ne voulais plus y penser. J'avais passé des années à essayer d'oublier que j'étais la petite fille qui avait quitté la Pologne en vie mais dont la sœur n'avait pas eu la même chance.

C'est pourquoi, quand ma mère mourut d'un cancer le 23 novembre 1969 (quelques mois avant la naissance de ma fille, Alexandra Renata), je plaçai le journal de Renia dans un coffre de la Chase Bank à Manhattan. « Le passé appartient au passé », comme le disait toujours mon oncle Maurice, et c'est ainsi que je le traitai.

Ce fut seulement quand mes enfants commencèrent à poser des questions que j'avouai la vérité à Andrew et Alexandra : « Je suis juive, et le moment est venu de vous raconter mon histoire. Je pense que vous êtes prêts. »

Le passé fait toujours cogner mon cœur comme un fou dans ma poitrine et me donne mal au ventre, et lire le journal de Renia provoque chez moi des crises d'angoisse. George, Andrew, Alexandra et moi nous sommes rendus en Pologne au début des années 2000. C'était la première fois que j'y retournais depuis que je m'étais enfuie, et je fus incapable d'aller jusqu'à Przemyśl ou jusqu'à la vieille propriété de ma famille sur les bords du Dniestr. Au retour, je vis Maciek et je lui parlai du voyage, en mentionnant que j'étais toujours anxieuse et que j'avais encore du mal à respirer. Il me dévisagea avant de secouer la tête. « Si j'avais su que tu y allais, je t'en aurais dissuadée. »

Je ne peux pas imaginer la douleur que ma sœur dut éprouver dans ses derniers instants, après m'avoir vue partir vers une nouvelle vie tandis qu'elle se retrouvait seule face à son destin. Je suis incapable d'expliquer pourquoi c'est moi qui ai eu le droit de vivre, et c'est pour cette raison que je refusai d'y penser pendant tout ce temps.

Avant sa mort, le 1er avril 1992, Zygmunt avait appris à gérer le passé différemment. Il avait pris sa retraite après une grande carrière de pédiatre à Long Island et avait créé un espace dans son sous-sol dédié au journal de Renia. Il en avait photocopié les sept cents pages, qu'il avait soigneusement exposées comme autant de trésors. Et régulièrement, dans la journée ou le soir, il allait dans son sous-sol et lisait et étudiait le journal près d'une photo de Renia qu'il avait accrochée au mur. Son fils Mitchell disait que ces heures passées dans le sous-sol constituaient presque une expérience spirituelle pour lui. Comme si Renia était sa muse.

L'une des très rares fois où je le vis, il ouvrit le journal de Renia et il écrivit :

Un autre mois de mai arrive, le mois de l'amour. Aujourd'hui, nous sommes le 23 avril 1989. Je suis avec Jakusia, la sœur de Renia. Ce lien du sang est tout ce qu'il me reste. Voilà quarante et un ans que j'ai perdu Renusia. Quand je repense à elle, je me sens tout petit et insignifiant. Je lui dois tant de choses. Grâce à Renia, je suis tombé amoureux pour la première fois de ma vie, un amour profond et sincère. Et j'ai été aimé en retour avec une passion extraordinaire, surnaturelle, incroyable. C'était une émotion aussi puissante que délicate. Notre amour a grandi et mûri grâce à elle. Je ne trouve pas les mots pour dire à quel point je l'ai aimée. Et ça ne changera jamais, jusqu'à la fin... Zygmunt.

Je pense que nous pouvons tous (moi particulièrement) apprendre de l'exemple de Zygmunt. Le passé n'est pas oublié depuis longtemps : il est présent dans nos cœurs, nos actes et les leçons que nous enseignons à nos enfants. Pour Renia et Zygmunt, le passé représentait l'amour, et je remercierai Zygmunt jusqu'à ma mort, non seulement de m'avoir sauvée, mais aussi d'avoir rouvert ce chapitre de ma vie. Cela peut être extrêmement douloureux d'affronter ce que l'on a laissé derrière soi, mais c'est la seule façon dont je puisse vivre désormais : en apprenant de ces choses et en grandissant grâce à elles.

J'espère que le journal de ma sœur vous apprendra à en faire autant, à vous aussi.

Le commentaire d'Elizabeth

2 février 1939

Renia n'avait que quatorze ans lorsqu'elle a commencé ce journal. Elle était pensive, attentionnée, sentimentale, et tout ce qu'une « bonne fille » au collège a tendance à être. Elle était innocente. Je pense que nous l'étions tous. C'était encore possible de l'être au début de l'année 1939, avant que les Allemands et les Soviétiques n'envahissent la Pologne.

À cette époque, je ne vivais pas à Przemyśl avec mes grands-parents et Renia. Je voyageais partout en Pologne avec ma mère, je tournais dans des films et jouais dans des théâtres. J'étais dans un film intitulé *Gehenna* et dans un autre appelé *Granica*, et j'avais un travail régulier au Cyrulik Warszawski, un célèbre théâtre de Varsovie où je chantais, dansais et récitais les poèmes de célèbres poètes polonais, comme Jan Brzechwa et Julian Tuwim.

Renia avait commencé à vivre avec nos grands-parents en 1938. Notre père, Bernard, que nous surnommions Ticio, vivait encore dans la propriété de notre famille, à Stawki. C'était un petit village près d'une ville plus grande, Zalichtchyky, située au niveau d'un coude du Dniestr, à environ trois cents kilomètres au sud de Przemyśl. À l'époque, cela n'avait rien d'étrange d'être séparées de notre père. Ticio avait des employés dont il devait s'occuper, du blé et des betteraves à sucre à cultiver et à récolter, et de nombreux hectares à gérer. Il subvenait à nos besoins comme tout bon père l'aurait fait, mais, avec ma mère absente, il n'avait pas assez de temps à accorder à Renia. De plus, les pères n'étaient pas aussi impliqués à l'époque ; c'étaient les mères qui élevaient les enfants.

Ma sœur et moi adorions lire des poèmes en public, alors, quand j'eus cinq ans, ma mère nous fit passer une audition pour une émission de radio à Lviv, une grande ville à environ deux cents kilomètres au nord-est de Zalichtchyky. Les producteurs trouvèrent que nous avions beaucoup de talent, alors on nous offrit une place pour réciter de la poésie. Renia ne tarda pas à décider de se consacrer entièrement à l'écriture, mais ma mère m'emmena à Varsovie pour passer d'autres auditions. En deux ans, je devins une petite star sur scène et à l'écran. Ma mère devint ma manager, et je devins son ombre.

Contrairement à Renia, j'étais toujours avec elle, et lorsque nous n'étions pas sur les routes, nous vivions dans un studio dans une superbe rue de Varsovie. Je trouvais la ville immense, avec ses anciennes cathédrales, ses synagogues, ses salles de concert et ses musées… Presque tout fut détruit pendant la guerre. Comme je passais beaucoup de temps sur scène, je n'allais pas à l'école traditionnelle du lundi au vendredi. À la place, j'avais une tutrice, Mme Arciszewska. Ce fut elle qui m'apprit à lire la poésie. Je prenais aussi des cours à une école de danse et une dame me donnait des cours de piano chaque semaine. Quand j'y repense, j'avais une chance folle. Comme une petite célébrité, j'étais dans les magazines et sur les affiches des films. Les gens me reconnaissaient dans la rue. Ma mère me faisait faire de jolies robes, et l'une d'elles avait même une rangée de six boutons sur le devant qui formaient le mot « A-R-I-A-N-A ».

Ma mère était grande et élégante, avec des cheveux bruns et des yeux bleus comme les miens. Elle avait aussi de belles dents parfaitement alignées. Systématiquement, les gens la dévisageaient et lui demandaient : « Qui a fait vos dents ? » Elle riait toujours avant de répondre : « Ce sont les miennes ! » Elle avait un charisme immense, et elle avait l'habitude de porter de belles chaussures qui allongeaient encore plus ses jambes déjà interminables. Même si nous avions vécu à la campagne pendant toute mon enfance ou presque, jamais je ne la vis porter de pantalon. Elle était toujours en robe, en tailleur ou en manteau, avec un corset en dessous que Renia et moi adorions serrer.

Ce n'était pas une aristocrate, mais ses amis l'appelaient « la baronne ». Il y avait une boutique de luxe à Varsovie, Telimena, qui disposait d'une équipe de tailleurs. Une fois, ma mère leur commanda un tailleur sur mesure en laine verte avec des boutons en cuir. Elle le portait avec un chemisier en soie. Même lorsqu'elle sortait faire une course, elle avait l'air d'une grande dame. « Fais-toi belle pour toi-même ! », m'ordonnait-elle toujours. Et je continue à le dire à mes propres enfants.

Renia avait les yeux bleus pétillants de ma mère, mais elle ressemblait moins à Buluś (c'est le surnom que nous donnions à notre mère) que moi. Il arrivait parfois à Renia d'être un peu potelée, alors que notre mère jamais. Renia était intelligente et attentionnée, mais elle n'avait pas une forte personnalité comme ma mère et moi. Néanmoins, les différences n'avaient aucune importance. Renia adorait notre mère.

Je ne dirais pas que Renia était belle au sens classique du terme : elle était magnifique et adorable, à l'intérieur comme à l'extérieur. Elle avait un sourire avenant qui mettait tout le monde à l'aise, et les gens recherchaient toujours sa compagnie. Elle se faisait des tresses qu'elle attachait sur sa nuque et, sur de nombreuses photos que j'ai d'elle, elle porte des bottines à boutons qui montent au-dessus des chevilles. Elle se plaignait parfois que les autres filles avaient de plus jolis vêtements qu'elle, mais j'en faisais autant. Après tout, lorsque je me suis retrouvée coincée à Przemyśl, notre mère n'était pas là pour nous acheter de jolies robes et de beaux manteaux.

Néanmoins, je suis certaine qu'aucune des autres filles n'en avait quelque chose à faire de ce que Renia portait, ni même qu'elles y faisaient attention. Je pense qu'elles étaient jalouses d'elle à cause de ses réussites. Elle excellait dans tout ce qu'elle entreprenait à l'école : les mathématiques, la géographie, le russe, le latin, le français, le polonais et l'allemand. Elle étudiait aussi le polonais chez un professeur, Jerszina, sous l'égide duquel elle apprit à écrire magnifiquement. À la maison et à l'école, elle lisait les œuvres de toutes sortes d'écrivains et de poètes polonais célèbres, et je pense qu'ils furent une source d'inspiration pour ses propres poèmes.

Son lycée (appelé « gymnasium ») était au coin de la rue de l'appartement de nos grands-parents. C'était un immense bâtiment avec une grande cour entourée d'une haute clôture en métal. À cette époque, la vie d'un adolescent à l'extérieur de la maison tournait autour de l'école. De nos jours, les jeunes sortent le week-end, ils vont au cinéma ou au centre commercial, ou alors ils restent cloîtrés à l'intérieur et jouent sur leurs téléphones. En 1939, c'était plus binaire. Si vous passiez la soirée à la maison, vous écriviez dans votre journal, vous dessiniez ou vous faisiez autre chose de tout aussi solitaire. Si vous étiez dehors, alors vous étiez à l'école, où il y avait toujours des activités et des fêtes. Quand Renia voulait être au contact des autres, elle allait à l'école. Et c'était comme si elle y allait sans arrêt.

Renia avait beaucoup d'amis, et tout le monde l'adorait et la respectait. Je sais que, dans son journal, elle disait avoir des problèmes, mais je crois que ce n'étaient que des histoires typiques d'adolescente. Nous sommes tous passés par là, pas vrai ? Sa meilleure amie s'appelait Norka. Parfois, Renia m'emmenait chez elle. J'aimais bien Norka et j'aimais bien aller chez elle. Nos grands-parents travaillaient dans la même industrie, la construction et la peinture en bâtiment, alors nous avions une histoire commune.

En 1942, après la mort de ma sœur, Norka écrivit une lettre de deux pages à l'attention de ma mère. Elle y expliquait que ma sœur était l'être le plus merveilleux, profond et exquis qu'elle avait eu la chance de rencontrer et qu'elles étaient totalement dévouées l'une à l'autre. Je sais que Renia se disputait avec elle parfois, mais Norka était sa meilleure amie, alors elle voyait au-delà de ça. Cette lettre me fend le cœur, j'ai pleuré à chaudes larmes en la lisant.

Ensuite, il y avait Irka Oberhard. Renia se plaignait d'elle, et je sais pourquoi. C'était une fille très brusque, avec un père avocat que j'ai toujours trouvé très petit et très laid. Sa mère était allée au lycée avec la nôtre (le même que celui où allait Renia, si je ne m'abuse) et leur amitié était en demi-teinte. La mère d'Irka avait une façon très caustique de s'exprimer, et j'avais l'impression qu'elle essayait toujours de se mêler de la vie d'Irka et de celle de sa sœur, Fela. Elles venaient d'une bonne famille, mais elles n'avaient pas le talent de ma sœur. Renia était présidente du club de littérature. Elle gagnait toutes les récompenses. Elle écrivait de superbes poèmes, que tous ses amis et professeurs voulaient lire.

26 février 1939

Avant l'occupation allemande et soviétique, ma mère et moi allions voir Renia à Przemyśl lorsque nous n'étions pas à Varsovie ou sur les routes. Je ne me rappelle pas à quelle fréquence nous y allions, mais je sais que Renia adorait nos visites. Moi aussi. Ma sœur me manquait constamment, et c'était magique d'être dans la ville natale de ma mère. Przemyśl était une ville ancienne pleine de charme, construite à l'endroit où les Carpates et les plaines se rejoignaient. La rivière San la traversait, et la cathédrale de Przemyśl, prunelle de la cité, la dominait de toute sa hauteur. La ville n'était pas très grande, elle comptait environ soixante mille habitants avant la guerre, mais elle paraissait animée, avec son grand marché dans le centre de la vieille ville, qui se trouvait sur la rive est du San.

Je regrette de n'avoir pas su à quel point cela peinait Renia que Buluś et moi ne soyons pas toujours avec elle ; si j'en avais eu conscience, j'aurais peut-être conservé plus de souvenirs. Peut-être que je lui aurais davantage montré combien je l'aimais. Mais je n'avais même pas dix ans, et qui se rappelle les événements du quotidien à cet âge-là ? Je me souviens des choses importantes et d'impressions générales, comme le fait que notre logement de Varsovie était dans un quartier chic et qu'il était rempli de meubles de la période Biedermeier. Je me rappelle que ma mère, son grand sourire et ses manteaux y semblaient parfaitement à leur place. Je me souviens qu'elle me traînait partout dans Varsovie, de rendez-vous en rendez-vous. Je me produisais plusieurs fois par semaine et je devais arriver à l'heure ! Je me rappelle que j'étudiais la poésie le soir avec Mme Arciszewska. Elle avait une peau d'albâtre et vivait dans ce qui ressemblait à un château, avec un superbe lit et des murs couverts d'œuvres d'art. Elle avait un majordome, une cuisinière et une femme de chambre. Elle avait aussi un grand chien qui s'appelait Rex et un autre, petit, qui s'appelait Toja, ce qui signifie « C'est moi ». Voilà certains de mes plus grands souvenirs d'avant-guerre, et Renia n'en connaissait aucun.

Je ne sais pas trop ce qui se passait avec mon père à ce moment-là. Je suppose qu'il était occupé à faire ce qu'il avait toujours fait : cultiver et récolter du blé, s'occuper de ses betteraves à sucre et gérer les paysans qui travaillaient pour lui. Beaucoup d'entre eux étaient ukrainiens et vivaient dans la petite ville de Tłuste, à quelques kilomètres de notre maison. Nous avions des chevaux et des vaches, et mon père (qui était grand et beau, avec des yeux verts et des cheveux ondulés aux reflets roux) avait pour habitude de se lever tôt, d'enfiler son pantalon d'équitation et ses bottes, et d'aller faire le tour des animaux et des employés.

Je sais que mon père était un peu plus âgé que ma mère, mais je n'ai pas la moindre idée de comment ils se sont rencontrés. Je n'ai qu'une seule photo d'eux, encadrée sur le comptoir de ma cuisine à côté de mes clichés préférés de mes enfants, mon mari et mes petits-enfants. C'est une photo prise le jour de leur mariage. Quelqu'un a écrit « 1923 » au verso. C'était l'année avant la naissance de Renia. Florence, je te laisse voir.

Voilà toutes les informations dont je dispose. Je ne sais pas où est né mon père, ni quand. Ma fille Alexandra a essayé par tous les moyens possibles d'en savoir plus, mais lorsque vous n'avez ni date ni lieu de naissance et que presque tous les documents de votre famille ont été détruits pendant la guerre, c'est quasiment mission impossible d'en retracer l'histoire.

28 mars 1939

Nous étions juifs, mais nous n'étions pas très pratiquants. À Stawki, nous célébrions les fêtes importantes, et nous en fîmes autant quand je me retrouvai coincée à Przemyśl en 1939. Je me rappelle que la synagogue de mes grands-parents était au bout de leur rue et que, dans la congrégation, les femmes s'asseyaient en haut et les hommes en bas. Mais je ne m'y rendais pas souvent, à part pour les fêtes importantes.

Ma grand-mère tenait un magasin de fournitures au rez-de-chaussée de l'immeuble dont elle et mon grand-père étaient propriétaires. Ils vivaient au-dessus de la boutique. Elle y vendait des livres, des stylos, des carnets et des cartes. Elle collectait de la nourriture pour les pauvres les vendredis, et notre employée de maison cuisinait du poulet pour shabbat, lors duquel nous allumions des bougies. Ma grand-mère fermait aussi le magasin le samedi. Mais en matière de religion, ça s'arrêtait là.

Jusqu'à l'arrivée des Allemands, je ne réfléchis jamais vraiment au fait que j'étais juive. Nous n'avions jamais eu l'impression d'être différents. Les employés de mon père étaient polonais et ukrainiens, tout comme ceux de mon grand-père. Ces hommes étaient peut-être antisémites (ne serait-ce qu'un petit peu), mais je ne m'en rendis jamais compte. À Przemyśl, je n'avais pas que des amis juifs. Dzidka Leszczyński, ma meilleure amie, était catholique. Et lorsque j'étais sur scène, personne ne parlait de religion. Je m'appelais Ariana, point barre. Personne n'en avait rien à faire que mon nom de famille soit Spiegel.

Naturellement, tout cela changea pendant la guerre.

2 avril 1939

Ma mère avait un frère, Maurice, qui avait quelques années de moins qu'elle. Il était incroyablement beau et avait beaucoup d'allure, avec les mêmes yeux bleus que ma mère et une grosse moustache. Dans les années

1920, il partit étudier dans une école à Caen, dans le nord de la France. Il resta là-bas, obtint un diplôme d'architecte et d'ingénieur, et se maria avec une Française de la haute société. Elle était catholique. Je ne sais pas s'il lui avoua qu'il était juif (sûrement), mais il se maria à l'église. Je suppose qu'il se convertit.

Hitler annexa l'Autriche en mars 1938, et l'Allemagne ne tarda pas à prendre le contrôle des Sudètes, la partie germanophone de la Tchécoslovaquie. En mars 1939, le reste du pays tomba aux mains des Allemands. Même si les choses se firent relativement paisiblement (les plus grands pays européens s'étaient mis d'accord sur l'annexion des Sudètes dans les accords de Munich), tout le monde savait qu'Hitler représentait une menace pour l'ensemble de l'Europe. Les accords avaient seulement constitué un moyen de le calmer pendant quelque temps.

Oncle Maurice avait dû commencer à redouter Hitler et les nazis bien avant les accords de Munich, parce qu'il vint à Stawki aux alentours de 1938 et tenta de convaincre ma mère de déménager à Paris. Je me rappelle qu'il lui avait offert une superbe montre, à l'époque. Mais cela ne servit à rien. La vie de ma mère et sa famille étaient en Pologne et elle ne voulait pas partir.

Renia, en revanche, en avait clairement envie, même si ce n'était que pour s'échapper et voir le monde. De nature curieuse, elle s'intéressait à tout et souhaitait étudier en France, comme mon oncle. Elle n'eut jamais cette chance ; la guerre l'empêcha de réaliser tous ses rêves.

15 août 1939

Les dirigeants de l'Allemagne et de l'URSS se rencontrèrent en secret pendant tout l'été 1939, dans le but de former une alliance politique qui devait déterminer la sphère d'influence de chaque pays à travers l'Europe. Le 15 août 1939, les bases d'un accord étaient établies. Le 23 août, le pacte germano-soviétique (aussi appelé « traité de non-agression ») était signé. Il garantissait la paix entre les deux pays et scellait l'arrangement top-secret selon lequel ils devaient se partager la Roumanie, la Pologne, la Lituanie, la Lettonie, l'Estonie et la Finlande. La Pologne devait être divisée en deux le long de la Pisa, du Narew et du San, et de la Vistule. L'Allemagne obtenait tout ce qui se trouvait à l'ouest de cette limite, et les Soviétiques tous les territoires à l'est. Le 1er septembre, l'Allemagne envahit la Pologne et, seize jours plus tard, la Russie débarqua et commença son occupation.

Après ça, nos vies ne furent plus jamais les mêmes.

Maman me laissa chez ses parents cet été-là, alors que les conversations sur la guerre se limitaient à ça : des conversations. Elle retourna ensuite à Varsovie, vraisemblablement pour s'occuper de ma carrière. Notre séparation n'était pas censée durer plus de quelques semaines ou quelques mois. J'étais sa petite fille et j'avais des films à tourner, des leçons à prendre et des poèmes à réciter. Je faisais carrière à Varsovie. Mais le mois d'août laissa place au mois de septembre et, sans prévenir, les troupes allemandes entrèrent dans Varsovie, des bombes tombèrent du ciel et les Allemands prirent le contrôle de la capitale. Puis les Soviétiques envahirent la Pologne, et la moitié de Przemyśl située sur la rive est du San leur revint. L'autre rive devint un territoire nazi. Les Allemands détruisirent le pont qui traversait la rivière, mais cela ne changea pas grand-chose pour nous. C'était impossible de traverser sans papiers officiels et, comme nous n'en avions pas, on nous sépara de notre mère.

Je mis du temps à comprendre que je ne reverrais pas ma mère avant longtemps. Je n'étais qu'une enfant, et c'était inconcevable de ne pas être avec la personne que j'aimais le plus au monde. Mais Renia comprenait. Cela faisait plus d'un an qu'elle ressentait la douleur de l'absence de notre mère. Alors un jour, elle décida de me dire toute la vérité.

« Arrête de pleurer, dit-elle en me serrant fort contre elle. Je sais que maman te manque, elle me manque aussi. Mais nous devons nous y habituer. C'est comme ça, maintenant. La vie a changé. »

Je pense que mes grands-parents n'eurent pas le courage d'en faire autant. C'étaient des gens bons, gentils, travailleurs, et ils voulaient toujours nous protéger, encore plus quand nous n'étions pas avec nos parents. Ma grand-mère s'appelait Anna et mon grand-père Marek. Ma grand-mère était née et avait grandi à Jarosław, une ville à environ trente-cinq kilomètres au nord de Przemyśl, sur la rive ouest du San. Je ne sais pas trop où elle rencontra mon grand-père. Au début de leur mariage, ils s'installèrent au premier étage d'un petit immeuble près de la rue principale de Przemyśl. C'est là qu'ils élevèrent ma mère et l'oncle Maurice. C'est dans ce même appartement, au 19, rue

Slowackiego, juste à côté d'une grande place, que je vécus de 1939 à 1942.

L'appartement n'était pas très grand. Renia et moi dormions dans un coin du salon, près du grand bureau en bois où ma sœur faisait ses devoirs. C'est aussi à ce bureau que Renia avait pour habitude d'écrire les contrats pour mon grand-père et de rédiger des devis à l'intention de clients potentiels. À l'époque, contrairement à aujourd'hui, les gens ne disposaient pas de rangements chez eux. Le salon accueillait donc également une grande armoire où ils entreposaient la vaisselle pour le séder. Je me rappelle qu'un jour, une chatte s'est glissée dans l'armoire pour donner naissance à ses chatons. C'était de la folie ! Je n'ai jamais su d'où cette chatte sortait.

L'immeuble qui abritait l'appartement était au coin de la rue de la synagogue et tout près de l'école de Renia. Le magasin de ma grand-mère occupait la moitié du rez-de-chaussée, tandis que l'autre moitié accueillait un apothicaire. La femme du frère de ma grand-mère avait une crémerie au rez-de-chaussée du bâtiment voisin. Je n'ai jamais compris cette relation : son frère et sa famille vivaient à l'étage, dans l'appartement voisin du nôtre, et pourtant ils ne nous adressaient jamais la parole.

L'autre frère de ma grand-mère (qui était directeur de banque) décéda avant 1939, mais sa famille fuit Jarosław à l'arrivée des Allemands. Sa femme, ses deux fils avocats, sa fille (qui était directrice d'école) et leur famille vécurent avec nous quelque temps pendant qu'ils cherchaient un logement. L'un des fils avait une petite fille de six ans, Marylka, qui avait des cheveux roux bouclés. Nous dormions pratiquement les uns sur les autres, mais cela n'avait pas d'importance. Nous étions heureux de les savoir en sécurité, tout simplement.

Grand-mère était plus grande que grand-père et avait plus de soixante ans, ce qui semblait bien plus vieux à l'époque que ça ne l'est maintenant. Comme moi, elle s'était produite sur scène quand elle était jeune, et je me demande parfois si, de ce fait, elle ne s'identifiait pas à moi. Ou peut-être sentait-elle simplement que j'étais une enfant sans sa mère qui avait besoin de davantage d'attention. Parfois, le week-end, elle mettait un de ses beaux manteaux de fourrure et m'emmenait en promenade au *zamek*, un château situé en haut d'une colline, en bordure de la ville. Elle me serrait fort la main sur le trajet, et je me souviens encore du sentiment de sécurité que j'éprouvais quand son gant de cuir enveloppait mes petits doigts. J'adorais ma mamie.

Mon grand-père était plutôt petit, avec de grands yeux bleus perçants comme les miens, ceux de Renia et ceux de notre mère. Chauve, il avait une petite moustache soigneusement entretenue, et un beau manteau doublé de fourrure comme ma grand-mère. À l'instar de la plupart des hommes à cette époque, il portait un chapeau dès qu'il quittait la maison. Les gens qui travaillaient pour lui l'aimaient beaucoup, et je sais pourquoi ; il n'avait pas fait d'études, mais il était gentil. Il traitait ses employés avec le même respect que celui qu'il témoignait à sa famille. Il faisait aussi tout ce qui était en son pouvoir pour nous protéger.

Le 7 septembre 1939, les bombes se mirent à pleuvoir sur Przemyśl. Un incendie se déclara dans le grand magasin Pasaz Gansa. À mesure que les Allemands progressaient, des milliers de personnes fuirent, surtout des juifs, que les Allemands commençaient à menacer, arrêter et tuer. Beaucoup d'entre eux passèrent du côté soviétique en quête d'un abri.

L'armée polonaise tenta de se défendre, mais il ne fallut qu'un mois et cinq jours au pays pour s'effondrer. Les Allemands et les Soviétiques étaient bien armés, coordonnés, et bien plus forts que nos fantassins, nos chevaux, nos bombardiers et nos volontaires. Nous étions des cibles, assaillis et en danger sous notre propre toit. Lorsque Przemyśl fut en état de siège, mon grand-père décida de nous emmener, Renia et moi. Sans véritable projet, avec rien d'autre que les vêtements que nous avions sur le dos et un peu d'argent, nous quittâmes l'appartement et nous mîmes en route vers Lviv, qui se trouvait à une centaine de kilomètres de là. Je m'y étais déjà rendue avec ma mère et Renia pour réciter de la poésie à la radio, et je savais que ce n'était pas tout près, loin de là. Mais je ne fis aucun commentaire parce que je faisais confiance à mon grand-père. Lui, grand-mère et Renia étaient tout ce que j'avais.

Ma grand-mère resta à la maison avec la domestique, Pelagia Palivoda. Elle n'expliqua pas pourquoi elle refusait de partir, mais je suppose qu'elle était simplement trop vieille et fatiguée pour couvrir une telle distance à pied. Heureusement, Pelagia était de bonne compagnie. Elle était très différente de ma grand-mère (Pelagia était une Polonaise d'origine modeste qui dormait sur un lit encastré qu'on dépliait du mur dans la cuisine), mais elles étaient proches. Pelagia avait consacré sa vie à mes grands-parents.

En arrivant dans l'une des rues principales qui menaient à l'extérieur de Przemyśl, je me souviens d'avoir vu qu'une foule de gens fuyait avec aussi peu de choses que nous. Ceux qui le pouvaient couraient. Il y avait davantage de chevaux et de calèches que de voitures là où nous vivions. Nous voyageâmes peut-être en calèche à un moment donné, mais je ne me le rappelle pas. Tout ce dont je me souviens, c'était qu'il faisait nuit noire, que j'avais faim et que j'étais terrifiée, et que personne ne savait où nous allions. Même la petite fille naïve que j'étais sentait que nous n'avions pas de véritable but. Tout ce que nous comprenions, c'était que les Allemands étaient ici, qu'ils bombardaient nos maisons et que c'était dangereux de rester là sans bouger.

Pendant notre fuite, nous entendions les avions allemands qui décrivaient des cercles au-dessus de nous, le vrombissement régulier des moteurs rugissants et les « boums » des bombes qui explosaient en atteignant leurs cibles au sol. Nous supposâmes que l'ennemi bombarderait une ville plutôt que ses environs. Les gens vivent dans les villes, dans les bâtiments, et si le but est d'en tuer autant que possible, alors ce sont les villes qu'il faut bombarder. Nous présumions que nous serions en sécurité dans les champs ou la forêt, alors nous prîmes ce chemin-là.

Le mois de septembre était celui des récoltes, et le blé est dur lorsqu'il vient d'être coupé. Tandis que ma sœur traversait les champs, il lui arrivait de tomber ou de se griffer à cause d'une tige qui avait échappé à la moisson. Ses jambes et ses bras étaient si égratignés qu'elle commença à saigner. Mais nous ne pouvions pas nous arrêter pour elle ; nous devions continuer à avancer pour nous éloigner des coups de feu et des bombardements qui résonnaient derrière nous.

Nous sortîmes des champs de blé, traversâmes la forêt et entrâmes dans un autre champ. Je regardai autour de moi et remarquai des rangées de chou, bien ronds et presque prêts à être récoltés.

« On dirait des têtes, fit remarquer Renia. Des têtes humaines, je veux dire, pas seulement des têtes de chou. »

Notre grand-père se figea, nous regarda et murmura : « Courez vers la forêt, les filles. Courez ! Nous ne pouvons pas rester ici, les avions allemands vont voir les choux et croire que ce sont des gens. Ils vont bombarder le champ. »

Alors nous changeâmes de direction et courûmes à toutes jambes à travers la forêt, vers Lviv.

6 novembre 1939

Je ne me rappelle pas cette carte postale de mon père. En fait, je ne me souviens de rien le concernant pendant la guerre. Mais il apparaît clairement qu'il avait perdu notre propriété. La partie de la Pologne où j'étais née était occupée par les Soviétiques, et, comme ils étaient communistes, nos terres appartenaient désormais au gouvernement. Ticio avait déménagé à Horodenka (une ville à l'ouest de notre ancienne ville, Stawki) pour trouver du travail.

Nous n'étions pas des aristocrates, alors nous ne possédions pas de grandes collections d'art que les Soviétiques pouvaient nous voler comme ils le firent avec tant d'autres propriétaires terriens polonais. Nous habitions une maison de maître, mais pas un manoir. Néanmoins, nous avions connu une vie confortable. Nous avions eu des nounous et des employés de maison. Nous avions eu un poulailler et un endroit où stocker les boisseaux de foin. Nous avions cultivé des betteraves à sucre que nous vendions aux usines de fabrication de sucre. Mais surtout, nous avions vécu sur des hectares de terres fertiles, et c'était ça qui intéressait le plus les Soviétiques.

17 février 1940

Je n'ai pas souvenir de cette visite de mon père. J'aurais aimé en avoir. Je trouve cela extrêmement choquant qu'une telle distance puisse s'installer en si peu de temps avec une personne si proche, un parent lié à vous par le sang. Désormais, après toutes ces années, la plupart des choses que je sais de lui sont basées sur ce que d'autres personnes m'ont raconté.

Par exemple, Renia avait une nounou prénommée Klara quand nous vivions au domaine où elle était née. Apparemment, Klara était une femme très maigre qui n'était pas aussi belle que ma mère, et pourtant j'ai entendu dire plus tard que ma mère croyait que mon père entretenait une liaison avec elle. Je ne sais même plus qui m'a parlé de ça ; ce n'était qu'un commérage de famille qui passait de bouche à oreille et, à présent, cela me paraît aussi réel que toutes les autres vérités que je détiens.

On m'a aussi raconté que ma mère avait perdu un bébé entre Renia et moi, parce qu'elle avait contracté une maladie vénérienne à cause de mon père. Tout le monde le soupçonnait d'avoir une liaison avec une femme qui travaillait à la ferme, et c'est elle qui aurait été la porteuse originale de la maladie. Mon père était-il un don Juan ? Je ne le saurai jamais avec certitude, mais à en juger par ces deux histoires, je pense que oui.

Dans tous les cas, il y avait clairement des problèmes entre mes parents, et c'est sans doute en partie pour cette raison que Buluś avait déménagé à Varsovie avec moi. Ou peut-être que mon père ne s'intéressait tout simplement pas beaucoup à ses filles. Peut-être qu'il aurait aimé avoir un garçon pour l'aider avec la propriété ; c'était ce que les bons fils faisaient à cette époque.

12 octobre 1940

Je n'aurais jamais cru que Zygmunt Schwarzer (ou Zygo, comme Renia l'appelait parfois) jouerait un rôle si important dans ma vie. Qu'il changerait ma vie, même. Et pourtant, c'est ce qu'il fit et, plus important encore, il embellit les deux dernières années de la vie de ma sœur de bien des façons. Avec Zygmunt, elle fit l'expérience de l'amour le plus fort et le plus romantique qu'il lui fût donné de vivre.

Zygmunt était né en 1923 à Jarosław, la ville d'origine de ma grand-mère. Je ne connaissais pas bien sa famille, mais je savais que ma mère était allée au lycée avec sa mère et que son père, Wilhelm Schwarzer, était un médecin respecté de Jarosław. Lorsque les Allemands envahirent la Pologne, les Schwarzer fuirent en direction de Przemyśl, tout comme la famille de ma grand-mère. Là-bas, le docteur Schwarzer recommença aussitôt à exercer, même s'il venait d'arriver dans une nouvelle ville et que le pays était occupé. C'était le genre de courage que Zygmunt possédait, lui aussi, même si je mis du temps à m'en rendre compte.

J'ai toujours trouvé Zygmunt très beau, et ça rendait folle ma sœur. « Arrête de flirter avec lui ! » me criait-elle, ce à quoi je répliquais : « C'est ton petit ami, pas le mien ! » Je vous assure que je n'avais pas le béguin pour lui. J'étais seulement une petite fille qui en faisait des tonnes, qui adorait suivre sa sœur partout et être amie avec ses amis. Et c'était si facile d'être amie avec Zygmunt…

Il avait des cheveux noirs bouclés, des yeux verts pétillants et des fossettes aux joues qui se creusaient davantage chaque fois qu'il souriait, c'est-à-dire très souvent. Zygmunt avait deux ans de plus que Renia, ce qui fait qu'il avait huit ans de plus que moi. En dépit de notre différence d'âge, je me suis toujours sentie à l'aise en sa présence. Ma sœur l'aimait vraiment, vraiment beaucoup.

Le meilleur ami de Zygmunt s'appelait Maciek Tuchman. Il avait le même âge que Zygmunt, et il était joyeux et un petit peu enrobé. Il eut toujours le béguin pour ma sœur mais, même si elle adorait sa compagnie, Renia n'avait d'yeux que pour Zygmunt. Bien qu'il y eût parfois une compétition taquine entre Zygmunt et Maciek, ils formaient vraiment une équipe. « Nous étions inséparables et nous vivions la vie l'un de l'autre », confia un jour Maciek (qui se fit appeler Marcel en arrivant en Amérique après la guerre) lors d'une interview.

Je ne sais pas exactement comment Zygmunt, Maciek, Irka et Nora devinrent si proches. Sans doute à l'école, étant donné que ma sœur avait commencé à aller au collège avec des garçons. Zygmunt occupait sans cesse ses pensées. Ils se disputaient parfois, mais ce n'était pas sérieux ; leurs petites chamailleries n'étaient que des hauts et des bas d'enfants amoureux.

25 décembre 1940

Entre le mois d'octobre et le mois de novembre 1940, le gouvernement nazi créa le ghetto de Varsovie. Situé dans la partie nord de la ville, il s'étendait sur une superficie d'environ trois cents hectares, en plein cœur du quartier juif. Aussitôt, toute la population juive de la ville (constituée en grande partie de réfugiés plutôt que de Varsoviens d'origine) fut forcée d'y déménager. À peu près 400 000 juifs étaient entassés dans cet espace entouré d'un immense mur de briques, avec une moyenne de neuf personnes par pièce. Une ligne ferroviaire longeait l'extérieur du ghetto, avec plusieurs arrêts pour faire embarquer des passagers et les emmener vers les camps de la mort.

La création du ghetto ne fut une surprise pour personne ; les juifs avaient été persécutés depuis l'invasion de la Pologne par les nazis en 1939. Dès novembre, les magasins juifs avaient été obligés d'afficher une étoile de David, les comptes bancaires des juifs avaient été gelés, et la population juive avait reçu l'ordre de porter un brassard. Ce sont toutes ces raisons (en plus d'une véritable peur d'être déporté ou exécuté) qui poussèrent tant de juifs à fuir la partie de la Pologne occupée par les Allemands.

Maman était juive, alors bien sûr Renia supposa qu'elle était dans le ghetto. Mais ce n'était pas le cas : elle avait réussi à y échapper en se procurant de faux papiers avec un nom polonais catholique. Après l'arrivée des Allemands, ma mère s'était mise en contact avec une vieille amie, Halina Bereda, juive elle aussi mais qui s'était convertie et mariée à un riche polonais catholique. L'un des grands-oncles d'Halina était cardinal au sein du diocèse catholique polonais. Halina et son mari connaissaient des gens en mesure de fournir des papiers polonais, et ils les payèrent pour en fabriquer pour ma mère. En février 1940, ma mère devint Maria Leszczyńska, elle se fit baptiser dans la foi catholique par un prêtre nommé Fajecki et se fondit dans la masse, tout simplement.

Au début, Renia et moi ignorions tout cela. Si nous avions de la chance, nous recevions deux lettres de Buluś par an, car il était presque impossible d'envoyer du courrier en provenance de la zone occupée par les nazis à destination de la zone occupée par les Soviétiques. La Gestapo lisait et censurait tout le courrier sortant. Cela n'empêchait pas ma mère d'essayer, néanmoins. Lorsque le ghetto fut créé, ma mère paya un Polonais de Varsovie pour traverser le San et nous apporter une lettre. Lorsqu'il se présenta chez nous, nous étions surexcitées ! Puis il retourna à Varsovie, alla trouver ma mère et la menaça de la dénoncer à la Gestapo si elle ne lui versait pas davantage d'argent. Elle dut déménager pour lui échapper.

Ma mère était charmante, débrouillarde, intelligente, et elle parlait l'allemand couramment. Elle était allée à l'université à Berlin puis à Vienne, et avait appris la langue pendant ses années d'études. Après 1939, elle devint directrice adjointe de l'hôtel Europejski, abrité dans un superbe bâtiment historique avec un grand escalier, une salle de bal et une grande terrasse qui donnait sur la place Pilsudski. Pendant l'occupation allemande, trois cents officiers de la Wehrmacht y vécurent, et le gouvernement rebaptisa l'établissement l'Europäisches Hotel. Ma mère était très consciencieuse et si douée dans son travail qu'elle continua à y être employée pendant plusieurs années en temps de guerre.

Je sais à présent qu'elle louait un appartement dans le quartier de Żoliborz, au nord du centre-ville, sur la rive ouest de la Vistule. Elle avait trouvé ce logement grâce à Mme Bereda, une fois de plus. Mais à l'exception de Mme Bereda et son mari, je ne sais pas trop qui étaient ses amis. En dehors du travail, j'ignore à quoi elle occupait son temps. Quand je vivais avec elle à Varsovie, elle avait un ami dont je suppose désormais qu'il s'agissait de son amant, mais je ne sais pas s'ils continuèrent à se fréquenter après 1939. Mais qu'importe avec qui elle était, elle devait se sentir seule car les quelques lettres qui nous parvenaient disaient que nous lui manquions terriblement. Imaginez être une jeune mère séparée de vos enfants pendant deux ans à cause de la guerre ? J'ai deux enfants, et cette seule pensée me brise le cœur.

31 décembre 1940

Comme je l'ai déjà dit, la vie d'un adolescent à Przemyśl tournait autour de l'école, et il y avait constamment des fêtes, des bals et des rassemblements. Je me rendis à au moins un événement avec Renia (et j'adorai cette expérience) mais, la plupart du temps, je préférais passer du temps avec mes propres amis. La meilleure d'entre eux était une petite fille blonde prénommée Dzidka.

Dzidka Leszczyński (dont le vrai prénom était en réalité Zosia) était la cadette de trois filles d'une famille catholique, propriétaire et exploitante d'une petite usine de café en conserve au 41, rue Mickiewicz à Przemyśl. Son père, Ludomir, était un homme grand et élancé à l'allure aristocratique, avec une épaisse moustache et une façon de parler et de marcher pleine d'assurance. Je ne l'appris que beaucoup plus tard mais, durant l'occupation allemande, il était membre de la Żegota (la commission d'aide aux juifs[1]), ce qui lui octroya une certaine influence. M. Leszczyński avait beau être un fervent catholique, il ne voyait pas de barrières entre les gens. Dans son travail et dans sa vie, les juifs, les catholiques, les Ukrainiens, les Polonais et les autres œuvraient ensemble au bien de la société et de leurs familles. C'est pour cette raison que la meilleure amie de sa fille aurait tout aussi bien pu être la sienne. En tout cas, c'est toujours le sentiment qu'il me donna.

Dzidka était maigre, pâle et un peu plus grande que moi. L'une de ses deux grandes sœurs (soit Ludomira, soit Janina, je ne sais plus laquelle) allait à l'école avec Renia, et il leur arrivait d'écrire et d'illustrer ensemble des poèmes pour leurs petits carnets reliés en cuir. Avec Dzidka, nous chantions des chansons, jouions à

1. Organisation clandestine qui faisait partie de la résistance polonaise. *(N.d.T.)*

la poupée et nous promenions en ville main dans la main après l'école. Nous étions inséparables.

Comme je le raconte dans l'épilogue qui suit le journal de Renia, le père de Dzidka me sauva la vie. Et même si je ne revis jamais ma meilleure amie après avoir fui Przemyśl, être proche d'elle est l'une des plus grandes chances qui me furent données dans la vie. Je ne sais pas comment Dzidka survécut à la guerre mais, par chance, ce fut le cas. J'appris qu'elle avait déménagé à Cracovie, qu'elle s'était mariée et qu'elle avait adopté des enfants. Elle mourut de la maladie d'Alzheimer il y a quelques années. Ma chère Dzidka, j'ai raté toutes ces années.

9 mars 1941

J'avais un journal ? Je ne m'en souviens même pas ! Mais j'ai été amie avec Maciek Tuchman pendant plus de quatre-vingts ans et, s'il avait le béguin pour ma sœur, je suis certaine que c'était innocent. Zygmunt et lui étaient les meilleurs amis du monde, et Maciek n'aurait jamais tenté de lui voler Renia. C'était un plaisantin à l'époque, et il le resta jusqu'à la fin de sa longue vie.

Maciek et moi fûmes amis jusqu'à son décès en 2018, à l'âge de quatre-vingt-dix-sept ans. Lorsqu'il arriva en Amérique, les gens commencèrent à l'appeler Marcel, et j'en faisais généralement autant, parce que c'était devenu sa nouvelle identité de la même façon qu'Elizabeth était devenue la mienne. Mais dans ma mémoire, il reste Maciek, et dans le monde de Renia, il le sera toujours.

Tout comme Zygmunt, Maciek obtint un permis de travail avant d'être envoyé dans le ghetto de Przemyśl en 1942. Il y vécut avec ses parents jusqu'à ce que le ghetto soit liquidé : les nazis exécutèrent les gens qui y vivaient encore d'une balle dans la nuque. Sa mère faisait partie des victimes : on la fit sortir du ghetto et on l'assassina dans le cimetière juif de Przemyśl. Maciek et son père étaient cachés dans un grenier et ils passèrent la nuit à écouter les bruits des coups de feu.

Dans le courant de l'année 1942, lui et son père furent envoyés à Auschwitz. On les fit alors travailler dans une usine Siemens située juste à l'extérieur du camp. Ils s'échinèrent comme des esclaves à l'instar d'une centaine d'autres prisonniers, jusqu'à ce que les SS leur fassent entreprendre une marche de la mort, en mars 1945. Ils survécurent et se rendirent de Buchenwald à Berlin, où ils furent libérés à la fin de la guerre. Maciek rencontra sa femme, une Tchèque prénommée Shoshana, dans un camp de personnes déplacées à Bergen-Belsen.

Tout comme Zygmunt, Maciek voulait devenir médecin, mais les opportunités de faire des études en Europe pour un survivant étaient rares. Maciek et Zygmunt envoyèrent leur candidature et furent acceptés dans un programme spécial de l'université d'Heidelberg. Avec leurs femmes et huit cents autres survivants, ils vécurent et étudièrent là-bas entourés d'anciens nazis. Maciek obtint son diplôme avec mention en 1949, puis il partit pour New York, où il devint spécialiste en médecine interne à l'université de New York. Il y travailla pendant cinquante ans.

En 1963, je travaillais à la faculté de médecine de l'université de New York. Un après-midi, alors que j'entrais dans la cafétéria, j'entendis quelqu'un crier, avec le même accent polonais que moi : « Arianka ! Arianka ! »

C'était Maciek ! Le Maciek souriant, joyeux, chaleureux et familier de Przemyśl, qui avait survécu au ghetto et aux camps et perdu la moitié de sa famille, comme moi. Il était vivant et il était dans une cafétéria de New York avec les bras grands ouverts, prêt à me serrer contre lui.

Maciek travailla comme spécialiste en médecine interne pendant plusieurs décennies, jusqu'à prendre sa retraite après qu'on lui eut diagnostiqué la maladie d'Alzheimer. Je lui rendis visite chez lui à ce moment-là. Il ne se rappelait pas les événements récents, comme le décès de son fils Jeffrey des suites d'un cancer en 2017. Mais il se souvenait de choses qui dataient de l'époque de la guerre. Main dans la main, nous chantâmes quelques vieilles chansons traditionnelles polonaises, sans qu'il bute sur un seul mot. Il parvenait même encore à réciter du Pouchkine en russe.

Maciek est mort le 10 novembre 2018 et j'ai assisté à ses obsèques le jour de mon anniversaire, le 18 novembre. Après l'enterrement, je me suis rendue avec ma famille dans mon restaurant italien préféré et nous avons trinqué aux quatre-vingt-dix-sept ans de Maciek et à mes quatre-vingt-huit ans. Quel miracle que nous ayons survécu à tant de choses et vécu si longtemps.

21 juin 1941

Presque quatre-vingts ans se sont écoulés depuis la dernière fois que j'ai vu ma sœur. Une vie s'est écoulée depuis la dernière fois que j'ai entendu son rire résonner dans la cuisine, que je l'ai vue lever le nez d'un de ses carnets reliés en cuir, avec ses yeux bleus pétillants, ou que j'ai senti le contact familier de sa main autour de la mienne. Et pourtant, elle occupe une place primordiale dans ma vie. Une photo d'elle est accrochée dans l'entrée de mon appartement. De là, elle a une vue imprenable sur mon salon. Elle constitue un rappel constant du passé. En voyant le sourire de Renia tous les jours, je me remémore les bons moments, mais je me rappelle aussi que le monde a changé d'un coup et m'a épargnée, tandis qu'il en a sacrifié tant d'autres, dont elle.

Je crois que c'est seulement quand je suis arrivée à un stade déjà avancé de ma vie d'adulte que j'ai pleinement pris conscience d'à quel point mon enfance avait été traumatisante. La guerre était trop grande et trop effrayante pour que la plupart des enfants la comprennent, et je ne faisais pas exception à la règle. Mais à sa façon profondément poétique, je pense que Renia saisissait ce qui se passait autour de nous. Elle portait un regard différent sur le monde. Son fatalisme, son attention, ses observations subtiles et perspicaces sur les événements et le sens de chaque moment me montrent comment elle percevait le passage du temps. Elle se rendait compte qu'elle assistait au calme avant la tempête, et elle capturait cette sensation. Elle la savourait, consciente de sa fugacité.

Le sentiment bancal de sécurité que nous éprouvions dans la Pologne sous occupation soviétique se dissipa le 22 juin 1941, lorsque la guerre éclata entre l'Allemagne et l'Union soviétique. L'Allemagne nazie décida qu'elle voulait prendre le contrôle de toute l'Europe et que l'Union soviétique constituait le plus gros obstacle en travers de sa route. Cet été-là, les troupes allemandes envahirent les territoires occupés par les Soviétiques sur trois fronts distincts. Cette opération avait pour nom de code « opération Barbarossa », et ce fut la plus grande offensive militaire allemande de la Seconde Guerre mondiale.

Cet assaut allemand était notre secret, des radios pirates nous avaient prévenus : c'était ce que la propagande communiste qu'on nous enseignait en cours de russe avait annoncé, et ce que Renia avait vu dans ses cauchemars. À la fin du mois de juin 1941, une pluie de bombes s'abattit sur les plus grandes villes polonaises occupées par les Soviétiques et, malheureusement, Przemyśl fut l'une des premières à être touchées.

1er juillet 1941

D'un coup, l'armée allemande arriva, les bombes tombèrent, des vies furent sacrifiées et l'armée soviétique battit en retraite. Ensuite, les Allemands se dirigèrent vers l'est. Vers Lviv. Vers Kiev. Et finalement, au milieu de l'hiver impitoyable et glacé, vers Saint-Pétersbourg.

Przemyśl n'était qu'une étape sur la route des nazis, qui avaient passé les deux années précédentes sur l'autre rive du San, attendant l'ordre de passer à l'attaque.

Presque immédiatement après avoir envahi la ville, ils commencèrent à supprimer les juifs. Tout d'abord, ils forcèrent tous les juifs actifs à inscrire leurs noms au registre du bureau local pour l'emploi. Puis ils ordonnèrent à tous ceux âgés de plus de douze ans de porter des brassards avec l'étoile bleue de David. Si vous marchiez dans la rue et que vous croisiez un soldat allemand, vous deviez montrer votre brassard. Si vous résistiez, vous risquiez d'être mis en prison ou exécuté sur-le-champ.

J'avais onze ans, alors je n'étais pas obligée d'en porter un, mais la première fois que je vis un brassard, je sentis quelque chose mourir en moi. Ma famille, les amis et les voisins qui les portaient n'étaient plus des personnes. C'étaient des objets.

11 juillet 1941

Lorsque les Allemands arrivèrent, le plus important si vous étiez juif, c'était de trouver un emploi. Et même si votre travail était dégradant, déplaisant ou bien en deçà de vos qualifications, cela n'avait pas d'importance. Tant que vous faisiez quelque chose qui prouvait que vous étiez assez fort et compétent pour participer à l'effort de guerre, cela pouvait vous sauver la vie.

Au début, comme le racontait Renia, Zygmunt travaillait dans une clinique. Je suis sûre qu'il était heureux de faire ça, car il voulait être médecin, mais il occupait tout de même le poste le plus basique qui soit. L'été suivant, quand tous les juifs reçurent l'ordre d'emménager dans le ghetto, lui et Maciek trouvèrent du travail dans un entrepôt allemand situé en bordure de Przemyśl, dans un camp de travail de l'armée. Ils s'occupaient des uniformes.

Dans son livre *Remember : My Stories of Survival and Beyond*[1], Maciek raconte que leur premier jour à l'usine faillit coûter la vie à Zygmunt. Conscient du manque de provisions dans le ghetto et de la possibilité d'échanger un bon pantalon contre de la nourriture, Zygmunt décida de tenter sa chance. Il regarda autour de lui, vit qu'aucun garde ne l'observait, et il enfila six ou sept treillis militaires sous le pantalon qu'il portait. Alors qu'il se dirigeait vers la porte en ayant l'air d'avoir pris quinze kilos en une journée, un garde l'arrêta.

« Qu'est-ce qui se passe ici ? Qu'est-ce que tu essaies de faire ? » lui demanda-t-il.

Zygmunt savait qu'il venait de se faire prendre et qu'il allait être soit battu, soit emprisonné, soit exécuté. Il garda le silence.

Une jeune femme juive qui travaillait dans les bureaux de l'usine aimait bien Zygmunt. Elle savait aussi que le soldat allemand qui venait de démasquer Zygmunt avait le béguin pour elle. En voyant que Zygmunt était en mauvaise posture, elle se leva pour intervenir : « Laissez-le partir, s'il vous plaît. Je peux vous donner quelque chose. »

J'ignore ce qu'elle lui donna (et j'espère pour elle que ce n'était pas grand-chose), mais elle sauva la vie

---

1. Le livre de Maciek n'a été publié qu'en anglais. Son titre signifie : « Se souvenir : mes histoires de survie et plus encore ». *(N.d.T.)*

de Zygmunt. Redoublant de prudence, Zygmunt glissa aussi une pièce d'or au soldat.

Cette anecdote est un des nombreux incidents auxquels Zygmunt survécut pendant la guerre. Entre obtenir du travail, se construire un réseau et être ingénieux, lui et Maciek eurent plus de vies que presque toutes les personnes que je connais.

25 août 1941

Une fois que les Allemands prirent le contrôle de la Pologne, les lettres de ma mère se firent plus fréquentes. Comme l'écrivit Renia, elles se succédaient. Je suppose que c'est parce que le courrier n'avait plus à passer d'une zone occupée à une autre, mais c'était peut-être à cause d'une autre raison. Peut-être que ma mère était devenue amie avec quelqu'un qui travaillait au bureau de poste. Je ne posai aucune question à l'époque ; j'étais heureuse d'avoir de ses nouvelles, tout simplement.

Grâce à ses nouveaux papiers et à son nouveau nom, ma mère était également libre de voyager pour venir nous voir. Cela restait un périple difficile et dangereux : elle devait prendre des congés, traverser une zone de combat, et elle était très certainement obligée de mentir sur l'identité des personnes à qui elle rendait visite. Le voyage en train prenait plus de dix heures, avec un changement à Cracovie.

Mais ma mère n'avait presque pas vu ses enfants depuis deux ans, et la question ne se posait pas. Nous lui manquions terriblement. Et elle nous manquait !

29 septembre 1941

En 1939, les Allemands avaient bombardé le pont qui reliait Zasanie (un quartier de Przemyśl sur la rive gauche du San) au reste de la ville, alors les gens utilisaient le pont ferroviaire pour traverser la rivière. Mais en septembre 1941, les juifs reçurent l'interdiction d'emprunter ce pont. Le secret dont parle Renia est mort avec elle, je n'ai par conséquent pas la moindre idée de comment nous traversâmes. J'ignore également pourquoi j'allai voir notre mère avant elle. Est-ce que notre grand-père ou notre mère versa un pot-de-vin à un soldat allemand ? Est-ce que nous fîmes le trajet avec le père de Dzidka, qui mentit en disant : « Ce sont mes filles » ? J'aimerais me le rappeler, mais je ne sais plus. Tout ce que je sais, c'est que chaque fois que je raconte que j'ai vu ma mère à quelques reprises pendant la guerre à Przemyśl, et qu'elle retournait ensuite à Varsovie sans Renia et moi, une question revient toujours : « Pourquoi n'êtes-vous pas restées avec elle ? Vous auriez pu vous échapper ! »

Sauf que ce n'était pas si simple. La mort guettait à chaque coin de rue, et commencer une nouvelle vie était une entreprise aussi coûteuse que dangereuse. Nous n'avions pas les papiers qui nous l'auraient permis. Obtenir une nouvelle identité, comme Buluś l'avait fait, était le seul moyen de quitter cet endroit.

10 octobre 1941

Peu après l'été 1941, les nazis commencèrent à saisir les objets de valeur et les biens des juifs. Si vous n'ouvriez pas lorsqu'ils venaient frapper à votre porte, alors ils entraient de force et vous vous faisiez battre ou envoyer en prison.

Le piano droit de mes grands-parents se tenait près du balcon où se trouvait Renia lorsque Zygmunt lui envoya un baiser, avant l'arrivée des nazis. Pendant deux ans, nous avions joué de ce piano presque tous les jours, sans jamais que cela nous semble être une corvée. Nous aimions jouer, et grand-mère aimait nous aider. Pour mes grands-parents, ma sœur et moi, ce piano symbolisait quelque chose de fort et de permanent. Il était bien ancré dans le sol, comme il l'avait été depuis que ma mère et l'oncle Maurice étaient bébés.

Mais les nazis prenaient ce que bon leur semblait. Votre argent, votre vaisselle, vos vêtements, votre argenterie, vos enfants, votre vie. La première chose qu'ils nous volèrent fut le piano de mes grands-parents. Des soldats s'introduisirent dans l'appartement un après-midi alors que j'étais sortie et descendirent le piano, ne laissant en ses lieu et place qu'un petit tas de poussière. Lorsque je rentrai à la maison ce jour-là, mamie n'était plus la même. C'était comme si on lui avait arraché le cœur.

Peu après l'invasion des Allemands, ils interdirent également aux enfants juifs de Przemyśl d'aller à l'école. Cette politique n'avait rien de nouveau de la part des nazis, mais c'était inédit pour nous. En avril 1933, le gouvernement allemand avait fait passer un décret n'autorisant qu'un certain pourcentage de juifs dans les universités allemandes. Le problème était que cinq pour cent de la population allemande *étaient* juifs. Ensuite, en 1938, les enfants juifs furent bannis des écoles publiques allemandes. Et bien que les professeurs juifs (qui avaient tous été renvoyés des écoles publiques) fussent autorisés à ouvrir leurs propres écoles juives, de nombreuses mères, grands-mères, sœurs aînées et voisines décidèrent de donner des cours particuliers à domicile aux enfants.

Renia et moi étions toujours allées à l'école publique et, pendant l'occupation soviétique, rien ne nous en avait empêchées. Nos amis et nos camarades de classe étaient juifs, polonais et ukrainiens, et nous ne faisions aucune distinction entre les uns et les autres. Nos professeurs non plus, d'ailleurs. Mais à l'arrivée des nazis, je fus forcée de rester à la maison. Pendant ces journées interminables, je rêvassais ou j'inventais des histoires avec mes poupées. Lorsque l'ennui devenait insupportable, j'enfilais mon manteau et je sortais marcher un peu, en comptant les minutes qui me séparaient du moment où Dzidka rentrerait de l'école et où je pourrais courir jusque chez elle.

Renia écrivait dans son journal, composait des poèmes, envoyait des lettres et regardait par la fenêtre pendant des heures, totalement apathique. Parfois, elle se faufilait jusque chez Nora pour étudier le français ou l'histoire, avec l'aide de livres au lieu de professeurs. Heureusement, Jerszina continuait à venir lui donner des cours de polonais. Renia les attendait toujours avec impatience.

En 1944, avec la guerre derrière nous, je n'étais toujours pas retournée à l'école mais j'étais inscrite dans un conservatoire à Salzbourg, ce qui se rapprochait le plus d'une éducation. Je pensais sans cesse à ma grand-mère, mes doigts sur les touches en ivoire. Elle aurait été si fière de moi… Aujourd'hui, j'ai un Steinway droit dans mon appartement. Contre le mur, près d'une grande fenêtre, exactement comme chez mes grands-parents. Lorsque je me sens nostalgique, je joue les chansons folkloriques polonaises et russes que mes professeurs m'enseignèrent dans ma jeunesse, à l'époque où la musique patriotique était rebelle et pleine d'espoir. Les nazis ont peut-être essayé de tout nous prendre, nos identités, nos passions et notre éducation, mais jamais ils ne purent voler la musique dans nos cœurs.

7 novembre 1941

Le processus qui mena à la création du ghetto de Przemyśl fut lent, consciencieux et bien réfléchi. À la fin de l'automne 1941, le quartier de Garbarze (qui était délimité par le San au nord, à l'ouest et à l'est, et par la voie ferroviaire qui nous reliait à Cracovie et Lviv au sud) fut déclaré zone résidentielle juive. La mise en place du quartier dura jusqu'à l'été 1942. Pendant ce temps, les juifs étaient encore autorisés à circuler librement dans les rues, à condition de porter leurs brassards.

Cette zone ne s'appelait pas le ghetto. Pas encore. C'était simplement un quartier résidentiel pour les juifs. Un policier vint frapper à notre porte au début du mois de novembre 1941 pour nous informer que nous devions déménager là-bas. Je ne sais pas qui le soudoya, mais je suis sûre que ce fut mon grand-père. Peut-être qu'il joua sur le fait qu'il était polonais comme nous et que les Allemands pouvaient peut-être s'emparer de nos maisons, mais pas de notre identité. Mais je parierais que mon grand-père ne dit pas grand-chose. Il fouilla probablement dans les tiroirs de son bureau, attrapa quelques pièces d'or et grommela : « Tenez, prenez ça et laissez ma famille rester ici. Au moins pour le moment, s'il vous plaît. »

Mais mon grand-père était conscient que, la prochaine fois qu'un soldat ou un policier frapperait à notre porte, ce serait peut-être pour nous intimer l'ordre incompressible de partir, tout de suite, avec seulement vingt-cinq kilos d'affaires entassées à la hâte dans une valise. Peut-être que mon grand-père pouvait essayer de soudoyer cette personne, mais ça ne fonctionnerait pas éternellement. Nous finirions par perdre nos biens et nos maisons, et nous devions nous y préparer.

Dans le courant de l'automne 1941, mes grands-parents emballèrent toute l'argenterie qu'ils conservaient dans la grande armoire du salon avec la porcelaine du séder. Ils étalèrent du tissu et du papier au fond d'une grande caisse en bois, y placèrent les cuillères, les couteaux, les fourchettes, les plats, les chandeliers et tous les objets en argent de la maison, et les emballèrent soigneusement. Puis ils refermèrent le couvercle de la boîte et le clouèrent. Une nuit, mon grand-père se glissa dans leur petit sous-sol, il creusa un trou dans la terre et l'enterra. Pour autant que je sache, la caisse est toujours au même endroit.

24 novembre 1941

Je ne sais pas trop ce que Renia voulait dire par « Buluś a vidé la maison ». Est-ce que ma mère emporta les biens dont elle savait qu'ils tomberaient aux mains des Allemands ? Les photos de famille, l'argenterie et les vêtements qui lui rappelaient la maison ?

Certainement. Cacher vos biens était un petit geste de contrôle et de défiance et, s'il y a bien une chose que ma mère fit pendant toute sa vie, c'était de prendre le contrôle de la situation.

Ma mère mourut d'un cancer à la fin de l'année 1969. La maladie s'était déclarée dans sa poitrine, mais les mammographies n'existaient pas à l'époque, alors elle ne s'en rendit compte qu'une fois que des métastases avaient gagné l'os de sa hanche. Elle était malade depuis les années 1960, et elle avait épousé un homme prénommé Clyde parce qu'elle savait qu'il s'occuperait d'elle. Il était gentil avec elle, mais il ne portait pas particulièrement les juifs dans son cœur, même s'il avait des amis juifs, dont un lui avait présenté ma mère.

Ce n'est pas le seul secret qu'elle avait gardé. Lorsque je vidai son appartement, je trouvai deux petites valises cachées au fond de son placard. L'une renfermait deux petites cuillères en argent, une pile de photos de famille passées, une paire de boucles d'oreilles en perles, quelques bracelets en or et une chaîne ornée de perles de corail. C'étaient les trésors de ma jeunesse, les souvenirs que j'avais rangés dans un coin de mon cerveau, trop effrayée à l'idée de les déterrer et de pleurer sans pouvoir m'arrêter. L'autre valise contenait les vestes traditionnelles ornées de broderies et de perles que Renia et moi avions portées à la fête de la moisson de Zalichtchyky. C'étaient des *strój krakowski*, le costume traditionnel de la région de Cracovie. C'était mon enfance qui se trouvait dans ces valises. C'était la Pologne. Et je n'ai pas la moindre idée de comment ma mère transporta tout cela de notre propriété à Przemyśl, à Varsovie, puis jusqu'à l'Autriche et à la dizaine d'autres endroits où nous vécûmes après la guerre, sans jamais que je sois au courant.

8 décembre 1941

La nouvelle comme quoi mon père et Lila vivaient dans le ghetto est l'une des rares preuves indubitables de l'endroit où se trouvait mon père à la fin de l'année 1941. Malheureusement, ce que Renia écrivit sur le sujet ne révèle pas grand-chose. J'ignore dans quel ghetto mon père et Lila atterrirent, même si c'était probablement celui d'Horodenka, là où ils avaient fui lorsqu'ils avaient été expulsés de notre propriété. Les Allemands créèrent le ghetto d'Horodenka aux alentours du mois d'avril 1941, dans une partie de la ville qui ne représentait qu'un tiers de la zone dans laquelle les juifs vivaient auparavant.

Si mon père et Lila étaient là-bas, alors je suis certaine qu'ils n'en sortirent pas vivants. Car le 5 décembre 1941, les nazis constituèrent une escouade chargée de liquider le ghetto d'Horodenka et menèrent à bien leur première « *Aktion* ». Ils appâtèrent 2 500 juifs (soit la moitié de la population du ghetto) en leur promettant un vaccin contre le typhus. Au lieu de cela, ceux-ci furent exécutés dans la forêt voisine. Ceux qui restaient furent isolés dans un périmètre de quatre pâtés de maisons et vécurent pratiquement les uns sur les autres jusqu'au 2 septembre 1941, date à laquelle ils furent presque tous envoyés au camp de concentration de Majdanek, à environ quatre cents kilomètres au nord-ouest.

Les nazis tenaient des registres méticuleux dans les camps, mais nous n'avons pas la date de naissance de mon père, alors nous ignorons s'il était là-bas. Il en va de même pour Lila.

28 décembre 1941

Le 26 décembre 1941, les nazis annoncèrent que les juifs devaient donner leurs fourrures parce que les troupes allemandes en avaient besoin sur le champ de bataille. Des policiers allemands et polonais (comme celui que nous avions soudoyé quelques mois plus tôt) entrèrent dans les maisons et saisirent les fourrures. Dans les rues, la police allemande stoppait les hommes et les femmes juifs et arrachait les doublures en fourrure de leurs manteaux et leurs chapeaux avant de continuer leur route. Dans certains cas, on ordonnait même aux femmes de retirer leurs chaussures. Elles les ôtaient et regagnaient leurs domiciles pieds nus sur les pavés.

Ma grand-mère avait demandé à un tailleur de nous faire des manteaux. Celui de ma sœur était entièrement doublé avec un col en fourrure, celui de mon grand-père lui descendait jusqu'aux mollets et avait également une doublure en fourrure, et celui de ma grand-mère était identique. Le mien était une version miniature de celui de Renia, et nous les portions toujours avec des collants et des chapeaux en hiver. Nous avions d'autres manteaux, mais ceux-là étaient les meilleurs, ceux que nous mettions pour les grandes occasions ou lorsque les températures hivernales étaient au plus bas.

Quand papy entendit dire que les Allemands avaient publié un décret sur nos fourrures, il resta calme. Son côté optimiste décida que la guerre serait bientôt finie. Il survivrait. Il était peut-être sur le point de perdre les fourrures de sa famille, mais il les récupérerait lorsque tout cela serait fini et que les Allemands auraient battu en retraite.

Alors il échafauda un plan et demanda à un ami de lui rendre service.

Il arrivait à mon grand-père de travailler avec un Ukrainien qui était serrurier. Ils s'appréciaient et se faisaient confiance. Papy rassembla toutes nos fourrures, il les plaça dans une valise et se rendit à la boutique de l'Ukrainien, qui n'était pas très loin de chez nous.

« S'il vous plaît, prenez ces manteaux et gardez-les pour moi. Je reviendrai les chercher une fois que la guerre sera finie. »

Il est inutile de vous dire que nous ne récupérâmes jamais ces manteaux. À part moi et peut-être le serrurier, tout le monde trouva la mort avant l'hiver suivant.

9 avril 1942

Lorsque vous étiez confinés dans votre quartier, ce n'était pas avec des murs ou des fils barbelés, comme ce serait bientôt le cas pour le ghetto. Simplement, vous ne pouviez pas quitter votre quartier sans une autorisation spéciale de la part des Allemands. La maison de mes grands-parents se trouvait sur la rue principale. Je sais que Norka vivait dans un quartier différent du nôtre, mais je ne me souviens pas duquel il s'agissait. Elle habitait dans une petite rue. Comme notre ville n'était pas très grande, Renia pouvait facilement se rendre chez elle à pied. Dans tous les cas, les chances qu'avait Renia de continuer à la voir tous les jours étaient minces, étant donné qu'elle n'avait pas les bons documents.

Cependant, à la même période, des événements bien plus graves se déroulaient tandis que la route principale prenait le chemin de la banlieue. Le cimetière juif de Przemyśl se situe au niveau de la rue Slowackiego. Il fut construit sur une colline aux environs de l'année 1860, quand l'ancien cimetière commença à être surpeuplé. J'ai entendu dire qu'aujourd'hui encore, l'endroit est superbe : vallonné, boisé et plein de végétation en son centre, là où se trouvent les tombes les plus anciennes, dont certaines sont devenues légèrement branlantes avec le temps. Les tombes les plus récentes se trouvent sur les côtés, et sont généralement ornées de fleurs ou de photos.

C'est l'un des lieux où les officiers de la Gestapo décidèrent d'exécuter des juifs à partir du printemps 1942, quand Renia comprit qu'elle ne reverrait jamais Norka. C'est aussi là qu'on emmena la mère de Maciek après qu'on la découvrit cachée dans un bunker du ghetto avec trente autres juifs. Avant que la Gestapo ne l'escorte jusqu'au cimetière, où ils la forcèrent à se déshabiller et à creuser sa propre tombe, elle regarda l'un des gardes et dit : « Oui, vous m'avez peut-être moi, bande de salauds, mais vous n'attraperez pas mon fils et mon mari. »

12 mai 1942

Je n'ai jamais compris la relation de mes parents comme Renia pouvait la comprendre. Dans mes plus anciens souvenirs, mes parents étaient séparés parce que ma mère gérait ma carrière à Varsovie et que mon père s'occupait de notre propriété. Avaient-ils des problèmes ? Pas à ma connaissance, mais j'étais une petite fille très occupée qui n'avait jamais vraiment tissé de liens avec son père. Qu'y avait-il à comprendre ? Renia était presque adolescente lorsque ma mère et moi déménageâmes à Varsovie, alors elle avait plusieurs années d'avance sur moi pour voir et ressentir des choses que je ne vis et ne ressentis jamais. Je pense que c'est pour ça que ma mère lui confia qu'elle avait l'intention de demander le divorce. Elle savait que Renia comprendrait, même si elle trouverait cela difficile à accepter.

Renia ne me raconta rien de tout cela. C'était typique de ma sœur. Même si elle se plaignait que j'étais aguicheuse, énervante ou impertinente, je restais sa petite sœur et elle voulait me protéger. Je n'ai jamais demandé à ma mère ce qui l'avait poussée à vouloir divorcer. Certes, elle n'avait pas vu mon père depuis des années, mais un divorce était une décision cruciale qui changerait le cours de sa vie. Les femmes ne faisaient pas ça à l'époque.

Quant à mon père… cela me brise le cœur de le dire, mais la lettre que Renia mentionne constitue les dernières nouvelles que nous reçûmes de lui. La guerre tua la majorité de ma famille. Que Dieu ait ton âme, Bernard Spiegel. Mon Ticio, tu étais un homme peu loquace, qui s'occupait de ses champs, avec tes bottes en cuir bien cirées et tes yeux verts qui brillaient dans le soleil d'été. J'aurais aimé te connaître mieux et plus longtemps.

7 juin 1942

Przemyśl abrite un quartier qui s'appelle Zasanie. Il accueillait une synagogue avant la guerre. Pendant le conflit, les Allemands transformèrent la synagogue en centrale électrique et forcèrent les résidents juifs du quartier à vivre tous ensemble dans un seul et unique immeuble. J'ai lu qu'il y avait entre quarante-six et soixante occupants, serrés comme des sardines.

Le 3 juin 1942, les Allemands assassinèrent quarante-cinq de ces personnes. Comme tant d'autres avant eux, ils furent forcés de grimper dans des camions qui les conduisirent en banlieue de Przemyśl, et chacun fut exécuté d'une balle dans la nuque. Juste avant de mourir, beaucoup d'entre eux furent obligés, à l'instar de la mère de Maciek, de se déshabiller et de creuser leurs propres tombes.

Je n'en ai personnellement pas le souvenir, mais des juifs (dans Zasanie mais aussi dans tout Przemyśl) étaient battus en pleine rue pour avoir tenté de dérober un morceau de pain. D'autres étaient coursés par des chiens tandis que les gardes (dont certains étaient accompagnés d'enfants) observaient la scène en riant. Ils étaient ensuite pendus, un spectacle public auquel les enfants assistaient également.

19 juin 1942

Au début de l'été 1942, la nouvelle se répandit qu'une série d'émeutes anti-juives avait explosé dans les villes de Tarnów et de Rzeszów, situées le long de la route entre Przemyśl et Cracovie. La communication n'était pas fiable entre les villes en temps de guerre, alors le

Judenrat de Przemyśl décida de mener son enquête afin de déterminer si les rumeurs concernant les émeutes étaient vraies. Elles l'étaient. « Cela ne peut pas nous arriver ici, dit le Judenrat à la Gestapo. C'est déjà suffisamment difficile sans que toute la communauté nous tombe dessus en plus du reste. »

Le Judenrat et les Allemands collaboraient de deux façons. Le Judenrat était administré par le gouvernement nazi, alors le conseil s'acquittait de tâches comme le recensement des juifs. Il œuvrait également à la protection de la communauté juive : il organisait la distribution de nourriture, aidait les personnes âgées et tentait de simplifier la vie dans le ghetto. Il n'était pas rare que le conseil vienne trouver la Gestapo en cas de problème : il savait que la communauté juive avait besoin de protection, et il croyait que la Gestapo était peut-être en mesure de leur offrir la sienne.

Les officiers de la Gestapo écoutèrent en hochant la tête, l'air compatissant. Puis ils répondirent qu'ils allaient trouver une solution. Ils la leur présentèrent quelques jours plus tard.

« Si vous vous tenez bien, nous vous protégerons, annonça un officier de la Gestapo.

— Qu'est-ce que vous voulez dire par là ? » demanda le président du Judenrat.

Le chef de la Gestapo, qui s'appelait Benthin, s'éclaircit la gorge.

« Si vous me fournissez une liste de mille noms de jeunes personnes pour le camp de travail de Janowska à Lviv, ils seront sains et saufs. Il ne leur arrivera rien. »

Le 18 juin 1942 (l'horrible nuit que Renia décrit, et qui était aussi son anniversaire), 1 260 juifs furent entassés dans des wagons à bestiaux et transportés jusqu'à Janowska pour le travail forcé. Sur place, la plupart d'entre eux travaillèrent comme des esclaves en tant que charpentiers ou ferronniers pour les nazis. Pire encore, la Gestapo fusilla de nombreux membres de leurs familles au bord de la voie ferrée alors qu'ils leur disaient au revoir. Les familles qui ne furent pas assassinées durent ensuite payer pour le transport de leurs êtres chers à destination des camps.

Les promesses de la Gestapo n'avaient été que mensonges : les officiers avaient trahi la confiance du Judenrat pour que le conseil les aide à faire leur sale boulot.

Remerciements

J'aimerais dédier ce livre à la mémoire de ma sœur adorée, Renia. Elle a été une mère pour moi pendant la guerre. À travers ce manuscrit, sa mémoire restera toujours dans l'histoire.

À *moja mamusia*[1], Bulczyk. Tu étais la femme la plus belle, la mieux élevée, la plus élégante et ingénieuse que j'aie jamais rencontrée. Tu savais te débrouiller dans la vie. Tu savais survivre. Tu m'as donné la vie. Tu m'as appris le courage. Tu m'as donné espoir. Tu m'as offert une vie en Amérique.

Il est certaines personnes à qui je dois la vie. C'est grâce à leur bravoure que je suis vivante aujourd'hui : Ludomir Leszczyński, un Juste polonais qui, au péril de sa vie, a sauvé la mienne et m'a conduite de Przemyśl à Varsovie pour retrouver ma mère ; la famille Bereda, qui m'a accueillie à Varsovie, permis de retrouver ma mère que je n'avais pas vue depuis deux longues années, aidée à obtenir des papiers et tout simplement sauvé la

1. « *Moja mamusia* » signifie « ma maman » en polonais. *(N.d.T.)*

vie, une fois de plus ; Zygmunt Schwarzer, qui a risqué sa vie pour me faire sortir du ghetto et me mettre à l'abri à Przemyśl. Il m'a sauvé la vie. Une fois de plus. Il a aussi rapporté les derniers vestiges de ma sœur sous la forme de son journal et retrouvé ma mère par miracle aux États-Unis. Je leur suis redevable à jamais.

Toute ma gratitude va à Tomasz Magierski. Tomasz a déniché des articles de presse, des bobines de film, des photographies et un tas d'autres documents sur Renia et moi. L'histoire de Renia le captivait et, sans ses efforts inlassables, l'histoire de ma sœur n'aurait jamais été ramenée à la vie. *Dziękuję bardzo*[1].

J'aimerais aussi remercier ma famille pour son soutien et son amour : mon fils Andrew Bellak et ma belle-fille Susan, mes superbes petits-enfants Theo, Nicholas et Julian, et ma fille chérie, Alexandra, dont le dévouement et la persévérance sans faille ont permis de mettre au jour l'héritage de ma sœur et de le faire perdurer.

Je suis particulièrement reconnaissante à Marta Dziurosz et Anna Blasiak, qui ont endossé la tâche difficile et ardue de traduire en anglais les sept cents pages du journal de ma sœur, dont soixante poèmes.

Merci à Jennifer Weis de St. Martin's Press de s'être intéressée à cette histoire et d'avoir cru si sincèrement qu'elle devait être contée !

À George Bellak, mon mari récemment disparu avec qui j'ai partagé ma vie pendant cinquante-trois ans : tu me manques terriblement. Tu me comprenais

---

1. « *Dziękuję bardzo* » signifie « merci beaucoup » en polonais. *(N.d.T.)*

à demi-mot. George était mon prodige né à Vienne, qui m'a témoigné, ainsi qu'à mes enfants, un soutien, un amour et un dévouement inconditionnels.

J'aimerais remercier tous ceux dont l'aide m'a permis de franchir une nouvelle étape pour atteindre mon but : raconter au monde ce qui s'est passé.

Je souhaite rendre hommage à ceux, parmi ma famille élargie, qui n'ont pas eu la même chance que moi et ont péri dans l'Holocauste.

Mais il y a une personne, plus encore que toutes les autres, dont le dévouement et la persévérance implacables ont garanti que les mots de ma sœur ne se perdraient pas dans les limbes de l'histoire.

Cette personne est ma fille, Alexandra Renata.

L'esprit de Renia vit à travers elle, et c'est à elle que des générations entières de lecteurs seront redevables.

Elizabeth Bellak

Composition et mise en pages
Nord Compo à Villeneuve-d'Ascq

Imprimé en Espagne par
Liberdúplex
à Sant Llorenç d'Hortons (Barcelone)
en janvier 2022

POCKET – 92, avenue de France – 75013 Paris

S32080/01